위대한 인간 승리

사도 바울의 일생

일러두기

성경본문은 따로 표기하지 않는 한 모두 개역성경에 따릅니다.

위대한 인간 승리
사도 바울의 일생

초판 1쇄 인쇄 _ 2017년 7월 25일
초판 1쇄 발행 _ 2017년 8월 1일

지은이 _ 김종수

펴낸곳 _ 바이북스
펴낸이 _ 윤옥초
편집팀 _ 김태윤
디자인팀 _ 이정은, 이민영

ISBN _ 979-11-5877-027-3   03230

등록 _ 2005. 7. 12 | 제 313-2005-000148호

서울시 영등포구 선유로49길 23 아이에스비즈타워2차 1005호
편집 02)333-0812 | **마케팅** 02)333-9918 | **팩스** 02)333-9960
이메일 postmaster@bybooks.co.kr
홈페이지 www.bybooks.co.kr

책값은 뒤표지에 있습니다.

책으로 아름다운 세상을 만듭니다. — 바이북스

* 바이북스 플러스는 기독교 신앙의 본질을 담아내려는 글을 선별하여 출판하는 브랜드입니다.

위대한 인간 승리

사도 바울의 일생

ㅇ 김종수 지음

바이북스†
ByBooks

성경 인물 해석의 새로운 지평

김종수, 《위대한 인간승리, 사도 바울의 일생》에 붙여

김종회 한국문학평론가협회 회장, 경희대 교수

김종수 장로님의 저서 《위대한 인간승리, 사도 바울의 일생》을 책의 편집 중에 통독하고 한동안 말을 잊었습니다. 우선 평신도 문필가로서 성경에 기록된 한 인물에 대해 이토록 치열하게 고증하고 폭넓게 분석하고 합당한 결론을 도출할 수 있다는 사실이 놀라웠습니다. 단순히 바울의 일생을 연대기에 따라 순차적으로 기술한 것이 아니라 당대의 시대적 환경과 사회적 상황을 견주어 보면서 그 사실적 행적과 신앙의 깊이를 체현한 이 책은 그야말로 입체적으로 작성된 바울 평전이었습니다.

미상불 사도 바울이 없는 신약성경은 온전히 그 체계를 갖추기 어려울 것입니다. 특히 그는 '죄인 중에 내가 괴수라'(딤전 1:15)라는 자신의 고백과 같이, '괴수'에서 열방을 향한 복음 전도자로 변신해 간 불세출의 인물이며 오늘날 온 세계에 편만한 기독교 신앙의 머릿돌을 놓은 당사자였습니다. 그러므로 동시대에 믿음의 행복을 누리는 우리 후대들은 누구나 그의 진심 갈력한 전도와 구주 예수님을 향한 희생에 빚진 자들입니다. 이 글을 쓰는 필자처럼 의식이 성장한 연후에 뒤늦게 구원의 길에 들어선 경우에는, 여러 성경 인물 가운데서도 '빌 바를 모르는 영혼'에게 따뜻한 손을 내밀어 준 바울 사도가 특별한 존중의 대상이 아닐 수 없습니다.

김종수 장로님은 위대한 신앙적 존재요 동시에 가슴이 뜨거운 선각이었던 이 바울에게, 쉽고 편안하게 다가갈 수 있는 길을 열어주셨습니다. 그 자신의 웅숭깊은 신앙과 숙련된 글 솜씨가 함께 조화를 이루지 않고서는 어려운 일이었습니다. 지금까지 김 장로님은 첫 저서《국경을 넘는 사람들》에서 중국 단둥에서의 선교사역을, 두 번째 저서《빛과 어둠의 변화》에서 성경의 삼손 이야기를, 세 번째 저서《영웅을 세우는 손길》에서 다윗 밧세바의 사랑 이야기를, 그리고 네 번째 저서《물 위를 걸은 어부》에서 사도 베드로 평전을 다룸으로써 그 성경 해석과 문필의 역량을 한껏 고조했습니다. 이 같은 신앙과 문필의 악수와 동행이 없었더라면 지금까지 다섯 권에 이르는 탁발한 업적을 성취할 수 없었을 것입니다.

　　이 책은 모두 12개의 장으로 구성되어 있고 각 장은 사도 바울의 근본과 출생 및 성장, 랍비로의 입신, 예수님과 만남과 회심을 거쳐 곤고하기 이를 데 없는 신앙과 전도의 역정을 기술하고 있습니다. 온갖 고난을 확신에 찬 믿음의 힘으로 이기고 이방에 복음을 전파하는 사명을 실천하며 예루살렘에 대한 경고와 로마 황제에게 복음을 전하는 일에 이르기까지, 그의 일생은 곧 기독교 신앙 세계화의 길목을 확장한 것이었습니다. 그가 걸은 전도의 여행길은 오늘날 많은 믿음의 사람들에게 감동과 교훈을 전하는 순례길이 되었고, 그의 의연한 순교는 우리에게 믿음의 궁극이 어떤 영광의 표지를 드러내는지 웅변으로 증명하고 있습니다.

　　그런데 이 모든 역사적 사실과 신앙의 깊이가 김종수 장로님의 이 책 가운데 고스란히 담겨 있습니다. 매우 구체화 된 이야기의 재미는 소설의 그것에 육박하고, 적확하고 체계적인 자료의 섭렵과 수록은 다큐멘터리의 그것에 필적합니다. 이를테면 성경 인물 해석의 새로운 지평을 목도하게 합니다. 그리고 기독교 서적의 오랜 출판 경험을 가진 바이북스플러스 출판

사의 공들인 편집과 장정은 이 책의 품격을 높이는 데 함께 조화를 이루었습니다. 김 장로님의 인품과 신앙의 지경을 곁에서 지켜본 필자로서는 이 책의 상재와 더불어 앞으로도 그 문필이 더욱 창성하기를, 그리고 그로 인해 더 많은 독자들이 신앙의 본류로 회귀하는 역사가 흥왕하기를 결곡한 마음을 기도드립니다.

바울은 어려서부터 엄격한 유대 바리새인의 가정 교육을 받고 자랐다. 그러나 그가 태어났던 곳이 하필이면 당시 그리스 문화의 중심지였고, 그리스 문화를 대표하던 대학과 수십만 권의 장서를 자랑하던 도서관이 있던 시리아 다소(Syria Tarsus) 시였다.

바울은 이렇게 유대인의 대표적인 특징을 몸에 지니고 강력한 선진 문화였던 그리스 문화 속에서 자랐다. 그는 성인이 되어 유대인이면 부러워하던 랍비(율법 선생)가 되었고 당시 유대 종교를 반대하던 새로운 사람들을 증오하고 박해하는 일에 앞장을 섰다.

박해를 피해 달아나던 사람들을 추적하기 위해서 그가 시리아의 옛 수도 다마스커스를 가던 중에 갑자기 나타난 한 사람이 그의 이름을 부르면서 찾아왔다. 그를 찾아 이름을 부른 사람이 바로 그가 증오하며 추적하던 사람들의 선생이던 예수 그리스도였다. 그는 이미 십자가에 매달려 죽었던 사람이다. 그 예수가 부활했고 그를 찾아왔던 사건은 이후 바울을 새 사람으로 바꾸었다. 바울은 그의 종이 되어 온 세상을 바꾸는 큰 일을 해냈다.

그가 전도여행 중에 방문했던 여러 지역에 보낸 편지들이 지금 우리가 갖고 있는 신약 성경 27권 가운데 13권이 되었고, 비중으로 보면 신약 성경의 절반이 넘고도 남는다는 사실은 놀라운 일이 아닐 수 없다.

나는 바울과 그의 인생에 담긴 신비를 얘기책으로 쉽게 설명하려고 이 책을 썼다. 바울이 어렸을 때부터 배우고 연구했던 구약 성경을 통해서 어떻게 예수 그리스도의 비밀을 깨달았고, 뜨거운 아라비아 사막에서 3년간의 방황과 전도여행에서 당한 여러 위험과 죽을 고비를 넘기면서 그에게 나타났던 예수의 계시로 복음의 진실을 누구보다 잘 이해했는지를 독자들과 함께 찾아 보고 싶었다.

내게는 어려운 도전이었고 불가능해 보이기도 했다. 다행히 책을 마무리할 수 있었던 것은 오직 집 사람과 존경하는 한 선배의 격려 덕분이었다고 고백하며 고마움을 먼저 전한다.

차 례

1장 거룩한 성전의 끔찍한 음모

2장 다마스커스 가는 길에 나타난 이변

3장 사막의 사투, 방황하는 사울

4장 페트라에서 시작된 바울의 전도

5장 초대교회의 놀라운 변신

6장 땅 끝까지 전파하라

7장 교회의 도전과 시련

8장 교육과 주요 교리서의 기록

9장 예루살렘에 대한 최후의 경고

10장 세계의 중심에서

11장 땅 끝까지 달려가다

12장 황제에게 복음을 전하다

당신은 지금 얼마나 음란하고
죄 많은 사람인지 알고 있습니까

- 당신은 얼마나 음란한 사람이고 대통령이 되기에 부적합한 사람인가? 미국
  이 부끄러워해야 할 사람이다.
- 당신은 얼마나 죄 많은 사람인가? 당신은 내가 대통령이 되면 즉시 특별 검
  사를 임명해서 조사할 사람이다.

2016년 10월 16일, 국민의 대부분이 보고 있던 TV 토론회에서 대통령 후
보로 나선 두 사람이 서로 상대방을 공격하던 말이다. 두 사람은 세계 초 강
대국인 미국의 45대 대통령이 되려고 경쟁하던 공화당과 민주당 후보였다.
경쟁적 토론에서 누구나 상대방을 제압하기 위해서 전력을 다해 공격하는
것은 일상적인 일이지만 그들의 현재까지 삶을 조금만 들여다보면 상대방
에 대한 두 사람의 인신 공격은 그렇게 과장된 표현은 아니었다.

세계를 이끌어 가는 초강대국인 미국이 대통령에 뽑을 적합한 사람이 없
어서 하필이면 3번씩 이혼 경력이 있고 4번이나 파산선고를 하면서 이성
편력에 뛰어난 사람과 전직 대통령이란 신분과 차기 유력한 대선 후보라는
명성을 이용해서 천문학적 기금을 재단이라는 이름으로 받은 여성 가운데
한 사람을 대통령으로 꼭 뽑아야 할 만큼 미국 사회가 인물 빈곤을 겪고 있

는지 혹은 안으로 중병을 앓고 있는지 궁금했다.

세계 다른 나라 사정도 알고 보면 이보다 나은 것 같지는 않다. 불행하게도 이곳과 전혀 다르지 않게 음란하고 죄 많은 세대라는 점에는 누구도 이론이 없다. 자유 민주주의를 가장한 민중 세력이 나라의 틀을 흔들고 법과 질서는 여러 곳에서 심각할 정도로 훼손을 당하고 있다. 인간의 최소한의 생존 조건을 위협하는 것은 이뿐만 아니라 역사에 유례가 없는 일인 독재 종교 지배를 유지하기 위해서 세계를 점점 더 위태로운 대결로 몰고가는 사람들도 있다.

우리 사회에서 옳고 그른 판단 기준이 사라진 지가 오래되었다. 그리스도인마저 덩달아 세상을 따라가며 그리스도와 그리스도의 말씀을 사람들에게 얘기하고 전하기를 주저한다. 성경의 예언과 같이 오늘날은 그리스도인들이 세상의 눈치를 보면서 자신이 누구인지를 감추고 말하기를 부끄럽게 생각하기 시작했다. 경고음이 사방에서 소리를 내고 있지만 듣지도 못하고 눈이 있어도 보지를 못하고 있다.

바울 사도는 악하고 죄 많은 세대를 용감하게 고발하며 사람들에게 밝고 아름다운 인생을 보여주기 위해서 일생을 기꺼이 바쳤던 사람이다. 그가 비록 2천 년 전에 살았지만 그 때와 지금을 비교하면 세상과 인간의 본질은 변한 것이 별로 없고 고달프고 허망할 뿐이다. 바울이 살 당시에는 노예가 전체 인구의 절반이 넘었다. 그리고 그들의 삶은 비참했고 위험했다. 바울은 그 역시 일생 동안 예수 그리스도라는 주인을 섬기며 죽는 날까지 충성스럽게 달려갔던 노예였다. 그가 이 세상에서 남겼던 유일한 재산은 외투 한 벌과 몇 권의 두루마리 성경이 전부였다.

그의 제자로 의사였고 역사 학자였던 누가는 또 예수의 제자들이 서기

30-70년까지 40년 동안 유대에서 시작해서 로마 제국의 수도까지 복음을 전했던 기록을 〈사도행전〉이라는 귀중한 역사책에 자세히 담아서 후세에 남겼다. 그는 특히 스승인 바울의 삶을 의사로서 제자로서 함께 살며 누구보다 그의 삶을 깊이 있게 기록했다.

이 책의 목표는 누가의 기록을 중심으로 바울이 살았던 인생을 오늘의 관점에서 다시 조명하고 우리는, 그리고 당신들은 그들보다 더 나은 사람들인지 물어보는 일이다.

바울은 위대한 사도였고 당대 최고의 그리스인 지성이었다. 그가 이루었던 가장 중요한 일은 예수 그리스도를 유대 민족의 구세주로서 당시 그리스 로마인은 물론 온 인류의 구세주로 증명하고 그 진실을 땅 끝까지 전하는 것이었다. 그가 예수를 전하며 당했던 수많은 고난은 세상에서 진실의 추구는 늘 아픔을 부산물로 주지만 그것을 기쁨으로 감수하는 사람들이 인류의 역사를 바꾸는 사람, 진정한 용기를 가진 사람이라는 것을 알려주고 있다. 이 책이 꼭 밝혀 보고 싶었던 진실이다.

나는 책 이름을《위대한 인간 승리, 사도 바울의 일생》이라고 붙였다. 정확하게는 '한 위대한 인간의 승리, 사도 바울의 일생'을 줄인 것이다. 예수라는 진실한 표적을 알아보고 모든 것을 버리고 달렸던 바울의 생애는 그 자체가 위대한 인간의 승리였다. '위대한 인간'이라는 표현은 바울에게만 쓰이는 고유명사는 아니다. 그를 닮아 자신의 삶을 진실을 위해서 전력 투구하는 모든 사람에게도 붙일 수 있는 말이기 때문에 다소의 오해 여지는 있지만 줄여서 책 제목으로 썼다.

F.F. Bruce, 20세기 영국 신학자, 그의 책 이름

Bruce는 《Paul, Apostle of the heart set free》라는 명저를 냈다. 그 책 서두에 책 이름을 부친 이유를 고린도후서 3: 17절 말씀인 "주는 영이시니 주의 영이 계신 곳에는 자유가 있느니라. (Where the spirit of the Lord is, there is freedom)"라는 구절의 의미와 갈라디아서 2: 4, 3: 2절에 나타난 '자유, Freedom' 라는 단어를 인용한 것이라고 부제를 붙여 설명했다. 책 제목을 직역하면 〈바울, 자유의 몸이 된 사도〉라는 뜻이다.

그는 바리새인 가운데 지독한 바리새인으로 스데반 집사의 살해에 적극 가담했던 것은 물론 그 후에도 그리스도인들을 무자비하게 박해했던 용서받을 수 없는 죄인이었다. 그가 예수가 십자가에서 흘린 보혈로 죄 용서함을 받고 나서, 모든 죄에서 자유 함을 얻고 예수의 사도가 된 사실을 단문으로 표현한 말이 책의 제목이 되었고 책의 주제라고 설명했다.

1

장

거룩한 성전의
끔찍한 음모

성전 밀실의 음모자들

이심전심 어떤 목적을 이루기 위해서 한쪽이 다른 쪽을 설득하거나 부탁할 때는 상대방의 수고를 보상할 미끼가 필요하다. 서로 터놓고 요구를 전하고 문서에 계약하기가 어려울 때는 분위기나 단순한 언질을 통해서 상대방을 납득시키기도 한다. 그러나 이럴 필요가 없을 때도 있다. 서로가 상대방의 목적을 이해하고 그것을 말 없이 수긍하고 부탁 아닌 부탁을 할 때 우리는 이심전심으로 통했다고 말할 수 있다.

유대 민족은 처음부터 하나님이 선택한 유일한 민족이라는 자긍심을 가지고 다른 민족과는 다르다는 생각을 가지고 살아온 민족이다. 그들은 다른 민족과는 다를 뿐만 아니라 선민으로 우월하다는 생각을 가지고 세계 어느 나라에 가서 살든 눈총을 받으면서도 뭉쳐서 살았다. 예루살렘 성은 이런 유대 민족의 영원한 수도이고 마음의 고향이었다.

예루살렘 성에는 유대 민족을 자신의 민족으로 택한 하나님을 섬기는 거룩한 성전이 있다. 황금을 입힌 둥근 돔이 멀리서도 화려한 외모를 번쩍거리며 자랑하던 성전은 유대 민족의 자부심을 상징하던 아름다운 대리석 건물이었다. 중앙에는 하얀 대리석으로 다듬은 성전이 있고 옆으로는 부속 건물이 있었다. 그 가운데 한 방에는 유대인의 중요한 행사가 있을 때 모이는 미석이라고 불리던 석실이 있었다.

보석이 박힌 엄숙한 제사장의 복장을 한 대제사장과 다른 제사장들이 한 쪽에 앉아 있고 맞은 편에는 한 젊은 바리새인 랍비(율법 선생)가 공손히 서 있었다. 두 편이 마주 보면서 이따끔씩 심각한 표정을 지으며 즐겁게 얘기를 나누고 있었다.

  – 내가 최근 형제들의 활동에 대한 얘기를 들었네. 온 히브리 민족을 대신해서 대제사장인 내가 고맙다는 인사를 전하네.
  – 우리는 오직 거룩한 율법을 지키려는 마음에서 스데반을 법정에 세웠고 그 후에도 일당을 체포하고 공회의 재판을 받도록 했습니다. 여호와께 영광을 드립니다.

키 보다 높은 의자에 편히 앉아 사울의 대답을 듣던 대제사장 가야바 (Caiaphas)와 동석한 유대 제사장들이 함께 아멘 소리를 크게 냈다. 그들이 환영의 뜻으로 두 손도 들었다.

  – 지금까지 어떻게 하든 이단의 괴수 예수를 따르는 무리를 예루살렘 땅에서 뿌리를 뽑으려고 애썼지만 무리가 워낙 은밀하게 불경한 말을 퍼뜨리는 바람에 단속이 어려웠네. 우리가 걱정하던 참에 사울 형제가 우리를 대신해서 그 일을 잘 처리했네.
  – 대제사장님, 성전과 산헤드린 공회의 책임자로서 그 동안의 걱정을 우리가 짐작하고 남음이 있습니다. 나와 뜻을 같이 하는 회당 형제들이 이번에 괴악한 무리의 지도자 격인 스데반을 체포하고 지체 없이 공회에 넘겼습니다. 우리는 이런 이단의 무리를 조금도 용서할 수 없습니다.
  – 고맙네. 하나님의 말씀을 잘 따르고 수호하는 형제들의 수고를 우리 모두가

칭송하고 있네. 형제는 시리아 다마스커스에 살고 있다고 들었네. 형제의 고향이 다마스커스인가?

－아닙니다. 나는 길리기아 다소에 몇 대째 살고 있는 바리새인의 가정에서 태어났고 그곳에서 성년을 지내고 이곳 예루살렘에 와서 랍비 공부도 했습니다. 대제사장님도 잘 아시는 가말리엘 선생님 밑에서 율법을 공부했습니다. 우리는 어떤 이단도 용납할 수 없습니다.

사울은 흥분하면 큰 눈을 부릅뜨고 손을 내젓는 습관이 있었다. 그가 일자로 붙어 있는 듯한 두 눈썹을 꿈틀거리며 눈을 크게 떴다. 검은 일자 눈썹 밑에 두 눈이 빛을 뿜어내고 있었다. 대제사장 가야바는 짧은 목을 연신 끄덕이며 젊은 바리새인의 말을 경청했다.

－흠, 가말리엘 형제에게서 율법을 배웠다니 잘 했네. 자네 나이가 지금 30살은 넘지 않았는가?

－예, 올해 서른 살을 넘겼습니다. 지금은 다마스커스에서 10년 가까이 살면서 회당에서 말씀을 가르치며 살고 있습니다. 또 동업자들과 함께 유명한 길리기아 천막을 만들어 팔고 있습니다. 이번에 동업자들과 함께 유월절 행사에 참석하기 위해 왔다가 우리들이 모이는 회당에서 스데반이라는 작자를 만났습니다. 그가 예수 그리스도라는 이단 괴수를 따르며 거룩한 율법을 모독하는 망언을 듣고 참을 수가 없어서, 일제히 일어나 그를 잡아 죽이는 일을 했던 것입니다. 그 후에도 아시는 것처럼 우리는 예루살렘 성에 남아서 예수를 좇는 무리들을 찾아 내어 재판에 넘겼습니다.

－사울 형제, 스데반을 체포해서 산헤드린 공회의 재판에 넘긴 일은 상당한 보답을 받을 만한 중요한 성과였네. 이곳 젊은 형제들이 자네들과 같이 성전과 율법을 이단 사설로부터 지키려는 마음이 새롭게 일어나는 계기가 되었으면 하네. 로마 당국이 종교 문제에 관해서는 늘 불개입 원칙을 고수하기 때문에 요즘 여러 지방에서 이단 사설이 난무하고 이곳 예루살렘 성에서조차 큰 문제가 된 사실은 형제가 잘 알고 있지 않은가? 계속해서 협력해주기 바라네. 사울 형제는 언제 다마스커스로 돌아갈 예정인가?

산헤드린 공회(Sanhedrin)

초대교회 당시의 유대 산헤드린 공회는 이스라엘 민족의 최고 의결기관으로 성전을 관리하던 사두개파 제사장들과 민간에서 율법을 연구하고 가르치던 바리새파로 유력한 서기관과 랍비들, 그리고 마을이나 지역 장로들을 포함해서 모두 71명으로 구성된 공식 기관이다.

사두개파의 대제사장이 의장으로 중심에서 회의를 이끌었다. 바리새인은 산헤드린 공회의 회원이 되는 것을 큰 명예로 생각했다. 그리고 유대 각 지방에는 23명으로 구성된 소 산헤드린 회가 있어서 각 지역의 문제들을 다루었던 제도로 유대인의 오랜 전통이었다.

가야바는 배석하고 있는 제사장들을 한 번 주욱 돌아보았다. 그는 결단과 용기가 돋보이는 사울에게 속 마음을 조금씩 드러내기에 시작했다. 이들 성전 책임자들은 스데반의 처형 후에 많은 예수의 제자들이 예루살렘 성을 떠나 북방 여러 지역으로 도주한다는 정보를 듣고 있었다. 핍박을 피해서 예수를 따르던 유대인들이 예루살렘을 떠나서 페니키아의 두로와 시돈뿐만 아니라 아람의 다마스커스 지방으로 대거 이주하고 있었다.

　－예, 우리도 알고 있습니다. 이곳 예루살렘은 성전이 있고 신실한 성도들과 바리새인들이 살고 있기 때문에 저들을 감시하고, 필요하면 체포해서 벌을 줄 수 있습니다. 그러나 북방 여러 지역은 자유로운 로마 영토라서 지금 이들을 단속할 방법이 마땅치 않습니다. 대제사장님, 내가 살고 있는 다마스커스에는 지금 십만 명이나 되는 유대인들이 살고 있고 그곳을 경유해서 시리아 안디옥이나 다른 터키 지방으로 많은 유대인들이 이동하고 있습니다. 대제사장님이 내게 우리 다마스커스 여러 유대 회당에 보내는 공문을 산헤드린 공회의 이름으로 만들어준다면, 내가 나서서 이들 불량 유대인을 단속할 뜻이 있습니다.

　가야바는 18년(서기 18-36년)을 대제사장 자리를 지키며 유대의 모든 정치 종교를 주물렀던 노회한 사두개파의 대표였고 예수 그리스도를 로마 군에 넘겨 죽게 만들었던 장본인이었다. 목까지 허연 수염을 길게 느린 그는 짐짓 위엄을 보이려는 듯 흰 수염을 몇 번이고 쓰다듬어 내리며 목청을 가다듬었다. 사울과 같은 결단의 사나이가 나서만 준다면 더 이상 바랄 것이 없었다.

　예루살렘 성을 지키며 이곳을 떠나기 어려운 산헤드린 총수인 자신의 입장에서는 철저한 바리새인이고 피가 끓는 젊은 사울의 이용 가치는 무한했다. 당시 유대 밖 외국 각지에 나가 사는 유대 이민자(디아스포라)의 숫자가 유대 나라에 사는 유대인보다 수십 배 더 많았다. 예루살렘 성전과 산헤드린 공회는 이들 외국 거류민에 대한 법적 권한은 없었지만 신앙에 관계되는 사항은 상당한 권한을 행사하고 있었다. 최근 날로 늘어나는 이민 추세를 감안해서 산헤드린 공회는 각지 유대인 공동체의 대표를 공회 회원으로 초치하고 있었다. 이미 알렉산드리아와 같은 큰 지역 유대인 대표들이 산헤드린 공회 회원으로 예루살렘에 와 있었다. 그들은 예루살렘에서 제일 가깝고 큰 도시인 다마스커스 성의 대표도 뽑아야 했지만 의중의 사람을 고르기가 어려웠기 때문에 미루고 있었다.

가야바가 사울의 마음속을 살피면서 한동안 뜸을 들였다가 이윽고 정색을 하고 말문을 열었다.

– 사울 형제가 그렇게 협조만 한다면 우리는 바랄 것이 없네. 그리고 잘 되면 형제를 다마스커스 대표로 인정을 할 수도 있네.

사울이 가야바의 의외의 제안에 잠시 침묵했다. 그는 가야바의 말뜻을 모를 리가 없었다. 그가 고향인 다소(Tarsus)를 떠나 다마스커스에서 시작했던 천막 제조 사업은 아버지가 전수해주었던 기술로 대성공이었다. 그리고 그는 다마스커스에 있는 유대 회당에서 이미 정통 바리새인 랍비(율법 교사)로 이름이 나 있었다. 그는 유대인 회당에서 안식일마다 두루마리 성경을 읽고 말씀을 전했다. 그의 성경 강해는 힘이 있었고 논리적이어서 그리스 문화에 익숙했던 그곳에서 사람들의 인기를 끌었다. 안정된 천막 사업과 함께 그는 이미 적지 않은 명성을 누리고 있었고 이런 점을 가야바는 알았던 것이다. 사울의 얼굴이 조금씩 상기하기 시작했다. 가야바는 벌겋게 변하는 젊은 사울의 얼굴을 유심히 보면서 말을 이었다.

– 우리는 다마스커스를 다스리는 나바테안 왕국의 아레스타스 왕과 그 장관

들과도 잘 지내고 있네. 그곳 관리들에게 부탁하면 형제의 일을 도와줄 것이네. 사울 형제가 이단의 무리를 철저히 조사해서 지도급은 체포해서 이곳으로 압송하고 추종자들은 현지 나바테안 관리들에게 부탁해서 징계하면 무리들이 사라질 것이 분명하네. 사울 형제, 앞으로 우리와 함께 일을 같이 하세, 그리고 그곳이 정리되면 예루살렘에 와서 공회에 참가하는 것을 환영하겠네.

나바테안 왕국

현재 요르단 지역에 세웠던 아랍 민족의 왕국으로 가축을 이끌고 초지를 따라 이동하던 베두인 등 여러 유목 민족을 통일해서 세운 왕국으로 당시에는 아레스타스 4세가 유명한 사막 도시인 페트라에 수도를 건설하고 전성기를 누리고 있었다. 로마 정부의 지원을 받아 역사적으로 큰 도시였던 인접 다마스커스의 일부 지역을 관리하며 주변 유대 나라에 영향력을 행사하고 있었다.

다마스커스 출발

다마스커스 여러 유대인 회당에 보내는 산헤드린 공회의 공문과 사울에 대한 공회의 신임장은 대제사장의 지시로 즉시 작성되었다. 문서를 받은 사울은 곧 동료 두어 사람과 함께 당당하게 시리아 다마스커스를 향해서 길을 떠났다.

키는 작지만 딱 바라진 가슴을 힘껏 내밀고 큰 길을 걷고 있는 젊은 청년이 예루살렘 성루를 빠져 나와 잘 닦은 큰 길을 걷고 있었다. 그는 여러 사람들과 함께 길을 떠났지만 좀처럼 다른 이에게 앞장을 내주기 싫은 듯 늘 무리의 선두를 지키며 잰걸음으로 앞을 섰다. 씩씩한 겉모습보다 그의 마음은 더욱 뜨거운 열정으로 가득찼다. 그는 상쾌한 아침 햇살을 받고 눈이 부시게 밝은 앞길을 노려보면서 자신의 인생에 찾아온 신나는 행운을 음미했다. 그는 아랫배에서 올라오는 뜨거운 열정을 가슴으로 느끼며 빠른 걸음을 부지런히 옮겼다. 그는 랍비 복장을 한 사울이라는 청년이었다. 그가 시리아의 수도 다마스커스로 가는 큰 길을 힘있게 걷고 있었다. 그가 지금까지 달려온 자신의 엄격한 바리새인의 삶이 누구도 부러워하는 충실한 열매를 맺고 있는 것을 알았다. 그가 모든 이스라엘 사람들이 존경하던 산헤드린 공회원이 되는 것은 시간 문제였다. 이번 일만 잘 끝나면 대제사장의 추천을 받아 그는 새로운 젊은 공회원이 되는 것이다.

성전을 대표하는 사두개인 파의 지도자와 유대 율법을 대변하는 바리새인파가 힘을 합친다면 유대 종교의 전부라 해도 지나칠 것이 없었다. 평소에는 서로 싸우던 그들이 불처럼 일어나던 기독교를 말살하기 위한 일에는 신기하게 하나가 되었다. 이번 성전 음모는 두 종파의 좋은 합작품으로 거룩한 성전 뜰 안에 있는 아름다운 석실에서 은밀하게 진행되었던 것이다.

대제사장의 관심

사두개파의 수장인 대제사장은 5년 전 예수를 십자가에 죽이고 난 다음 그 추종자들 때문에 지금까지 골치를 썩이고 있었다. 예수 그리스도라는 수괴만 없어지면 그를 따르던 졸개 무리는 쉽게 무너져 사라질 줄 알았지만 현실은 정반대로 돌변했다. 베드로를 포함해서 그의 제자들이 많은 병자를 고치고 맹인의 눈을 뜨게 하는 여러 이적을 베풀었고, 사람들에게 예수가 십자가에 죽었다가 살아났고 그 살아난 예수의 능력이 병자와 맹인을 고쳤다고 주장하며 성전 관리들의 핍박을 여러 사람들 앞에서 무색하게 만들었다. 제사장들도 이들 예수의 제자들을 체포해서 감옥에 넣고 심문하려고 했으나, 무슨 영문인지 누구인지는 모르지만, 옥에 갇힌 제자들이 밤중에 나타난 사람의 안내로 감옥을 빠져 나갔고 그들이 다음날 아침 성전에 나타나서 여전히 예수의 부활과 복음을 전하며 기염을 토하던 때였다. 수많은 유대인들이 이들 예수의 제자들을 따르고 있었고 일부 제사장들까지 그들을 추종한다는 말이 들릴 정도였다. 이러다간 예루살렘 전체가 전에 없었던 강력한 새 힘에 밀려 무너질 판이었다.

유대인 종파

유대교에는 여러 종파가 있다. 기원전 2세기부터 시작했던 바리새(Pharisees)파를 비롯해서 그 후에 나타난 사두개(Saducees)파 그리고 바리새파에서 갈라진 에세네스(Essenes)파와 또한 헤롯 1세 때 유대 나라의 독립을 외치며 나타났던 열심당(Zealots)파로 갈라져 무슨 일이고 서로 다투고 반목하며 세월을 보냈다.

바울이 산헤드린 공회에서 재판을 받을 때도 이들 종파 사이에 있던 이질적 교리를 이용해서 위기를 넘긴 적이 있을 만큼 이들은 교리나 신앙 문제만 나오면 모든 것을 제쳐두고 반목과 다툼으로 일관했다.

바리새파는 구약성경을 전문적으로 연구하고 그것의 실천을 일반 국민에게 가르치고 지도하는 것을 본업으로 삼던 사람들이었다. 이들은 랍비라는 율법 선생과 마을마다 서기관이라는 직분을 두고 모든 계약을 대필하거나 작은 소송이나 윤리 문제를 율법에 의거해서 해결해주었다. 이들은 영생과 부활, 그리고 천국이나 천사를 다 믿었다. 특히 모든 인간의 평등을 주장하며 윤리적인 삶을 강조했다.

반면에 예루살렘 성전의 관리를 전담했던 소수의 사두개파는 영생과 부활 그리고 천사나 천국을 부인하던 극히 현실주의자들이었다. 로마와 그리스 문화의 수용을 긍정적으로 받아들였고, 로마 정부와 협력하면서 유대 민족의 자치를 추구했다. 사두개파는 유대의 최고 의결기관이던 산헤드린 공회의 다수를 이루었고 그 의장도 대제사장이 맡았다.

에세네스파는 율법과 모든 유대 전통을 고집하던 엄격하고 열성적인 사람들로 대체로 자신들만이 모여사는 신앙 공동체를 만들어 그 속에서 생활을 함께 했다. 그들은 결혼까지 멀리하며 근엄한 생활로 세속적인 생활을 피해서 정결한 삶을 추구하며 성경을 깊이 연구했다. 초대교회 때 세례요한도 이 파에 속했던 사람이다. 열심당파는 유대 민족의 독립을 외치며 일어났던 마카비 형제의 전례를 따라 폭력도 불사하는 행동주의파였다. 후에는 일부가 극단주의적 경향을 띠면서 로마의 지배에 항거해서 무장투쟁을 불사했고, 로마 정부에 협조적이던 유대 지도자들을 살해하기도 했다. 66년 로마 주둔군을 살해하며 일어났던 반 로마 투쟁을 일으켰고 그 결과 70년 예루살렘의 멸망을 초래했던 극단주의 독립운동을 주장하던 사람들이다. 서기 35년 스데반 집사를 돌로 살해했던 사건에서 보인 사울의 폭력성도 기원 전 2세기 시리아 왕조에 반대해서 일어난 유대 민족의 폭력적인 항거에서 기원을 찾는 사람도 있다.

대제사장 가야바가 절치부심 이들 제자들을 없앨 방법을 찾고 있었다. 그가 폭력을 불사하는 한 젊고 열정적인 바리새인을 찾아낸 것이다. 대제사장의 입장에서 꼭 필요했던 사람이고 그를 포섭하기 위해서 유대인이면 부러워하는 산헤드린 공회원이라는 미끼를 그에게 던졌고, 야심이 컸던 젊은 사울이 미끼를 기쁘게 받아들였던 것이다.

성전은 크고 화려했다. 그곳에서 예루살렘 성의 모든 일을 마음대로 다스리던 대제사장이나 제사장들이 입으로는 언제나 사랑을 외쳤지만 그들의 마음은 자신들의 높은 지위를 보전하고 소수인 사두개파의 이익을 보호하는 몸보신을 철저한 생활원칙으로 삼았다. 한편 민간에서 율법을 연구하며 사람들에게 거룩한 삶을 가르치던 바리새인들도 입으로는 거룩함과 공의를 외쳤어도 자부심으로 가득 찬 마음은 율법 선생님이라는 명예와 권위를 좇는 허식이 가득했다. 예수가 성전 관리들에게 붙잡히기 전에 이미 두 파벌의 탐욕과 외식을 드러나게 지적하며 회개할 것을 강력하게 요구했었다. 그들이 작심을 하고 예수가 누구인지 알아 볼 생각도 하지 않고 그를 죽였던 이유였다.

　세계 어느 곳에든지 또 아무리 시간이 지나도 변치 않는 인간의 탐욕과 지배 속성이었다. 큰 성전이나 후대의 교회도 하나님 대신 인간의 주장(제도)이 가득 차면 나타나는 불의한 모습이었다.

진실과 거짓의 대결

진실이나 사실이 반드시 거짓과 부정을 물리치는 것은 아니다. 인류 역사는 그 반대의 경우를 자주 보여주었고, 그 원인으로 사람들이 사는 세상의 복잡한 구조를 지적하고 있다. 스데반은 예루살렘에 살았던 한 유대인 디아스포라 (외국 태생 교포)로 비록 유대 나라 밖에서 태어나 자랐지만 복잡한 세상에서 바르게 살길을 찾아 유대 신앙의 본거지인 예루살렘 성에 돌아와 하나님 앞에서 진실을 추구하며 살았던 젊은이 가운데 한 사람이었다. 그는 초대교회에서 일곱 집사 가운데 하나로 뽑힐 만큼 신앙이 올곧아 주위 사람들의 칭찬을 받았던 사람이다.

초대교회가 사도들의 강력한 복음 증거로 믿는 사람들이 나날이 늘어나고 규모가 커질 때 사도들은 오히려 교회 성장에 따른 부작용을 매우 걱정했다. 교회의 기본은 기도와 말씀 전파에 있었고 책임을 맡은 사도들이 이런 기본적인 일에 매진해야 함에도 갑작스런 교회의 성장으로 생겨난 다른 이차적인 일들에 매이면서 문제가 생겼다. 사도들이 교회의 본질적인 일에 집중하기 위해서 많은 시간과 손길이 필요했던 봉사와 구제 등 교회의 또 다른 중요한 일을 젊은 집사들을 뽑아서 그들에게 전담시키기로 했다.

교회가 일곱 집사를 뽑았고 그 가운데 한 사람이 스데반 집사였다. 그는 늘 뜨거운 마음이 충만해서 교회 안의 일을 열심히 하면서도 밖에 나가서는 예수를 강력하게 증거했다. 그는 예수가 하나님이 보낸 구세주(Lord and Savior)이며, 그가 죽은 자들 가운데서 부활했고 승천해서 하나님 우편에 앉아 있다고 역설했다.

그가 어느 날 예루살렘 성에 있는 유대인 회당(Synagogue)에서 외국에서 태어나 그리스 말을 쓰는 유대인들과 예수의 부활 사건을 놓고 심한 언쟁에 휘말렸다.

바울 사도 당시의 유대인 회당(Synagogue)

유대인 회당의 시작은 기원전 6세기 예루살렘 성이 완전히 파괴되고 대부분의 유대인들이 바벨로니아의 포로로 끌려갔던 시절로 거슬러 올라간다. 유대인은 그 이후 자의든 타의든 세계 여러 곳에 흩어져 살았고, 어디든지 유대인 열 사람만 있으면 회당을 만들었고 회당을 중심으로 신앙 생활을 계속했던 전통이 예루살렘 성이 회복된 후에도 계속 이어져 성전이 있던 예루살렘 성에도 그리스계 유대인들이 모이는 마을에 회당이 있었다.

세계 여러 곳에 있던 회당은 지역 장로를 뽑아서 운영을 했고 안식일에는 누구든 자격이 있는 사람(랍비)은 성경을 읽고 설교를 할 수 있었다. 바울은 바리새파 랍비로 어느 곳에서도 복음을 전할 수가 있었기 때문에 그가 전도여행을 하며 가는 곳마다 방문 첫 장소가 유대인 회당이 되었다.

유대인 회당에는 두루마리 성경을 보관하던 방주형 궤가 있었고 그 중앙에는 강단이 설치되어 있었다. 보통은 남녀가 따로 앉아서 예배를 드렸다. 예배 형식은 초기에는 매우 단순해서 기도를 드리고 성경을 읽고 강론을 하는 간단한 것이었다가 시간이 지나면서 더 복잡한 형식을 취하게 되었다. 〈Synagogue〉는 원래 자유시민의 모임이라는 그리스 말 〈ekklesia〉를 번역한 말이다.

거짓이 진실을 이기는 세상

　사람이 죽은 뒤에 다시 살아난다는 부활 신앙을 부인하던 당시 유대인들의 일반적인 생각은 성령이 충만한 스데반 집사가 증거하는 예수 부활과 부활한 예수를 만났던 성도들의 생생한 간증 얘기를 이길 수가 없었다. 당시 예루살렘 성에는 부활했던 예수를 만났던 사람들이 많이 살아 있었고 그들의 간증을 누구도 말로는 우겨서 부정하기 어려웠다.

　이들의 치열한 논쟁에 참가했던 한 젊은이가 분을 삭이지 못하고 스데반을 꺾을 야비한 수를 생각해냈다. 정통 유대인이라고 자부하던 사람들이 시대의 조류를 거슬러 하나님의 진실을 증언하고 예언하던 많은 선지자들을 죽여 없애기 위해서 오래전부터 늘 사용하던 짓이었다.

　그들은 율법이 요구하는 증인들을 법정에 세워서 진실을 증거하던 사람들의 주장이나 행실을 불법 혹은 신성 모독으로 몰아붙여서 유죄를 선언하고 죽이는 방법이었다. 유대 율법은 두세 사람이 증인으로 선서를 하고 불법의 목격자로 증거를 하면 누구든지 유죄가 성립되었다.

　유대인들이 금과옥조로 믿고 따르는 십계명이 거짓 증인을 철저하게 금하고 엄중한 벌칙까지 정해 놓았지만 세대가 악해지면 이런 것은 무용지물이 되었다. 시대가 악하고 음란해지면 좋은 법도 순식간에 쓸모가 없어지는 것이 세상 법이다. 제사장과 성전 관리들이 5년 전에 예수를 체포해서 로마 총독에게 넘겨주고 십자가 형을 받게 했던 똑같은 수법과 죄목으로, 그들은 스데반 집사를 체포해서 유대인의 최고 재판소인 산헤드린 공회에 고발했고 그의 범죄를 직접 목격했다는 거짓 증인들을 여럿 세웠다.

　스데반 집사가 드디어 산헤드린 공회원들 앞에 섰다. 재판장 안에는 처음부터 심상치 않은 살기가 가득했다. 그러나 피고는 조금도 주눅든 기색이 없었다. 그가 진술대에 올라 자신이 믿는 예수 얘기를 청중에게 진지하게 전했다. 그는 예수를 십자가에 죽이기 위해서 산헤드린 공회가 이미 행했던 불법적인 행위를 낱낱이 지적했다.

그리고 이스라엘 민족이 전에도 무수한 의인(선지자)을 죄 없이 죽였던 역사를 들추어 냈을 때는 극도로 분노한 공회원들과 증인들이 귀를 막고 스데반 집사에게 달려들었다. 폭도로 돌변한 그들이 스데반 집사를 성밖으로 내던지고 미친 사람들같이 그에게 돌을 던졌다. 명백한 불법적인 살인 폭거였다. 그들은 한 사람의 의로운 생명을 그 자리에서 비참하게 끝냈다. 자칫 진실의 끝은 허망한 듯했다. 제사장들과 바리새파 지도자들을 따르던 많은 대중은 스데반의 살해를 당연한 것으로 받아들였고 아무 일도 없었든 것같이 승자로 돌아가 일상을 이어갔다.

승자 (Winner)의 이모저모

맹신의
약점

이런 살벌한 세상 무대 한 쪽에 승자였던 한 바리새인이 있었다. 그가 바로 시리아 다소(Tarsus) 출신 사울이었다. 그의 앞에는 스데반 집사에게 돌을 던지려는 증인들과 청년들이 벗어 던진 외투가 쌓여 있었다. 그는 스데반의 살인을 옳은 일이라고 동조하며 처음부터 끝까지 살인 모의에 가담했고 그들이 돌을 던지기 위해 벗어놓은 외투를 지켜주었다. 유대인의 관습은 누구든 죄인을 고발하고 유죄를 증명했던 증인들이 제일 먼저 돌을 던지게 했다.

사울의 대쪽같은 마음에는 사실 증오가 불타고 있었다. 이스라엘 사람들은 자신들을 선택하고 유일한 백성으로 삼은 하나님이 오래전에 민족의 지도자 모세를 통해 그들에게 주고 지키라고 명한 율법을 범할 뿐만 아니라 거룩한 성전을 모독하는 사람은 누구든지 죽음이라는 벌을 받는 것을 당연한 것으로 생각했다.

그에게는 예수나 그의 추종자들이 이런 배신자들이었고 역겹고 죽어야 마땅할 이단들이었다. 그는 유대인이 애지중지 오랜 기간을 신봉했던 성경(구약)의 내용과 사실을 누구보다 열심으로 믿었던 정통 바리새인이었다. 그는 또한 개인적으로는 진실을 가리기 전에 누구와도 논쟁에서 이기지 못하면 잠을 이루지 못하던 지독한 유대인이었다. 그러나 율법의 맹신과 바리새인의 열심은 그가 미처 알지 못했던 약점을 자신 안에 깊이 숨기고 있었다.

사울의 근본

사울은 유대 12 지파 가운데 베냐민 지파 사람으로 그들에게 흔한 이름인 사울(Saul)로 유대인 사회에 알려진 사람이다. 바울(Paul)은 그의 로마식 이름으로 예수 그리스도를 만나고 나서 로마의 영토로 변한 여러 이방* 나라에 복음을 전파하면서 쓰기 시작했던 이름이다.

《사도, 바울의 일생(The Apostle, a life of Paul)》의 존 폴락, 1969, England

《예수의 일생》,《캠브리지의 7인》,《허드슨 테일러》,《빌리 그래함》 등 많은 작품으로 잘 알려진 기독교 전기 작가인 존 폴락(John Pollack)은 어렸을 때부터 즐겨 읽었던 바울의 일생을 담은 《사도, 바울의 일생》이라는 책을 썼다. 그는 주로 성경을 중심으로 애기를 엮었고, 간혹 성경에서 설명이 없는 부분에 대해서는 한 원칙을 적용했다고 이렇게 밝혔다.

나는 증거로 유추할 수 없는 것을 억지로 찾지 않았고 단순 추측이 아닌 합리적인 유추를 목표로 했다. 유추와 단순 추측과는 큰 차이가 난다. 상상은 진실성을 결코 희생해서는 아니된다

I have sought to introduce nothing that cannot be deduced from the evidence and have aimed at inference rather than conjecture. There is a world of difference between inference and conjecture, and imagination must not roam at the cost of authenticity

저자는 폴락의 말에 전적으로 동감한다. 바울의 일생에는 이런 부분이 여러 곳에 있고 저자도 최선을 다해서 폴락의 의견을 따르려고 했다.

---

*유대인들은 유대를 포함해서 이스라엘 나라가 아닌 세계 모든 민족을 이방 민족 혹은 이방 나라로 표시했다.

그의 가정이나 성장 배경을 전하는 공식 기록이 남아 있는 것이 없기 때문에 그가 후에 기록했던 성경이 단편적으로 전하는 그의 출생과 성장과 교육 그리고 살았던 초기 거주지의 기록들을 참조해서 그의 출생 시기와 가정교육 그리고 사상의 근저를 여러 가지로 추정했다.

출생지. 길리기아 다소(Tarsus. Cilicia)

다소는 예루살렘에서 서북 쪽으로 약 400 마일 정도 떨어져 있던 해안 도시로 키드누스(Kidnus) 강을 따라 지중해로 나가는 항구가 있는 도시였다. 로마의 행정구역으로는 길리기아(Cilicia) 주의 수도로 그리스의 아덴 시나 이집트의 알렉산드리아 시를 능가하는 대학도시로 2십만 권의 장서를 자랑하던 도서관이 있었다. 각종 그리스 철학과 예술이 꽃을 피우던 큰 도시로 인근에 있는 시리아 안디옥(Syria Antioch) 시와 더불어 쌍벽을 이루는 그리스 도시였다.

로마의 명장 폼페이(Pompei) 장군이 일찍이 지중해를 괴롭히던 해적을 소탕하고 터키 북부 아르메니아 왕국을 평정하고 여세를 몰아 이곳에 진출했다. 그가 왕자들의 난으로 문란했던 시리아 왕조를 무너뜨린 때가 기원 전 67년이었고 다소는 그 중심 도시 가운데 하나였다.

로마 군의 진출로 오히려 정치적 사회적 안정을 찾은 다소는 짙은 그리스 문화에 번창하던 교역으로 당시 최고의 사치를 자랑하며 로마의 유력자들이 즐겨 찾던 휴양도시가 되었다. 세계 문화를 주도하던 그리스 문화의 전성기를 맞은 다소 시는 인구 5십 만 명을 자랑하던 큰 도시로 지난 천여 년 동안 북방 세력을 대표하던 바빌로니아와 페르시아 제국이 터키, 소아시아 그리고 팔레스타인 지역 여러 나라를 지배하면서 항상 남북 세력이 충돌했던 전쟁과 세력의 중요한 거점이었다.

　다소 시는 이런 역사적 이유로 로마 지배 아래서 특별한 배려를 받았다. 로마는 이곳 시민들에게 누구나 부러워하던 로마 시민권을 부여했고 다소를 길리기아(Cilicia) 주의 수도로 '자유시(Free City)'라는 특별한 지위를 주어 각종 면세와 제한되긴 했지만 도시의 자치를 허용했다. 자유시는 로마 정부가 시의 자치를 목적으로 일종의 시민 대표로 이루어진 대의원회 (Ekklesia)를 허용해서 자율적인 행정을 유도했다.

클레오파트라와 안토니우스의 사랑

　기원 전 41년 다소(Tarsus) 시는 당시 사람들을 놀라게 했던 세기의 사랑이 꽃을 피웠던 곳이다. 로마의 명장 마르크 안토니우스(Marcus Antonio) 장군이 지중해에서 번쩍거리는 요트를 타고 키드누스(Cydnus) 강을 따라 이곳 선착장에 도착했던 이집트의 미녀 클레오파트라를 환영했던 곳이다. 그녀의 역사적 도착을 기념해서 그녀가 내렸던 선착장에는 아름다운 석조 아치가 세워졌고 2천 년이라는 긴 세월이 흘렀지만 지금도 남아있다.

　다소는 계속된 지진과 전쟁으로 지금은 조그만 성읍으로 변했지만 클레오파트라의 방문을 기리는 돌탑은 역사의 증인으로 이곳을 찾는 방문자들에게 2천 년 전에 이곳에서 벌어졌던 세기의 로맨스를 말없이 전하고 있다.

길리기아 검은 천막(Cilicium Black tents)

　다소 시는 서북 쪽에 큰 산맥(Tarsus Mountains)이 도시의 등처럼 병풍을 둘렀고 그 아래로 넓은 벌판이 이어진다. 남쪽으로는 끝도 없이 펼쳐진 지중해 해안으로 나가는 항구와 키드누스 강이 연결된 도시다. 도시 가운데를 지나서 바다로 강물을 쏟아내는 키드누스 강이 시를 관통하고 있다. 넓은 산등성이에는 푸른 초장이 널려 있고 그곳에는 셀 수도 없는 검은 염소떼가 어느 때고 어슬렁거리며 풀을 뜯고 있었다. 검은 염소 털은 이 지역 주산물이 되었고 지역 특산물인 검고 질긴 천인 길리기움(Cilicium)을 짜는 데쓰였다. 다소에서 이 검은 천으로 만든 천막은 이곳을 오가는 대상과 유목민 그리고 로마 군인들이 선호하는 명품의 하나가 되었다.

다소의 유대인 사회 그리고 시민권

기원 전 170년경 시리아 안티오쿠스 에피파네스 왕은 다소 시를 신축하기 위해서 필요한 많은 건설 인력을 각지에서 유치했다. 그 중에 상당한 유대인이 이곳으로 흘러들어 왔고 시리아는 이들 유대인을 지원하기 위해서 유대인 우대 정책을 시행했다.

유대인들은 신도시 건설이 끝난 후에도 계속 이곳에 남아서 도시 인구의 한 축을 이루며 상당한 유대인 사회를 이루고 살았다. 그들은 풍요로운 땅에 살면서 재산과 지위를 확보했고 이후에 자치 제도가 허락된 이곳에서 시정에도 참여하면서 상당한 위치를 누렸다. 로마는 이곳 주민들에게 기원 전 66년 당시 일종의 특권으로 부러워하던 로마 시민권을 부여하는 인기 정책을 제공하며 시민들의 환심을 사려고 했다. 이 바람에 다소시의 시민이었던 많은 유대인에게도 로마 시민권이 주어졌다.

다소 시민의 긍지

다소는 그리스 문화의 중심 도시일 뿐만 아니라 오래전부터 지리적으로 가까이 있는 시리아 안디옥과 더불어 국제 정치의 중심 도시 가운데 하나였다. 로마 정부도 이 점을 인정하고 북쪽에 버티고 있던 숙적 페르시아(파티아) 왕국을 견제하기 위해서 다소 주민을 기회가 있을 때마다 면세 혜택과 자치권을 주면서 환대했다. 주민들이 대단한 긍지를 가지고 최고의 문화 도시로서 또 모든 것이 풍성하며 번창하는 도시의 주민으로 자부심을 가졌고, 로마 시민권이 허용하는 여러 가지 특권을 누리게 되었다. 사울의 가정도 이런 특혜를 누리던 유대인들 가운데 하나였다.

가정 배경

바울의 가정이 언제 또 어떻게 시리아 다소에 정착하게 되었는지를 밝혀 주는 공적 자료는 아무 데도 없다. 단지 바울이 자신의 출생지와 어린 시절 교육 등에 관해서 성경 몇 곳에서 전했던 말을 기초로 다음 몇 가지 사실을 확인할 수 있다.*

우선 바울은 그가 출생했던 시리아 다소에 대해서 상당한 자부심을 가지고 있었고, 필요한 때는 언제든지 그가 당시 그리스 문화가 꽃을 피웠던 큰 도시인 다소 출신임을 역설했다. 예수의 제자들이 가룟 유다를 빼고는 다

---

* 행 21:37-22:3, 행 22:25-29, 행 16:35-39, 행 25:10-12

갈릴리 호수의 어부들이거나 주변 시골 출신이었던 점을 생각하면 그는 출신부터 부유한 가정, 그것도 문화 도시인 다소의 시민권을 가졌고 그 위에 누구나 부러워하던 로마의 시민권까지 가졌던 당당한 사람이었다.

다소에 살던 그의 가정이 오래전 그리스 안티파네스 왕 때 이주했던 많은 유대인 가운데 한 가정이라면 바울의 가정은 이미 4, 5대째 그곳에서 기반을 단단히 쌓은 가정이었고, 혹은 자신의 아버지 때 그곳에 이민 온 가정이라면, 바울의 아버지가 다소에서 사업을 성공적으로 잘해서 상당한 재산을 확보한 유력한 집안일 수밖에는 없었다.

바울은 다소의 시민권을 가졌다고 말하며 다소에 있는 자기 가정이 그곳에서 상당한 지위를 누리던 명문 가정임을 간접적으로 표시했다. 당시 거액으로 거래되던 로마 시민권은 바울이 전도 활동을 하면서 각처에서 세도를 부리던 로마 정부의 관리나 군인들의 포악한 형벌에서 실제로 그를 수차 지켜주었다. 로마 시민권은 당시 정당한 이유도 재판도 없이 폭도들에게 묶여서 끌려다니던 유대인에게 여러 번의 살인적인 매질과 부당한 재판을 다행히 피할 수 있게 해준 유일한 방어 수단이 되었다.

바울은 마지막으로 그가 가진 로마 시민의 특권을 이용해서 예루살렘에서 폭도들에게 맞아 죽는 대신, 그가 복음 전파를 위해서 꿈에도 바라던 로마를 가게 되었고 세상 권력의 정상이던 로마의 황제 앞에서 재판을 받을 기회를 얻었다. 쇠사슬에 묶인 한 유대인 죄수가 황제에게 예수의 복음을 들고 전도를 했던 최초의 역사적인 사건이 되었다.

바울의 로마 시민권에 얽힌 사연

일반적으로 다소(Tarsus) 시민권이나 로마 시민권을 얻기 위해서는 그곳에 일정한 수준의 부동산이 있어야 했고 중개업자에게 거액을 주어야만 얻을 수 있는 것이었다. 어느 쪽이든 그의 가정은 다소에서 무시할 수 없는 재산을 가지고 유복하게 살던 바리새인 가정이라는 결론이다.

당시 로마 제국에 살던 대부분의 유대인이 자유인이나 노예(폭도로 체포되어 로마로 끌려갔던 유대인들)였던 사실에 비추어 보면 바울의 가정은 그들과 비교할 수 없는 상류층이었다.

로마 제국은 소수의 시민과 대다수의 노예 또는 자유인으로 구성된 피라미드형 사회구조였다. 전 인구의 반 이상(심할 때는 3분의 2가)이 자유가 없는 노예들로 시장에서 사고 팔던 짐승과 같은 사람들이었다.

일부 성경 학자들은 그가 사울이라는 이름으로 유대인에게 알려졌고 후에는 바울이라는 로마식 이름으로 알려진 사실과 그의 부친이 만들어 팔던 길리기움 천막이 로마 군부에 인기가 있었다는 점을 들어서 그의 가정이 로마 군부나 유력자와의 연관이 있었다고 주장했다.

그들은 유력자의 비호로 로마 군대에 천막을 대량 납품을 했을 것이고, 또 그의 도움으로 가족이 시민권을 받는 과정에서 당시 시민권을 알선한 후견인의 이름이 '바울'이었고 그 결과로 후견인의 이름인 바울이라는 로마 이름을 받지 않았을까 추측도 했다.

노예들이나 자유인이 로마 시민권을 받을 때는 그들의 보증인이 되었던 주인이나 후견인의 성을 물려 받는 것이 보통이었다. 그러나 이런 주장을 뒷받침할 역사적 근거는 남아 있는 것이 없다.

출생 시기

사울이 처음으로 성경무대에 등장했던 곳은 스데반 집사가 순교 당하던 예루살렘 성전이었다. "증인들이 옷을 벗어 사울이라 하는 청년의 발 앞에 두니라"(행 7:58)라는 구절에서 쓰인 '청년'이라는 그리스 말은 당시 나이가 20세에서 40세까지의 젊은 사람을 부르는 말이었다. 그리고 나이를 암시하는 그의 다른 언급은 빌레몬(Philemon)이라는 골로새 지방에 살던 부유한 성도에게 보냈던 그의 서신에서 나왔다. 그는 편지에서 자신을 "나이가 많은 나, 바울은"(몬 9)라고 표현했다. 이곳에 쓰인 '나이 많은'이라는 그리스 말은 당시 60세 이전 사람에게는 잘 쓰지 않는 말이라고 한다. 바울은 이 편지를 그가 일차로 로마 감옥에 갇혔을 때인 주후 60년경에 썼다. 스데판 집사의 순교를 서기 35년(NIV성경)으로 인정한다면 당시 바울의 나이를 젊게는 30세, 많게는 35세일 것이라는 추정이 가능했다.

아기 예수의 탄생을 주전 4,5년이라고(NIV성경)한다면 바울은 예수 보다 4-5년쯤 후에 세상에 태어났다고 볼 수 있다. 다른 저명한 바울 연구가(FF Bruce)도 바울의 탄생을 서기 10년 안으로 추정하고 있는 것을 보면 스데반 집사의 순교 당시 사울은 약 30 전후의 신진 바리새인 랍비(Rabbi)였다.

어린 시절 교육

바울의 어린 시절 교육은 전통적인 바리새인의 엄격한 가정교육이었다. 유대 종교를 따르던 유대인은 유대 땅에서 태어나 살든 이방 나라에서 태어나 살든 남자 아이를 낳으면 8일 만에 할례를 받게 했고, 아이가 만 5살이 되면 그 때부터 철저한 유대식 교육을 받고 자라게 했다. 바울의 아버지도 율법에 엄했던 바리새인이었다. 그가 바울에게 바리새인 교육을 어릴 때부터 철저히 가르쳤다.

보통 유대인 가정은 남자 아이가 5살이 되면 집에서 또는 유대인 회당에서 매주 열리는 성경 학교에 보내서 모세 오경을 가르쳤고, 그 후 아이가 10살이 되면 고등 교육인 탈무드의 일부인 미쉬나(Mishnah)를 13살까지 가르치는 것으로 정규 교육을 마치고 성인식을 갖게 했다. 15세 성년이 되면 그는 홀로 유학이나 장사를 할 수 있었다. 또한 청년이 18살이 되면 대부분의 부모가 신부를 정해서 결혼을 주선하는 것이 관습이었다.

다소의 정확한 교육 제도가 알려진 것이 없지만 사울도 예외가 아니라면 당시 지켜지던 바리새인의 관습에 따라 유대 교육과 정상적인 그리스 교육도 함께 받고 자랐을 것이다. 특히 총명했고 열심이었던 그는 어릴 때부터 성경 지식과 당시 유행하던 그리스 철학(논리)도 함께 공부했을 것이 틀림없다. 그는 주위에서 그에게 있는 남다른 재능을 인정받았고 앞으로 바리새인 선생(랍비)으로 촉망도 받았을 것이다. 성년이 되어서 그의 부모는 그를 유대인이 존경하는 랍비로 훈련시키려고 예루살렘에 보내서 전문적인 성경 교육을 더 받게 했다.

그리스 문화의 영향

사울은 유대 나라 안에 살던 유대인과는 다르게 그리스 언어와 철학에 정통했고 당대 유명 그리스 철학자들의 글을 인용할 만큼 그리스 문화를 잘 이해했다. 그가 다소에서 그리스 학교에 진학해서 상당한 교육을 받았을 가능성은 충분히 있었다. 사울의 가정은 정통 바리새인 가정이지만 당시 사회 정세를 무시할 정도로 폐쇄적인 가정은 아니었다.

사울이 자랑했던 자신의 다소 출신 신분과 로마 시민권은 그의 가정이 세계를 지배하던 로마 제국과 그리스 문화를 충분히 이해했던 것을 증명하고도 남음이 있다. 그가 유년기부터 그의 중심에 예루살렘에 사는 유대인과는 다르게 개방적인 성격을 갖게 되었고 나아가 세계적인 안목과 관심을 가질 만큼 시야가 넓은 사람으로 자라는 배경이 되었다.

그가 후에 땀 흘려 일했던 그리스 소아시아 지역 여러 선교지에 보내는 서신에서 그리스에서 시작했던 올림픽 경기와 로마 군대의 엄한 규율과 훈련을 좋은 표본으로 지적하며 성도들을 격려했던 점은 그가 그리스 문화와 로마의 탁월한 군사력을 완벽하게 이해했던 사실을 증명하고 남음이 있다. 그는 유대인으로 그가 살았던 두 세계의 형세를 잘 알았고 그들의 영향을 자신의 인격 속에 모두 담고 살았다는 것을 증명하고 있다.

바리새인 그리고 유대 랍비

바리새인의 전통

사울은 바리새인 아버지에게서 받은 진한 혈통과 어린 시절부터 받았던 바리새인 교육으로 뼈 속까지 전형적인 바리새인이었다.

사울은 아버지로부터 철저한 교육을 받았고 그 자신도 즐겨 모세 오경과 다른 성경을 공부하며 엄격한 바리새인으로 자랐다. 그가 시간이 한참 흐른 후에 자신이 전도했던 성도들에게 자신을 소개하며 "나는 바리새인 중에 바리새인*"이라고 소개하고 "유대 종교를 지나치게 믿어" 누구에게도 빠지지 않는 철저한 바리새인이고 "조상의 전통"에 남보다 더 열심을 내었던 사람이라고 자신을 밝혔던 까닭이다.

사울은 이국이던 그리스 나라에서 태어나 적어도 이민 2세대로 자랐다. 그가 차츰 자신이 앞으로 의미 있는 인생을 살아나갈 길을 찾았다. 그는 자신의 인생을 외국에 사는 유대인 회당에 모이는 유대인들과 또 그곳에 참석하는 그리스 사람들에게 훌륭한 유대 랍비가 되어 율법을 가르치는 것을 평생 직업으로 선택했다. 가족들의 적극적인 후원을 받은 그가 본격적인 율법 선생(Rabbi)이 되려는 결심을 하고 예루살렘 유학 길에 올랐던 이유였다.

---

* 갈 1:14

유대인의 가족 전통

유대인에게 좋은 아버지는 아들에게 세 가지를 꼭 물려준다는 오랜 전통이 있다.

첫 번째가 율법이다. 유대인들이 지키는 율법에는 모세의 오경에서 시작해서 성경이 정한 율법과 그리고 구전으로 전해지는 율법의 보완 조항들(율법을 보호하는 울타리)이 있었다. 그들은 아버지가 아들에게, 회당이나 학교 선생님이 학생들에게 입에서 입으로 전해지는 율법의 세부 실천 조목이나 규정이 엄청나게 많았다. 좋은 아버지는 이들 율법을 아들에게 가르쳐 지키도록 하는 것을 첫째 의무로 생각했다.

두 번째는 아들의 나이가 성년이 지나고 18세가 되면 의당 마땅한 처녀를 구해서 아들을 결혼시키는 일이었다. 탈무드나 다른 유대 관습은 회당이나 학교에서 사람과 아이들에게 율법을 가르치는 선생(랍비)은 반드시 결혼을 해야 한다고 가르쳤다. 그들은 하나님이 인간을 남자와 여자로 만들고 그들에게 땅에서 번성하고 충만하라는 축복의 말씀을 충실히 지키는 사람이 여러 사람의 선생이 되어야 마땅하다는 생각에서 아버지가 마땅히 해야 할 두 번째 일이었다.

세 번째는 아들에게 자신의 손으로 무엇을 해서 독립적으로 살아가도록 한 가지 기술이나 노동 일은 반드시 가르쳐야 한다는 것이다. 유대 회당에서 가르치는 선생(랍비)들도 무엇이 되든 한 가지 일은 자신의 손으로 해서 그것으로 생계를 꾸려가면서 학생들을 가르쳤다.

바울이 평생 전도하며 어디서나 천막 만드는 일을 해서 자신의 경비는 물론 함께 일하던 동료의 경비까지도 벌었던 이유였다. 유대인이 아무 일이든 다른 사람들이 하지 않는 일이라도 부끄러워하지 않고 열심히 해서 어디서든 성공을 했던 바탕이 여기서 나왔다.

예루살렘의 명문 랍비 학교

예루살렘의 명문 랍비 학교

초대교회 당시에 예루살렘에는 성경(구약)과 율법의 바른 해석을 가르치는 대표적인 두 랍비(바리새파 선생) 학교가 있었다.

하나는 유명한 랍반 힐렐(Rabban Hillel)이 시작했던 랍비 학교와 다른 학교는 랍반 삼마이(Rabban Shammai)가 열었던 학교였다.(랍반, Rabban은 일반 Rabbi를 가르치는 한 단계 위의 율법 선생) 둘 가운데 삼마이 학교는 정통 유대교로 매우 엄격한 순수 교리와 율법 조항들을 최대한 확대해서 가르치고 엄격하게 고수했던 학교였고, 반면에 가말리엘이 이끌던 힐렐 학교는 율법의 해석에 현실성과 융통성을 더 허용했고 성도가 지켜야 할 율법도 최소한으로 줄이려고 했다.

두 학교가 지향했던 것은 율법을 연구하고 실생활에 적용해서 사람들이 성경이 가르치는 대로 살도록 지도하고 바리새인 청년들 가운데 우수한 사람을 뽑아서 랍비로 양성하는 것이었다. 그러나 근본 취지와는 다르게 두 학교가 서로 반목하고 어느 때고 토론이 벌어지면 극도로 대립했다. 당시 예루살렘의 어지러운 세태를 반영하듯 유대인들은 여러 종파로 갈라져 서로 다투고 대립하며 평온한 날을 찾기 힘들었다

가말리엘 문하

사울의 아버지는 전형적인 바리새인이었지만 가족과 함께 이미 그리스 문화 속에 오랫동안 살았던 어느 면에서는 상당히 개방적인 디아스포라(교포)였다. 사울은 자연스럽게 가말리엘 문하로 들어가 수학했다. 가말리엘이 이끌던 이 학교는 비교적 포용성이 컸고 율법의 해석에 개방적이었다. 교장이며 유능한 선생이었던 가말리엘은 학교를 처음으로 개설했던 힐렐 랍

반의 손자로 힐렐이 죽고 나서 학교를 맡아서 학생들을 가르쳤다. 그는 존경을 받는 성경 학자로 당대 율법의 권위자였고 유대 최고 의결기관인 산헤드린 공회의 회원이었다.

그는 사도 베드로와 요한이 산헤드린 공회의 재판을 받을 때 극단적인 형벌을 반대하고 절제된 중재안을 제시해서 곤경에 처한 사도들의 목숨을 살렸던 사람이다. 그의 관용과 절제를 잘 나타내주었던 사건이었다. 후대 사람들은 그를 '율법의 꽃'이라고 칭송했고, 그가 죽자 이스라엘에서 "율법의 영광이 사라졌다"고 슬퍼했다고 전한다.

젊은 랍비 사울

사울은 가말리엘 문하생으로 예루살렘에 오랫동안 체류했다. 학자들은 그가 13살 늦어도 15살부터 5년 동안 예루살렘 힐렐 학교에 유학했을 것이라고 추정했다. 그는 유학 당시 비슷한 환경에서 그곳에 유학을 왔던 디아스포라 청년들과 자신의 장기를 살려 활발하게 성경 토론을 벌이며 교류했다. 이들 디아스포라 청년들은 따로 그들만이 모이는 예루살렘 회당(Synagogue)에서 자주 모여 성경을 읽고 참석자 가운데 원하는 사람이 강론을 하고 이어서 여러 사람이 토론에 참가하며 지냈다.

사울은 이때도 탁월한 성경 지식과 율법에 대한 열심으로 여러 사람의 눈길을 끌었다. 후일 그를 성경 선생과 지도자로 안디옥 교회로 초빙했던 바나바와 다른 젊은 사람(유명한 서기관으로 후일 바울 선교에 동참했던 서기관 실라)과의 교제도 그가 가말리엘 문하생으로 또는 회당에서 만나 성경과 율법을 토론하며 알게 되었다. 사울은 다소에서 자란 어린 시절부터 예루살

렘 유학을 통해서 어디서나 명석한 두뇌와 성경 지식으로 장래 율법 선생
으로 촉망을 받았다.

랍비(Rabbi)

　유대교의 랍비는 율법 선생 혹은 율법 학자라는 의미로 쓰여진 말로 유래
는 '나의 선생님'이라는 히브리어의 존칭에서 나온 말이다. 랍비라는 말은 주
로 1세기에 보편화 되었고 예수를 따르던 사람들이 예수를 불렀던 존칭이기
도 했다. 랍비가 되기 위해서는 상당한 교육을 받아야 했고 예루살렘에 있던
두 학교가 초대교회 당시에 유명했기 때문에 사울도 그 중 하나인 가말리엘
학교에 유학했던 것이다.

　그는 유대 나라 밖에서 그리스 말을 쓰던 많은 유대인들이 흔히 유대 전
통을 버리고 그리스 풍속을 따르며 살던 폐단을 직접 보면서 자란 사람이
었다. 어떤 사람들은 유대 종교를 완전히 버리고 이방, 특히 그리스인과 동
화되어 아람어(히브리어의 갈대아식 방언, 후에 히브리 말을 대신해서 전 팔레스타인
에서 통용되던 말) 대신 그리스 말을 사용하고 그리스인과 똑같이 세속에 물
들어 살았다. 다른 사람들은 대부분 유대 종교를 겉으로는 고수했지만 모
든 율법 조항을 엄격하게 지키는 문제에 있어서는 상당한 차이가 있었다.
그 밖에도 사마리아인처럼 유대 종교는 믿지만 혈통의 순수성을 잃고 유대
인도 이방인도 아닌 중간 지대의 사람들도 있었다. 사울과 같은 경건주의
바리새인들은 이들 모두를 몹시 경멸했다.

　20살을 넘겼고, 키는 작지만 긴 수염을 기른 의젓한 바울은 이런 출세 길
에서 멀리 떨어져 있지 않았다. 그는 자신이 나갈 바리새인의 길에 대해서
확실한 신념이 있었고 강한 자부심으로 무슨 일에나 열심을 보였다.

청년 랍비의 행적
(서기 25-35년)

다마스커스를
중심으로

사울이 예루살렘에서 랍비 교육을 끝내고 청년 성경 학자로 두각을 나타내기 시작했던 시기는 서기 25년 이후, 그의 나이가 약관 20-25세를 전후한 때였다.

그 때로부터 10년 후인 서기 35년경 스데반 집사의 순교 장면에서 그가 다시 예루살렘에 나타났던 것을 계산하면 사울이 가말리엘 문하를 떠나서 10년 정도의 시간이 지난 후였다.

서기 25년에서 35년 사이에 그가 어디에서 살며 무엇을 했는지 궁금에 쌓인 긴 시간이 있다. 후세 학자들이 이 기간에 대해서 여러 가지 가능성을 주장했다.

대부분은 그가 다소를 떠나서 시리아에 있는 주변 큰 도시인 시리아 안디옥과 다마스커스(현 시리아의 수도) 지역을 두루 돌며 그리스 출신 유대인들의 회당에서 율법을 가르치며 랍비로서 명성을 쌓았을 것으로 보았다. 그런 가운데 일부 학자*들은 그가 예루살렘에서 가까운 다마스커스에서 천막 사업을 하며 랍비로서 일가를 이루고 살았다는 주장을 여러 이유를 들

---

* *Saul of Tarsus* by Mathew Murray

어 피력하고 있다. 무엇보다 사울이 대제사장 가야바가 써준 공문을 가지고 다마스커스 성을 방문하려고 떠났던 일은 예루살렘 성에서 가깝기도 했지만 그가 다마스커스에 상당한 생활 기반을 가졌거나 연고가 있었던 사실을 입증하고 있다.

유대와 갈릴리의 이변

그 사이에 유대와 갈릴리에서 큰 사건이 있었다. 예수가 자신을 세상에 드러내고 복음을 전하기 시작했던 때가 기원 26년 가을이었고, 끝내 십자가에서 죽고 부활했던 사건이 30년 봄이었다.(유대 달력은 1년을 10개월로 계절이 겨울, 봄, 여름, 가을 순서로 끝난다) 부활 사건 이후에 사도들이 예루살렘을 떠나지 않고 부활의 증인으로 예수의 복음을 전했을 때 놀랍게도 수많은 유대교 사람들이 예수 그리스도를 믿기 시작했다. 사도들의 강력한 증언과 이에 따른 기적들이 나타나면서 복음을 들었던 외국 거주 유대인들이 예수를 믿고 자신들이 살던 땅으로 복음을 가지고 돌아갔다.

이들 초대교회 성도들이 예루살렘 성에서 불같이 일어났던 시기가 바로 사울이 랍비로 시리아 다마스커스 지역에서, 혹은 예루살렘에서 활동하던 때였다. 사울이 스데반 집사가 순교하던 당시, 그의 고백처럼 그가 이 사건의 배후 주모자 혹은 그 주모자들 가운데 한 사람으로 중요한 역할을 감당했다면 그가 다마스커스에 거주지를 두고 예루살렘에도 상당 기간 머물렀다고 추정하는 데 무리가 없어 보인다.

예수 혹은 사도들과의 조우

사울이 최초로 예수를 만났던 때는 그가 기독교인을 잡아들이기 위해서 시리아 다마스커스로 가는 도중이었고 그 이전에는 만난 일이 없었다. 그가 만났다면 그 중요한 사건을 후에 반드시 어디에서든 언급했을 것이다.

또 그가 처음으로 초대교회 사도들을 만났을 때는 그가 아라비아의 광야로 나가 3년을 보내고 난 다음에 기독교인으로는 처음으로 예루살렘을 방문해서 사도 베드로와 야고보 장로를 만났다. 그 때가 서기 38─39년으로 추정된다. 바울은 그 전에는 직접 베드로나 다른 사도들을 만난 일이 없었다.

그러나 사울이 새롭게 일어나던 기독교, 특히 예수의 복음과 초대교회 사도들의 활약을 전혀 몰랐다고 볼 수는 없다. 율법에 투철했고 성경 해석과 실천에 열심이었던 그가 새롭게 등장한 기독교 소식을 몰랐을 리는 없다. 신진 바리새인 학자로 그는 오히려 그들의 주장을 적극적으로 비판하는 반대편에 섰었다. 유대인들은 그 무렵 무섭게 일어나는 초대교회를 없애기 위해 사도들, 특히 베드로와 요한 사도를 여러 차례 감옥에 집어 넣었고 산헤드린 공회를 소집해서 죽이려고 했지만, 사도들의 손으로 나타난 기적과 무식한 어부로 알았던 베드로의 놀라운 간증을 어떻게 부인도 반박할 수도 없어서 번번이 실패했다. 성전을 지키던 사두개인파와 율법주의 바리새인파가 서로 그들을 처치할 기회를 보고 있었다. 늘 다투기만 하던 유대 두 종파의 이해가 무섭게 번지는 신흥 기독교 세력을 제거하는 일에는 하나가 되었다.

강한 신념과 높아진 위상

사울은 가말리엘의 문하생으로 공부할 때부터 재능과 열심에서 두각을 나타냈다. 그가 바리새인 랍비가 되고 나서 시리아나 길리기아 여러 지역의 유대 회당에서 활동했던 뛰어난 사역은 곧 바로 예루살렘에 알려졌다. 그는 외국이긴 하지만 촉망을 받는 성경 학자요, 뛰어난 랍비이고 엄격한 바리새인 젊은이로 인정을 받았다.

그가 산헤드린 공회의 주류였고 성전을 활동 무대로 삼았던 관료적 사두개파와 어떻게 연결이 되었는지, 갑자기 터진 스데반 집사 사건으로 급속히 가까워졌는지 알려진 것은 없지만 사울이 사두개파 특히 대제사장까지 인정하는 중요한 위치에 올라갔던 것은 사실이다.

일부 성경 학자들은 사울이 당시 이미 산헤드린 공회의 정식 회원이 되었거나 적어도 공회가 지명하는 참석자로 재판에서 죄인에게 유죄 무죄를 결정하는 투표권을 가졌다고 성경의 짧은 언급*을 들어서 주장하고 있다.

사실 예수는 성전 관리들과 바리새인들을 심하게 책망했고 그들의 세상 욕심과 위선을 기회가 있을 때마다 지적하고 자신의 복음을 전파했다. 그의 뒤를 이어 사도들도 예수에 못지 않게 유대 나라의 썩은 종교 지도자들을 규탄하고 그들이 엄격하게 지키는 율법의 일부를 무시하기조차 했다. 율법을 지키는 일에 생명을 걸었던 바리새인들과 거룩한 성전을 장악해서 권세를 누리기 원했던 사두개파가 예수와 그의 제자들을 신성모독과 이단

---

* 행 22:20

의 무리라고 정죄했던 이유였다.

　사울이 정통 바리새인으로 분노를 감추지 않고 그들의 문제점을 논리적으로 지적하며 이들을 세상에서 없애는 것이 자신이 맡아 해야 할 일이라고 믿게 되었다. 신진 바리새인으로 원했던 일이었고, 그 다음에는 당연한 순서로 그에게 주어질 명예와 높은 자리도 확실히 보았던 것이다.

유대인 디아스포라(Jewish Diaspora)

　통일 왕국을 이루었던 다윗 왕조는 2대 솔로몬 왕이 죽자 남북 이스라엘로 나뉘었고, 그 후에 남이스라엘은 앗시리아에 그리고 북이스라엘마저 기원전 586년에 바벨로니아 왕국에 의해서 멸망당해 이스라엘 사람들이 대거 포로로 잡혀서 바벨론 지역에 끌려 갔다. 이들이 포로로 끌려간 지역에서 공동체를 이루고 그들의 고유한 삶을 계속했다.

　이때부터 유대인들은 외국의 지배 아래서 유대를 떠나 세계 여러 곳에 나가 살게 되었다. 이들과 같이 이스라엘 본국을 떠났던 유대인들을 '흩어진 사람들'이라는 그리스 말인 디아스포라(Diaspora)라고 불렀다. 이들 유대인 디아스포라는 어디에 나가 살든지 현지 동화 대신에 그들의 율법과 전통을 고수하며 살았고 지금까지 그들의 고유한 문화를 계승하고 민족의 동질성을 유지할 수 있었다

유대 지도자들의 무능과
그리스파 유대인들의 새로운 주장

기회가
사울에게 바리새인 학자이며 신예 랍비로서 그동안 길리기아와 시
리아 다마스커스 지역에 살던 유대인 사회에서 주목을 받
으면서 활동하던 바울에게 화려한 예루살렘 무대가 열리
기 시작했다. 유대 종교 안에서 갈라진 종파간의 극심한
갈등과 지도층의 무기력으로 신진 바리새인이 이스라엘 민족의 종교와 정
치 중심지였던 예루살렘에서 두각을 나타낼 기회가 생겼던 것이다.

베드로를 비롯해서 초대교회 지도자들의 복음 전파가 충만한 은혜 가운
데 기적들이 나타나며 많은 열매를 맺었다. 유대인들이, 심지어 제사장의
무리조차 그 일부가 사도들의 신앙을 받아들이면서 유대교에 심각한 교리
문제를 일으켰다. 사두개파인 성전 관리들은 성령의 존재를 부인하던 종파
였다. 그들이 부인했지만 강력한 새 힘으로 등장한 성령의 큰 역사가 성전
안과 유대인 회당에서 불처럼 일어났다. 예수만 잡아 죽이면 얼마 안 되는
이단 예수의 추종자들은 혼비백산해서 흩어지리라고 낙관했던 사두개파나
바리새파의 초기 대응이 실패했던 것이 분명했다.

오히려 십자가에 죽었던 예수가 삼일 만에 부활한 후에 제자들과 5백여
명이나 되는 추종자들 앞에 나타난 사건이 예루살렘에 알려지면서 유대교
지도부는 불같이 일어나던 새로운 신앙의 전파를 어떻게 막을 것인지를 두

고 고심하면서 시간은 흘러갔다. 이런 때에 젊은 랍비 사울에게 황금 같은 출세의 길이 열렸다. 무슨 일에나 열정을 가지고 로마 군사처럼 전진하던 그의 인생길이 순탄할수록 숨겨졌던 야심도 모습을 드러내며 몰라보게 커졌다. 지금까지 큰일을 냈던 인물들이 밟는 전형적인 출세의 길이었고 위험한 선택이었다.

그리스파 유대인 회당

예루살렘 종교 지도자들이 암중모색할 때 성내에 있는 그리스파 유대인 회당에서도 새로운 기풍이 일기 시작했다. 스데반 집사의 논쟁 사건도 이 가운데 하나였다.

그리스파 유대인들은 멀리서는 아프리카와 이집트 그리고 터키, 길리기아와 시리아 지역에서 온 그리스 지역 출신 유대인들이었다. 이들은 태어나서부터 그리스 말을 사용하며 자랐고 그들의 교육 배경도 유대 교육과 함께 그리스 문화 속에서 학문을 배우면서 자란 사람들이었다.

그들의 생활이나 기본적 사고가 예루살렘에서 자란 유대 지도자들과는 크게 달랐다. 그들이 성전과는 별개로 자신들의 회당에서 매일 모여 말씀을 읽고 여러 신앙 및 정치 주제를 토론하며 지냈다. 사람들은 이곳을 자유인의 회당이라고도 불렀다. 이들은 그리스 문화권에 살던 사람들로 같은 문화를 공유했고 말도 그리스 말을 사용하며 예루살렘 주민들과는 여러 면에서 달랐고 함께 어울리지도 못했다. 이들이 예루살렘에 온 이유는 순수했다. 그들은 풍성한 선진 문화 속에서 정신적 빈곤을 느끼고 그것을 채우기 위해서 예루살렘에 왔던 것이다. 불행하게도 예루살렘 성은 정신적으로 깊은 수

렁에 빠졌고 이들의 영적 갈급을 채워줄 능력을 상실한 지가 오래 되었다.

스데반 집사도 외국에서 태어난 유대인(디아스포라)이었고 진실을 찾아 예루살렘에 와서 예수를 만났던 사람이다. 그가 이곳에 자주 들러 자신이 찾아낸 진실인 예수의 복음을 힘껏 전했다. 어느 날 그들은 서로 조심하던 율법 토론에 빠져 격렬한 논쟁이 벌어졌고, 논쟁은 본래의 좋은 뜻을 벗어나 마침내 다툼과 증오로 돌변했다. 이 과정에서 사울은 엄격한 랍비로서 그리고 율법에 밝은 학자로서 시비를 가려야 하는 일을 맡게 되었다. 율법에 관한한 사울보다 더 명석하고 실천적인 사람은 예루살렘 성내에 없었다.

대쪽같은 그가 지금까지 참아 왔던 예수 신앙에 대한 관용을 정리해야 할 시점이었다. 그는 지금까지 달려왔던 성공적인 그의 출세 가도를 바꾸고 싶지 않았다. 그는 새로 일어나는 기독교를 처음부터 유대 종교에서 벗어난 이단 사상으로 보았다. 그는 철저하게 예수의 신성을 부인했고, 하나님의 아들이 세상에 와서 부끄러운 십자가를 지고 그렇게 죽을 수가 없다고 믿었던 사람이다.

이단을 처형하는 배후 주모자로

그들은 결국 스데반 집사를 죽일 방법을 찾았다. 스데반 집사를 알던 유대인 가운데 스데반을 신성모독 죄로 고발하고 거짓 증인으로 나설 사람들은 많았다. 산헤드린 공회에 중대한 죄목으로 고발할 때는 증인들이 필요했다. 그들은 스데반이 성전을 모독하는 말을 했고 그것을 직접 들었다는 증인이 필요했다. 또 스데반이 오래된 율법을 시대의 변화에 따라서 수정해야 한다고 주장했고 그것을 옆에서 들었다는 증인들을 찾았다. 일부 개방적이던 그리스파 유대인들이 유대 나라 밖에서 율법의 해석을 시대에 맞게 고쳐야 한다는 주장을 조심스럽게 내놓기 시작했던 때였다. 예루살렘에 살던 사울이나 정통 유대인들은 이를 이단으로 간주하며 극도로 경계했다.

이런 계획적인 증인 매수와 산헤드린 공회를 충동해서 그 소집과 재판을 주선한 배후에 주모자가 있었던 것은 당연했다. 사울의 제자로 그를 끝까지 수행하며 보살폈던 누가는 바울이 이 사건을 처음부터 주도했다는 사실을 암시하는 기록을 전하고 있다. *

사울은 스데반 집사의 순교 후에도 예수의 제자들을 핍박하는 선봉에 섰다. 한 번 내친 걸음에 무슨 일에나 그의 장기인 열성이 가세하며 그는 예루살렘뿐만 아니라, 핍박을 피해서 예루살렘의 정든 집을 버리고 흩어져 북으로 도주하던 기독교인을 잡아서 재판에 넘기는 일까지 자원했다.

살기등등, 다마스커스로 떠나는 사울

예루살렘의 분위기가 박해 쪽으로 급히 기울어졌다. 스데반 집사의 순교 결과는 의외로 컸다. 성전 관리들이나 정통 바리새파 사람들은 예수를 믿는 성도들을 찾으면 누구를 막론하고 이단으로 재판에 넘겨 처벌할 수 있는 법적 근거(판례)가 생긴 것이다. 예루살렘 교회는 본부를 지키기 위해서 사도들만 숨어서 잔류하기로 했고 나머지 일반 성도들은 예루살렘에서 멀리 떨어진 유대 지역이나 사마리아 그리고 시리아와 소아시아 쪽으로 모두

---

* 행 7:58

흩어져 달아났다. 사울은 이 모든 박해의 중심 역할을 맡았고, 예루살렘뿐만 아니라 흩어져 떠난 성도들을 체포해서 재판에 넘기는 일도 자원했다. 그는 대제사장에게 가서 시리아 다마스커스에 있는 여러 유대인 회당에 보내는 공문을 받아 그곳에서도 흩어진 성도들을 합법적으로 체포해서 예루살렘으로 압송하려는 계획을 세우고 실천에 옮겼던 것이다.

기독교 박해에 앞장을 섰던 살기등등한 사울이었다. 부푼 희망으로 발길은 나르는 듯 가벼웠지만 그는 어느 틈에 자신도 모르게 무서운 사람으로 변해 있었다. 살인자가 또 다른 살인을 벌이려는 무서운 모습이었다.

스데반 집사

사도 시대의 중요한 역사책인 사도행전 6장에서 초대 사도들이 성도가 점차 늘어나면서 성도들을, 특히 도움이 필요한 많은 과부들을 출신이나 소속과 관계 없이 공평하게 돌보기 위해서 섬기는 일꾼으로 일곱 집사를 다수의 선거로 뽑았던 일을 전하고 있다.

이렇게 뽑은 믿음과 성령이 충만했던 집사 가운데 한 사람이 스데반 집사로 봉사와 섬김을 잘 수행했음은 물론 많은 사람들 앞에서 예수의 복음을 힘있게 증거했던 사람이다. 스데반이라는 이름이 그리스 이름인 점을 보아서 그는 분명 유대인이지만 해외 디아스포라의 한 사람이었다.

그의 순교는 기독교인 가운데 첫 순교 사건이었고, 그의 죽음을 주도했던 사울이라는 사람이 예수를 영접하고 복음을 세계에 널리 전파한 위대한 사도로 변하게 했던 역사적 사건의 시작이 되었다.

2

장

다마스커스 가는 길에
나타난 이변

다마스커스로 가는 길에서

시리아
다마스커스
성다마스커스는 시리아의 옛 수도로 예루살렘에서 140마일 정도 떨어진 도시로 오랜 역사가 쌓여 있는 고대 도시였다. 그곳에도 많은 유대인이 거주하고 있었고 박해를 피해 달아났던 유대 기독교인들이 모두 이곳을 거쳐 시리아 길리기아와 소아시아 여러 지역으로 흩어졌다. 예루살렘에서 말이나 마차를 타고 가면 3-4일 걸렸고 도보로 천천히 가면 일주일도 걸리는 곳이었다.

한 무리의 유대인들이 안식일이 시작하는 그 날 해지기 전에 다마스커스 성에 도착하려고 길을 서두르는 듯했다. 다마스커스는 예루살렘 성을 떠나 북쪽 시리아 지역으로 가다 보면 처음으로 만나는 이방 도시로 고색이 창연했다.

그들이 예루살렘을 떠나온 길은 오래전부터 동서의 무역상들이 낙타나 짐승을 끌고 다니던 옛 길을 로마가 이 지역을 지배하면서 군부대도 쉽게 이동할 수 있도록 도로를 크게 넓히고 그 위에 잘 다듬은 포석을 깔아 놓아 지금은 시리아와 팔레스타인 여러 나라를 잇는 중요한 대로가 된 길이었다. 주변에는 일정한 거리를 두고 카라반이나 군 숙소가 있어서 사람들이 안전하고 편한 여행을 할 수 있었다. 상인들이나 일반 여행객들이 끊이지 않고 다니는 길에는 가끔 부녀자나 지체 있는 사람들이 탄 수레가 보였고 사람들이 말이나 나귀를 타고 가는 모습도 심심찮게 나타났다.

일행

정오의 시리아 하늘은 따가운 햇살로 눈부셨다. 멀리 넓은 평야가 보이고 그 가운데 검게 변한 오랜 성벽이 보였다. 몇 개의 붉은색 청색 깃발이 성문 위에 나부꼈다. 사울은 머리가 벗겨져 맨살이 붉게 드러난 넓은 이마에 흐르는 땀을 추스르며 걸음을 재촉해서 일행의 앞장을 섰다. 미리 기별을 해둔 다마스커스의 친구들에게 달라진 자신의 모습을 먼저 보이고 싶었다.

오순절이 지난 때라 낮 기온은 무덥기 때문에 여행객들이 정오 부근에는 여관이나 작은 마을에 들어가 낮잠을 자고 해가 서편으로 기울기 시작하면 다시 길을 계속하는 것이 보통이지만 오늘은 좀 달랐다. 모두 안식일이 되기 전에 목적지에 도착해서 편히 안식일을 지내고 싶었다. 유대인들이 안식일을 지키는 것은 어디서나 상식이었다. 어떤 경우에도 안식일은 멀리 가거나 여행이나 밥을 짓는 일을 해서는 안 되고 율법이 명하는 규정을 지키는 거룩한 날이다.

앞가슴을 젖히고

사울은 이미 다마스커스 성에서 그의 청년기를 화려하게 보내고 있었다. 지금은 그곳에서 성공한 바리새인으로 사업도 잘 하면서 율법에 밝은 사람으로 정평이 나있는 인물이었다. 그는 대제사장과 산헤드린 공회에서 자신을 시리아 지역 대표로 임명한다는 증서와 함께 예수를 따르는 무리를 어디서든 체포 구금할 수 있다는 공식 문서를 지참하고 자신의 근거지로 달려가던 참이었다. 그는 이번 일을 잘 끝내면 산헤드린 공회가 그를 정식 공회 회원으로 임명하겠다는 은밀한 언약을 성전 대제상이며 산헤드린 공회의 의장에게서 받았었다. 사울은 그들 디아스포라 유대인 세계에서 누구보다 빠른 출세의 길을 달려 왔고 이제는 자신의 목표가 곧 성취되리라는 기대에 마음이 부풀어 있었다.

언짢은 기억은 뒤로

그러나 다마스커스 성에 가까이 갈수록 개운치 못한 기억이 그의 마음에 새롭게 떠올라 그를 괴롭혔다. 그는 예루살렘 성에 있는 그리스인 회당에서 만나 심한 설전을 벌이고 끝내는 신성모독죄로 재판에 넘겨 살해했던 스데반이라는 친구의 천진난만한 얼굴을 마음에서 지울 수가 없었다.

스데반은 젊은 그리스파 유대인이었고 사울도 알던 친구로 얼굴이 앳된 젊은이였다. 그가 돌에 맞아 피투성이가 되었지만 죽기 전에 자신을 마지막으로 쳐다보던 평화로운 얼굴이 눈 앞에서 사라지지 않았다. 스데반은 시리아에 살던 유대인 디아스포라로 예루살렘의 자유인 회당에 모여 함께 성경을 읽고 강해를 듣던 사람이었다. 그가 언제부터인지 변해서 예수를 따르기 시작했고 회당에서 예수의 복음과 십자가 사건과 부활을 증거하며 열을 내었다. 사울은 그의 말에 화가 잔뜩 났었다. 사람이 한 번 죽으면 어떻게 다시 살아날 수 있는지 믿기지가 않았고, 예수가 이스라엘 민족이 기다리던 메시아라고 스데반이 우길 때는 그는 분기를 참지 못하고 그에게 이단사설이라고 고함을 쳤었다.

사울은 예수가 메시아라면 어떻게 그가 로마 병정 몇 사람에 의해서 맥없이 십자가에 못박혀 죽었고, 그리고 성전을 헐고 삼 일 만에 다시 짓겠다는 그의 말은 헛소리가 아니면 무엇이냐고 대들었다. 그렇지만 스데반은 끝내 편안한 얼굴로 돌을 맞았고, 죽기 전에 예수가 하나님 우편에 앉아 있는 하늘 보좌를 보라고 돌을 들고 아우성치던 사람들에게 소리쳤다. 그 모습이 사울의 마음에서 지워지지 않고 여행길 내내 들뜬 사울의 마음을 잠깐씩 흔들었다. 사람들이 이를 갈며 스데반 집사에게 돌을 던질 때 사울이 직접 목격하고 들었던 스데반 집사의 마지막 모습이었고 있는 힘을 다해 외치던 그의 마지막 말이었다.

그것은 젊은 사울에게 잊지 못할 첫 살인의 기억이었다. 생생하게 되살아나는 기억은 평온한 호수를 흔드는 조그만 조약돌이었다. 잠자던 마음을 심상치 않게 흔들었다. 그럴 때일수록 사울은 그가 죽임 당함을 마땅히 여기며 억지로 마음을 꼭 닫았다.

좋은 그리스도인

한국의 대표적 목회자인 한경직 목사가 자신의 경험을 바탕으로 전도의 원칙 한 가지를 그가 쓴 《사도 바울에게 배운다》라는 책에서 이렇게 설파했다. 그는 사람들은 예수 그리스도를 만나기 전에 좋은 그리스도인을 먼저 만나게 된다고 썼다. 전도의 중요한 원칙을 지적한 말이다. 사울이 예수를 만나기 전에 그는 한 훌륭한 그리스도인을 만났고, 사울은 그를 죽음으로 몰아넣었던 장본인이지만 죽음 앞에서 초연했던 그리고 자신의 신앙을 두려움 없이 성난 군중들 앞에서 토로했던 스데반을 잊을 수가 없었다. 강한 믿음이 그를 죽음 앞에서 의연하게 만들었지만, 그는 죄악을 미워했고 의와 진실을 찾아 예루살렘에 왔던 젊은 디아스포라 청년이었다. 티 없이 맑고 착한 사람이었고 진실을 좇아 살았던 사람이었다. 그가 반대 편에 살 았던 지저분한 인생이었다면, 아무리 신앙적으로 훌륭해도 사울의 마음에 긍정적인 흔적을 남기지 못했을 것이다. 사울이 잠시 뒤에 그를 찾아왔던 예수를 구주로 영접하는 일에 오히려 방해가 되었을 것이다.

사울을 찾아온 예수

놀란 대화 바로 그 때였다. 찌는 듯 더운 대낮 하늘에서 갑자기 햇빛보다 더 강한 빛이 일행을 덮쳤다. 앞장을 섰던 사울이 강한 빛에 정신을 잃고 나무 막대기처럼 땅에 나뒹굴었다. 눈부신 빛이 일행을 감싸고 있는 가운데 하늘에서 히브리말로 큰 음성이 사울의 귓전을 울렸다.

– 사울아 사울아 ! 네가 어찌하여 나를 박해하느냐?

– 주여, 누구시니이까?

– 나는 네가 박해하는 나사렛 예수니라. 너는 일어나 다마스커스 성내로 들어가라, 네가 앞으로 행할 일을 말할 사람이 그곳에 있느니라.

사울과 길을 같이 가던 일행도 강한 빛에 놀라 땅에 넘어지기는 했으나 그들은 사울의 귀에 들린 말을 알아 듣지 못했다. 그들은 이상한 빛에 놀라서 말을 잊은 채 어리둥절했을 뿐이었다. 사울이 이내 땅에서 일어나 눈을 떴으나 아무것도 볼 수가 없었다. 그는 갑자기 맹인이 되어 일행의 손에 이끌려서 다마스커스 성 안으로 들어갔다.

일행의 손에 이끌려 직가(Stright Street)라는 거리에 있는 유다의 객주집에 들었던 사울은 얼빠진 사람처럼 사흘 동안 아무것도 먹지도 마시지도 못하며 빛이 없는 칠흑같은 암흑 속에 지냈다. 온 세상이, 그에게 있던 지금까지의 세상이 온통 캄캄한 어둠 속으로 사라졌다. 그가 추구했던 거룩한 바리새인의 삶과 명예로운 랍비로서 예루살렘의 산헤드린 공회에 참석하는 위엄있는 자신의 모습이 깡그리 머릿 속에서 사라졌다. 여러 사람들이 지켜보는 가운데 그가 응징했던 율법을 어긴 자들에 대한 분노, 성전을 모독하는 자들에 대한 증오의 감정도 모두 순식간에 어둠 속으로 사라지면서 사울은 전적인 상실감 속에 떨어지고 말았다. 이따끔 맑은 정신이 들 때, 그가 기억할 수 있었던 것은 그의 이름을 부르고 자신을 나사렛 예수라고 밝혔던 사람의 기이한 목소리였다. 부드러운 음성이 조금도 약해지지 않고 그의 귀에 남아 잠시 웅웅 소리를 내다 사라졌다. 사울은 어느 순간부터인지 자신도 모르는 사이에 눈물을 흘리며 통곡하기 시작했다. 그리고 모든 기억이 사라져버린 자신의 머리와 가슴을 세게 두드리며 소리를 질렀다. 주여, 내 인생은 어디로 갔습니까?

회개

그가 뜬눈으로 삼 일 밤낮을 보냈다. 마침내 그는 그를 찾아온 예수를 깊이 묵상하던 중에 그가 자신을 겨냥하고 분명한 질책을 던졌던 것을 어렴풋하게 깨닫기 시작했다. 그가 죽었다가 부활한 하나님의 아들이라면 그는 자신을 당장 죽일 수도 생명을 거두어 갈 수도 있는 능력자였다. 그가 사람을 기다리라고 명령했던 것은 자신에게 알려줄 중요한 일이 있을 것이라고 생각했다. 한편 자신은 그를 부인했고 그를 따르던 많은 제자들을 핍박하고 죽이기까지 했던 사람이라는 사실 앞에서 깊은 실망과 후회와 죄책감을 통감하며 몸부림을 쳤다. 그는 먼저 자신의 모습을 새롭게 보면서 자신이 범했던 끔찍한 죄악을 깨닫고 크게 놀랐다. 그는 죄인 중에서도 큰 죄인인 자신을 찾아온 예수를 기억하고 어린아이처럼 큰 소리로 그의 이름을 부르며 눈물을 흘렸다. 예수라는 의인이 박해자인 그를 거짓말 같이 찾아왔던 것이다. 죽어야 마땅할 그를 찾아와서 한 마디 추궁도 없이 그의 이름을 불렀던 것이다. 그의 눈에서 눈물이 솟구치기를 그치지 아니했다. 그는 눈물을 흘리며 오랜 시간을 지냈다. 차츰 그의 마음에 평온이 찾아오는 것을 느끼기 시작했다. 그리고 예수가 말했던 그 사람이 곧 올 것을 믿고 기다렸다.

20년 후에 밝힌 바울의 (자세한) 회고

이 사건이 일어나고 20여 년이 지난 후였다. 바울로 이름을 바꾸었던 그가 예루살렘에서 죄인으로 구속되어 재판을 여러 번 받으며 법정에 섰다. 그는 유대인들의 암살을 피해 로마 총독이 있던 가이샤라의 감옥으로 옮겨져 왕과 총독 앞에서 심문을 받게 되었다. 그가 온갖 위엄을 떨치고 앉아 그를 심문하던 헤롯 아그립바 왕에게 다마스커스로 가던 길에서 처음 만났던 예수와의 대화를 기억하며 예수가 그에게 말했던 얘기를 자세히 회고했다.

"나는 네가 핍박하는 예수라, 일어나 너의 발로 서라. 내가 너에게 나타난 것은 네가 나를 본 일과 장차 내가 너에게 보여줄 일에 너를 나의 종(slave)과 증인(Witness)으로 세우기 위해서니라. 나는 이스라엘과 이방인들의 박해에서 너를 구원할 것이니라. 나는 너를 그들에게 보내어 그들의 눈을 뜨게 하고, 그들을 어둠에서 빛으로, 사탄의 권세에서 하나님께로 돌아오게 함으로, 그들이 죄사함을 받고 나를 믿는 믿음으로 거룩하게 된 무리 가운데 그들의 자리를 얻게 하리라"(행 26:16-18)

영혼의 소통

사울이 객주에서 눈물을 흘리며 기도하고 있을 때에 다마스커스 성에 살던 한 제자가 새벽 기도를 하던 중에 예수가 나타나 놀라운 말을 그에게 전했다.

> – 일어나 직가(Straight Street)거리로 가서 유다의 집에 머물고 있는 길리기아 다소 사람 사울이라 하는 사람을 찾으라! 그가 지금 기도하는 중에 있느니라. 그 역시 아나니아라 부르는 네가 그의 숙소에 들어 와서 그에게 안수하여 눈을 다시 보게 하는 모습을 환상 중에 보고 있느니라.
>
> – 주여, 무슨 말씀이십니까? 이 사람에 대하여 내가 여러 사람에게 들었습니다. 그가 예루살렘에서 주의 성도에게 적잖은 해악을 끼쳤고, 여기서도 주의 이름을 부르는 모든 사람을 체포해서 예루살렘으로 압송할 권한을 대제사장에게서 받고 이곳에 왔다 합니다.
>
> – 아나니아야, 너는 그에게 가라. 이 사람은 내 이름을 이방인과 그들의 임금들과 이스라엘 자손들에게 전하기 위해 내가 택한 나의 그릇이다. 그가 내 이름을 위하여 얼마나 많은 고난을 받아야 할 것을 내가 그에게 보이리라.

아나니아라는 예수의 제자가 즉시 일어나 직가 거리로 나갔다. 유다의 집은 번잡한 장터에서 멀지 않은 곳에 있었다. 그가 들어가서 사울을 보았다. 헝클어진 머리에다 눈물을 연신 훔쳐대는 사울이 그를 기다리고 있었다. 그는 이미 기도 가운데 주의 말씀을 들었고 아나니아라는 사람이 그를 찾아 올 것을 알고 있었다.

– 형제 사울이여, 나는 예수의 종인 아나니아라는 사람이요. 우리의 구주 되신 예수, 곧 당신이 오는 길에서 만났던 예수께서 나를 보내어 당신을 다시 보게 하고 성령으로 충만하게 할 것이요. 이제 당신은 예수 그리스도의 이름으로 안수를 받으시오.

사울은 즉시 땅에 무릎을 꿇고 머리를 숙였다. 아나니아가 그의 머리에 손을 얹고 예수의 이름으로 기도할 때에 그의 눈에서 비늘 같은 것이 벗겨지면서 놀랍게도 그의 눈이 다시 사물을 보게 되었다. 온몸에 새로운 피가 소생하는 듯 상쾌함을 전신에 느낀 사울이 큰 감동으로 몸을 떨면서 일어나 하나님께 감사했다. 아나니아의 제의로 그는 세례를 받고 음식을 먹기 시작하면서 그의 몸은 전과 같이 강건해졌다.

차가운 조소

사울이 딴사람으로 변했다. 그는 성령의 충만함으로 자신이 새로운 사람으로 세상에 태어난 느낌이었다. 그의 가슴에는 뜨거운 열정이 끓어올랐다. 그는 뜨거움을 주체할 수가 없었다. 그는 곧 직가 거리로 나가서 누구를 만나든지 "나는 부활한 예수를 만났다"고 외치며 미친 사람처럼 길을 헤맸다. 그는 다마스커스에 있는 유대인 회당들을 돌면서 예수가 하나님의 아들이라고, 그리고 모든 사람의 주(Lord)로 이 땅에 와서 십자가에서 죽었다가 부활해서 살았다는 사실을 말했다. 그리고 그는 자신이 겪은 다마스커스 길에서 나타난 이적을 산 증거로 강력하게 내세웠다.

사람들이 놀라서 처음에는 진심을 의심도 하고 그를 미친 사람으로 보고 피했다. 그리고 예수를 믿는 사람들조차 예수를 지금까지 심하게 핍박하던 그가 어떻게 하루아침에 변해서 부활한 예수를 미친 듯 전할 수 있는지 이상하게 여기며 연방 고개를 저었을 뿐이었다.

불가능의 현실

의심, 의심

새사람이 된 사울은 갑자기 울음을 터뜨리고 소리치다가 잠들었다 깨기를 하며 얼마동안을 불안한 확신 속에 지냈다. 아나니아가 남긴 상쾌한 부활의 감격은 점점 사라지고 가슴은 답답하기만 했다. 어떤 때는 터질 듯한 불덩이가 가슴을 들끓게 했다. 그러다가 불안이 덮쳤다. 더군다나 주위의 냉대와 기피를 보면서 그의 마음은 점차 커지는 혼란으로 가득 찼고, 되살아나는 자신의 지난날을 기억하며 그의 영혼은 갈기갈기 찢어지는 고통을 당했다. 평소에 강인했던 자신의 이성을 세차게 몰아 붙이는 어떤 의문들이 스멀거리며 배 속에서 쉴 틈을 주지 않고 기어나왔다.

예수는 과연 죽어서 무덤에 있다가 다시 살아난 후에 그를 찾아왔을까? 예수가 산헤드린의 사형 언도를 받고 마지막으로 로마군에 의해서 십자가에 매달려 죽었다는 사실은 이미 다 알려진 사건이었다. 그가 사흘 만에 다시 살아나서 여러 사람에게 나타났다는 주장은 성전 지도자들과 함께 그가 지금까지 부정하고 결코 받아들이지 않았던 사실이었다. 그런 예수가 그에게 전격적으로 나타나서 그의 이름을 부르며 급히 찾아왔었던 것이다.

율법 문제는 더 심각했다. 바리새인이면 늘 생명처럼 존중하는 율법이었다. 예수는 안식일을 지키지 않았다. 안식일에 제자들을 거느리고 먼 길을 걸었고 또 죄인들과 함께 식사를 했고 나병 환자와 맹인에게 안수를 하는 등 안식일을 부정했다. 정통 바리새인인 사울의 입장에서 이것은 마땅히 죽임을 당할 중죄였다. 그런 사람을 믿고 따르는 자들도 이단자들이 틀림없었다.

신성모독

예수는 유대 나라의 중심지이고 거룩한 성전이 있는 예루살렘 성을 방문해서 그 때까지 유대인들이 이해할 수 없는 말을 사람들에게 전했다.

회개하라, 하나님 나라가 가까이 이르렀느니라.

예수보다 6개월 먼저 세상에 태어났던 세례요한도 요단 강에서 세례를 베풀며 같은 말을 했지만 사람들은 말뜻을 몰랐다. 예수는 그보다 한걸음 더 나가서 유대인에게는 생명보다 중한 모세의 율법을 결코 고칠 수 없는 명령으로 생각하지 않았다. 그는 고칠 수 있는 것으로 태연하게 평가 절하했고, 나아가 거룩한 성전을 도둑의 소굴이라고 비난했다. 예수의 말을 들었던 정통 유대인들이 당연히 너나 할 것 없이 경악했고 성전을 모독하는 그를 비난했었다. 예수는 그곳에서 한걸음 나아가 자신이 하나님의 아들이라고 주장했고, 거룩하신 하나님의 영이 자신 안에 있다고 공언을 하며 하나님을 '아바 아버지'라고 불렀다. 유대인들은 감히 이름조차 부르거나 글자로 쓰지도 못할 정도로 거룩한 존재였던 하나님을 '아버지'라고 부르는 짓은 상상도 못할 일이었다. 그가 분명 신성 모독을 범했던 것이다.

자신의 실존을 부인하는 고통

　사울이 예루살렘에 올라와서 했던 일은 이런 예수의 주장(복음)을 성경의 여러 부분을 인용하면서 공박하고 이들을 마땅히 죽여야 할 이단으로 고발하는 일이었다. 지금까지 사울이 성전이 있는 예루살렘에 상경해서 일약 유명 바리새인으로 두각을 나타냈던 일은 바로 예수와 예수를 따르는 자들의 주장을 해박한 성경 지식을 동원해서 공격하고 복음을 부인하는 것이었다. 그리고 그것은 성공을 거듭했다. 사울이 예수를 따르던 스데반을 죽였고 다른 동조자들을 누구 보다 앞서서 체포하고 핍박했던 것을 정의라고 생각했던 이유였다.

　그는 또한 철저한 자기 관리로 삶의 본을 보이는 바리새인이었다. 썩고 혼탁한 유대 종교의 본산에서 눈을 씻고서도 볼 수 없는 신선함이 그의 삶에 있었고 곧 사람들의 눈에 띄었다. 이런 순수한 삶의 모습은 유대 나라에서 민족의 정치 종교를 좌지우지하던 산헤드린 공회의 회원이 되고도 남는 과분한 자격이 돋보이던 사람이었다. 사울이 이 모든 것을 버려야 하는 날이 이른 것이다. 죽음을 이기고 부활한 예수가 홀연히 그를 찾아왔던 때부터 그는 이 모든 것을 버려야 했다.

　그의 온 사고와 논리 가운데 그 때까지 증오의 대상이었던 예수가 그를 찾아왔고 그의 이름을 불렀던 것이 문제의 핵심이었고 초점이었다. 사울이 자신의 실존을 부인하는 큰 모순에서 헤어나지를 못하고 있었다.

막다른 골목에서 〈진리가 너희를 자유하게 하리라〉

정말 이럴 수가 있단 말일까? 예수를 공격하는 데 그가 사용했던 성경 말씀이 틀렸다는 말인가? 그러면 그 말씀을 유대 조상에게 전해주었던 하나님은 이중 성격의 소유자란 말인가? 그는 절대로 그럴 수가 없다고 고개를 설레설레 흔들며 부정하고 부인하며 긴 영적 방황이라는 수렁에 빠졌다.

왜 하필이면 나를 선택했단 말인가? 사울이 떨리는 감격과 그에 못지 않는 걷잡을 수 없는 의혹에 쌓여 지금까지 그의 삶터이며 신앙 생활의 기반이었던 다마스커스 성을 아무에게도 알리지 않고 두루마리 성경이 든 보따리 하나만을 들고 훌쩍 떠났다. 그는 하나님을 곧이곧대로 믿는 사람이었다. 그의 심장에 새겨진 하나님은 의로운 하나님이고, 그는 악을 미워하고 악인을 심판하고 그들에게 응당한 벌을 내리는 전능하신 하나님이었다. 그가 부활한 예수를 자신과 같은 큰 죄인에게 보내고 엄청난 일을 부탁할 수가 있을까? 사울의 모든 사고가 그곳에서 멈췄다.

3장

사막의 사투,
방황하는 사울

아라비아 사막 행

서기 35/36년-38/39년

아라비아 사막

다마스커스 성을 등뼈처럼 받치고 있는 동쪽 산지를 넘어서면 넓고 긴 아라비아(현 요르단) 광야가 나타난다. 아라비아 반도는 다마스커스에서 시작해서 남쪽으로 이집트와 지중해까지 길게 이어지는 넓고 긴 대륙의 일부로 당시에는 아라비아 광야라고 부르던 황무지와 사막이 대부분이던 땅이었다. 옛날부터 북방의 강대국이던 앗시리아와 바벨로니아 왕국에서 남쪽 끝에 있는 파라오(Pharaoh)라는 왕이 다스리던 이집트까지 중간 지대에 있는 넓은 황무지에는 유목 민족인 소수의 베두인이라는 아랍 민족이 여기저기 흩어져 살고 있었다. 그리고 대륙의 남북을 잇는 왕의 대로(King's Way)가 바로 이 황무지를 관통하고 있다. 다마스커스는 바로 이 길이 지나가는 길목에 있던 전략적 요새로 오래된 도시였고 아라비아 사막이 남쪽으로 뻗어 내려가던 그 출발점에 있었다.

바리새인의 방황

사울은 예수를 만나고 나서 바로 다마스커스 성을 빠져나가 아라비아 광야를 방황하면서 3년을 지냈다. 그는 3년 만에 다시 다마스커스로 돌아왔다가 곧 예루살렘을 방문해서 15일을 머물렀고 그곳에서 사도 베드로와 야고보 장로를 만났던 사실을 10년쯤 지난 후에 그가 기록했던 성경에서 두 줄로 간략하게 밝히고 있다. 그가 광야에서 돌아온 뒤에 곧 예루살렘을 방문했고, 그곳에서도 15일이라는 짧은 시간만을 보내고 다시 고향인 다소로 옮겼던 이유는 유대인들의 살해 위험이 있었기 때문*이라고 성경은 밝히고 있다.

참담한 내적 붕괴와 혼돈

사울이 아라비아 광야로 훌쩍 떠났던 이유는 밖에서 오는 박해나 냉대보다 더 심한 영적 갈등을 안으로 겪고 있었기 때문이었다. 그는 바리새인으로 꿈같은 성공이라는 인생의 화려한 문턱에 올라가 있을 때였다. 예수가 갑자기 그를 찾아와 불렀던 것이다. 산이 높으면 골도 깊은 법. 지금까지의 인생이 하루아침에 무너져 내렸을 때 잿더미 폐허 위에 선 이재민처럼 말로 표현하기 어려운 공허가 그를 흔들고 주저앉게 만들었다. 그가 살았던 삶은 하루아침에 무너졌고 빈터에 새로운 질서를 세우는 일이 말처럼 쉽지가 않았다. 우선 사망의 깊은 상처에서 새살이 돋아나는 재생의 시간이 필요했던 것이다.

예수를 박해하던 앞잡이에서 부활의 예수를 외치는 길에는 넘어야 할 장벽이 높았다. 그는 당대 바리새인을 대표하는 율법 선생이었다. 그가 믿고 연구하고 따랐던 하나님의 말씀은 의심할 수 없는 진리였다. 그러나 그가 만났던 부활의 예수도 그가 목도하고 들었던 생생한 사실이었다. 유대 민

---

* 갈 1:17–19

족에게 율법을 주었던 하나님과 예수가 자신의 아버지라고 주장했던 하나님은 서로 다른 절대자인 듯 멀었다. 두 존재가 다 창조주 하나님이라면 서로 모순이었고, 아니라고 한다면 한쪽은 진실이 아닌 것이 분명했다. 또 그를 찾아왔던 예수가 그에게 주었던 사명은 이방인들과 그들의 왕들과 지도자들을 찾아가 예수를 증거하라는 것이었다. 유대인이 믿던 하나님은 이스라엘 민족의 하나님이었고 이방인의 하나님은 결코 아니었다. 예수는 그 하나님을 이스라엘 밖에 살던 모든 사람들에게 전하라는 특별한 메시지를 그에게 주었다. 유대인은 이방인들과의 교제를 금했고 그들이 누구든지 개로 여기도록 철저한 세뇌 교육을 받았던 민족이다. 그러나 사울은 시리아 다소에서 로마인으로 태어났던 사람이고 유대인이지만 누구보다 로마 제국이라는 세계를 잘 알았던 사람이다. 그는 태생부터 그곳에서 시작해서 배우고 그 속에서 살았던 사람이다. 끝없는 모순과 갈등이 사울의 명석한 두뇌 속에 연쇄 반응을 일으키며 나타났다. 그는 처음으로 혼돈을 경험하며 방황했다.

감성과 이성의 갈등

사울은 다마스커스 길에서 만났던 예수에게서 무엇보다 놀라운 영적 감동을 받았다. 그리고 성령의 강력한 역사인 내적 발열로 예수를 구주로 영접하고 새로운 사람이 되었다. 그럼에도 불구하고 그는 이런 변화와 감동을 넘어서는 영적인 새로운 질서를 찾고 있었다. 그가 지금까지 익히고 닦은 탁월한 이성적 논리가 신앙의 비약이나 뜨거운 감성의 지배를 오래 용납하지 않았고 강력하게 내적 질서를 원했기 때문이다. 그의 내부에 쌓인 해

박한 율법의 이해와 지식이 기적적으로 나타난 예수에 대한 전적인 순종을
막고 있었던 것도 사실이었다. 그가 회심의 감격 속에 예루살렘의 기독교
지도자나 스승 가말리엘을 찾지 않고, 또 가까운 친지들과 어떤 상의도 없
이 홀로 다마스커스 성을 떠나 아라비아 사막으로 갔던 가장 큰 이유였다.

  사울은 인간적인 설명이나 우회적 설득을 원치 않는 진실 그 자체에 대
한 광적 집착을 가지고 태어난 사람이었다.

역사를 찾아서

황량한 사막 사울의 마음속에 일어난 큰 변화에서 마지막 고비는 지금까지 축적했던 지식과 경험이었다. 그가 지금까지 믿었던 진리가 참이라면 그를 찾아왔던 예수라는 진리는 어떤 근거를 갖는 존재이고 그와 이스라엘의 하나님과의 관계는 어떤 것일까? 지금까지의 그를 견고하게 지켰던 내부 질서는 완전히 쓸모없는 허상일까? 수많은 질문이 그의 배에서 헛구역질이 쏟아질 때까지 이어졌다.

천재적인 기억력과 명철로 토라(유대 율법)는 물론 입에서 입으로 전해진 장로의 유전과 율법의 세부 지침을 해설하고 가르치는 바리새인 선생의 입장에서 누구도 그와 필적할 만한 사람이 예루살렘에는 없었다. 그는 예수를 이단으로 정죄하기에 충분한 죄목과 논리를 확보했었다. 그가 다마스커스로 오기까지 수도 없이 그리스파 유대인 회당과 산헤드린 공회에서 공개적으로 자신의 입장을 밝혔던 사실이고 확신이었다.

바울은 자신이 축적하고 발전시켰던 논리를 스스로 허물고 그를 찾아온 예수를 진심으로 영접해야 하는 심각한 영적 반전을 준비하고 자신을 충분한 논리로 납득시켜야 했다. 그가 택한 길은 지금까지의 길에서 완전히 떠나서 두루마리 성경만을 의지하고 그가 홀로 이전의 논리를 하나하나 새로운 각도에서 검증하고 그리고 옛것은 전적으로 버리고 그 자리에 확실한 예수의 것을 채우는 길이었다. 그리고 길이 막힐 때면 그를 불쌍히 여기고 찾아왔던 예수를 부르면서 기도하는 것이었다. 그가 등에 메는 보따리 하나에 두루마리 성경을 챙겨 넣고 무작정 황무지였던 아라비아 사막으로 달려갔던 이유였다. 그는 발목까지 푹푹 빠지는 황량한 사막을, 굵은 모래알이 날리는 세찬 바람을 긴 머리 수건으로 한사코 막으면서 앞으로 나갔다. 진실을 향한 그의 뜨거운 가슴 속 열기는 사막 길을 그렇게라도 달리면서 진정시키지 않으면 몸이 터질 듯했다. 그렇게 사울은 무려 3년을 뜨거운 모래 바람이나 차가운 동굴 속에서 밤을 지새우며 보냈다. 사막의 시간이 어떤 때는 죽음의 터널처럼 고통스러웠지만 결국 시위를 떠난 화살처럼 멈출 수는 없었다. 그는 황금 같은 인생의 한 토막을 진실을 찾는 제단에 바쳤던 것이다. 무엇 보다 값진 보상이 있는 용감한 사투, 말 그대로였다.

남쪽 땅, 높은 산을 향하고

뜨거운 모래가 날리는 끝이 보이지 않는 사막과 야트막한 잡초가 군데군데 깔려 있는 붉은 황야와 그 속에 숨은 작은 오아시스가 드물게 양념처럼 박혀 있었다. 낮에는 뜨거운 태양이 이글거리다가 밤이 되면 급작스럽게 기온이 떨어져 두꺼운 겉옷 없이는 견디기 어려운 변덕스런 땅이었다. 그곳에도 적은 무리의 사람들이 살고 있었다. 양과 염소 떼를 몰며 이곳저곳 초장을 찾아 이동하며 살던 아라비아 유목민들이었다.

바울은 줄곧 남쪽으로 내려가는 사막 길을 걸었다. 그가 가는 목적지는 시나이 반도 남단 홍해 부근에 있던 한 높은 산이었다. 유대 역사에서 거룩한 산(Holy Mt.)으로 불렸고 사람들이 시내 산(Mt. Sinai)으로 부르던 산이었다. 바울의 시대 보다 7백여 년 전 이스라엘의 선지자 엘리야가 우상숭배에 앞장섰던 권세있는 아합 왕과 왕비 이사벨의 노골적인 살해 협박을 받고 두려움 속에 하나님을, 우상숭배에 빠진 무서운 권력에게 어리석기 짝이 없는 도전을 명령했던, 그 하나님을 만나기 위해서 올라갔던 높은 산이었다. 엘리야가 이글거리는 태양 아래 거칠고 먼 황야를 걷다가 힘이 지치고 기진한 끝에 길가에 외롭게 서있는 로뎀(사막에 자라는 일종의 가시나무) 나무 그늘 아래에서 이런 고통이라면 차리리 죽기를 원했던 광야 길을 바울도 걸었다.

요르단 광야를 따라 남북으로 이어지는 멀고 긴 왕의 대로(King's Highway)는 오래전부터 남북을 오가는 대상들이 다니던 길이었고 지금은 로마가 길을 넓혀 탄탄한 대로가 되어서 군인들의 왕래가 빈번했고 비교적 안전한 큰 길이었다. 바울은 왕의 대로를 택해서 남쪽으로 한없이 뻗어 있는 길을 오랫동안 걸었다.

시리아 다마스커스

시리아 다마스커스는 오래 된 고성으로 옛날부터 아라비아 상인들이 긴 사막과 황무지 여행을 끝내고 상품을 부리고 쉬었다가 그리고 다시 새 상품을 싣고 아라비아 사막 남단에 있는 아라비아 왕국 페트라로 여행을 떠나는 도착과 출발 장소였다. 그리고 북방 바벨론이나 페르시아 왕들이 여러 말이 끄는 전차를 타고 군사를 이끌고 남쪽으로 달리던 왕의 대로(King's Highway)가 이집트와 예루살렘까지 남북으로 이어지는 지역에 중요한 전략적 중심지로 남아 있었다. 한때는 아람 왕국의 수도였고 지금은 시리아의 수도이다..

몇 달이 지났는지 시간을 잊은 듯 세상을 벗어난 바울이 아라비아 사막을 지나 드디어 서쪽 끝에 다다랐다. 홍해가 보이는 시나이 반도(Sinai Peninsula)의 서쪽 끝에 병풍처럼 버티고 서있는 웅장한 산맥 한가운데 거룩한 산이 있었다. 그 동쪽 산자락에는 오래전에 모세(Moses)가 떨기나무 불꽃 가운데 하나님의 음성을 들었던 곳이 있었고, 또 그가 이드로(Jethro)의 양떼에게 물을 마시게 했던 샘이 그 밑에 아직도 있었다.

아라비아 사막과 나바테안(Nabataeans) 왕국

아라비아 사막은 황량한 사막과 광야가 이어진 넓은 땅으로 오래전부터 암몬, 모압 왕국(롯의 후손들) 그리고 에돔 왕국(이삭의 장자 에서의 후손)이 차지하고 살던 곳이었다.

기원 전 4세기부터는 나바테안 아랍 민족(아브라함의 서출 장자 이스마일의 후손, 창 25:13, 유대 역사가 Josephus의 주장, Jewish Antiquities 1,22,1)이 이 지역에 이동하면서 이전에 거주하던 암몬, 모압, 에돔 족속을 쫓아내고 왕국을 세워서 당시에는 페트라를 수도로 다마스커스 성의 일부까지 통치하고 있었다. 이보다 앞서서 이스라엘 민족이 이집트를 탈출해서 40년 동안 광야를 방황할 때도 그들이 시나이 반도를 거쳐서 이 황무지 사막에서 이곳저곳으로 옮겨 다니며 살았던 땅이었다.

바울 당시에는 로마 통치 아래서 넓은 지역에 흩어져 살던 아라비아 유목 민족을 나바테안 왕국으로 통일했던 아레타스 4세(Aretas 1V)가 전 지역을 속지 왕으로 다스리고 있었다.

바울이 태어나기 전 1천 5백 년이 넘는 까마득한 시대였다. 이집트를 탈출한 이스라엘 민족이 홍해를 건너서 도착했던 시나이 반도에서 첫 번째 휴식을 갖던 곳이었다. 사울이 찾는 시내 산(Sinai Mt)이 바로 앞에 있었다. 황야 길에는 아라비아 배두인 유목민들이 사막 안에 숨어 있는 오아시스에 작은 마을을 이루며 살고 있었다. 목동을 따라 풀을 찾아 한가하게 움직이는 양과 염소 떼가 간혹 산등성이에 보이기도 했다. 몇 달씩 걸리는 사막 길에 익숙한 베두인 아랍인들이 약대에 상품을 싣고 열을 지어 멀리 모래 능선을 오르는 모습들이 보이기도 했다.

다행히 바울에게는 타고난 건강이 있었고 강인한 정신력의 원천인 끈질긴 기도와 그 속에 담긴 목표 의식이 있었다. 또 열악한 환경에서도 여러 생각을 바르게 이끄는 성경 두루마리가 외로운 길손의 보이지 않는 인도자 역할을 했다. 그는 소박한 베두인들만이 살던 거친 사막을 그의 방법으로 뚫고 나갔다. 그리고 이스라엘 민족의 거룩한 산(Holy Mt)에 올랐다.

시내 산에 묻힌 유대 역사

그는 산세가 장엄한 높은 산을 오르기 시작했다. 이스라엘 민족을 이끌고 홍해를 건너서 약속의 땅을 찾아 가던 모세가 부르심을 받고 하나님을 만났던 곳, 거룩한 산의 정상을 오르고 있었다. 또 이스라엘의 선지자 엘리야가 이스라엘 민족과 역사의 주인이던 하나님의 음성을 들었던 높은 곳을 그가 올라갔다.

지금은 시내(Sinai Mt) 산이라고 부르지만 당시에는 호렙 산(Horeb Mt) 혹은 모세의 산이라고 불렀던 산이다. 바울은 이스라엘 민족의 역사 속에 나타났던 하나님을 찾아 거친 광야와 모래 바람을 뚫고 바로 그 현장에 끝내 도착했다. 그리고 시간을 잊고 묵상과 기도 속에 그는 시내 산을 중심으로 기거하는 긴 산중생활을 시작했다.

시내 산의 첫 밤

사울은 가슴을 설레며 거룩한 산의 첫 새벽을 맞았다. 하나님이 지은 세계가 움직이는 햇살을 따라 온통 살아 움직였다. 그는 하나님의 신비한 다스림 속에 꼼짝도 못하고 갇혀 있었다. 그는 큰 눈을 부릅뜨고 정상의 바위와 주변을 살폈다. 그가 다마스커스 길에서 들었던 예수의 음성을 기억하며 온 정신을 눈과 귀에 집중했다. 지금이라도 "사울아, 사울아" 자신을 부르는 그의 음성이 들릴 듯했다. 그러나 주위는 오직 적막뿐. 대신 몸 속에서 뜨거운 불덩이가 그의 온몸을 달구기 시작했다. 이윽고 그는 벌떡 일어나 두 손을 들고 이름을 부르며, 목청을 다해 그의 이름을 또 불렀다.

그가 다마스커스 성을 떠난 지 몇 달 만에 드디어 거룩한 산의 정상에 올라 첫 밤을 지냈던 것이다. 그는 수많은 의문과 자신의 지난 날의 악행을 회개하면서 헤어나기 어려운 고통 속에 하나님을 찾아 이곳에 올라왔다. 그는 마음속 모든 것을 그에게 털어놓고 무엇이든 해답과 인도를 받고 싶었다. 그는 바리새인 가운데 바리새인으로 살며 율법의 연구에 인생의 모든 것을 걸었었지만, 예수가 그를 찾아오고 나서는 갑자기 그가 변했던 것이다.

산에서 자고 깨고

무슨 흔적이라도 있을까 정상 부근을 헤매던 그가 가쁜 숨을 고르며 바위 위에 무릎을 꿇었다. 귓속에 세찬 산 바람 소리만 들렸다. 바울은 그렇게 오랜 시간을 기다리며 지냈다. 시간이 얼마를 지났는지 인기척에 놀라 사울은 정신을 차렸다. 광야 길에서 시내 산까지 그를 안내했던 베두인(Bedouin)

젊은이가 조금 떨어져서 불을 피우고 마른 떡을 뎁히고 있었다.

　어느새 산까마귀 몇 마리가 밑에서 지절대는 소리가 들렸다. 까마귀가 용케도 음식 냄새를 맡은 듯했다. 그는 늦은 아침을 마른 떡 하나와 물로 때우고 나서는 성경 말씀에 몰두하며 시간을 보냈다. 높은 산 정상은 밤이 되면 냉방처럼 추웠다. 온 하늘에 가득 찬 수많은 별들이 궁창을 누비며 새파란 빛을 차갑게 내뿜고 있었다. 어떤 별은 빠르게 흐르는 꼬리를 물고 땅으로 떨어지다 사라졌다. 그의 앞에도 뒤에도 파란 유성은 계속 떨어져 내렸다.

시내 산(MT. Sinai)의 일출 체험기*에서

　붉게 타오르는 산, 시내 산의 아침, 시내 산은 해발 2,295m의 높은 바위산이다. 가파른 언덕을 수도 없이 넘어서 올라간 정상에는 닭벼슬 같은 검붉은 바위가 있었고 그 아래로 완만한 경사로 이어진 작은 평지가 있었다.

　평지 아래에는 이곳저곳 오랫동안 비바람에 깎이고 파인 작은 바위 들이 수도 없이 있었다. 이른 새벽 맑고 붉은 햇살이 멀리 장막을 두른 듯한 큰 산 등성이를 너머 산 정상에 비치기 시작했다. 정상에 있는 바위들이 햇살을 받아 금세 붉게 물들었다.

　크고 둥근 해가 점점 더 높게 오르며 밝고 산뜻한 햇살이 산 정상에서 능선을 따라 천천히 밑으로 번지기 시작했다. 거대한 돌덩이 같은 시내 산은 바위며 흙이 붉은 색이었다. 그 위에 햇살이 내리면서 온 산은 붉게 타오르기 시작했다. 어두워서 미처 보이지 않았던 이상한 붉은 바위들이 꿈틀대며 움직였다. 어떤 것은 양 머리 같고 또 염소 머리나 독수리 머리를 한 바위가 보였고 그 너머에 무릎을 꿇고 두 손을 모은 소녀의 형상같은 바위가 떠오르는 햇살을 받아 붉은 너울을 쓰고 움직이는 듯했다.

　* 저자

사울은 율법과 계명을 지키고 실생활에 적용하는 것을 전문적으로 배우고 연구했던 바리새인이었다. 그리고 그것의 실천에 다른 사람 보다 열심이 더했던 사람이었다. 그는 이스라엘 민족에게 율법과 계명을 준 하나님을 만나기 위해서 이 산을 찾아왔다. 그에게 예수에 관해서, 율법에 대해서 그리고 하나님의 공의에 대해서 묻고 싶었다. 바울은 그를 괴롭히는 여러 질문에 대해서 모세가 했던 것 같이 간절하게 묻고 또 묻고 그리고 기다렸다.

성경 학자들의 주장, F.F.Bruce 와 John Pollack 등

바울이 3년이라는 긴 시간 아라비아 사막을 방황하며 무엇을 했는지 역시 밝혀진 기록이 전혀 없다. 학자들은 그가 어떻게 살았고 무엇을 했는지 여러 가지로 추정한 얘기를 발표했지만 정확한 것은 확인할 길이 없다. 학자들이 크게 인정했던 두 가지 주장이 있다. 하나는 성경을 근거로 그가 아라비아 사막 지역에서 복음을 전했을 것이라는 주장(FF Bruce, 바울 연구의 권위자)과 다른 하나는 그가 번잡한 세상을 떠나 성경을 읽고 묵상하고 기도하는 가운데 하나님과 예수를 간절하게 찾았던 시간이라는 주장이다. 이들은 거친 들판과 사막을 배회하며 그가 예수에 관한 성경을 찾아서 복음의 핵심과 하나님의 섭리 속에 숨긴 예수의 비밀을 추적하고 상당한 논증을 완성했을 것이라고 주장했다.(John Pollack, Charles Swindoll, N.T. Wright 등)

그가 오래 마음에 품고 묵상했던 것이 적지 않았다.

1. 살인자인 자신을 찾아온 예수, 그의 놀라운 용서는 아무 조건도 없는 것일까?
2. 자신과 같은 악인을 용서했다면, 세상 죄인 누구인들 용서 못할 사람이 있을까?

3. 십자가는 죄인들을 용서하기 위해서 하나님이 오래전에 계획한 비밀인 것인가?

4. 십자가의 용서와 부활을 믿으면 그것으로 누구든지 죄 없다, 의롭다 여기는 것일까?

5. 예수는 하나님의 능력으로 부활했지만, 믿는 자들도 하나님의 양자로, 상속자로 부활하는 것일까?

6. 예수를 믿으면 이전 사람은 죽고 전혀 다른 새 생명으로 거듭날 수 있는 것일까?

7. 예수는 세상 모든 사람을 구원하기 위해 하나님이 준비한 만인의 구세주인 것인가?

8. 세상에 가득한 부정과 불공평 역시 하나님의 다스림, 그 일부인 것인가?

이스라엘의 역사와 시내 산(Mt. Sinai)

시나이 반도 남쪽에 있는 높은 산으로 부근에 있는 캐더린 산(Mt. Catherine)에 이어 이집트에서 두 번째로 높은 산이다. 한국의 백두산보다 약 30m가 더 높은 산으로, 이스라엘 민족이 이집트를 탈출한 지 3개월 만에 민족 대이동을 멈추고 첫 휴식을 취했던 곳이 바로 이 산 밑이었다.

하나님은 이 산에서 자신의 백성인 이스라엘 민족에게 약속의 증표로 계명과 율법을 새긴 돌판을 모세에게 주었던 곳으로 유명하다. 이스라엘 민족은 이후 시내 산을 거룩한 산으로 늘 기억했다. 모세는 이스라엘 민족을 이끌고 이곳에 오기 오래전, 약관 40세의 젊은 나이로 바로 왕을 피해 이 부근으로 피신했었다. 그가 미디안 제사장 이드로의 사위가 되어 그의 양 떼를 치며 40년을 이 부근에서 살았다.

그가 80세가 되었을 때, 떨기나무 불꽃 속에 나타난 하나님의 부름을 받았던 곳도 바로 시내 산 동쪽 산자락이었다. 그가 초라한 목동에서 일약 이스라엘 민족의 지도자로 부름을 받고 이집트의 바로(Pharaoh) 왕의 탄압 속에 신음하던 이스라엘 민족을 구출하기 위해서 지도자로 앞장을 섰다. 동방의 강대국 이집트의 바로 왕과 하나님의 신실한 종 모세가 세기의 대결을 벌였던 역사가 이곳에서 시작했다.

그 후에 모세가 이스라엘 민족을 이끌고 성공적으로 이집트를 탈출해서 이곳에서 다시 하나님의 부름을 맡았다. 모세는 명령을 받고 아론과 나답과 아비후와 그리고 이스라엘 민족을 대표하는 장로 70인이 함께 이곳 시내 산에서 하나님 앞에 섰다. 그들은 하나님의 모습은 볼 수 없었지만 그의 존재를 상징하는 높은 하늘에 있는 수정처럼 맑은 '청명한 공간'을 보았다. 그것은 푸른 사파이어 보석을 맑은 하늘에 가지런히 편 듯한 하늘 공간이었다. 그들이 그 앞에서 먹고 마셨다고 성경은 전했다. 다음날 모세는 다시 하나님의 부름을 받고 구름이 빽빽하게 가린 산 정상을 홀로 올라갔다. 여호와의 영광이 산 위에 머물렀고 구름이 엿새 동안 산을 가렸다가 일곱째 날에 여호와 하나님이 구름 가운데서 모세를 불렀다.

모세는 구름 속으로 들어가서 40일을 머물며 하나님이 친히 돌판에 새긴 율법과 계명을 받고 산을 내려왔다. 모세가 받은 율법과 계명은 이후로 이스라엘 민족의 고유한 정신적 지주로 그들이 어딜 가든지 지키고 살려고 했고 자손들의 마음판에 새겨서 대를 이어 고스란히 물려주었던 하나님의 명령이었다. 그것을 일점 일획이라도 바꾸려고 하든지 지키지 않는 자는 누구를 막론하고 극형으로 다스렸다. 극형이라는 말은 더러운 죄인을 사람의 손이나 손으로 만든 어떤 기구를 사용해서 죽이는 것이 아니고 멀리서 돌을 던져 죽이는 가혹한 형벌이었다. 손과 몸을 조금도 더럽히지 않고 죄인을 죽이는 유대인의 독특한 살인 형벌이었다. 바울은 다른 정통 유대 지도자들과 같이 이를 믿고 이를 가르치던 선생이었다.

진실을 찾아서

세상을 떠나서 영적 집중

거친 광야와 삭막한 산속은 사람이 홀로 생존하기 어려운 거친 곳이지만, 이스라엘 민족의 과거를 찾고 역사를 돌이켜보기에 안성맞춤이었다. 바울은 시내(Mt. Sinai) 산에서 모세가 받았던 하나님의 말씀인 모세 오경이나 그 후에 기록된 선지자들의 글을 정독하며 조상들이 40년 동안 배회했던 광야에서 그들의 신앙을 처음부터 다시 조명하기 시작했다.

뜨거운 태양과 차가운 동굴에서의 고독한 삶은 견디기 어려운 생존의 위험이 도사린 삶이었지만 대신 감수하는 사람에게는 최고의 정신적 집중을 선물로 주었다. 바울이 성격대로 독한 결심을 했다. 그는 진실을 찾기까지 산을 떠나지 않겠다는 마음을 다지고 다졌다. 사람이 죽고 사는 것이 하나님의 손에 있고, 이전의 자신은 이미 죽었고 지금은 예수가 찾아와서 새로운 생명과 사명을 그에게 주었다고 믿는 순수한 마음은 오히려 세상의 모든 것을 분뇨만큼도 못한 것으로 보게 만들었다. 그는 성경에 집중하면서 말씀이 계시하는 현실을 응시했다.

쓴물을 토할 때까지 회개

바울은 일찍 일어나는 습관을 가진 사람이었다. 새벽 해가 뜨기 전 일어나서 기도하고 하루를 시작했다. 아라비아로 떠나서도 그는 매일 어디서 잠을 청했든 새벽 미명에 일어나 다마스커스 길에서 그를 찾아왔던 예수의 이름을 부르며 그를 부인했던 자신의 죄를 회개하고 기도했다. 너무 큰 죄악이었기에 시간이 흐를수록 자신의 모습이 참혹하기만 했다. 고독한 산속에서 바울은 죄로 얼룩진 누더기 같은 자신의 옛모습을 보면서 예수가 그를 찾아왔던 이유를 묻고 물었다.

오랜 기도 끝에 부르는 예수의 이름은 신비한 경험을 그의 마음에 일으켰다. 밝은 광채가 비참에 빠진 그의 마음을 비추었고 그때마다 자신의 이름을 부르는 그의 음성이 은은하게 귓전을 울렸다. 한없이 부드러운 물결이 가슴을 가득 채우며 차츰 열기가 중심에서 솟아나는 느낌 속에 이전 것을 잊었다. 그는 차가운 새벽 공기를 폐부 깊숙이 마시며 시간을 잊고 새로운 자아가 충만하게 채워지길 기다렸다. 그렇게 또 몇 달인지 시간이 지났다.

진실을 찾아서

바울은 예수를 만나고 나서 새로운 사람이 되고 있었다. 그는 자신의 정체성이 새로운 것으로 변했던 것을 확인하고 싶었다. 그는 다마스커스 길에서 그를 찾아온 사람이 부활한 예수이고, 그 예수가 십자가에서 흘린 피로 죄인 중에 괴수였던 자신을 조건 없이 용서하고 새로운 사명을 맡긴 것을 확인했다.

나바테안 왕국과 주변 국가

나바테안 왕국(Nabatean Kingdom)은 수도를 페트라(Petra)에 두고 자신들의 독특한 무역 형태를 통해서 이집트와 시리아 지역 그리고 페니키아와 유대 상인들까지 고객으로 삼아 각지에서 필요한 상품을 개발하고 다른 민족이 못하던 사막과 황야를 가로지르며 운반해서 크게 이득을 보던 아랍 왕국이었다.

그들이 취급하는 상품은 남방에서 나는 진기한 유향과 향료 그리고 금과 은세공품이었고, 북방에서 나는 강한 칼과 무기를 그들이 독점적으로 취급했다. 그들은 물이 없는 사막이나 광야에서도 장기간 생존할 수 있는 특별한 수원 개발 방법과 식사법까지 개발해서 살인적인 사막 지역의 혹독한 생존 문제를 해결했고 나름대로 엄청난 부를 축적했다.

그들은 지금도 세계인들이 즐겨 찾는 장미 궁전이 있는 페트라(Petra)를 수도로 로마 정부의 보호 속에 지금까지 없었던 안정을 누리며 살았다. 바울이 살던 당시에는 나바테안 왕국은 아레타스 4세(Aretas IV)가 왕으로 나라를 다스리고 있었다. 나바테안 왕국은 그리스 알렉산더 대왕의 급서 이후 그 지역을 오래 지배했던 그리스 왕조가 몰락할 때 로마 군을 등에 업고 독립을 얻기 위해서 헤롯 왕조와 긴밀하게 협력했다. 그러나 당시 갈릴리 지역과 베레아 지역을 다스리던 헤롯 안티바가 그의 나바테안 부인(아레타스 4세의 딸)과 이혼하고 헤로디아와 재혼함으로 다시 두 나라는 적대적인 관계로 발전했다. 그 여파로 나바테안 왕국은 예루살렘의 유대 지도자와는 좋은 관계를 유지하고 있었다.

그는 큰 감동 가운데 예수의 사명을 무언으로 수락했지만, 그가 지금까지 살아오면서 쌓았던 자신의 정체성인 유대 바리새인과 랍비의 삶을 대신해서 그 자리에 예수의 사람으로 새로운 정체성을 채워야 했다. 그는 예수가 명령한 일을 수행하는데 필요한 준비와 이해가 부족한 것을 누구보다 자신이 잘 알았던 사람이다. 그는 큰 변화를 수용하기 위해서 누구보다 정확한 사실 분석과 논리적 이해를 필요로 하는 그리스식 지성을 소유한 사람이었다. 그는 그리스 문화가 꽃을 피우던 다소(Tarsus)에서 태어나 자랐던 덕분에, 바리새인으로 평소에는 애써 부인하려고 했지만 그의 인격 바탕에는 합리적인 지성이 깔려 있었다. 그 안에 해박한 율법이 있었고 타고난 신앙이 있었기 때문에 유대 사회에서 두각을 나타낼 수 있었다. 그는 유대가 기대했던 당대의 바리새인 랍비였고 스승이던 가말리엘이 인정했던 자랑스런 바리새파 제자였다.

부활한 예수와 그 제자들의 눈부신 활약으로 실패와 고민을 거듭하던 정통 유대 종교 지도자가 사울을 앞세워 예수라는 이인을 혹세무인하는 이단의 괴수로 정죄하고, 그를 추종하며 불같은 성령의 능력으로 일어나던 제자들의 기세를 스데반 집사의 제거로 그 예봉을 꺾었다. 그들은 여세를 몰아 예루살렘에서 그 뿌리를 제거하려고 했다. 사울의 해박한 율법지식과 탁월한 논증능력은 이 일에 누구보다 적임자였다.

그가 유대 종교에서 돌아섰고 지금은 새로운 사람으로 거듭 태어나고 있었다. 무엇보다 그에게 급했던 일은 다마스커스 길에서 그를 찾아왔던 예수의 정체를 자신이 납득할 정도로 분명하게 밝히고 그 논리적 근거를 가장 확실한 성경에서 찾는 것이었다. 자신보다 먼저 믿었던 초대교회 사도들이나 그가 존경하는 선생이나 가족들을 찾아가서 말을 듣기보다는 그는 유대 민족이 오랜 역사를 통해서 많은 증거를 얻었던 성경을 더 신뢰했던 것이다.

지금까지 예수의 제자들은 그가 누구인지를 그의 언행과 그것으로 나타났던 여러 이적과 기사를 가지고 사람들에게 설명했고 그때마다 성령의 큰 역사가 일어나서 수많은 사람들을 지금까지 감동시켰다. 그러나 바울은 분명 다른 길을 찾고 있었다.

그는 예수가 하나님의 아들이고 이 땅의 죄인들을 죄악에서 구속하려고 온 하나님의 사람이라면 당연히 여호와 하나님이 이스라엘 민족에게 믿고 지키라고 준 성경 속에 예수가 나타났어야 하고, 특히 이스라엘 나라가 위험한 시대를 지날 때마다 나타났던 수많은 선지자들의 글에 반드시 구세주(Savior, Messiah)인 그의 존재가 예언으로 드러났어야 한다고 믿었다. 그가 믿는 성경을 통해서 예수를 증명할 수 없다면 그의 제자들이 전하는 말도 사람들의 말일 뿐이고 성령의 역사도 일시적 현상일 뿐이라고 결론을 냈다.

창조주 하나님의 이름, 그리고 메시아(Messiah)라는 이름

이스라엘 민족은 그들의 조상인 아브라함을 찾아온 하나님을 전능하신 여호와 하나님(Almighty God Jehovah)이라고 불렀다. 그들은 하나님의 존재가 너무 거룩해서 감히 이름을 부르지 못하고 하나님의 드러난 능력의 여러 가지를 이름 대신 불렀다. 성경에 기록할 때는 가끔 공란을 두어서 하나님을 표시하기도 했다.

한편 기독교는 창조주 하나님을 아버지 혹은 하나님으로 고유 명사가 아닌 보통 명사로 고쳐서 편하게 부르고 있다.

이슬람 종교에서는 하나님을 알라(Allah)라는 아랍어의 하나님(The God)이라는 이름을 붙여서 부르고 있다. 유일신 사상이 아닌 다른 종교에서도 창조주 하나님을 인정하고 나름 대로 이름을 붙여서 부르고 있다.

메시아라는 말은 유대 역사에서 가장 위대했던 왕인 다윗과 같은 왕이 다시 와서 유대 민족과 나라를 구원할 것이라는 현실적 사상에서 사용하기 시작했던 말이다. 그러나 기독교에서는 죄악으로 물든 온 세상을 구원할 구세주(Savior)로 다시 올 예수를 직접적으로 지칭하는 뜻으로 사용했다.

바울은 진실을 꼭 찾아서 세상에 부정할 수 없는 증거로 보이고 그렇게 자신도 확신을 가지고 그 일을 위해서 전 생명을 던질 것이라고 독한 마음을 먹었다. 진실을 찾기까지 아무리 시간이 걸려도 그는 산을 떠나지 않겠다고 결심을 했다. 사투를 벌이겠다고 다짐을 하며 일 년을 넘겼다.

예루살렘의 당시 정세

유대 왕의 박해 사울이 다마스커스에서 아라비아 사막으로 떠난 시기인 서기 37년에 헤롯 아그립바 1세(헤롯 대왕의 손자)가 유다의 새로운 통치자로 예루살렘에 등장해서 41년경 사도 야고보를 살해했다. 그리고 42년에는 베드로를 체포해서 죽이려고 했으나 베드로는 감옥에서 기적적으로 풀려났다. 그 후 헤롯 아그립바는 얼마 지나지 않은 44년에 갑자기 죽었다. 한편 사울이 사라진 예루살렘과 시리아 지역에 다시 평온이 회복되어 교회에 모이는 성도의 수가 매일 늘어났다는 기록(행9:31)이 있다. 예수와 그 제자를 핍박하던 유대교가 사울의 개심으로 맥이 빠지고 세력을 잃었던 것이 분명했다.

두드리는 자에게 열리는 문, 번쩍이는 계시

사울이 변하기 전에 그의 심장을 둘로 갈랐다면 한쪽은 하나님에 대한 순종이고 다른 한쪽은 율법이었다. 바리새인으로, 특히 랍비로서 율법과 계율 그리고 정결 예법이나 장로의 유전까지 모든 법규를 기억하고 철저히 지키는 것이 의로운 일이요 하나님에 대한 순종이었다. 지금까지 사울 그가 살아온 삶이었다. 그의 삶에 예수라는 이인이 벼락같이 등장했다. 예수는 제자들과 함께 십계명은 물론 율법과 정결 예식을 법대로 철저하게 지키지 않았고, 율법의 사소한 조항까지 실천하려는 바리새파의 노력을 겉 다르고 속 다른 위선이라고 오히려 비난을 퍼부었다. 그는 간음하는 현장 에서 붙잡힌 여인을 놀랍게 용서했고, 안식일을 무시하고 많은 병자를 고 쳤던 것이다. 그뿐만 아니라 공중 앞에서 하나님의 전을 모독하는 말도 서 슴지 않고 토로했다. 이런 이유로 예수를 부인하고 그 제자들을 핍박했던 사울이 변하여 지금은 거룩한 산, 높은 곳에서 긴 시간을 보내며 진실을 찾 아 암중 모색하고 있었다.

그때에 놀랍게도 하나님의 계시가 그가 읽고 있던 성경 말씀에서 번개처 럼 나타났다. 한 번이 아니라 다음 계시가 다른 말씀에서 나타나기를 계속 하며 바울의 의문을 풀어 주었고 이해를 도왔다. 그의 가슴을 짓누르던 문 제들이 하나 둘 풀렸다. 성경의 말씀이 살아있는 하나님의 계시로 꿈틀거리 며 살아날 때 그가 가졌던 의문들이 하나 둘씩 풀렸다. 전에는 어슴푸레 다 가왔던 글의 의미가 어느 때 갑자기 분명한 의미를 던지며 그에게 밝게 나 타나곤 했다. 어떤 말씀은 전의 해석과는 전혀 다른 의미로 새롭게 나타났 고, 그는 지난날의 실수를 기억하며 혼자 쓴웃음을 짓기도 했다.

율법의 정체성

율법에서 간음은 큰 죄였고 간음 현장에서 붙잡힌 여인은 죄 값을 받는 것이 당연했다. 어느 날 사람들이 간음 현장에서 잡혀온 여인을 예수 앞에 세우고 어떻게 처리하면 좋을지 물었다. 예수는 여인을 가리키면서 누구든 지 죄 없는 사람이 먼저 여인에게 돌을 던지라고 둘러선 사람들을 보면서 말했다. 사람들이 하나 둘 자리를 떴고 마지막으로 여인과 예수만 남았을 때 예수는 눈물을 흘리는 여인에게 나도 너를 정죄하지 않겠으니 가서 다시는 죄를 범하지 말라고 경고한 뒤에 그녀를 돌려보냈다.*

오래전 바울은 예수에 관한 이런 일화를 듣고서 몹시 화가 났었다. 그러나 지금은 엄청난 자신의 죽을 죄를 회개하면서 그는 예수의 구속 사역과 하나님의 극진한 사랑을 깨닫고 예수가 전하기 원했던 참뜻을 깨닫고 그도 눈물을 흘렸다. 예수는 사랑이었고 용서하는 주인이었고 이 땅의 모든 죄인들의 죄를 자신의 피로 깨끗하게 씻어주려고 온 하나님의 사람이라는 것을 깨달았다. 율법은 하나님이 자신의 민족을 사랑해서 그들을 살리려고 주었던 계명이고 말씀이었다. 바울은 비로소 율법에 대한 예수의 말을 이해하기 시작했다.

> ─내가 율법이나 선지자를 폐하러 온 줄로 생각하지 말라 폐하러 온 것이 아니요 완전하게 하려 함이라. 진실로 너희에게 이르노니 천지가 없어지기 전에는 율법의 일점 일획도 결코 없어지지 아니하고 다 이루리라.
>
> (마 5:17-18)

예수가 이 땅에 온 목적은 율법과 선지자의 글(구약 성경)을 폐하려는 것이 아니고 사람들이 온전하게 해석할 수 있도록 도와주려는 것이었다. 그가 부활하고 하늘로 떠나기 전에 제자들에게 성령이 올 때까지 예루살렘 성을 떠나지 말고 기다리라고 명령한 것도 그를 대신해서 이후로는 성령이 와서 사람들이 성경 말씀을 자의적으로 해석하는 대신 바르게 이해하고 행할 수 있도록 도울 것이라는 말이었다.

---

* 요 8:3-11

사람들은 자신들의 유익을 좇아 성경을 그릇 해석해서 많은 사람들을 이단으로 이끌었고 세상에 물의를 일으켰다. 어떤 이들의 말씀 해석은 한 쪽으로 지나치게 쏠렸기 때문에 극단적인 행동이나 자극적인 언동으로 세상을 선동했고 어지럽게 했다. 그 때나 지금이나 그 피해가 적지 않은 것이 사실이다. 바울이 후에 제자를 가르치며 성경 해석에서 가장 중요하게 경계했던 점을 그는 시내 산 정상을 헤매며 깨달은 것이다.

시내 산의 놀라운 환상
(Wonderful Visions)

바울의 집요한 성격

사람의 인격을 간단히 표현해서 지 · 정 · 의라고 한다. 어떤 사람은 지성이라는 그릇에 많은 지식을 담아 감정 보다는 이성을 따라 살았다. 그들은 어떤 주제를 오랫동안 마음속에 두고 기도와 사고를 통해서 반추하면서 객관적이고 일반적인 논리를 이끌어 내었다. 그것을 믿음이라는 의지로 전적으로 받아들이면 신앙이 되고 신앙 속에 있는 원칙이 교리가 되기도 했다.

바울은 이런 부류의 신앙인이었고 전도자였다. 그는 탁월한 능력으로 기독교를 유대교에서 분리했고 혼란한 시대에 반드시 부산물로 나타나는 다양하고 강력한 이단 학설을 물리치고 새로운 시대를 이끌었던 대표적 신학 지도자였다. 그는 서양 문화의 기초가 되었던 그리스 철학과도 해박한 논쟁을 통해서 그리고 부정할 수 없는 증거를 제시하며 기독교 진리를 전파했고 유대 종교와의 동질성과 차별성을 함께 세상에 선언했다. 후세 교부들과 신학자들이 그가 시작했고 이루었던 사상을 연구하고 오늘의 기독교 교리를 완성했다.

성경과 성령의 감동

그는 보따리 속에 잘 보관해서 가져 왔던 성경을 매일 읽고 묵상하는 가운데 성령이 주는 놀라운 은혜를 경험하고 그를 사로잡았던 의문과 걱정이 하나씩 풀리기 시작했다. 성경은 그가 씨름했던 모든 문제에 대한 해답을 가지고 있는 길잡이였다. 그는 예수를 만나기 전에도 늘 성경을 보는 습관을 가지고 있었다. 그러나 예수를 만나고 나서 그의 눈은 새롭게 열렸다. 마치 앞이 보이지 않던 자신의 눈이 다시 보게 되었을 때 느꼈던 신선한 감동을 성경에서 느꼈다. 성경은 놀랍게도 예수의 탄생과 사역과 죽음과 부활을 미리 다 알려주고 있었던 것이다. 그는 마음이 편안해졌고 끝내는 늘 뜨거운 감동에 큰 목소리로 하나님을 찬미했다.

그는 북이스라엘과 남유다의 멸망이 임박했을 때 거짓 선지자와 권세를 잡은 제사장들의 우상숭배와 하나님을 떠난 포악한 왕들을 보면서 애통하며 하나님의 말씀을 전했던 선지자들의 글을 여러 번 읽고 깊이 묵상했다. 시대가 어렵고 혼탁하기는 어느 때나 마찬가지였다. 사람들이 처음 하나님을 믿을 때 가졌던 감격을 잊기 시작했다. 돈과 세상 지위라는 우상이 성전과 교회 안에서 세력을 잡으면서 권세를 가진 자들이 가난한 사람들을 멸시하고 자신들의 안전과 유익만을 생각하며 법을 만들고 힘 없는 자들에게 실천을 강요했다. 놀랄 정도의 지혜와 지성을 담은 그리스 철학을 비롯해서 여러 선진 문화가 속속 등장하는 가운데 세상은 이전 보다 월등 지식이 많아졌지만 낡은 종교가 지배하던 예루살렘은 변하지 않았다.

한편 나라들의 풍요는 사람의 마음을 한없이 타락시키고 있었다. 먹고 사는 것이 풍족할수록 사람의 정신은 속히 부패하고 타락했다. 예루살렘도 예외는 아니었다. 유대 지도자들의 현실 타협과 똑같은 율법 강조는 점점 공허할 뿐이었다. 어느 곳에도 나라나 민족이 찾던 생명의 길을 외치는 나팔수는 없었다.

지금까지 환상으로 꿈으로 말씀으로 그를 찾아왔던 예수는 차갑도록 맑은 시내 산 정상에서 성경 말씀을 통해서 그를 찾아왔다. 예수가 승천하기 전 제자들에게 약속했던 성령이 그에게 풍성하게 임했다. 인간의 지성과 논리가 줄 수 없는 신비한 깨달음의 경험이 그를 사로잡았다. 그가 복음의 진실을 깨닫기 위해서 쟁쟁한 사도들의 도움이나 어떤 사람의 가르침도 받지 않았다고 후일 확실하게 선언했던 이유가 충분했다.

사울은 그를 찾아왔던 예수가 부활했고 그에게 나타난 것은 바로 그가 하나님의 아들이라는 사실을 그에게 증명하려는 것이라고 믿었다. 하늘에 계신 예수 대신에 지금은 그가 약속한 성령이 그와 함께하고 그에게 놀라운 계시를 주고 하나님 나라의 비밀을 알려주고 있음을 깨달았다. 그가 죽었다가 다시 살아나고 있었다. 성경과 부활해서 그에게 나타났던 예수를 믿는 믿음이 그를 다시 살렸던 것이다.

종(노예)과 군사의 길

사람이 부해지고 손에 힘이 있으면 오히려 없었을 때는 있지 않던 시기 질투가 생기고 세상의 정욕과 탐욕에 빠져 부패하고 권력을 휘두른다. 오랜 인간의 역사가 그것을 증명했다. 여러 나라와 민족이 흥했다가 부강해지면 그것 때문에 망하곤 했다. "문명은 타살이 아니고 자살로 멸망한다"는 증거였다. 거룩한 신앙 공동체에서도 사람들은 똑같은 길을 오래 걸어왔다.*

예루살렘 성전을 장악하고 유대 나라의 정치를 주무르던 대제사장 무리가 탐욕에 빠졌고 심지어 자신이 속했던 바리새인파의 빳빳한 율법 지상주

---

* 토인비《Arnold Toynbee》의 역사연구

의는 많은 의인들을 잡아 죽였던 사실을 깨달았다. 바울이 산에서 지내는 동안 이런 문제를 더 뚜렷하게 깨닫기 시작했다. 자신은 결코 그런 잘못을 할 사람이 아니라고 믿었지만, 그가 예루살렘에 올라가 지금까지 예수를 이단 괴수로 낙인찍고 그를 추종하던 제자들을 무지막지하게 핍박했던 이유 가운데 큰 것은 하나님의 이름을 빙자해서 자신의 이름을 날리고 유대 지도자의 한 사람으로 자리를 얻기 위한 것임을 비로소 인정했다.

누구도 이런 것에서 예외일 수가 없었다. 사람들이 주의 이름으로 모이는 교회가 커지고 부강해지면 먼저 초심을 잃었고 계속해서 세속화가 급속히 진행되었다. 그래서 진실한 교회와 성도들의 성장을 막았고, 세상에서 사람들의 빈축을 샀다.

그의 마음이 무너졌고 너무 아팠다. 그의 명석한 두뇌는 어느 때부터인지 자신의 내면을 분명하게 보고 있었다. 그도 다른 사람과 같은 정욕과 욕망을 가지고 지금껏 살아 왔고, 그것을 모두 버릴 것이라고 장담할 수가 없었다. 차가운 동굴에서 겉옷을 여미면서 앞을 응시하는 바울은 자신의 육신을 알고 있었다. 30대의 사울은 이미 짧지 않은 인생을 살았고 세월을 통해서 자신의 내면에 숨겨진 혈기와 정욕의 존재를 일시에 부정하고 털고 일어날 만큼 어리석은 인간은 아니었다.

그는 가슴이 뜨거운 시간이 지나면 자신의 내면을 보면서 부끄럽기만 했다. 그럼에도 불구하고 예수는 다마스커스 길에서 그를 찾아왔던 것이다. 그는 피곤한 눈을 지그시 감으며 이를 악물었다. 그의 안에서 참을 수 없는 구역질이 났던 것이다. 왜 하필이면 나를 선택했을까? 얼마를 그렇게 허우적거리며 시간이 흘렀다. 그 때에 다마스커스 성에서 자신에게 안수를 베풀고 예수의 말을 전했던 아나니아의 말이 귀에 쟁쟁하게 울렸다.

- 이 사람은 내 이름을 이방인과 임금들과 이스라엘 자손들에게 전하기 위하여 택한 나의 그릇이라. 그가 내 이름을 위하여 얼마나 고난을 받아야 할 것을 내가 그에게 보이리라(행 9:15, 16)

그가 천천히 주님의 부탁과 자신을 선택했던 이유를 깨닫기 시작했다. 그리고 앞으로 남은 그의 인생을 예언한 예수의 말을 마음에 새겼다. 그는 영광이나 명예 대신에 스데반이 당했던 고난을 이방에서 자신의 몸에 채우기 위해 위해 예수가 뽑은 종이요 군사였던 것이다.

그가 지금까지 추구했던 바리새인으로서의 영달이나 명예와는 정반대였다. 지금부터 그는 누구도 원치 않는 유대인의 핍박과 이방인들과 그들의 권력자들이 감행할 무서운 고난을 이방 나라에서 감수해야 하는 주의 노예이고 군사임을 깨달았다.

바울의 전신에 오싹 떨리는 냉기가 덮쳤던 순간이었다.

드디어 예수를 보다

그가 앞에 있는 무서운 고난을 생각하며 또 오랜 시간이 지났다. 그러나 바울은 예수가 정해준 자신의 인생길을 지금이라도 버리고 떠날 수 있는 자유가 자신에게 있는 것을 알았다. 그는 예수의 명령을 순종하든지 아니면 거부하고 멀리 달아날 수도 있는 두 길이 자신 앞에 있는 것을 보았다. 지금이라도 사울이라는 이름을 버리고 어디로 훌쩍 떠나서, 바리새인으로 그리고 인기가 높은 길리기아 천막을 만드는 유대인으로 인생을 잘 살 수도 있었다.

그가 밖의 인기척을 느끼고 살폈을 때는 해가 중천에 떴고 종자가 떡을 구워서 가져온 지가 오래된 시간이었다. 그가 머리를 털고 일어섰다. 그의 앞에 누군가가 그를 보고 있었다. 바로 예수 그리스도였다. 그는 하나님의 아들로 무엇이든지 할 수 있는 능력과 자격이 충분했던 사람이다. 그러나 그는 이 땅에서 가난하고 고통을 당하고 병든 사람을 먼저 돌보았고, 빈 들에 모인 배고픈 무리를 챙겼고 위험할 때 제자의 안전을 먼저 생각했다. 그리고 끝내는 부끄러운 십자가에서 죽었다. 그가 사울의 눈 앞에 서 있었다. 사울의 눈은 넘치는 눈물로 앞이 보이지 않았다.

하산

사울이 오래 머물던 시내 산을 떠날 생각을 했다. 그는 험한 시내 산을 내려오면서 그를 괴롭혔던 모든 생각을 버리고 오직 주만 따르기로 마음을 정했다. 그가 앞으로 해야 할 일에 대한 걱정도 접었다. 그 일을 어떻게 어디서부터 시작할지도 생각하지 않기로 했다. 동굴에 있던 엘리야에게 그가 해야 할 일을 알려준 하나님이 때가 이르면 자신에게도 말씀할 것이 틀림없었다. 곧 그는 오래 머물던 시내 산을 천천히 내려왔다.

페트라(Petra, Nabataea Kingdom)

고대 유적지의 하나로 요르단 사막 한가운데에 있는 페트라(Petra)는 사막에 솟은 거대한 붉은 돌산을 뚫고 그 안에 만든 아름다운 궁전이 있는 아라비아 유목 민족의 옛 도시다.

나바테아(Nabataea)라는 아라비아 유목 민족은 주전 8백 년 전부터 아라비아 사막을 왕래하며 캬라반 (Caravan) 무역을 했고, 주전 4백 년 전에는 이곳 붉은(에돔) 산에 전부터 살던 에돔 족속을 평지로 몰아내고 정착하기 시작했다. 그들은 붉은 장미 빛의 거대한 돌산을 뚫고 그 안에 궁전을 짓고 또 조상 신들을 돌산에 새겼고 백성이 주변 사막 평지에 흩어져 살았다.

페트라는 그 동안 모래 바람과 지진으로 천여 년이 넘는 긴 세월 사막에 묻힌 망각의 도시가 되어 사람들의 기억에서 잊혀졌다가, 지난 19세기 초 스위스의 한 젊은 탐험가에 의해서 그 존재가 세상에 알려졌다. 좁은 협곡 안에 깊숙이 숨어 있던 왕궁과 약 2만 명으로 추산되는 주민이 살던 집터가 세상에 소개되었다. 왕궁뿐만 아니라 산 아래 넓은 터에 고스란히 남아 있는 로마의 원형 극장과 시장(Agora) 터는 세계 7대 불가사의 건축물로 장미 도시(Rose City)라는 별명과 함께 중요한 세계 문화 유산이 되었다.

나바테아 왕국은 주전 4 세기부터 독립 왕국을 유지하며 북방의 페르시아 제국에서 남방의 이집트에 이르는 남북 교역과 팔레스타인 지역과 서쪽 이스탄불을 잇는 동서 교역이 교차하는 넓은 사막과 황무지를 오가며 번창했다가 서기 106년에는 로마 제국에 편입된 후 역사의 무대에서 사라졌다. 당시 로마의 공식 이름은 아라비아 페트라(Arabia Petra)였다.

4
___
장

페트라에서 시작된
바울의 전도

아름다운 페트라에 복음을

사막에 핀 장미 도시

바울이 번창하던 장미 도시(Rose City) 페트라에 도착했다. 페트라는 요르단 황무지를 동서 남북으로 달리는 무역로의 남쪽 끝에 있던 나바테안 왕국의 수도였다. 당시 나바테안 왕국을 다스리던 왕은 아레스타 4세(Arestas IV, 주전 9-서기40)로 아라비아 사막과 황무지에 흩어져 살던 아랍 민족, 특히 베두인족의 모든 부족을 통일하고 독특한 사막 생존기술로 각 지역 특산물을 운송 판매해서 막대한 이익을 얻었다.

헤롯 안티바와 아레스타스의 악연, 그리고 세례요한의 죽음

헤롯 안티바는 실제 나바테안 왕국을 지배하던 아레스타스 4세 왕의 사위였다. 로마를 통일했던 시저 장군의 이집트 원정에 직접 참전해서 위험을 무릅쓰고 적극적으로 도왔던 덕분에 헤롯 1세(기원 전37-4년)는 팔레스타인 전 지역을 다스리는 왕이 되었다.

나바테안 왕국은 인접 나라로 시리아 왕국이 남긴 거대한 요르단 지역을 헤롯 1세와 양분해서 다스렸다. 헤롯 안티바는 20여 명이 넘는 헤롯 1세의 자녀 가운데 하나로 한때는 그의 유력한 후계자였다. 아레스타스 왕은 자연스럽게 지역 강자인 헤롯 왕가와 혈연관계를 구축해서 자신의 나바테안 왕국을 지키려고 했다. 이렇게 정략적 결혼으로 헤롯 안티바는 아레스타스 왕의 딸인 파사엘리스(Phasaelis)를 부인으로 맞았다.

그는 사막 한가운데에 화려한 도성을 건축하고 나바테안 왕국의 전성기를 구가했다. 부강한 나바테안 왕국은 로마 주둔군의 묵인 아래 요르단 지역을 넘어 인접 시리아 다마스커스 성까지 일부 통치권을 행사하고 있었다. 그는 서기 37년 숙적 헤롯 안티바가 다스리고 있는 갈릴리와 베뢰아 국경을 쳐들어가서 오래전부터 국경 분쟁이 끝없이 일어났던 요단 강 동쪽 지역을 거의 전부 점령했다.

정략 결혼의 파탄

정략 결혼은 양국의 숱한 국경 분쟁을 없애고 평화를 주었던 좋은 관계가 되었지만, 헤롯 왕가의 자유 분방한 여성편력을 고칠 만큼 진실하지는 못했다. 헤롯 안티바가 자신이 자랐던 로마를 방문했다가 그만 다른 여인에게 푹 빠지고 말았다.

그는 어머니가 다른 헤롯 1세의 왕자로 로마에서 살고 있던 배다른 형제인 헤롯 필립(Herod Philip I)의 집에서 그의 아내였고 그들의 사촌 질녀인 미모의 헤로디아를 보고 그만 사랑에 빠졌다.

헤로디아는 헤롯 왕이 낳은 배 다른 왕자였던 아리스토불루스(Aristobulus)가 낳은 딸이었고, 그녀의 동생 아그립바 1세는 후에 유다와 팔레스타인의 2대 섭정 왕이 되었던 사람이다. 헤로디아는 어느 곳도 영지를 받지 못했던 필립의 아내로 로마에 살면서 살로메(Salome)라는 외동딸을 낳은 후였다.

중년을 넘긴 헤로디아가 로마의 분봉 왕으로 나라를 다스리며 건장했던 안티바를 보고 몸이 달았다. 헤로디아는 결혼을 요구한 안티바에게 그가 현재의 처인 아라비아 공주인 파사엘리스와 이혼하겠다는 조건으로 그의 청혼을 승낙했다. 안티바가 자신과 이혼한 후에 헤로디아와 결혼하려는 계획을 눈치챈 파사엘리스는 서기 33년경 안티바의 궁전을 빠져나가 고향이던 나바테아로 도주했다.

이 사건으로 분노한 아레스타스 왕은 안티바의 영토를 공격해서 파죽지세로 그의 군대를 격파하고 요르단 동쪽 지역 전부를 자신의 영토로 병합했다. 헤롯 안티바는 국경침략 사건을 로마 제국의 황제 티베리우스(Tiberius)에게 호소했고 황제는 시리아 로마 군사령관인 비텔리우스 장군에게 명령을 내려 나바테안 왕국을 공격하라고 지시했다. 그러나 황제는 그 명령을 내리고 곧 죽었고 비텔리우스도 나바테안 왕국에 대한 공격을 중지했다.

세례요한의 경고

이 사건은 나바테안 왕국뿐만 아니라 유대와 갈릴리 전역에 알려졌고, 안티바의 부도덕한 정욕과 불륜은 사람들의 지탄을 받았다.

유대 율법은 근친상간이나 형제의 아내를 탐해서 빼앗는 행위나 남편이 살아 있는 동안 여자가 다른 남자와 결혼하기 위해서 이혼을 요구하는 행위는 반드시 당사자 두 사람을 죽이도록 엄하게 규정했다. 두 사람의 이혼과 재혼은 율법에서 이중삼중 범죄가 되는 불법 행위였다. 삼촌과 질녀 사이의 결혼이나 형제의 아내를 빼앗는 일은 그들이 꿈에도 생각할 수 없는 부도덕한 죄악으로 그렇지 않아도 밉던 헤롯 왕가를 공격하는 좋은 미끼가 되었다.

그러나 로마에서는 달랐다. 근친 결혼이나 무절제한 정욕의 발산을 아무런 죄책감도 없이 오히려 '왕가의 순순한 혈통'을 지킨다는 명분으로 자행 했던 그리스와 로마의 왕실 지도층은 풍요한 세상을 맞아 즐거움을 찾던 수많은 사람들을 유례를 찾아 볼 수 없는 성적 문란과 타락으로 몰아넣었다.

깨끗한 신앙 생활을 요구했던 세례요한이 이것을 보고 그대로 있을 수가 없었다. 그가 안티바와 헤로디아를 공개적으로 비난하기 시작했고, 안티바는 세례요한을 잡아 옥에 우선 가두고 처리를 고심했다.

안티바와 헤로디아의 몰락

안티바와 왕비 헤로디아는 그들의 왕국에서 자신들의 뜻대로 세상을 통치하는 듯했다. 그러나 파탄은 멀리서 그들을 기다리고 있지 않았다. 오래전에 가산을 탕진하고 그들을 찾아왔으나 냉대를 받고 돌아갔던 헤로디아의 오빠인 아그립바 1세(Agippa 1세)가 티베리우스(Tiberius) 황제가 죽고 새로 로마 황제가 된 갈리굴라(Caligula)의 강력한 후원을 받아 이두레와 타고니투스 지역 분봉 왕이 되었다. 얼마 후에 아그립바가 유대 지방을 다스리는 왕으로 책봉되어 명실공히 헤롯 1세(대왕)의 후계자가 된다는 소식을 들었다. 헤로디아는 자신의 친 오빠인 아그립바 1세의 벼락 출세를 보고 기뻐하기는 커녕 격한 질투가 생겼다. 그녀는 남편 안티바가 유대 왕의 자리를 물려받아야 된다고 생각하며 자신의 분노를 태웠다. 두 사람이 머리를 쥐어짜고 고심 끝에 황제에게 직접 호소하기로 마음을 정했다. 그들은 황제에게 아그립바를 밀어내고 자신들이 유대 지역 왕이 되어야 한다고 주장할 여러 근거를 마련해서 로마로 갔다. 물론 그 동안 모았던 막대한 보화를 뇌물로 꾸려서 함께 가지고 떠났다.

그러나 이 소식을 들었던 아그립바가 선수를 쳤다. 로마 제국은 어떤 지역이든 통치권을 위임 받은 자들이 무기를 제조하거나 대규모 무기를 보관하는 것을 엄격하게 금하고 있었다. 아그립바 왕은 갈리굴라 황제에게 안티바가 영지에서 무기를 사사롭게 제조해서 대량 보관하고 있다는 비밀 편지를 급히 보냈다. 로마가 경계했던 로마 제국에 대한 속국의 반란을 그가 은연 중에 준비했다는 엄청난 고발이었다.

갈리굴라 황제는 안티바를 만나자 단도직입적으로 그가 영지에서 무기를 제조한 사실이 있는지 그리고 그것들을 보관하고 있는지를 물었다. 안티바는 얼떨결에 영지의 질서유지를 위해서 소규모이지만 무기를 제조한 사실을 인정하고 말았다. 황제가 격노했고 이 사건으로 안티바는 모든 직위와 영지는 물론 그 동안 모은 재물을 아그립바 왕에게 물려주고 골 지방(현 프랑스 리용 지방)으로 유배를 가는 신세가 되었다. 황제는 헤로디아에게 남편 안티바를 따라서 골 지방으로 가지 않아도 좋다는 특전을 내렸다.

그러나 헤로디아는 남아서 부귀를 누리는 대신 멀리 귀양을 가서 언제 죽을지 모르는 남편 안티바를 택했고, 결국 그와 함께 골 지방으로 떠났다. 이렇게 두 사람은 서기 39년경 역사라는 무대에서 영원히 사라졌다.

헤롯 아그립바 1세의 급사

운명의 짓궂은 장난은 다른 곳에서도 이어졌다. 승승장구하던 아그립바 1세의 운명도 얼마 못 가서 끝장이 났다. 그가 예루살렘에서 유대인들의 환심을 사려고 12사도 가운데 한 사람이던 야고보 사도를 옥에 가두고 곧 그의 목을 잘라 죽였다. 이 순교 사건으로 예루살렘에 남아 있던 사도들이 다 흩어졌고 예수를 따르던 예루살렘 성도들이 줄줄이 타국으로 도피했다. 그러나 이렇게 잘나가던 아그립바 왕도 얼마 지나지 않아 갑작스런 복통으로 서기 44년경 한참 나이에 요절하고 말았다. (요세프스의 유대 고대사 참조)

복음을 전하다

나바테안 왕국의 수도이던 아름다운 페트라는 바울이 2년여 전에 떠났던 다마스커스 성에서 멀지 않은 곳에 있었다. 그가 좁고 높은 붉은 협곡을 지나 아름다운 장밋빛 도시 페트라에 도착할 때는 해가 중천을 지난 때였다. 사람들이 오수를 즐기려고 다 집으로 돌아간 뒤였다. 길에는 인적이 드물었고 돌산을 깎아 지은 화려한 궁전에는 입구를 지키는 베두인 병사가 두어 사람 있을 뿐 그 앞으로 넓은 광장과 좀 떨어져 있는 원형 극장에는 인기척이 없이 조용하기만 했다. 바울 일행이 시장(Agora)을 지나자 시간이 지루한 듯 먼 산을 보면서 눈을 감고 있던 낙타 몇 마리가 사람들의 인기척에 큰 눈을 떴다가 곧 못 본 척했다.

바울은 궁전을 지나고 시장을 돌아서 대부분의 주민이 살던 얕은 산자락까지 갔다. 산에는 굴을 파고 안에 높은 건물을 층층이 지었고, 일부는 평지에 아담한 주택 단지를 만들어 많은 때는 2만에 가까운 주민들이 살았다.

오후 늦게 시장 터가 다시 열리고 사람들이 몰리기 시작했다. 그 사이 당분간 기거할 수 있는 방을 얻고 옷을 갈아 입은 바울이 시장 터를 바삐 찾았다. 바리새인의 복장이 금방 눈에 띄는 바울이 시장에서 만나는 사람들에게 힘을 다해 거침없이 예수 그리스도의 복음을 전했다.

- 아름다운 페트라 성에 살고 있는 아라비아 형제들과 부형들이여, 주 예수 그리스도를 믿고 어지러운 세상에서 구원을 받으시오. 여러분을 죄악에서 구해 줄 다른 이름이 세상에 없습니다. 오직 우리 주 예수를 믿고 회개하면 영생을 얻을 것이오.
- 나는 길리기아 다소에 태어난 유대인이고 바리새인입니다. 나는 예수를 부인하고 그의 제자들을 핍박했던 죄인입니다. 그러나 부활하신 예수가 나를 먼저 찾아와 용서하시고 그의 증인을 삼아 여러분에게 보냈소이다. 페트라 성은 강한 군대가 공격해도 끄떡 없는 철옹성 같은 성입니다. 그러나 높은 바위 산과 깊은 골짜기를 의지하지 말고 천지를 지으시고 다스리는 하나님을 믿으시오. 내가 믿는 예수는 하나님이 보낸 구세주입니다.

당시 페트라는 전쟁 소문으로 어수선하던 때였다. 로마 황제가 군대를 보내서 나바테아 왕국을 공격할 것이라는 소문에 성 안팎이 시끄러웠다. 헤롯 안티바가 나바테안 공주를 버리고 헤로디아와 결혼한 것 때문에 아레스타스 왕은 헤롯 안티바의 영지를 공격해서 요단 강 동쪽 땅을 거의 다 빼앗았다. 로마 황제는 자신의 허락도 없이 영지를 공격했던 나바테아 왕을 여러 번 경고하고 빼앗은 땅을 그에게 돌려줄 것을 명령했다. 그러나 아레스타스 왕은 황제의 명령을 따르지 않고 있었다.

바울은 여러 날 시장에서 복음을 전했다. 금세 많은 추종자들이 그를 따랐다. 사람들이 병자를 바울 앞으로 데려왔고, 그가 예수의 이름으로 안수하고 기도했을 때 병이 낫는 놀라운 일이 벌어졌다. 소문이 삽시간에 시장과 많은 사람들이 살고 있던 마을로 번져갔다.

귀부인의 초청

어느 날 갑자기 바울에게 연락이 왔다. 궁전에 가까이 살고 있는 한 귀부인이 바울을 청해서 말씀을 듣겠다는 것이었다. 바울이 마다 할 이유가 없었다. 저녁이 될 무렵 깨끗한 옷으로 갈아입은 그는 왕궁 부근에 있는 귀부인의 집을 방문했다.

저녁이 되면 기온이 떨어지기 시작해서 밤에는 바람이 차고 방 안에서조차 찬 기운이 역력했다. 십여 명의 사람들이 마당에 서성거리고 있었다. 바울은 전통적인 바리새인의 복장을 하고 대머리에 반쯤 남은 머리를 뒤로 잡아 묶고 검은 모자를 그 위에 썼다. 안짱다리에 팔자걸음으로 그는 거침 없이 안내 받은 집의 사랑으로 들어섰다. 그곳에는 이미 사람들이 적잖이 모여 있었다.

바울은 안내를 받아 중앙에 있는 단 밑에 이르러 한 쪽에 마련된 나무의자에 앉았다. 얼마 있지 아니해서 가냘픈 인기척과 함께 3, 4 명의 시녀가 앞

뒤를 인도해서 한 귀부인이 나타났다. 공주라고 소개한 여인은 바울에게 목례를 나누고 건너편 의자에 앉았다. 그리고 공손히 말씀을 듣고자 청했다.

뜻밖의 반응

바울은 의자에서 일어나 헛기침을 몇 번 하고 나서 곧 말씀을 전하기 시작했다. 그의 목소리에 힘이 있었다.

– 존귀한 공주님 그리고 이 자리에 모인 여러분, 하나님이 여러분에게 평안을 주시길 바랍니다. 그리고 공주님과 여러분을 패악한 세상에서 속히 구원하시길 바랍니다. 세상은 점점 악한 길로 치닫고 있소이다. 하나님이 정해준 혼인을 무슨 짐승을 사고 팔 듯 쉽게 여깁니다. 남편은 자신의 정욕을 채우기 위해서 여자를 헌신짝처럼 버리고, 젊은 여자들은 적은 이익을 위해서 남자들을 속이는 세상입니다. 부자들은 노예를 거느리고 매질을 하고 착취해서 재물을 모으는 데 혈안이 된 세상입니다. 하나님은 원래 세상을 이렇게 만들지 않았소이다.

바울은 말씀을 전하며 습관이 된 듯 자리를 여기저기 옮겼다. 그의 약간 뚱뚱한 몸집이 오히려 의젓해 보였다.

– 원래는 모두가 평화롭게 형제처럼 사랑하며 살게 세상을 지었소이다. 오직 사람들이 탐욕에 끌리고 걷잡을 수 없는 정욕에 매여 부끄러운 줄을 모르고 살기 때문에 온갖 악이 성행하는 세상이 된 것이라오. 페트라는 소문처럼 세

상에 둘도 없는 아름다운 도시가 틀림 없소이다. 그러나 여러분이 악한 세상에서 구원을 받아 평강을 누리기 원하오. 그 길이 여기에 있소이다. 바로 9년 전 예루살렘에서 성전 관리들과 로마 군에 의해서 십자가에 못 박혀 죽은 예수가 바로 우리 모든 사람의 구세주이며, 하나님의 아들로서 우리를 죄악에서 구하고 영원한 하나님 나라로 인도하는 하나님의 독생자입니다. 여기 모인 형제 자매들이여, 예수의 이름을 믿고 구원을 받으시오.

바울이 성령이 충만한 가운데 구원의 복음을 계속 전하려고 할 때 앞 자리에 조용히 앉아 있던 귀부인이 손사래를 가볍게 치며 바울을 향해 입을 열었다.

– 말씀 중에 미안하지만, 하나님이 있다면 그런 고약하고 죽어도 싼 사람들이 어떻게 멀쩡하게 잘 살고 있습니까? 짐승만도 못한 악한 사람은 죽어야 옳은 것이 아닙니까? 하나님이 살아있다면 그들을 멀쩡하게 살려두고 있는 것은 이상한 일이 아닙니까?

부인의 고운 얼굴에 싸늘한 분노가 순간적으로 지났다. 한쪽 볼이 심하게 떨리는 것이 속에서 치미는 분을 억지로 참고 있는 듯했다.

바울이 천천히 말을 이어갔다.

– 공주님은 노를 참으시오. 이런 악한 세상을 살면서 누구도 악한 세상을 옳다고 수긍하는 사람은 없을 것이오. 그러나 생각해보십시오, 만일 하나님이 악한 사람을 보거나 더럽고 추잡한 일이 있을 때마다 그의 강한 손을 들어 이

런 자들을 즉시 내려친다면, 여러분 가운데 지금까지 살아있을 사람이 몇 이나 되겠습니까? 아마도 세상 모든 사람이 청춘을 넘기지 못하고 죽거나 병신이 되었을 것이오.

– 하나님은 지극히 거룩하고 전능하시지만 오래 참는 분이고 분을 오래 품지 않는다오. 그는 사람들을 측은히 여겨서 용서하고 심판을 미루고 기다리는 분입니다. 그러나 장차 반드시 심판하는 날이 올 것이오. 그 때는 사람의 죄악과 허물이 그 분 앞에서 대낮처럼 드러나고 응분의 심판을 받을 것이 틀림 없소이다.

한참 뒤에 다시 귀부인이 말참견을 했고 두 사람은 문답을 이어갔다. 차츰 귀부인의 정체가 주위 사람들의 조심스런 개입으로 바울에게 드러났다. 바울은 자신도 모르는 사이에 귀부인의 가장 아픈 곳을 지적했던 것이고, 그래서 귀부인이 감정을 누르지 못하고 그만 말참견을 했던 것이다.

파사엘리스(Pasaellis) 공주

귀부인은 헤롯 안티바가 버렸던 첫 부인이었다. 그가 이복 형의 딸인 헤로디아를 사랑해서 결혼하려고 할 때에 그 낌새를 알고 안티바를 떠나 아버지 나라인 나바테안 왕국의 수도인 페트라로 피신했던 파사엘리스 공주였다. 공주의 심장에는 그 사건이 대못이 되어 깊게 박혀 있었다. 어떻게 보면 당시 로마 제국에서 혈통을 유지한다는 명분으로 왕족이나 귀족들이 벌이는 엽기적인 근친 결혼이었고, 재물을 모은 부자들이 숨어서 즐기는 음탕한 삶의 모습이었다. 바울은 이런 패악한 세태를 개탄하며 새로운 세상을 그들에게 예수의 이름으로 권했던 것이다.

이렇게 시작한 복음 전도는 큰 성공을 거두었다. 어떻게 소식을 들었는지 인근에서 사람들이 공주의 집에 몰려와서 늘 큰 방을 가득 채웠다. 바울이 어느 날 소매에서 두루마리 성경을 꺼내서 날카로운 눈으로 한 곳을 읽어 내려갔다.

　－그 날에 죄와 더러움을 씻는 샘이 다윗의 족속과 예루살렘 주민을 위하여 열
　리리라. 만군의 여호와가 말하노라 그 날에 내가 우상의 이름을 이 땅에서
　끊어서 기억도 되지 못하게 할 것이며 거짓 선지자와 더러운 귀신을 이 땅
　에서 떠나게 할 것이라

바울이 성경을 다시 덮고 말씀을 전했다.

　－시원한 생수가 솟는 샘물이 여러분 앞에 있소이다. 사막과 거친 광야에서 오
　래 방황하면서 지친 여러분에게 이런 귀한 샘물을 소개하는 바이오. 이 샘물
　은 세상의 온갖 죄와 더러움을 씻는 샘물이오. 예수가 바로 이 샘물이고 강
　포와 거짓에서 백성을 구원하러 오신 분이라오. 여러분이 예수를 믿고 새 사
　람이 되길 바라오. 예수가 우리 모두의 죄악을 대신 지기 위해서 십자가에
　매달려 죽으셨습니다. 그가 흘린 피는 아무리 더러운 죄라도 깨끗이 씻고 정
　결케 하는 샘이랍니다. 그가 유대 성전을 지키는 대제사장에게 붙잡혀 사형
　을 선고 받고 로마 군사에게 넘겨져 십자가에 매달려 죽었습니다. 예수는 십
　자가에 손과 발이 못박혔고 허리는 창에 찔렸고 머리는 날카로운 가시관에
　찔려 있는 피를 다 쏟고 죽었소이다. 그러나 그가 흘린 피는 우리의 죄악을
　용서받기 위해 대신 흘린 독생자의 귀중한 핍니다. 의로운 하나님이 그 피를

받고 우리 모두의 죄를 용서했소이다. 여러분 모두가 지금 보혈을 믿고 죄 사함을 받아 깨끗이 되길 원하는 바이오. 하나님이 값없이 우리에게 베푸는 은혜를 모두 받으시오.

바울이 말을 끊고 한참을 쉬었다가 공주를 보고 물었다. 공주는 늘 앞자리에 앉아서 바울을 주목하며 말씀에 집중했다.

– 공주님은 유대 민족이 섬기는 하나님과 그들에게 준 율법을 잘 알 것입니다. 안티바 왕은 율법을 잘 아는 사람이오. 그럼에도 불구하고 정욕 때문에 엄청난 죄악을 지었소이다. 그가 회개하면 용서를 받을 것이지만, 끝내 회개하지 않으면 무서운 하나님의 심판이 있을 뿐이요. 우리는 예수의 이름으로 세례를 받고 기도해야 합니다. 우리의 죄악을 불쌍히 여기고 죄를 용서해 주고 악한 세상에서 구원해 주길 늘 기도해야 한다오.

그 날도 여느 때와 같이 주제가 사람들의 죄악과 그것을 용서하는 예수의 보혈에서, 안티바 왕이 헤로디아와 결혼하며 지었던 특별한 죄악에 미쳤다. 전에 요단 강가에서 회개를 외치던 세례요한이 안티바와 헤로디아의 죄악을 공개적으로 규탄했다가 그곳에서 멀지 않은 마케루스(Machaerus) 요세 감옥에서 서기 32년경 목이 잘렸었다. 그곳에 모인 사람들이 이미 들어서 알고 있던 의인 요한의 얘기였다. 그곳에 성령의 감동을 받은 사람들이 차례로 바울 앞에 나와서 예수의 이름으로 세례를 받았다. 물이 귀했던 그곳에서 공주가 쓰던 작은 목욕통이 하나가 있었다. 바울이 한 사람씩 세례를 주고 기도했다.

춤 값으로 잘린 목

안티바가 어린 의붓딸 살로메의 춤값으로 세례요한의 목을 베는 사건이 안
티바의 궁전에서 곧 벌어졌다. 안티바가 생일을 맞아 생일 축하연을 거창하
게 베풀고 많은 로마 고관과 유력 인사들을 초청했다.

연회가 무르익을 때 헤로디아의 어린 딸이 불려 나와 춤을 추었다. 잔치 자
리가 갑자기 뜨거운 열기에 빠졌다. 고저가 크고 빠른 음악에 맞추어 매혹적
인 소녀가 흔드는 배꼽춤은 그 자리에 있던 모든 관객들의 관능을 자극했다.

안티바는 놀라운 눈으로 의붓딸 살로메를 새롭게 보았고 춤 대가로 무엇
을 상으로 받고 싶은지 어린 딸에게 흐린 눈초리를 보내며 물었다. 그리고 그
는 "무엇이든지 네가 구하면 내 나라의 절반까지라도 주리라"고 약속했다.

살로메는 대답을 위해서 어머니 헤로디아에게 도움을 구했고 헤로디아는
이 참에 감옥에 가둔 세례요한을 죽여서 후환을 없애고 싶었다. 정욕과 원한
이라는 세상의 근사한 박자에 맞추어 세례요한의 머리가 한순간에 잘려 피를
쏟으며 소반 위에 떨어졌다.

우상이 가득했던 페트라

아랍 베두인들은 조상 대대로 사막을 누비며 살았다. 그들은 밤길을 인
도하는 달과 별들의 신을 믿었고 또 낮에는 양 떼를 이끌며 태양 신의 인
도를 빌며 살았다. 그리스 왕국이 이 지역을 점령한 뒤에는 그들은 여러 그
리스 신들을 믿었고 로마 때는 로마의 신들을 믿으며, 자신들의 토속 신들
과 동일한 신으로 신봉하는 풍조까지 생겼다. 그들은 달의 신인 알 카움(Al-
Qaum)과 태양 신인 두샤라(Dushara) 그리고 별들의 신인 알자(Al-Uzza)의 신

상을 궁전 안에 두었고 또 그들의 조상을 신상으로 새겨 궁전 안에 두고 제사를 드렸다. 그들은 페트라 궁전 정문 옆에도 그들의 조상들의 신상을 조각해서 궁전을 출입하던 사람들에게 경배를 강요했다.

〈인디아나 존스〉 영화

　　페트라의 아름다운 장밋빛 큰 궁전에는 지금도 나바테아 왕국의 신들과 조상 신들이 조각으로 여러 곳에 남아 있다. 인기를 모았던 할리우드 영화로 인디아나 존스의 〈마지막 성배를 찾아서〉 등의 영화가 이 궁전의 신비한 내부와 신들의 일부 얘기를 배경으로 이곳에서 촬영되었다. 이곳 페트라 궁전 정면에는 큰 신상이 돌 벽에 새겨져 있다. 조상신을 새긴 것이고, 궁전 안에는 여러 종류의 신상과 돌덩이 그리고 신들을 상징하는 석판을 깔아 놓았다.

　　나바테아 사람들이 페트라에 왕국의 수도를 건설하기 전에는 원래 양 떼를 몰고 초지를 찾아 광야를 떠도는 유목민들이어서 신상을 돌로 깎거나 다른 금속으로 만드는 대신 대부분은 이상한 돌이나 나무에 신들을 상징하는 기호를 새겨서 어디로 옮기든 간편하게 가지고 다녔고 잠시 거처하는 곳에 가져가 믿는 것이 특징이었다.

교회가 생기다

바울이 여러 날 이곳에 머물면서 페트라 궁전과 시장이나 가정집에 있는 이들 신상들을 보면서 마음이 격해지기 시작했다. 그런 때 파사엘리스 공주의 특별한 부탁을 받았다. 바울이 얼마 동안 자신의 집에 기거하면서 무리에게 복음을 전하고 자신의 신앙을 가까이에서 지도해 주면 좋겠다는 청이었다. 그녀는 헤롯 안티바 왕과 결혼해서 오래 살면서 왕을 따라서 억지로 유대교를 믿게 되었다. 그러나 공주가 페트라에 돌아온 후에는 육신이나 정신적으로 자유인이 되었지만 지금까지 따랐던 유대 종교를 완전히 버리지 못하고 혼란 상태에 있었다. 주위는 모두 전통 아랍 사람들이었고 그들은 유대교가 아닌 토속 아랍 신들을 숭배하고 있었다.

바울이 그의 앞에 새벽별처럼 나타났던 것이다. 전통적인 유대인으로 랍비였던 바울이 새로운 신을 믿고 설파하고 있다는 얘기를 듣고 급히 그를 자신의 궁으로 불렀던 것이 시초가 되어 지금은 이곳에서 어엿이 예수 믿는 자들의 중심이 되었다. 바울은 그녀에게 예수 그리스도라는 하나님의 아들을 소개했고 구약에서 수많은 선지자들이 예언했던 이스라엘 민족과 이방 모든 민족을 구원할 구세주가 바로 이 사람이라고 전했다. 예수가 유대인들의 핍박으로 로마 군인들에게 넘겨져 십자가에서 죽었지만, 삼일 만에 부활했고 그 후에는 다마스커스 성을 찾아가던 자신에게 나타나 그를 사도로 불렀다고 여러 증거를 제시하며 간증했다. 뜨거운 성령의 역사가 일어났다. 그가 전하는 복음을 듣고 여러 사람들이 영의 눈이 떴던 것이다. 공주는 바울에게 지금부터는 자신의 궁에 머물며 진리의 복음에 관해서 자세하게 가르쳐줄 것을 요청했다.

진심어린 공주의 요청은 이해가 되었지만 바울의 마음은 편치 않았다. 그는 궁 안 여러 곳에 있던 아랍 민족의 우상들과 잠시라도 같이 있는 것이 소름이 끼칠 정도로 불쾌하고 화가 났었다. 그는 조만간 공주에게 단단히 요구해서 눈에 보이는 것은 모두 없애고 싶었다.

바울의 도전, 우상숭배

부탁을 받은 바울의 넓은 이마에 거의 일자로 붙어 있던 두 눈썹이 갑자기 위로 솟았다. 그 밑으로는 형형한 두 눈이 빛을 뿜었다. 그가 공주를 마주보며 작지만 결연한 목소리로 성경이 가르치는 10가지 큰 계명이 무엇인지 물었다.

　- 공주는 하나님이 유대 민족과 하나님을 믿는 모든 사람에게 지키라고 주신
　　10계명을 알고 있지 않습니까? 첫째, 둘째 그리고 셋째 계명은 하나님을 믿
　　는 백성이 지켜야 할 가장 중요한 계명입니다. 천지 만물을 창조하고 그 안
　　에 있는 모든 생물과 자연을 다스리는 하나님은 음란하고 죄 많은 세대에서
　　사람들이 다른 신들을 섬기고 그리고 땅의 보물이나 세상의 명예를 귀하게
　　여긴 나머지 하나님을 떠나서 세상을 추종하는 것을 큰 죄악으로 경계했습
　　니다. 공주님의 궁에는 하나님을 대적하는 신상이나 우상은 없습니까? 나는
　　이런 것들을 참고 볼 수가 없는 사람이오.

온 방에 갑자기 찬바람이 사방에서 몰려드는 듯했다. 방 안에 있던 많은
사람들이 바울의 엄한 말을 듣고는 따뜻하던 분위기가 한순간에 얼어 붙는
듯했다. 모두의 시선이 공주에게 집중되었다. 갑자기 공주가 큰 눈에 눈물
을 글썽거리며 바울의 발 앞에 엎드렸다.

　- 바울 사도님, 나는 죄인입니다. 그러나 예수를 믿고 구원을 받았습니다. 나는
　　우리 예수 그리스도를 나의 구주로 믿기로 작정했어요. 그리고 지금부터는
　　어떤 경우에도 예수를 배반하고 다른 신을 믿지 않겠나이다. 나의 결심을 믿

어주시고 나를 도와 주세요.

그녀는 마치 예수 그리스도가 앞에 있는 듯, 바울 앞에 공손히 무릎을 꿇고 두 손을 모았다. 그리고 기도하기 시작했다.

다음날부터 바울은 공주의 작은 궁안으로 거처를 옮겼고, 동시에 공주가 기거하던 궁 안에서 우상들이 사라지기 시작했다. 강대상 바로 밑 북두칠성을 새긴 정사각형의 석판이 뜯겨 나갔고 작은 우상들이 이곳저곳에서 자취도 없이 궁에서 사라졌다. 바울의 말씀을 듣는 무리의 수가 점점 늘어났다.

나바테안 왕의 대로

깎아지른 듯한 협곡과 거대한 돌산을 뚫고 크고 아름다운 궁전을 지은 아레스타스 왕은 하나밖에 없는 딸을 유대인에게 정략 결혼으로 시집 보냈던 것을 늘 안타깝게 생각하며 마음이 아팠다. 마침 공주가 유대 나라를 탈출해서 귀국했을 때는 잃었던 공주를 도로 찾은 듯 기쁨이 컸던 것은 물론 한편으로는 유대인에 대한 증오가 폭발해서 요단 강 동편 안티바 왕의 땅을 공격했었다.

그는 공주에게 작은 궁을 주어 마음대로 살게 했을 뿐만 아니라 무엇이든 금하지 않고 자유를 최대한 허락하고 남은 생애를 행복하게 살도록 배려했다. 그는 자신의 뒤를 이을 왕자에게 일부 통치권을 맡기고 자신은 섭정 왕으로 나라의 주요한 정책을 결정하는 여러 부족들의 족장회의를 주재하면서 지내고 있었다. 그는 황야와 사막이 이어진 넓은 요단 광야를 누비며 여러 부족을 이끌고 통일 왕국을 페트라에 건설했던 유능한 사람이었다.

어느 날 젊은 나바테안 왕자에게 파사엘리스 공주의 이상한 얘기가 알려졌다. 공주가 유대 랍비를 집에 초청해서 하나님의 말씀을 배우고 점차 아랍의 전통 신앙을 떠나 예수라는 구세주에게 마음을 쏟고 있다는 정보였다. 그뿐만 아니라 얼마 지나지 않아 다시 깜짝 놀랄 얘기가 왕자에게 알려졌다. 파사엘리스 공주가 궁 안에 있던 달 신상을 뜯어내었고 다른 신상도 비밀리에 밖에 내다버리고 있다는 소식이었다. 놀란 왕자는 부왕인 늙은 아레스타스 왕에게 공주에 대한 소문을 즉각 알리고 어떻게 처리할 것인지를 물었다. 아레스타스 왕도 엉뚱한 소식에 분통이 터졌다. 그는 즉시 그 유대 랍비를 체포하라는 명령을 부하들에게 내렸다. 여러 부족들이 알고 시끄럽게 들고 일어서기 전에 먼저 손을 써서 불씨를 끌 생각이었다.

페트라 탈출

공주가 위급한 소식을 듣고 바울에게 달려왔다. 그녀는 바울이 즉시 떠날 것을 간청하며 자신도 그의 안전한 도주를 위해서 함께 가까운 이스라엘 국경인 요단 서안까지 가겠다고 나섰다. 바울이 망설일 일이 아니었다. 페트라에서 요단 서안에 있는 여리고 성까지 가기 위해서는 험한 유대 산악 지대를 넘어야 했고 아무래도 아랍 추격군을 따돌리기 위해서는 공주의 도움이 필요했다.

공주는 길을 잘 아는 군사 몇을 불러서 급히 짐을 꾸리게 하고 바울과 함께 산 길을 타고 유대를 향해 달렸다. 공주는 어려서부터 다른 아랍 사람들과 같이 말을 다루는 법을 배웠다. 말을 전혀 못 타던 바울을 말 뒤에 앉히고 그녀는 날렵하게 말을 몰고 앞장을 섰다. 그녀의 뒤로 심복 몇 명이 역시 건장한 말을 타고 그들을 호위했다. 그들이 유대 지역에 일단 들어선 후에는 방향을 산지 길로 바꾸고 다마스커스 성을 향해서 길을 달렸다.

바울은 이때부터 복음을 전하기 위해서 수도 없는 위험을 가는 곳마다 당해야 했다. 그가 갔던 이방 나라는 물론 유대 예루살렘에서조차 그의 복음 전도는 곧 심각한 핍박과 위험을 불렀다. 정통 유대인과 예수를 영접했지만 율법과 유대교를 떠나지 못했던 일부 유대인 성도들이 그가 갔던 모든 곳에서 교묘한 방법으로 현지인을 부추겨서 그를 체포했고 사나운 매질과 심지어 사형이라는 형벌로 그를 세상에서 제거하려고 했다. 박해에 더해서 여러 세상 유혹도 끊임없이 그를 괴롭혔다. 이럴 때마다 그는 자신의 주인이 된 예수 그리스도를 전적으로 의지하고 위험에서, 유혹에서 다투지 않고 빨리 그리고 멀리 달아났던 것이다. 예수 그리스도가 이미 본을 보인 방법을 그는 충실하게 따랐다.

공주에게 페트라의 교회를 부탁하다

그가 드디어 다마스커스에 안전하게 도착했다. 그는 파사엘리스 공주를 다시 페트라로 보내면서 그곳에 남아 있는 믿는 형제 자매를 부탁했다. 공주가 지금부터는 여러 사람의 신앙을 인도하는 지도자가 되어야 한다고 당부하고 간절하게 기도했다. 그는 예수가 교회의 머리가 되어 그녀와 그녀의 집에 모이는 모든 성도들을 끝까지 지켜줄 것이라고 힘있게 위로했다.

나바테안의 독특한 생활

페트라는 지금도 매년 수많은 관광객을 요르단 나라로 불러들이는 중요한 관광 명소가 되어 있다. 좁고 꾸불꾸불한 깊은 계곡을 따라 좁지만 잘 닦인 길을 따라 들어가면 붉은 바위가 사방을 둘러싸고 있는 넓은 광장이 눈에 들어온다. 바로 그 정면에 페트라를 상징하는 큰 돌문이 보이고 궁전이 있다. 조금 더 가면 6천 명이 관람할 수 있는 대형 로마 경기장이 있고 돌을 깎아 만든 좌석이 촘촘히 드러났다.

지금은 여러 번의 지진과 왕국의 몰락으로 폐허가 되었지만 붉은 암석을 뚫어서 만든 도시 속을 조금만 살펴보면 당시의 화려한 도시의 규모와 생활을 짐작하기에 충분했다. 돌길과 벽에 파놓은 로마식 수로와 저수 시설의 치밀한 설계가 금방 눈에 들어온다. 나바테안은 사막 생활에 맞게 자신들의 독특한 생활 습관을 개발해서 부족한 물과 식량 문제를 해결했고 자신들만의 상품 구조와 낙타를 이용해서 짐을 싣고 나르는 사막 여행기술을 가지고 있었다.

다마스커스 성을 탈출해서

유대인의
회당을 찾아서

다시 다마스커스에 나타난 때는 그곳을 떠난 지 3년이 지났을 때였다. 그가 습관대로 유대인 회당을 찾아갔다. 그는 전과는 달리 힘있게 예수의 복음을 증거하며 자신을 찾아왔던 예수를 많은 성경의 예언과 말씀을 인용하며 구세주라고 주장했다. 그러나 그가 도착해서 얼마 지나지 않아서 일부 유대인이 나바테안 관리들을 충동해서 그를 잡아 죽이려는 음모를 꾸몄다. 성의 일부 지역의 치안을 맡고 있던 나바테안 관리들도 이미 페트라에서 일어났던 소요 사건의 소식을 듣고 그를 찾고 있던 중이었다. 그들은 바울이 성을 탈출할 것을 짐작하고 성 밖에서 그를 잡아 죽이려고 했다. 이런 음모를 안 바울의 친구들이 밤을 틈타 그를 광주리에 숨겨 몰래 성 밖으로 탈출시켰다.

예루살렘을 가다

바울은 급히 다마스커스를 탈출해서 3년 만에 새 사람이 되어서 예루살렘 성을 찾았다. 그는 아라비아 사막에서 성경을 읽으며 계시로 깨닫게 되었던 예수에 관한 비밀을 초대교회 지도자들에게 전하며 진실을 나누고 싶었다. 특히 그는 예수의 제자로 예루살렘에 초대교회를 세우고 복음을 유대와 사마리아에 전했던 사도 베드로를 꼭 만나서 뜨거운 마음을 나누기를 원했다.

예수와 3년 이상을 함께 살며 그를 살아계신 하나님의 아들이라고 고백했던 베드로는 예수에 관한 한 그의 신앙 선배였다. 그러나 바울이 예수를 만나고 복음을 깨닫게 된 경로가 그와는 전혀 달랐다. 무엇 보다 바울은 시리아 다소에서 태어나서 그곳에서 자란 유대인 교포(디아스포라)였고, 바울의 이전 삶은 예루살렘의 모든 주의 제자들이 잘 알고 경계하던 바리새인 랍비였다. 바울은 베드로를 비롯해서 초대교회 지도자들을 만나서 자신의 변화를 설명하고 진실한 믿음의 교제를 통해서 그들과 같은 제자의 하나로 인정받기를 원했다. 그러나 예루살렘을 지키던 사도들은 그 때까지도 바울의 진정을 의심했고, 그가 15일을 예루살렘에서 머무는 동안 사도들을 만날 수가 없었다. 바울은 그의 오랜 친구인 바나바의 도움으로 간신히 베드로와 이미 예루살렘 교회의 지도자로 떠오른 야고보 장로를 잠시 만났을 뿐이었다.

첫 만남과 실망

바울이 주도했던 기독교인에 대한 핍박이 그의 개심과 이후 아라비아 사막 행으로 갑자기 중단된 후에 예루살렘 교회가 다시 생기를 찾아 평온을 회복했던 시기였다. 바울이 나타났다는 소식을 듣고 예수의 제자들뿐만 아니라 성전 관리들이 깜짝 놀라 그를 극도로 경계했다. 이런 때에 사도들이 그를 피했던 것은 당연했다.

베드로를 포함해서 다른 교회 지도자들이 바울을 형제로 받아들이고 그의 극적 변화와 복음에 대한 이해를 안심하고 수용할 준비가 부족했다. 무엇보다 바울은 예수에게서 직접적인 지도를 받은 적이 없었고 예수의 제자들과도 어떤 접촉이 없었던 사람이었다.

예루살렘을 지키던 제자들은 바울이 아무리 3년을 아라비아에서 보냈다고 하지만 그가 예수의 복음을 바르게 터득했을 것이라고 아무도 생각하지 않았다. 그러나 예수와 함께 살고 제자로 직접 그에게 배웠던 베드로를 비롯한 제자들은 부활한 예수를 만났고 그를 하나님의 아들로 입증할 수 있는 충분한 증인들이었다. 그들은 자신들이 겪은 일로 예수의 복음을 세상에 전파할 수 있었던 살아있는 증인들이었다.

이런 차이는 이후에도 예루살렘 제자들과 바울이 상당 기간을 협력 보다는 갈등 관계로 가게 했고, 특히 바울이 오랫동안 이들의 지지를 받지 못하고 홀로 복음 전도의 어려움을 여러 곳에서 당해야 했던 이유가 되었다.

바울이 큰 위험이 도사린 예루살렘까지 갔던 일은 그의 일생에 있던 평범했던 사건은 아니었다. 그의 마음에는 어느 때보다 확신이 있었고 사막과 황야를 방황하며 눈물을 흘리며 받았던 수많은 계시로 가슴이 뜨겁게 달아오른 때였다. 그가 베드로를 꼭 만나고 싶었던 이유도 거기에 있었다. 그는 마음을 열고 가슴에 타오르는 불꽃을 신앙의 선배인 형제와 함께 나누고 싶었다. 그의 충분한 이해를 구하고 싶었다. 그러나 두 사람의 만남은 별다른 소득이 없었다는 사실이 곧 밝혀졌다.

이 사건을 기록했던 누가는 바울의 측근으로 평생을 그를 따르며 보살폈던 의사로 스승 바울의 마음을 누구보다 잘 알았던 사람이다. 그가 기록했던 성경에서 그는 두 사람의 만남을 아무 설명도 없이 한 줄로 짧게 기록하고 끝냈다.* 또 오랜 시간이 지난 후에 바울이 스스로 이 사건을 기억하며

---

* 행 9:26

갈라디아 성도들에게 자신의 복음을 사도들이 전했던 복음과 비교하며 그가 아라비아 사막에서 돌아와 곧 예루살렘에 가서 베드로와 만났다는 사실을 감동은 고사하고 너무 간단하게 전하며 말을 아꼈다. 그가 만남에서 기대했던 이해와 협력을 얻지 못했다는 사실을 우회적으로 나타냈던 것이다.*
두 기록은 바울에게 분명 중요한 사건이었던 개심 후 첫 예루살렘 방문의 의미를 이상할 정도로 평가 절하했다. 그 이유로 여러 상황을 추정할 수 있지만 한 가지 분명한 사실은 두 사람의 역사적인 해후가 그렇게 감격적이지 않았고 진실을 공유할 정도로 교제가 깊지 못했다는 점이다.

베일에 싸인 사울의 삶, 서기 35–43년

사울이 다마스커스 길에서 예수를 만나 극적으로 회심했던 때를 서기 35년(NIV 성경)으로 보면, 35년부터 43년까지 그가 어떻게 지냈는지 그의 삶을 밝힐 기록이 남아 있지 않다. 단지 성경에 나와 있는 두 줄의 짧은 글이 전부인 상태이다. 그가 아라비아 광야로 나갔다가 그곳에서 3년을 보내고 다시 다마스커스로 돌아온 후에 바로 예루살렘으로 가서 초대교회 제자들을 만났다고 했다.

그러나 그곳에서도 암살 위협 때문에 15일 만에 제자들이 그를 고향인 다소로 보냈다는 사실이 간단하게 기록되어 있을 뿐 다른 설명이 없다. 그가 태어나서 자랐던 어린 시절이나 청년기의 인생 자료가 거의 알려진 것이 없는 것과 같이 이 기간에 그가 어디에서 어떻게 살았는지를 알려주는 공식 기록이나 자료가 남아 있는 것이 없다.

그리고 나서 한참 시간이 지나서 서기 43년에 시리아 안디옥 교회를 보살

---

* 갈 1:18, 19

사실 믿음의 거인들이지만 역시 두 사람의 성장 배경이나 인격의 바탕은 뛰어 넘기 힘들었다는 사실을 입증하고 있다. 결국 인류 역사의 모든 열쇠는 하나님의 손에 있고, 그의 뜻대로 한 목표를 위해 여러 종류의 사람을 부르고 사용한다는 사실을 증명했던 사건이다.

한편 예루살렘에 돌아왔던 바울은 그가 하던 대로 헬라파 유대인이 모이던 회당에 참석해서 이전과는 정반대의 사람으로 변해서 "예수는 구세주요 하나님의 아들"이라고 증거했다. 그가 다마스커스 성을 가는 도중에 그를 찾아온 예수를 만났던 사실을 진심을 다해 증거했지만 회중의 유대인들은 오히려 그를 배신자로 규탄하며 또 다시 죽이려고 덤벼들었다. 예수의 제자들이 급히 그를 안내해서 가이사랴로 피신시켰고 그곳에서 그의 고향이던 길리기아 다소(Tarsus)로 보냈다. 사람들이 생각하기에는 그에게 세상에서 가장 안전해 보이는 곳이었다.

신약성경 소개

기독교는 모두 66권의 성경을 정경으로 인정한다. 그 가운데 구약은 39권이며 예수 이후의 신약은 모두 27권으로 되어 있다. 27권의 신약성경은 예수의 복음을 그의 제자들이 기록했던 책으로, 기록자와 그들의 관점에 따라서 다음과 같이 크게 나눈다.

4권의 복음서 - 마태, 마가, 누가복음이라는 3권의 공관 복음 (Synoptic Gospels)과 요한 복음으로 예수의 사역과 복음 소개

13권의 바울 서신 - 로마서, 고린도전서, 고린도후서, 갈라디아서라고 부르는 4권의 교리 서신서. 그리고 에베소서, 빌립보서, 골로새서, 빌레몬서 등 4권의 옥중 서신. 이 밖에 디모데전서, 디모데후서, 디도서 등 바울이 옥 중에서 기록했다는 3권의 목회 서신과, 데살로니가전서, 데살로니가후서라는 2권의 일반 서신서가 있다.

8권의 공동 서신 - 히브리서, 야고보서, 베드로 전서, 베드로 후서, 요한 1서, 요한 2서, 요한 3서, 유대서

1권의 역사서인, 사도행전

1권의 예언서인 천국 계시록. 총 27권의 신약성경.

바울이 기록한 신약 13권의 특징 - 13권의 바울 서신서에는 초대교회 사도들과 마가, 누가가 기록한 4복음서와는 달리 예수의 사역과 그가 전한 복음을 직접 인용하거나 설명한 기록이 없다. 바울은 구약성경을 통해서 예수의 출현과 사역을 역사적, 필연적 사건으로 조명하고 증명했을 뿐이다. 그 가운데 그는 삼위 일체의 하나님과, 성부, 성자 그리고 성령의 역할과 함께 복음의 기초 교리를 확립해서 기독교를 유대 종교에서 분리했고 새로운 종교로 선포했다. 그러나 바울은 유대교가 간직했던 구약성경을 전적으로 수용하고 그 바탕 위에 예수와 그의 복음을 전하고 논증했다. 후세 교부들이 여러 차례의 검토를 거쳐서 유대교의 구약 39권과 예수에 관한 성경 27권을 신약으로 묶어서 기독교의 성경을 모두 66권으로 통합했다. 랍비였던 바울은 예수의 뒤를 이어 유대교가 인정하는 구약 39권을 그대로 신약의 정경으로 수용하는 이론적 길을 열었다.

고향 다소(Tarsus)의 악몽
서기 39-43년

고향의 차디찬 겨울 밤

길리기아 다소는 여러 사람들의 큰 기대를 한 몸에 받고 고향집을 떠나 오래 이국에 살던 바울을 경악과 실망으로 맞았다. 바울의 본가는 마치 유산을 몽땅 이국에서 탕진하고 그 위에 죽을 병까지 들어 돌아온 탕자처럼 그를 맞았다. 아버지와 가족들은 이미 바울의 변절과 예수의 제자로 그가 각국에서 받았던 핍박과 그 후 3년을 사막에서 유리하며 살았던 그 동안의 구도 행각을 알고 있었다.

화려한 역사 속에 번창하던 길리기아 다소의 유력한 유대인들도 끊임 없이 들려온 소문으로 바울의 행적을 알 만큼은 다 알고 있었다. 그만큼 바울은 집안에서뿐만 아니라 다소 유대인들의 기대였고 그 사회의 유력 인물이었다.

바울의 가정과 유대인 사회의 반응도 그에게 걸었던 기대만큼 세찼고 험악했다. 바울을 꿇어 앉히고 벌였던 마지막 설득이 실패하면서 그들은 유대인 사회의 관습에 따라 그를 거룩한 율법을 버린 변절자로 규탄했고 혹독하게 징계했다. 가족들이 먼저 그에게 출회 조치를 내렸고 유대인 회당들이 일제히 그를 회당에서 영원히 축출하는 출당 조치를 내렸다. 그들은 바울이 죽음만은 면하도록 출당 조치를 내리고 다소(Tarsus) 시 밖에서 그가 마음을 바꾸고 굴복할 때까지 겨우 생존을 이어가게 허락했다. 유대인들이 그곳에서 유력했던 바울의 본가를 고려해서 내린 관대한 결정이었다.

출당(Excommunication, herem)* 그리고 형벌

바울은 이미 이전의 바울이 아니었다. 그는 핍박을 오히려 당연한 것으로 받아들이면서 자신의 가정과 그가 속해 있던 유대 사회를 떠나 새로운 삶을 찾았다. 혹독한 환경을 이기고 살아갈 수밖에 없었다. 일부 학자들은 이때 받았던 출당에 따른 심한 형벌로 바울은 거의 사경을 헤맸고 그 후유증으로 평생 떠나지 않던 육신의 질병마저 생겼다고 주장했다. 유대교의 법에 따르면 누구든지 모세의 율법을 거부하고 신성한 성전의 권위를 부정하면 의당 출당 조치와 함께 태장이나 심지어 돌에 맞아 죽거나 병신이 되어 유대 사회에서 쫓겨났다.

바울이 성년(15/6세)이 되어 바리새인의 전통에 따라 결혼을 했다면, 그의 출당은 파혼이나 이혼의 사유가 되어 부인이 바울을 떠났을 것이라고 추측했다. 바울은 자신의 직계 가족에 대한 얘기를 간혹 친척이 있다는 말을 서신서나 누가의 입을 통해 간결하게 밝히는 것 외에는 어디에도 말했던 기록이 없다. 특히 그의 부모나 형제 얘기는 어느 곳에서도 찾아볼 수가 없다. 예루살렘에서 다소로 돌아왔던 서기 39년에서 43년 바나바가 다소로 그를 찾아와 시리아 안디옥으로 함께 갈 때까지 3-4년 동안, 바울의 활동은 지금까지 대부분 어둠 속에 묻혀 있을 뿐이다. 그가 후일 회고하기

---

* 요한복음 9:22

에 너무 고통스런 그의 과거사 가운데 한 기간이었음을 직접적으로 인정하는 것으로 보여진다.

한편 그가 고린도에 있는 성도들에게 보낸 서신 가운데서 지금까지 그가 유대인들에게 당했던 가혹한 폭행 사건을 회고하는 장면이 있다.

– 유대인들에게 사십에서 하나 감한 매를 다섯 번 맞았으며, 세 번 태장으로 맞고 한 번 돌로 맞고 세 번 파선하고 일 주야를 깊은 바다에서 지냈으며

(고후 11:24, 25)

그러나 바울의 서신서나 누가가 기록했던 그의 전도여행에서 성경에서 말했던 '사십에서 하나 감한 매'라는 유대인의 혹독한 매질을 다섯 번이나 당했던 기록을 찾을 수가 없다. 학자들은 그가 다소에서 유대인 회당과 집에서 출당 당할 때 형벌로 받았던 매질이었을 것이라고 추정했을 뿐이다.

사십에 하나 감한 매(유대인의 태장)

유대인들의 가장 보편적인 형벌로 잘못을 범했을 경우에 가하는 매질이다. 상의를 벗기고 그 위에 가죽끈으로 만든 채찍으로 죄인을 때리는 형벌은 죄질에 따라서 때리는 횟수를 조정했고 최대한으로 때릴 수 있는 채찍질의 수를 40에서 하나를 뺀 39대로 제한했다.

유대인은 40대 이상의 채찍질은 죄인을 비참하게 만들 뿐만 아니라 자칫 과도한 형벌로 사람을 죽이는 것을 피하기 위해서였다.

그리고 하나를 감한 이유 역시 사람이 실수로 40대 이상 때려서 중상을 입히는 것을 방지하기 위한 것이었다. 채찍을 가하다가 사람이 죽을 지경이나 심각한 상태를 피하기 위해서 매를 나누어 때리기도 했다.

말씀 전도와 기이한 경험

바울은 이 기간 다소와 시리아 지역에 돌아가서 복음을 가르쳤다고 자신이 썼던 서신서 한 곳에서 밝히고 있다.* 이 기록과 바울의 성격 가운데 하나인 '바리새인의 열심'은 아무리 핍박이 심했어도 그를 오랫동안 휴식 상태로 두지는 않았을 것이다. 그는 무서운 핍박 속에서도 결코 쉬지 않고 다소와 부근 시리아 지역에 흩어져 있던 예수를 믿는 유대인 회당에 참석했을 것이고 또 이방인에게 말씀을 전했던 것으로 보인다. 이와 함께 성경은 그가 이 기간 중에 아름다운 낙원(천국 가운데 제일 높은 셋째 하늘)에 이끌려 올라가 사람의 말로는 표현할 수 없는 말씀을 들었다고 고백했다. 그가 보고 들었던 것은 사람이 능히 입에 올려 설명하지 못하는 기이한 현상이라고 설명했다. 궁금하지만 바울은 이런 정도의 표현으로 그가 경험했던 놀라운 이상을 전하면서, 그가 받았던 이상과 여러 계시 때문에 너무 자만하지 않도록 하나님이 그의 몸에 가시(질병)를 주었다고 전했다.**

이로 미루어 보아서 바울이 예루살렘을 떠나서 3-4년 동안 다소와 그 주변에서 살면서, 혹독하다 못해 불치의 병이 들 정도의 핍박을 당하면서도 복음을 계속 전했고 아라비아 사막에서 얻었던 여러 계시들 못지 않은 큰 은혜를 이 기간 경험했던 것이 틀림없다.

---

* 갈 1:21-24

** 고후 12:1-7

바나바가 찾아오다

시리아 안디옥의 이방인 교회(현지 그리스인 교회)가 예상을 깨고 크게 부흥한다는 소식을 예루살렘 교회가 듣고 놀라는 한편 궁금하기도 했다. 예루살렘의 초대교회 지도자들은 먼 이방인 시리아 안디옥에서 처음으로 그리스인들이 만든 순수 이방인 교회가 정말 예수의 복음을 따르는 진실한 교회인지를 확인하기 위해서 그곳을 잘 알던 바나바를 그곳에 급파했다. 바나바는 원래 사이프러스에서 사업으로 재산을 모았던 유대인 디아스포라로 예수를 영접하고 예루살렘에 살면서 신실한 믿음으로 사도들의 신임을 받던 사람이었다.

바나바가 안디옥에 도착해서 그리스인 교회의 활발한 모습과 전도 활동을 보고 크게 감동을 받았다. 그는 자신도 발벗고 나서서 교회에서 말씀을 가르치며 예수의 복음을 열심히 전했다. 바나바가 교회의 계속적인 부흥으로 늘어나는 그리스인 성도들에게 예수의 복음을 가르칠 교사를 찾던 중에 그의 뇌리에 깊은 인상을 남긴 바울이 부근 가까운 도시인 다소에 살고 있는 것을 기억했다. 그가 곧 다소에까지 직접 가서 바울을 찾았다. 그리고 수소문해서 찾아낸 그를 안디옥으로 불러왔다.

그가 쉽게 연락할 수 있었다면 다소까지 갈 필요는 없었을 것이지만, 그가 직접 갔다는 말은 가혹한 냉대 속에 주변 이방인 전도나 다른 지역을 떠돌며 살던 바울의 거처를 쉽게 찾지 못했다는 의미가 간단한 기록 뒤에 숨어 있다.

5 / 장

초대교회의
놀라운 변신

순수 이방인 교회의 출현,
시리아 안디옥
(Syrian Antioch)

서기 35년 스데반 집사의 순교 사건과 그 뒤를 이은 살인적인 박해를 피해서 예루살렘에 살던 예수의 제자들이 12사도를 빼고는 대부분 떠났다. 사도들은 초대교회의 본부를 예루살렘에 두고 각 지역으로 흩어진 제자들의 활동을 돕는다는 사명감에서 예루살렘에 머물렀고 다른 제자들은 살 길을 찾아 육로로는 북쪽 지방으로, 해상으로는 인근 지중해 섬과 아프리카 연안 도시까지 이동했다. 북방에는 당시 로마 제국의 보호 아래에서 번성을 누리던 페니키아 지방의 여러 해안 도시와 다마스커스 그리고 한 때는 시리아 왕국의 수도였고 지금은 로마의 동방 지역 중심 도시로 로마 군 사령부가 있던 안디옥 시가 있었다. 이들 도시가 로마의 안정된 통치로 지금까지 없던 평화와 안정을 누리며 번창했고 살기 좋은 곳으로 예루살렘 성에 알려졌다.

유대인들은 이전부터 세계 여러 나라로 흩어져 나갔다. 어떤 때는 패전을 당한 후에 전쟁 포로로 또는 주변 나라에 새 도시가 건설될 때는 일 잘하는 건설 노동자로 고용 이민을 떠나 살았고 그 후손들이 주변에서 몇 대를 이어서 살고 있었다. 유대인은 어디를 가든 각국에서 특유의 재능을 발

휘해서 또 나름대로 각종 제조업과 상술을 익혀서 현지 주민들이 부러워할 만한 부를 축적하며 살았다. 그래서 시기와 부당한 대우도 받았지만 끈질긴 유대인의 근성은 어디서나 그들이 상당한 세력을 형성했다. 그 중심에는 유대교의 강한 교육과 전통이, 소수 이민자가 대부분 타민족과의 혼혈로 다수인 주류 속에 녹아 없어지는 대신, 그들을 한 민족으로 끈끈하게 뭉쳐서 살게 했다.

유대 이민자(Diaspora)

그들은 어디를 가서 살든 매년 절기가 되면 거룩한 성전이 있는 예루살렘 성을 찾아와서 제사를 드렸고 어떤 사람들은 기회가 있으면 그들의 영원한 고향인 예루살렘에 돌아와 사는 역 이민도 했다. 그러나 그들은 정작 예루살렘 성에 살던 다른 사람들과는 마음같이 잘 섞이지 못했다. 오랜 이국 생활로 그들은 자신들도 모르는 사이에 당시 세계적 주류 문화였던 그리스 문화 영향 속에 자랐고 그 속에서 교육을 받고 자란 사람들이었다. 그들은 예루살렘에 사는 유대인들과는 사고와 생활 방식이 달랐고 말이나 마음이 통할 수가 없었다. 그래서 예루살렘에는 이들만이 따로 모이고 말씀을 듣던 유대인 회당(Synagogue)들이 있었다.

이들 유대인 이민자들 가운데는 당시 유대 사회를 격동으로 몰아갔던 바울이 있었고, 12사도의 제의로 성도들이 뽑았던 7집사들의 대부분이 이들 이민자들이었다. 순교했던 스데반 집사도 이들 7집사 가운데 하나였고, 그 사건 이후 제일 먼저 예루살렘 성을 빠져나가 사마리아에 교회를 세우고 로마 총독이 살던 가이샤라에 교회를 세웠던 빌립 집사도 그리스 말을 하던 그들 가운데 하나였다. 흩어져 달아나던 주의 제자들이 가는 곳마다 교회를 세웠다.

가이샤라(Caesarea) 항구

헤롯 대왕이 기원전 25년경 건축했던 지중해 해안에 있던 인공 항구 도시로 이집트의 알렉산드리아나 시리아의 안디옥과 더불어 지중해의 3대 항구 가운데 하나였다. 항구를 건설하며 당시 로마 황제였던 가이샤라 아우구스투스(Casarea Augustus)의 이름을 따서 항구 이름을 지었고, 로마식으로 크게 건축했던 이곳에 예루살렘 지역을 다스리던 로마 총독이 살았다.

이곳은 처음으로 베드로에 의해서 이방인 전도가 이루어졌던 곳으로 바울도 여러 번 이곳을 경유해서 예루살렘을 방문했고 3차 전도여행 끝에는 예루살렘에서 체포되어 이곳 감옥에서 2년을 지냈다.

교회가 현지 그리스인을 받아들이다

이들이 북쪽으로 이동하면서 페니키아와 다마스커스 그리고 안디옥에 교회가 세워졌고 그들은 주로 현지 유대인들에게 복음을 전했다. 그들이 예루살렘의 환란을 피해서 흩어졌지만 마음이 순수하고 뜨거운 만큼 어디서든 열심을 내서 교회로 모이고 현지에 살던 유대인들에게 복음을 전했던 것이다. 새로운 교회는 현지 주민인 이방인들에게도 복음을 전했고 그 가운데 예수를 믿는 사람들을 반갑게 받아들이고 함께 신앙 생활을 할 만큼 개방적인 것이 특징이었다.

마치 6·25전쟁 통에 공산 핍박을 피해서 북에서 남쪽으로 내려온 기독교인들이 몸에 지닌 것은 없었지만 가슴에 품고 온 뜨거운 신앙은 한국에 유례 없는 세계적 기독교 부흥을 몰고 왔던 원동력이 되었던 것과 같은 사건이었다. 민족이 다르고 팔레스타인과 동양이라는 지역과 초기 복음전도 이후 2천이라는 긴 시간이 지났지만, 지역과 민족과 시간을 뛰어넘어서 역사는 한국에서 반복되었고 그 주역은 하나님이고 주인공은 예수라는 사실을 입증했다. 언제나 동일한 하나님의 은혜가 마음이 뜨거운 사람들이 모인 지구촌에는 차별 없이 부어지고 있었다.

안디옥의 첫 이방인 교회

많은 유대 그리스도인들이 예루살렘을 떠나서 살기 좋은 곳으로 알려진 안디옥 시에 속속 몰려들었다. 그들 가운데는 지중해에 있는 연안 도시나 섬에서 출생해서 자란 유대 이민자들이 있었다. 사이프러스 섬 출신과 북아프리카 리비아 지방 출신 유대 그리스도인들 몇이 예루살렘을 떠나서 이곳으로 왔다. 그들이 모여서 뜨거운 마음으로 예배를 드리고 주변에 복음을 전했다. 그들은 주로 현지 주민에게 복음을 전했다. 많은 그리스 사람들이 모임에 초대를 받았다가 놀라운 은혜를 받고 예수를 영접했다. 그들은 이곳으로 삶의 터전을 옮겼던 유대인 제자들과 같이 세상에서 부지런히 일을 해서 사는 사람들이었다. 그들 가운데는 당시 어디서나 흔하던 노예들도 있었다.

안디옥에 온 주의 제자들 몇 명이 유대인 이민자들을 찾기 전에 그 곳 주민이던 이방인들에게 전적으로 복음을 전했다. 이유는 밝혀지지 않았지만, 그리스 말이 자유롭던 유대 이민자들이 안디옥에서 처음으로 현지 그리스 인들에게 예수의 복음을 전했다. 결과는 아무도 예상을 못한 전도 폭발이었다. 오래전부터 유대교는 이방인과의 교제를 원천적으로 금했다. 안디옥의 이방인 교회는 이런 유대 전통을 완전히 무시했고 복음 전도의 새로운 길을 열었던 것이다.

처음에는 현지 그리스인들이 모이는 엉성하던 교회가 바나바와 바울의 합류로 2, 3년 사이에 큰 교회로 성장해서 후일 기독교를 세계에 전파하는 기독교 신앙의 요람이 되었다. 예루살렘의 초대교회가 기독교 신앙의 첫 요람이었다면 시리아 안디옥의 이방인 교회는 제2의 기독교 요람이었다. 예루살렘의 초대교회는 천천히 그 역사적 소명을 안디옥 이방인 교회에 물려주고 62년 야고보 장로의 순교와 70년 예루살렘 성의 멸망과 함께 역사 속으로 사라졌다.

시리아 안디옥

안디옥 시는 세차게 흐르는 오론테스 강 동쪽 넓은 평야에 자리 잡은 시리아의 중심 도시였던 대도시였다. 인구 5십만을 자랑하던 세계 3대 도시 가운데 하나였고 그곳에는 이미 십만에 가까운 유대인들이 살고 있었다. 시 중심을 가로질러 달리는 큰 대로변에는 높은 대리석 주랑이 길게 서 있었고 화려한 상가가 그 안에 즐비했다. 여러 나라에서 오가는 상인들이 그곳에 붐볐다.

안디옥 시는 주전 300년경 셀류커스 1세(Seleucus 1 Nicator)가 알렉산더 대왕 사후에 오론테스 강 어귀에 세웠던 도시로 그의 아버지 이름인 안티고누스(Antigonus)의 이름을 따서 시리아 안디옥이라고 불렀고 동명의 다른 도시와 구별했다. 로마 제국 안에서 시리아 안디옥 시는 로마와 알렉산드리아에 이어서 세 번째로 큰 도시였고 터키 및 팔레스타인 등 로마 제국의 동방지역 본부가 있던 중요한 정치 군사 도시였다.

핍박을 피해서 예루살렘에서 이곳에 왔던 유대인 이민자 세 명이 창립했던 피난민 교회의 처음 모습은 몇 가지 신선한 특징을 나타내며 후세에 귀중한 교훈을 전하고 있다.

평신도가 세운 교회

사도행전 13장 1절은 안디옥의 그리스인 교회를 시작했던 주역들의 명단을 밝히고 있다.

> – 안디옥 교회에 선지자들과 교사들이 있으니 곧 바나바(Barnabas)와 니게르(Niger)라 하는 시므온(Simeon)과 구레네(Cyrene) 사람 루기오(Lucius)와 분봉왕 헤롯의 젖 동생(헤롯과는 아무런 혈통적 연관이 없지만 젖을 같이 먹고 자란) 마나엔(Manaen)과 사울(Saul)이라

이들 다섯 명 가운데 하나인 바나바(Banabas)는 안디옥 교회가 이방인인 그리스인들에게 복음을 전해서 큰 숫자의 사람들이 모이고 부흥한다는 소식을 듣고 예루살렘 교회가 안디옥에 보내서 신생 교회가 바른 믿음 위에 섰는지를 감독하기 위해서 보냈던 사람이다. 그리고 명단 끝에 등장한 사울은 바나바가 신생 교회에 성도가 넘치는 것을 보고 이곳에서 자신과 함께 말씀을 가르치기 위해서 다소(Tarsus)에 찾아가 안디옥 교회로 불러왔던 바울이다.

이렇게 보면 안디옥 교회를 창설했던 주역들은 세 사람으로 얼굴 색이 검어서 니게르(흑인)라고 부르던 시므온과 리비아 구레네 출신 루기오와 헤롯 집안에서 유모였던 어머니를 둔 마나엔이라는 사람이었다. 현재 이들에 대한 기록이 없기 때문에 그들이 어떤 사람들인지 잘 알 수는 없지만, 문맥으로 추정하면 그들이 특별한 지파나 계층 출신이 아니었고 외국에서 출생

했든지 혹은 그곳에 이민 가서 살던 평범한 유대 이민자들이었다는 점이다.

그들은 안디옥에 옮겨서도 먼저 모임을 갖고 정통 유대인이 아닌 자신들이 잘 할 수 있는 가장 좋은 방법인 현지 그리스인을 전도 대상으로 택하고 복음 전파에 열심을 쏟았다. 믿음의 불길은 말씀을 전파할 때 가장 뜨겁다. 그들이 좋은 길을 택하고 목숨을 걸었던 것이다.

크리스천(Christian) 호칭을 처음 듣다

서기 43년경 바울이 안디옥에 도착해서 바나바와 함께 안디옥 교회에서 일년 동안 큰 무리의 그리스인을 가르쳤다. 교회가 날로 은혜 가운데 번창하며 모이는 사람들의 수가 엄청나게 많아졌다. 현지 주민들이 그리스도인이 된 그리스인들이 어질고 순한 사람들로 변해서 당시 밑바닥에서 어지러운 생활을 하던 주변 사람들과는 다르게 착하게 사는 신선한 모습을 보고 놀라서, 이들 예수를 믿는 그리스인들을 처음으로 크리스천(Christian)이라고 불렀다. 크리스천(Christian)이란 말은 그리스도(Christ)라는 말에 복수형 어미를 붙여서 '그리스도를 따르는 사람들'이라는 뜻이었다. 그러나 그리스 말에 발음이 비슷한 크레스트(chrest)*라는 '어리석은 듯하지만 착한 사람'의 뜻을 가진 말이 당시 그리스도인의 모습을 잘 표현했으므로 복수형을 만들어 크레스티안(chrestian)이라고 그들을 불렀다는 얘기가 전해진다.**

---

* *Antioch on The Orontes* by M. Grazia Zambon, Doemnico Bertogli Oriano Granella.
** 당시 어떤 특정인을 추종하는 사람들을 부를 때 그 이름 뒤에 '−ians'를 붙였던 일반적인 용례를 따랐다면 'Jesueams'로 불렀을 것이나, 유대 이름 대신 '그리스도'라는 세계 공용어를 택했던 것도 의미가 있는 선택이었다.

크리스천(Christian) 호칭의 의미

초대교회 당시에 유대 나라에서 기독교인을 부르는 이름이 따로 없었다. 예수가 갈릴리 나사렛에서 자랐고 그곳에서 공생애를 시작했던 것을 의미하는 말로 〈갈릴리 사람들, Galileans〉혹은 〈나사렛 파 사람들, Nazarenes〉이라고 불렀다. 마치 유대 나라의 한 지방에서 생긴 유대교의 한 종파로 생각했던 것이다.

그러나 시리아 안디옥 교회에서 기독교인을 크리스천으로 부르면서 기독교는 유대교의 한 지파에서 독립해서 새로운 종교로 세상 사람들에게 처음으로 겉모습을 드러냈던 것이다.

그것도 세상 사람들이 예수를 믿는 사람들의 사는 모습을 보고 그들에게 지어준 호칭이었다. 당연히 '갈릴리 사람들'이나 '나사렛파 사람들'이라는 말은 사라졌고 대신 새롭게 기독교인을 지칭하는 고유 명사로 크리스천이라는 말이 통용되기 시작했다. 예수 그리스도라는 말은 원래 예수라는 유대인 이름과 '기름부음을 받은 자'라는 그리스 말인 '그리스도'의 합성어로, *예수(Jesus)라는 말은 그가 태어날 때 처음으로 붙인 이름으로 고유명사였고 그리스도라는 말은 이스라엘 역사에 나타났던 많은 선지자와 왕들 그리고 제사장들이 직분을 맡을 때 거룩한 기름을 머리에 붓고 안수해서 세웠던 의식에서 유래한 일반명사였다. 기독교인들을 크리스천으로 구별하여 부르면서 예수 그리스도라는 말은 자동적으로 구세주로 온 하나님의 아들을 부르는 고유명사가 되었다. 기독교가 유대교를 떠나서 새로운 종교의 한 모습을 갖춘 것이다. 바울은 이런 겉모습에 채울 진실한 내용을 찾아내서 기독교의 면모를 안으로 세운 사람이다. 그는 초대교회의 사도들과 함께 기독교의 내실을 완성했다.

당시 이방인 교회에 모였던 대부분의 사람들이 평범한 사람들로 가진 것이 없는 사회 밑바닥에 살던 자유인이나 많은 노예들이었다. 그럼에도 불구하고 이들이 다투지 않고 서로 돕고 작은 것이라도 나누고 사랑하며 사는 모습이 신기했다. 각박한 세상 사람들과 구별이 되는 그들을 좋게 생각하고 부른 이름이었다.

그러나 유대인은 예수를 지칭하는 단어로 그리스도(Christ)라는 말을 사용하지 않는다. 유대인에게 그리스도라는 말은 '기름 부음을 받은 자, 혹은 메시아'라는 의미로 제사장이나 왕을 추대할 때 기름을 부어 직분을 거룩하게 한 사람이었다. 그들에게 예수라는 사람은 메시아라는 뜻의 그리스도가 전혀 아니었다.

선교사를 보낸 첫 교회

그리스인 교회는 뜨겁게 부흥했다. 그들이 금식하며 기도할 때 문득 자신들이 태어난 곳의 형제 자매들 그리고 인생의 목적은 커녕 무엇이 옳고 그른지도 모르면서 살다 죽어야 하는 많은 사람들의 피곤하고 찌든 얼굴을 기억하며 울었다. 재물을 얻었다고 흥청거리다가 갑자기 닥친 재난으로 죽어가는 사람들, 몸이 아파도 참기만 하다가 죽는 사람들, 부자들의 노리개로 살다가 미모와 함께 인생도 끝내는 가련한 여인들의 모습을 기억하며 가슴을 치며 울었다. 그들이 다 형제였고 자매들이었다.

예수가 부활한 후 제자들과 함께 40일을 지내다가 떠날 때 그들에게 남겼던 최후의 명령이 이런 내 형제와 자매들인 만민에게 복음을 전파하라는 것이었다. 교회가 현실을 직시하고 만민을 다른 나라 사람으로 보는 대신 자신의 형제나 자매로 보게 될 때 비로소 뜨겁게 달궈진다. 그리스인 교회가 이렇게 변했다. 그들이 금식하며 바나바와 바울 두 사람을 안수해서 온 천하로 내보냈다. 그리고 두 사람은 형제들의 뜨거운 기도 속에 생명을 내놓고 위험한 길을 떠났다.

사도 시대의 인물, 바나바

바나바(Barnabas)는 번창하던 지중해 사이프러스 섬 출신 유대 이민자로 초대교회에서 사도들 못지 않게 큰 일을 조용히 담당했던 사람이다. 그는 성격이 착했고 성령과 믿음이 충만한 사람으로 자신이 소유했던 땅을 팔아서 모두 교회 구제에 드릴 만큼 신실했다.

본받을 만한 그의 여러 행적 가운데서 바울이라고 후에 이름을 바꾸었던 사울을 발견해서 사도들에게 소개했고, 그 이후에도 땅 속 깊이 묻힌 보석을 찾아내듯 다소에서 칩거 중이던 사울을 안디옥 교회로 불러서 예수 전도에 큰일을 담당하도록 했던 일은 그의 빛나는 업적이었다. 그의 친족으로 또한 뛰어났던 주의 종으로 마가복음을 기록했던 마가 요한이 그의 이종 사촌이었다.

초대 기독교의 중심 이동

예루살렘 초대교회는 사도들의 활약으로 크게 부흥했으나 곧 심각한 박해로 많은 제자들이 예루살렘을 떠나면서 약해지기 시작했다. 새로운 비전을 가지고 태어난 안디옥 그리스인 교회가 선교사를 처음으로 밖으로 파송하면서 예루살렘 초대교회를 대신해서 초대교회의 실질적 본부로서 역할을 담당하기 시작했다. 시간이 지나며 이 땅에 많은 교회가 생기고 사라졌지만 안디옥 교회는 지금까지 세상에 둘도 없는 교회의 모범으로 빛나고 있다.

비록 안디옥에는 오늘날 그리스인 교회가 있던 장소나 교회를 입증할 유적이나 옛 문서가 남아 있지 않지만, 평신도들이 세웠던 그리스인 교회의 정신과 그들의 수고는 교회의 본질을 후손들에게 분명하게 보여주었다. 지금은 조그만 터키 동부의 일개 시로 쪼그라든 안디옥 시에는 베드로가 기도했던 동굴 교회가 아직도 산등성이에 온전히 남아서 찾아오는 사람들을 반갑게 맞고 있다.

두 번째 예루살렘 방문
기근연보 전달

마가 요한의 등장

바울은 바나바와 함께 안디옥에서 교회를 섬기다가 서기43-44년경 모금한 구제헌금을 예루살렘 교회에 전달하기 위해서 바나바와 함께 예루살렘을 방문했다. 이때는 이미 사도들이 다 예루살렘을 떠난 후였기 때문에 바울과 바나바 일행은 헌금을 장로들에게 전달하고 바로 안디옥으로 돌아갔다. 돌아가는 바울 일행 가운데는 바나바의 조카로 베드로의 특별한 지도를 받고 믿음이 크게 자란 한 젊은이가 함께 했다. 그는 14년 전 예수가 감람산에서 잡히던 밤에 겉옷을 빼앗기고 급히 달아났던 어린 청년 마가 요한이었다.

돕는 교회의 좋은 전통

이보다 앞서 아가보(Agabus)라는 선지자가 예루살렘에서 안디옥 시에 내려와 심한 가뭄으로 예루살렘 교회와 성도들이 어려운 형편에 빠졌다는 소식을 전하고 교회가 구제 헌금을 보내도록 요청했었다. 여러 기록은 당시 팔레스타인 지역에 가뭄이 계속했고, 특히 예루살렘 초대교회는 스데반 집사의 순교 이후 핍박이 심해지자 많은 성도들이 떠났기 때문에 교회는 과부를 구제하는 일에 어려움을 당했다.

선지자 혹은 예언자, 선견자(Prophets)

고전적인 의미로 선지자(Prophets)는 하나님의 말씀이나 뜻을 먼저 전달받아서(깨닫고서) 사람들에게 전하는 하나님의 사람들이다. 구약성경에는 이런 예언자들이 많이 등장했고 그 가운데 이사야, 예레미야, 에스겔 그리고 다니엘 등 주요 선지자들이 있었고, 다음에 나타났던 예언자12명이 소선지서라는 성경을 기록해서 나라가 어지러울 때 세태의 잘못을 지적하고 하나님의 말씀으로 바로잡으려고 했다.

신약시대에 와서는 성도들 가운데 예언의 영(Spirit of Prophecy)을 받은 사람이 하나님의 결정이나 말씀을 미리 사람들에게 알려주는 역할을 맡았고, 교회 제도에서 사도(오늘날의 목사)들의 다음 자리에 있었다.

아가보라는 선지자도 이런 역할을 초대교회 당시에 행하던 사람이다. 이런 의미에서 오늘날의 선지자는 우선 교회나 회중을 이끌어가는 목사 혹은 장로라고 말할 수 있다. 그들이 구약시대를 포함해서 전통적인 선지자들이 외쳤던 시대적 문제점을 지적하고, 하나님의 말씀에 근거해서 바른 해결책이나 방향을 제시해야 할 것이다.

다른 주장들이 있지만 교회가 현실을 직시하는 것은 매우 중요한 일이다. 정치나 민감한 사회적 이슈는 갈등을 일으킬 소지는 있지만 현실을 피해서 복음 전파와 신앙에만 집중하는 것보다는 더 신앙적이고 유익하다.

유대인 역사가인 요세프스(Josephus)는 심한 가뭄이 주후 46년에 예루살렘 지역에 발생했다고 전해서 흉년의 시기가 잘 맞지 않는 듯하지만, 많은 성도가 떠난 예루살렘 교회는 유대교의 핍박과 겹쳐서 재정적으로 어려움을 겪었을 것이다. 넉넉한 교회가 가난한 교회를 또 재난으로 재정이 어렵게 된 교회를 돕는 아름다운 교회의 모습이 나타났다. 바울은 예루살렘 교회의 일부 율법적 바리새파 교인들로부터 여러 번 핍박을 받았지만 끝까지 어려운 모교회를 돕는 일을 중요한 사업으로 여겼다.

이방인들에게 나타난 신비한 복음의 능력

예수에 관한 복음은 복음을 듣는 것 자체만으로도 갈급한 영혼에 감동을 주고 마음을 바꾸게 하는 신비한 능력이 있었다. 그뿐만 아니라 복음으로 변화되었던 사람의 뜨거운 감격을 다른 사람들에게 전했을 때도 같은 감동을 주는 능력이 있었다. 초기 교회를 이끌던 유대 디아스포라 몇 명이 그들이 예루살렘에서 받았던 뜨거운 감동을 안디옥 시에 살던 가난하고 애통하는 심령들에게 전했을 때 엄청난 감동을 불러 일으켰다. 복음의 알 수 없는 비밀이었다. 그 안에는 성령이 살아 있었다.

당시 5십만 명이 넘는 안디옥 시민들의 3분의 2 정도가 노예거나 가난한 자유인이었다. 그들은 모두 의지할 데가 없는, 심령이 가난한 사람들이었다. 전쟁에서 패배하고 가까운 사람들이 죽고 재산이 박탈당했던 민족의 아픔을 가진 노예들이었고 일부는 갖은 고생 끝에 노예에서 풀려난 자유인으로 어렵게 살던 사람들이었다.

지배층의 화려한 사치를 위해 존재했던 잊혀진 사람들과 사회 밑바닥에서 술과 도박으로 찌든 소외 계층에게 그들이 전했던 복음은 눈물겨운 위로였다. 그들이 은혜가 넘치는 초청의 말을 들었다. 모두가 "수고하고 무거운 짐 진 자들아 나 내게로 오라, 내가 너희를 쉬게 하리라"라는 말을 듣고 눈물을 흘리며 주께로 나왔다.

베드로의 안디옥 진출

바울은 전도여행 어디서나 다마스커스 길에서 그를 찾아온 예수를 만나서 자신이 어떻게 변했는지에 대한 체험을 먼저 전했다. 바나바와 바울이 안디옥에 와서 함께 섬긴 현지인 교회는 곧 크게 성장했고 안디옥에서 성령이 강력하게 역사하는 교회가 되었다. 이후 베드로 사도의 안디옥 진출(서기 50년 전후)과 함께 이 교회는 세계 각지의 초대교회를 이끌어 가던 중심에 서게 되었다.

그러나 교회를 처음 창설했던 세 제자들과 후에 참가했던 바울은 출신이나 교육, 신앙 배경에서 서로 달랐다. 우선 교회를 처음으로 세운 사람들은 예루살렘에서 복음을 듣고 제자가 된 사람들이었다. 이들은 예수를 보고 직접 들었던 베드로와 요한 사도가 전한 복음을 듣고 믿음을 가졌던 반면 바울은 길에서 잠시 예수를 만난 체험과 어려서부터 몸에 배었던 성경에 대한 논리적 접근으로 예수를 영접했던 사람이었다.

착한 바나바는 이들 가운에 화평을 유지하는 중간 역할을 맡았던 것 같다. 이들 지도자들의 이질적 특징이 성령의 역사로 다툼 대신 아름다운 조화를 이루었던 교회가 안디옥의 첫 현지인(이방인) 교회였다.

6
—
장

땅 끝까지
전파하라

1차 전도여행,
서기 46-48년

　교회 안에 성령이 충만하면 전도 폭발이 일어난다. 사람들이 자신이 구원받은 사실을 밖으로 나타내기를 기뻐하며 어디서든 세상의 속박에서 풀려난 예수의 제자임을 숨기지 않고 드러낸다. 현실이 각박할수록 그리스도인의 여유와 향기가 더 드러나서 가까운 형제를 부르게 된다. 그리고 차츰 멀리 사는 형제들에게 기쁜 소식을 전해서 함께 놀라운 은혜를 나누기를 원한다.

사도바울의 1차 전도여행

안디옥 교회가 매일 새벽을 깨우며 기도할 때 새로운 은혜가 그들 위에 풍성하게 내렸다. 교회가 믿음이 좋은 형제를 멀리 사는 동족들에게 보내서 그리스도의 이름을 전하기를 원했다. 그들은 얼마 기다리지 않아 기도 가운데 그들을 대표해서 밖으로 나갈 선교사를 뽑았다. 교회가 세워진 지 5년 정도가 지났을 때인 서기 46년경 교회는 첫 선교사로 바나바와 사울을 뽑아 터키 중부 지방으로 보내서 복음을 전하기로 결정했다. 전도 팀에는 새로 예루살렘에서 안디옥으로 왔던 바나바의 조카였던 청년 마가 요한이 도우미로 합류했다.

사이프러스 섬. 마술사를 좋아하던 로마 총독

바나바와 바울, 그리고 마가 일행은 안디옥 시에서 서쪽으로 16마일 떨어진 항구(Seleucia)에서 배를 타고 구브로라고 불리던 사이프러스(Cyprus) 섬의 동쪽 항구인 살라미(Salami)라는 곳에 도착했다. 그들은 그곳에서 살았고 지역을 잘 알던 바나바의 인도로 여러 유대인의 회당에서 말씀을 전했다. 그리고 계속해서 동서의 폭이 100마일이나 되는 큰 섬을 경유해서 로마 총독이 있는 서쪽 항구인 바보(Paphos)로 갔다.

사이프러스 섬은 터키 반도 인근 지중해에 있는 섬으로 오래전부터 무역과 얼마 전에 발견한 지하 동광을 개발해서 번창하던 해양 도시였다. 물자가 풍부했고 사치스런 도시였다. 그리스 문화가 만발한 가운데 그리스 신화에 나오는 사랑과 풍요의 여신인 아프로디데(Aphrodite)의 고향으로 여신을 숭배하는 큰 신전이 있었다. 일행이 바보에 이르러 총독 서기오(Sergius Paulus)에게 복음을 전하려고 했다. 그는 총독이었지만 무슨 일을 하든 엘루마(Elymas)라는 마술사의 그럴 듯한 언동에 빠져서 그의 말만 듣고 따르던 사람이었다. 그러나 마술사 엘루마가 이를 알고 선교사들과 총독의 면담을 방해했다. 바울이 눈치를 채고 크게 분노했다. 그는 총독 앞에서 엘루마를 꾸짖었고 내친 김에 그에게 잠시 장님이 되어 앞을 보지 못하는 이적

바나바와 바울의 관계, 그리고 사울이 바울로 변한 시점

신약시대 유일한 역사책인 사도행전 13장은 시리아 안디옥에서 일어난 첫 그리스인 교회를 인도하던 선지자와 교사들을 소개하면서 이들의 이름을 "바나바, 니게르라는 시므온과 구레네 사람 루기오와 분봉왕 헤롯 안티바와 함께 자랐던 젖동생 마나엔과 사울"이라는 순서로 소개했다. 순서는 당시 교회 지도자들의 중요성이나 서열을 간접적으로 말해주는 것이었다.

바보(Paphos)에서 여러 사건들이 벌어지면서 사울의 이름이 바울로 바뀌고, 일차 여행을 떠났던 바나바와 사울에 대한 두 사람의 언급 순서가 처음으로 바울과 바나바로 바뀌는 것을 볼 수 있다. 이는 전도팀의 리더가 바나바에서 바울로 변했다는 것을 말해준다. 그들이 사이프러스 바보에 도착해서 마술사 엘루마를 제압하고 책망했던 사건 이후 성경은 그들의 이름을 기록한 순서를 바꾸었다. 바나바는 그가 예루살렘에서 왔다는 점과 그가 또 사울을 불러서 무명에서 강력한 선교사가 되게 했던 공로를 인정해서 두 사람 가운데 바나바에게 앞자리를 주었다. 그러나 바울이 주 설교자로 나서서 이적을 행한 장본인으로 등장하면서 전도여행의 주도권을 잡기 시작했다. 이런 변화는 두 사람을 수행해서 함께 떠났던 마가 요한이 그들이 사이프러스 섬을 떠나 지중해 해안 도시인 버가(Perga)에 도착해서 갑자기 일행을 떠나 예루살렘으로 돌아갔던 일과 전혀 무관하지 않은 듯했다.

그리고 사울이 전도 팀의 설교를 맡으면서 자연스럽게 로마식 이름인 바울로 변했다. 바울은 이때부터 바리새인도 유대인도 아닌 그리스 로마인으로 순교할 때까지 살았다는 점을 암시해준다.

까지 보였다.

총독이 지금까지 그의 호기심과 정신적 갈등을 채워주던 엘루마의 마술과 그가 자랑하던 잡신의 존재를 삽시간에 제압한 바울의 놀라운 영적 권능 앞에 무릎을 꿇었다. 그가 허탄한 미신을 버리고 인생의 참 인도자인 예수를 영접하는 놀라운 사건이 일어났다. 기적은 복음 전파의 과정에서 꼭 필요한 때 일어나는 흔한 영적 현상이었다. 세상에는 서기오 총독과 같이 여러 가지 일로 높은 자리를 얻었지만 미신에 빠져 사는 위인들이 어디든지 흔하다. 바울의 예리한 눈은 이런 자들을 한 눈에 알아보고 복음으로 이들이 바른 길로 돌아서게 만들었다. 무당 엘루마도 잡신들이 주는 적은 능력은 가졌지만 하나님의 능력 앞에서 인생의 비참한 몰락을 경험했다. 일행을 수행하던 청년 마가가 바울의 열심과 복음의 기이한 능력을 유심히 보았던 첫 사건이었다.

해안도시 버가(Perga)에서 생긴 사건

바울 일행은 바보에서 적잖은 믿음의 증거들을 경험했다. 유대인 마술사 엘루마를 예수의 이름으로 징계하면서 나타난 기적으로 총독 서기오가 예수를 믿게 되었던 사건은 예수의 종으로 전도여행을 나섰던 바울의 첫 쾌거로 일행을 크게 격려했다. 한껏 고무되었던 일행이 유쾌한 마음으로 바보 항을 떠나 지중해 항구 도시인 밤빌리아(Pamphylia) 지방의 버가(Perga)에 도착했다. 바다를 황금빛으로 물들이는 강렬한 태양이 이글거리는 버가에서 그들이 다음 여행지를 준비하는 동안 뜻밖의 사건이 벌어졌다.

버가는 해안 도시로 습하고 무더운 날씨에 밤에는 모기가 기승을 부렸다. 바울이 갑자기 고열에 시달리기 시작했다. 그가 당시 해안 도시에서 크게 유행하던 말라리아에 감염되어 고열 구토에 시달리며 중태에 빠졌다. 동행했던 바나바와 마가의 기도와 의사들의 집중 치료를 받아 열병은 떠났지만, 알려지지 않은 말라리아 후유증은 바울이 평생 지니고 사는 몸 속 가시가 되었다. 바울과 바나바는 처음 작정했던 여행 경로를 포기하고 공기가 좋은 산악 고지대를 경유하는 험한 산길로 바꾸었다. 그들은 가능하면 모기가 잘 서식하는 습기나 고인 물이 많은 평지를 피하고 싶었다. 이런 과정에서 바나바의 권유로 동행하던 마가가 무슨 까닭인지 행장을 수습해서 예루살렘으로 돌아가는 일이 벌어졌다.

　마가 요한은 이때 30대 초반으로 이미 베드로의 제자로 오랫동안 지도를 받으면서 그에게서 많은 믿음의 증거를 보았고 그가 즐겨 인용했던 예수에 관한 복음을 듣고 후일 마가복음을 기록했던 사람이다. 어릴 때부터 총명했고 특히 그리스 말 문장을 깨끗하게 정리하고 기록하는데 능력이 돋보인 청년이었다. 더구나 그는 자신의 집 큰 다락방에서 마지막 유월절 음식을 제자들과 나누었던 예수를 직접 목도했고 예수가 잡히던 감람산에까지 같이 갔던 젊은이였다. 그럼에도 불구하고 생명을 걸고 복음을 전하던 일행을 버리고 버가를 떠났다.

비시디아 안디옥(Pisidian Andioch)

　버가에서 비시디아 안디옥으로 가는 산악 길은 예부터 산적들이 우글거리는 험한 길로 이름이 났었다. 다행히 로마의 강력한 통치와 치안 유지로 이 길은 평화로운 산길이 되었다. 그러나 안전을 위해서 같은 길을 가는 동행이 어느 정도 숫자가 되면 함께 떠나고 쉴 때도 함께 쉬며 집단 여행을 하던 때였다.

당시 여행 모습, 육로와 해상*

고대 로마 제국을 여행하던 바울의 넓은 전도여행(서기 45-60년)은 당시 편해진 여행 조건으로 가능했다. 지중해 연안 지방은 당시 상업과 여행하는 사람들로 바쁘게 붐비던 시절이었다. 육로 여행은 옛날부터 존재했던 무역로를 로마 제국이 신속한 군대 이동과 물자의 운송을 위해서 잘 정비된 도로로 이미 개축을 했고, 여러 도시를 잇는 2차 도로도 거미줄같이 연결되었던 때였다.

로마 제국은 총 5만 마일에 달하는 간선도로와 그 4배가 되는 엄청난 2차 도로망을 만들어 각 지역을 신속하게 연결했고, 또 그 모든 도로는 로마로 통하게 만들었다. 로마의 간선도로는 모래와 자갈을 3피트의 깊이에 묻고 그 위에 시멘트를 깔았다. (시멘트는 로마가 처음 만듦) 또 도시 인근 주변 도로는 길 위에 큰 돌판을 깔고 모르타르(Mortar)을 뿌려 고정했다. 일반 도로의 폭은 30피트였고 산악 도로는 5-6피트 폭으로 넓었다. 모든 도로에는 매 1마일마다 도로 표지판을 설치해서 로마 시에서 얼마나 떨어진 곳인지를 표시했다.

대부분의 사람들은 도보로 여행했고 특별한 경우에는 당나귀를 이용했으며 혼자 여행하기 보다는 기다려서 여러 사람들이 함께 단체 여행을 했다고 한다. 바울이 전도여행을 했던 길은 이런 로마의 길을 따랐다. 해상 여행도 지중해를 오가는 수많은 배가 있었고 가장 큰 배는 이집트에서 곡물을 싣고 로마로 가는 곡물선으로 사람만 276명이나 태우고 곡물을 나르던 배였다고 한다.(행27:37) 어떤 큰 배는 600명을 태우고 갔다는 기록이 있다. 그러나 계절풍이 매우 심해서 11월에서 2월까지의 겨울에는 배의 운행이 모두 정지되었다. 편리한 여행 수단이 발전되었지만 바울 당시의 여행은 역시 위험했고 힘들었다.

Paul The Apostle by Robert E. Picirilli

바울 일행도 이렇게 험한 산길을 걸어서 중부 내륙 지방에 로마식으로 새로 건설된 비시디아 안디옥 시에 여러 날이 지나서 도착했다. 큰 평야와 호수가 이어지는 이 지역은 퇴역한 로마 군인들이 집단으로 거주했고 상당수의 유대인이 따로 거주지역을 이루어 살 만큼 다수가 이주해 살고 있던 도시였다.

바울이 안식일이 되어서 유대인이 모이는 회당을 찾았다. 유대인 회당은 일반적으로 정해진 예배 순서가 있었고 예배 중에 자격이 있고 원하는 방문객들은 언제나 말씀을 전할 기회가 주어졌다. 바울은 랍비였고 유대인들이 보아서 금방 알아볼 정도의 랍비 모습(의상이나 턱 수염을 기른 외모)을 했다. 바울은 전도여행을 하며 많은 도시를 방문했다. 그가 도착해서 첫 번째로 방문하는 곳이 유대인 회당이었고 그곳에서 복음을 전했다. 그는 유대인 가운데 복음을 듣고 예수를 믿는 사람이 나오길 원했고, 회당에서 유대인이든 현지인이든 어떤 연결 고리를 찾아 복음을 본격적으로 전하는 방식을 따랐다. 이런 관계 전도는 성공을 거두었으나 문제도 있었다. 모든 박해가 또 그곳에서 시작되기도 했던 것이다.

회당에서 전한 복음

유대인 회당에는 주로 디아스포라 유대인이 주류를 이루었고 또한 유대교로 개종했던 이방인(Proselyte) 들도 참석했다. 순서를 따라 방문자에게 말씀을 청하는 차례가 되어 바울이 나섰다.

키는 작지만 부리부리한 눈에 이마가 튀어나온 바울이 크게 손짓을 하며 유대인이면 다 아는 그들의 역사를 회상하며 설교를 시작했다. 바울은 회중과 한마음으로 자랑스럽던 이스라엘 민족의 역사를 돌아보면서 그러나 지금은 몰락해서 강대국의 속국으로 심한 시련을 겪고 있던 현주소를 지적하며 하나님의 뜻을 겸손히 구했다.

그는 이어서 하나님이 다윗의 후손으로 이스라엘을 위한 구주를 세우셨고 그가 바로 예수라고 소개했다. 예루살렘에 사는 자들과 그들의 관리들이 안식일마다 외우는 선지자들의 말을 잘 알지 못하므로 예수를 정죄하여 십자가 위에서 죽였다고 설명했다. 예수는 죽은 자들 가운데서 부활했고, 그 예수가 다마스커스를 가던 자신을 찾아와 이름을 불렀던 사실을 말했다.

그는 죄인이었던 자신을 찾아온 예수를 믿으면 누구든지 죄에서 구원을 받고 하나님의 자녀가 된다는 구속의 은혜를 힘을 다해 설명했다. 바울의 평범해 보이는 설교는 자신이 경험했던 진실이 있었기 때문에 듣는 자들의 마음을 크게 흔들었다. 성령의 역사가 나타났다. 유대인과 유대교에 입교했던 많은 이방인이 감동을 받고 바울과 바나바가 섬기는 예수를 믿기로 작정했다. 예배가 끝나자 감동을 받았던 사람들이 다음 안식일에도 강론을 해달라는 특별 부탁까지 했다.

사탄의 방해 공작

은혜가 넘치는 곳에 사탄도 빠지지 않고 나타났다. 다음 안식일이 되자 안디옥의 온 시민이 거의 다 하나님의 말씀을 듣기 위해 회당에 모였다. 유대인들이 시기가 가득해서 먼저 바울의 설교를 조목조목 반박하고 비방하며 바울의 강론을 비난했다. 바울도 지지 않고 그들의 부당한 공격을 담대히 성토했다. 회당 안은 삽시간에 거친 논쟁의 장소로 변했다. 바울은 당시 40대 말 원숙한 믿음의 사람이었다. 그러나 논쟁은 진실을 가릴 뿐이었다. 드디어 바울이 불 같은 성질을 터뜨렸다.

- 하나님의 말씀을 마땅히 먼저 당신들(유대인)에게 전할 것이로되 당신들이

그것을 버리고 영생을 얻기에 합당하지 않은 자로 자처하기로 우리는 이방인(현지 그리스인)에게로 갈 수밖에 없소이다. 주께서 이미 우리에게 명하신 것이오. 내가 너를 이방인의 빛으로 삼아 너로 땅 끝까지 구원하게 하리라 하셨소이다

유대인들은 비방했지만, 그리스 현지 주민들이 바울의 결심을 듣고 기뻐하며 다 믿었고 주의 말씀이 그 지방에 두루 퍼졌다. 그러나 유대인들이 가만 있지 않고 들고 일어났다. 그들은 현지의 경건한 귀부인과 유력자들을 선동하여 바울과 바나바를 안디옥 시 밖으로 쫓아내고 말았다. 바울과 바나바는 안디옥 시를 떠나 돌아설 수밖에 없었다. 그들은 곧 이웃 도시인 이고니온(Iconion)으로 갔다.

이고니온(Iconion)

이고니온 시는 지금 콘냐(Konya) 지방으로 당시에는 갈라디아 지방의 중심 도시로 사방으로 연결된 교통의 요지였고 천연 자원이 풍부했던 부유한 농촌 도시였다. 두 사도(Apostles)가 이번에도 먼저 유대인의 회당을 찾아가 말씀을 전했다. 많은 유대인과 현지 그리스인들이 말씀을 듣고 믿었다. 그러나 유대인 가운데 예수를 인정하지 않는 유대인들이 또 잠잠히 있지 못했다. 그들은 현지 그리스인들을 선동하여 사도들에게 악감을 품도록 일을 꾸몄다. 사도들이 오래 있어 주를 힘 입어 담대히 말씀을 전할 때 주께서 그들의 손으로 표적과 기사를 행하게 했다. 시간이 지나며 주민들이 유대인을 따르는 자들과 두 사도를 따르는 자들로 나뉘었다. 유대인의 선동을 받

은 현지 사람들과 그 관리들이 마침내 두 사람에게 모욕을 주며 달려들었고 끝내 돌로 치려고 기회를 노렸다. 바울과 바나바 일행도 이런 살인 모의를 알고 피해서 루가오니아(Lycaonia) 지방의 두 성인 루스드라(Lystra)와 더베(Derbe)와 그 근방으로 가며 주의 복음을 전했다. 루가오니아 지방은 비시디아 지방의 동쪽 타로스 산맥(Taurus Mountains) 북쪽에 있는 지역으로 로마의 행정 구역으로는 갈라디아 주의 일부였다.

루스드라(Lystra), 기적과 후유증

루스드라는 이고니온에서 20마일, 비시디아 안디옥에서 130마일 정도 서쪽으로 떨어진 갈라디아 지방의 일부로 이고니온과 같이 일단의 로마 퇴역 군인들이 로마 시민권과 일정한 땅을 무상으로 배당받고 이곳에 세운 새 도시였다. 모든 것이 로마식으로 지어진 성에는 성문 밖에 로마 제국의 주신인 제우스(Zeus) 신을 섬기는 큰 신전이 있었고 신전에서 제사를 집행하는 제사장들이 있었다.

두 사람이 어느 날 거리에서 한 앉은뱅이를 보았다. 그는 나면서부터 발을 쓰지 못했고 평생 걸어 본 일이 없던 사람으로 바울이 전하는 예수의 복음을 간절한 마음으로 듣고 있었다. 바울이 그를 살펴본즉 그에게 구원받을 만한 믿음이 있는 것을 보고 즉시 큰 소리로 그를 불렀다. 바울은 그를 보면서 "네 발로 바로 일어서라"고 명령했다. 성령 충만했던 사도의 말을 들었던 앉은뱅이가 갑자기 일어서는 기적이 일어났다. 그가 일어나 여러 사람이 보는 앞에서 걸었던 것이다.

놀란 주민들의 반응

모인 무리가 바울의 기이한 역사를 보고 소리를 지르기 시작했다. 그들이 자랑스럽게 믿던 제우스 신이 사람의 형상으로 그곳을 방문한 것이라고 사람들이 수군거렸다. 그리스 사람들은 신들이 올림푸스 산에 산다고 믿었고 그들이 어떤 때는 사람들이 사는 곳으로 내려온다고 믿었다. 갑자기 두 사람을 신으로 모시려는 소동이 일어났다. 그들은 외모가 건장했던 바나바는 제우스 신이고 말을 잘 했던 바울은 헤르메스(Hermes) 신이라고 짐작하고 큰 소란을 피웠다. 신전을 주관하던 제사장과 일단의 신전 봉사자들이 소식을 듣고는 위엄을 갖추고 소와 화환을 가지고 성문에 이르러 두 사람에게 제사를 드리려고 했다. 두 사도가 깜짝 놀라 옷을 찢고 무리 가운데로 들어가 손사래를 치며 소리를 질렀다.

- 여러분, 어째서 이런 일을 행합니까? 우리는 여러분과 같은 성정을 가진 사람입니다. 우리가 여러분에게 예수 그리스도의 복음을 전하는 것은 이런 헛된 우상 숭배를 버리고 천지와 바다와 그 가운데 만물을 지으시고 지금도 살아계신 하나님께로 여러분이 돌아오기 위해서 하는 일입니다. 하나님이 지난 세대에는 모든 민족이 자신들의 길을 마음대로 가도록 방임했으나, 하나님이 자기를 나타내지 않은 것이 아니라 그는 하늘에서 비를 내리며 결실을 맺는 선한 일을 지금까지 여러분에게 행하셨소이다. 하나님은 그의 존재를 이렇게 나타내고 풍성한 음식과 기쁨으로 여러분의 마음을 만족하게 만드시는 분입니다.

바나바와 바울은 어렵게 무리를 말려 제사를 드리지 못하게 했다. 그러나 시간이 지나며 걱정하던 사건이 끝내 터지고 말았다. 안디옥과 이고니온에서 사도들을 핍박하던 유대인들이 그곳으로 몰려와서 무리를 충동했던 것이다. 거리로 뛰쳐나온 군중은 이유도 모르고 같이 화를 내고 엉뚱하게 집단적 행동을 벌였다. 바울과 바나바를 올림푸스 산에서 내려온 신들이라고 야단을 쳤던 사람들이 성난 군중으로 돌변해서 돌을 들어 바울에게 던졌다. 그들은 바울이 돌을 맞고 쓰러지자 그가 죽은 줄 알고 피투성이가 된 그를 성 밖으로 끌어내고는 땅에 던져 버렸다.

죽음에서 소생한 바울, 다시 원 위치로

예수를 믿는 제자들이 성 밖에서 돌에 맞아 죽은 바울을 찾아 둘러섰을 때 그가 신기하게 소생했다. 그는 일어나 성안으로 들어가 상처를 씻고 응급조치를 받았다. 다음날 바울은 바나바와 함께 동쪽에 있던 더베 시로 몸을 피했다. 죽은 바울을 성 밖에서 찾았던 사람들 가운데 한 소년이 있었다. 한참 시간이 지난 후에 바울 사도의 아들같은 제자가 되었던 디모데라는 소년이었다. 그리고 바울의 깊은 상처를 싸매주고 보살폈던 여인이 바로 디모데의 어머니 유니게(Eunice)였다.

두 사람은 더베에 도착해서도 전혀 두려움 없이 복음을 전했고 그곳에서도 많은 사람을 제자로 거두었다. 그들은 지금까지의 여행을 일단 마무리하고 루스드라와 이고니온과 안디옥으로 차례로 돌아가서 이미 작은 무리를 이루고 있던 제자들에게 믿음 위에 굳게 머물러 있으라 권했다. 그리고 금식하며 장로들을 택하여 안수하고 그들을 새로운 일꾼으로 세웠다. 두 사람은 다시 밤빌리아에 이르러 버가(Perga)에서 말씀을 전하고 앗달리아(Attalia) 항구에서 배를 타고 시리아 안디옥 교회로 돌아갔다.

그들이 안디옥에 도착해서 여행 중에 그들이 행한 모든 일과 말씀을 들었던 현지 주민들이 기쁨으로 믿음을 받아들였던 일을 교회에 자세히 보고했다. 위대한 사도 바울이 하마터면 일찍 순교했을 뻔했던 1차 전도여행은 2년 가까운 세월을 터키 중부 지역의 여러 도시에 쏟으며 풍성한 결실로 끝을 맺었다.

첫 예루살렘 공회의
서기 49-50년

바울과 바나바가 1차 전도여행에서 돌아온 때가 주후 48년 무렵이었다. 그들이 안디옥에서 제자들과 함께 한참동안 이방인 전도에 대한 놀라운 감격을 나누며 지내고 있었다. 그들의 눈부신 전도 소식이 안디옥 인근 도시를 비롯해서 예루살렘까지 빠르게 전해졌다.

바울의 이름이 이때부터 초대교회 성도들 가운데 처음으로 확실한 지도자의 한 사람으로 알려지기 시작했다. 지금까지 그의 존재는 반신반의에 가까운 존재였다. 그는 박학과 열정을 가진 안디옥 이방인 교회의 교사로 알려졌을 뿐이었다. 바울은 안디옥 이방인 교회의 교사로서 교회 지도자들 가운데 맨 마지막 위치에 있었던 것이 분명했다. 그의 위치가 1차 전도여행이 끝나고 나서는 바뀌기 시작했다. 그가 명실공히 안디옥 교회를 대표하는 전도자가 되었던 것이다. 그러나 이때부터 그에게는 초대교회 안에서 큰 도전이 기다리고 있었다.

열기에 찬물을

안디옥 교회의 뜨거운 전도 열기와는 다르게 한쪽에서 차디찬 냉기류가 덮치기 시작했다. 그것도 지금까지 초대교회의 본부가 있던 예루살렘에서 불어온 강력한 냉기류였다. 예루살렘 본부교회에서 내려온 어떤 제자들이 안디옥 교회의 이방인 전도에 대해서 시비를 걸기 시작했다. 이들은 바리새파 유대인 제자들로서 안디옥에 살던 유대인 형제들에게 이방인인 그리스 사람들이 모세의 법대로 할례를 받지 아니하면 결코 구원을 얻지 못한다고 전했다. 그들은 이방인들이 유대교인(Proselyte)이 되기 위해서는 유대인처럼 할례를 받고 모세가 전해준 율법과 정결의식을 행해야 한다는 유대교의 오랜 전통을 강조하며 예수를 영접하는 그리스 사람들이나 이방인이 구원을 얻기 위해서는 마땅히 유대인의 전통을 따라야 한다고 주장했다. 사실 안디옥의 그리스인 교회는 이런 유대 전통을 따르지 않고 있었다. 바울과 바나바도 1차 전도여행을 하면서 전혀 이런 유대 전통을 현지 그리스 사람들에게 요구하지 않았던 점을 바리새파 유대인들이 들고 일어난 것이다.

바울과 바나바의 이방인 전도에 대한 놀라운 얘기가 안디옥에서 예루살렘까지 알려졌을 때 예수를 믿고 예루살렘에 살던 이들 바리새파 유대인들이 바울의 이방인 전도를 마땅치 않게 생각하던 중에 이번에는 이스라엘 사람들을 다른 민족과 구별하는 유대교 의식이던 할례 문제를 가지고 정면으로 바울과 바나바를 공격하고 나섰던 것이다.

사건의 전모는 유대인 관점에서 보면 너무도 분명한 일이었다. 우선 유대인 특히 랍비가 이방인을 찾아가 그들에게 믿는 도리를 전파하는 것 자체가 불법이었고, 또 복음을 듣고 돌아온 이방인에게 유대적 정결 전통을 무시하고 세례를 베풀고 제자로 받아들이는 것은 말도 되지 않는 불법적인 행동이었다. 그들의 주장은 배를 타고 먼 길을 걸어서 복음을 전했던 바울과 바나바의 전도는 원천적으로 불법이고 무효라는 주장과 같았다. 엄청난 인신 공격이었고 안디옥 이방인 교회가 첫 번째 맞이한 중대한 신앙의 위기였다. 뜨겁게 달아오른 이방인 교회의 복음 전파 열기에 찬물을 뿌리는 심상치 않은 공격이었다.

첫 예루살렘 공회의와 그 성격

바울과 바나바가 이에 맞서 강력하게 논쟁을 벌이며 그들의 잘못을 지적했지만, 안디옥 교회의 대부분 교인들은 두 주장 사이에서 어느 것이 옳은 것인지 확신이 없었고 누구를 따라야 할지 몰랐다. 그리스인 교회의 교인들은 유대인과 달리 유대인이 어릴 때부터 암송하는 성경에 대한 지식이 없었고 오히려 그들은 내심 유대인의 배타적이고 독특한 생활 방식이 마음에 들지 않았지만 예루살렘 교회에서 온 사람들이기 때문에 어떤 권위에 대한 부담을 느꼈다. 교회 지도자들이 드디어 사도들과 장로들이 있는 예루살렘 본부에 문제를 제기하고 그 해답을 받기로 했다. 그들은 당연히 바나바와 바울을 예루살렘으로 파견해서 이 문제에 대한 본부의 유권적 해석을 듣기로 결정했다.

이렇게 해서 기독교 역사에서 처음으로 공회가 예루살렘 교회에서 서기 49-50년 사이에 열렸다. 구약을 대표하는 성경은 유대인의 역사와 하나님이 명령한 율법과 정결의식에 관한 규정을 주로 다룬 기록이었다. 유대인이 아닌 이방인들이 그리스도인이 되기 위해서 유대인의 율법과 정결의식을 따라야 하는지, 그렇다면 어디까지 따를 것인지를 결정하는 지도자들의 모임이었다. 유대인이 지켰던 율법과 정결의식은 복잡한 내용으로 그것을 삶에 적용하는 데 있어서 어려움이 많았고 그것도 여러 종파의 해석이 달랐기 때문에 일반인에게는 전문적인 교사나 서기관들의 해석이 필요했다.

긴장이 감돈 회의

안디옥 교회의 대표들이 예루살렘에 도착해서 교회와 사도들과 장로들에게 영접을 받고, 교회 앞에서 그 동안 하나님이 자신들과 함께해서 일어났던 모든 은혜로운 일을 자세히 전했다. 모든 사람이 놀라운 전도 얘기에 감동을 받았다. 마침 그 자리에 있던 바리새파 제자들이 일어나 전도 보고를 하던 바울과 바나바 두 사람에게 질문을 던졌다. "이방인에게 할례를 행하고 모세의 율법을 지키라고 명하는 것이 마땅한 일이 아닙니까" 드디어 그들은 벼르던 공격을 공개리에 개시했다.

그들의 질문의 요지는 명확했다. 당신들이 수고는 했지만 이방인 교인에게 할례를 행하지 않은 것과 율법을 지키라고 전하지 않은 것은 잘못이라는 강력한 지적이었다. 사도와 장로들이 질문의 심각성을 깨닫고 이 문제를 토의하기 위해서 따로 비공개 회의를 주문했고 이어서 지도자들이 모인 회의가 비공개로 열렸다.

난제에 은혜로운 결론

그 자리에서 많은 변론이 있은 후에 베드로가 첫 사도답게 먼저 일어나 자신의 경험과 의견을 여러 사람 앞에서 말했다.

– 형제들아, 당신들도 알거니와 하나님이 이방인들이 내 입에서 복음의 말씀을 들어 믿게 하려고 오래전부터 당신들 가운데서 나를 택하시고, 또 마음을 아시는 하나님이 우리와 같이 그들에게도 성령을 주어 증언하시고, 믿음으로 그들의 마음을 깨끗이(purified) 하사* 그들이나 우리를 차별하지 아니하셨느니라.

베드로는 수년 전 그가 가이사랴에 있는 이방인 백부장 고넬료의 집을 찾아가서 복음을 전하고 세례를 베풀었던 일을 여러 사람들 앞에서 회상했다. 초대교회에 큰 권능으로 임했던 성령이 그 때도 똑같이 이방인 고넬료의 집에 충만했었다. 베드로는 당시에 이방인 전도를 놓고 예루살렘에 있던 유대 제자들이 이방인과 교제하며 복음을 전했던 자신을 규탄했던 일도 여러 사람 앞에서 회상했다. 그가 다시 말을 계속했다.

– 그런데 지금 당신들은 어찌하여 하나님을 시험하여 우리 조상과 우리도 능히 메지 못하던 율법의 멍에를 이방인 제자들의 목에 두려느냐? 우리는 그들이 우리와 동일하게 주 예수의 은혜로 구원받는 줄을 믿노라.

---

* 베드로는 '마음을 깨끗이 하사'(Purified)로 표현했으나, 바울은 후에 '그들을 의롭다 하사'(righteous)라는 독특한 표현을 썼다.

베드로는 사람이 모세의 율법을 다 지킬 수 없다는, 누구나 알고 있던 유대교의 현실을 고백하고 우리가 구원을 받는 길은 오직 주 예수를 믿는 것이고, 하나님의 은혜를 받는 것이라고 역설했다. 베드로의 넓은 마음은 하마터면 두 파로 갈라질 뻔했던 분열의 위기를 은혜롭게 막았다.

회의는 공개로 속개되었고 온 무리가 가만히 경청했을 뿐이었다. 회의를 주제하던 야고보 장로가 일어나 이 문제에 대한 결론을 발표했다.

– 하나님이 처음으로 이방인 중에서 자기 백성을 취하시려고 그들을 돌보신 것을 시므온(베드로의 아람어 표현)이 말했으니 선지자들의 말씀이 이와 일치하오. 그러므로 이방인 중에서 하나님께 돌아오는 자들을 율법으로 괴롭게 하지 말고, 다만 우상의 더러운 것과 음행과 목매어 죽인 것과 피를 멀리 하라고 편지하는 것이 옳소이다.

사도와 장로와 온 예루살렘 교회가 바나바라 하는 유다와 실라를 뽑아 공회의 공식 편지를 안디옥에 보내기로 결정했다. 두 사람을 바나바와 바울과 함께 안디옥으로 보내면서 예루살렘 교회는 이방에 세운 여러 교회에도 같은 공문을 보냈다.

–사도와 장로 된 형제들은 안디옥과 수리아와 길리기아에 있는 이방인 형제들에게 문안하노라. 들은즉 우리 가운데서 어떤 사람들이 우리의 지시도 없이 나가서 말로 너희를 괴롭게 하고 마음을 혼란하게 한다 하기로, 사람을 택하여 우리 주 예수 그리스도의 이름을 위하여 생명을 아끼지 아니하는 자인, 우리가 사랑하는 바나바와 바울과 함께 너희에게 보내기를 만장일치로 결정하였노라. 그리하여 유다와 실라를 보내니 그들도 이 일을 말로 전하리라.

성령과 우리는 이 요긴한 것들 외에는 아무 짐도 너희에게 지우지 아니하는 것이 옳은 줄 알았노니, 우상의 제물과 피와 목매어 죽인 것과 음행을 멀리 할지니라. 이에 스스로 삼가면 잘되리라. 평안함을 원하노라

예수를 믿는 유대인을 포함한 이방인 교인들에 대한 할례와 율법의 적용 문제는 이렇게 잘 매듭이 지어졌다. 유대인이나 이방인들이 예수를 믿고 구원을 얻기 위해서 할례나 율법은 무조건 수용하고 지켜야 하는 절대 조건이나 의무 사항은 아니라고 결정했던 것이다. 그러나 뼛속까지 바리새인의 습관과 율법이 자리 잡은 유대 그리스도인들의 마음을 한꺼번에 바꾸지는 못했다. 바울이 이후 전도했던 여러 곳에서 이들이 계속 심각한 다른 문제를 일으키며 바울을 괴롭혔다.

행간에 암시했던 초대교회의 결별 위협

후일 바울은 이 날의 공회의를 회고하면서 중요한 단서가 될 만한 얘기를 한 가지 전했다. 바울은 예루살렘에 도착해서 회의를 열기 전에 자신의 신앙을 유력한 사도들 앞에서 토로했다고 전하며, 그들에게 '사사로이, Privately' 보고했다는 말을 했다. 그리고 그 이유를 "내가 달음질(수고) 하는 것이나 달음질 한 것이 엉뚱한 이유로 헛되지 않게 하려 함이라"고 설명했다. 그는 어떤 이유로든 자신이 전했던 복음을 "중단하거나 변경하지 않으려는 생각에서 사적으로 보고했다"는 말이었다. 바울은 혹시 회의가 옳지 않은 방향으로 가서, 이방인도 구원을 얻기 위해서는 할례를 받아야 한다는 결정이 나올 경우에는, 공회의의 결정까지도 무시하고 지금까지 그가

전했던 방식으로 복음의 진리를, 예루살렘 본부 교회와는 상관 없이, 독자적으로도 계속하겠다는 비장한 결심을 강하게 풍기는 표현이었다. 바울의 성격을 고려한다면 다른 사람(사도)들이 따라오지 않는다면 그는 족히 혼자 서라도 그렇게 할 사람이었다. 언제나 진실을 따르려는 그의 결의와 칼 같은 성격의 일면이 잘 드러났던 사건이었다.*

그러나 공회의는 바울이 원했던 대로 결정을 했고 바울의 걱정은 기우로 끝났다. 눈에는 보이지 않지만 성령의 강력한 역사는 쉬는 법이 없었다.

---

* 갈2장

바울과 바나바의 우정

분열 그리고
새 출발

안디옥에 돌아온 지 얼마 되지 않아서였다. 바울이 친구 바나바에게 1차 전도여행지를 다시 방문해서 그들이 세운 교회들이 어떤 모양으로 있는지 가보자는 말을 꺼냈다. 물론 새로운 선교지를 생각하면서 두 번째로 전도여행을 떠나자는 말이었다. 누가 보아도 두 사람은 전도 팀으로 더 이상 좋은 파트너가 없었다. 그러나 바울과 바나바의 이런 은혜로운 사이를 한 칼에 자른 사건이 사소한 감정 싸움에서 발생했다. 그 때까지 타협을 몰랐던 바울의 칼 같은 마음이 강철같은 두 사람의 우정을 잘라 버렸다. 이 사건은 4년 전 1차 전도여행 때 지중해 해안 도시였던 밤빌리아의 버가에서 두 사람을 수종했던 젊은 마가가 갑자기 짐을 꾸려 전도 팀을 떠났던 사건이 빌미가 되었다.

습기가 많은 데다가 무더웠던 버가에서 바울은 중한 열병에 신음하고 있었다. 마가가 언제 일행을 떠났는지 정확한 시간은 알기 어렵지만, 낯선 이국 땅에서 처음으로 악전 고투하던 전도 일행을 대책도 없이 떠났던 일은 아무리 어린 사람이라고 해도 경박하고 무책임한 일이었다. 혹시 그 때가 바로 바울이 중병에 걸려서 신음하던 때였다면 더욱 용서할 수 없는 배신이었다.

바나바는 친 조카이고 그동안 몰라보게 신앙이 자랐던 마가를 대동해서 2차로 떠나는 전도여행을 바울과 함께 떠나기를 원했다. 바울이 바나바의 제의를 날카롭게 거절했다. 바울은 마가가 바나바의 가까운 핏줄(생질)인 것을 모를 리가 없었다. 또 베드로의 지도로 믿음이 크게 자랐고 똑똑한 청년으로 주의 일에 요긴하게 쓰일 사람이란 것도 예루살렘을 왕래하며 듣고 알고 있었다. 그러나 바나바가 아무리 절친한 친구 사이라고 해도 버가에서 일을 기억하면 바울은 도저히 마가를 용서하기 어려웠다. 복음을 위해서 집이나 친구를 버리고 떠나는 힘들고 어려운 일에 믿을 수 없는 사람을 포함시키자면 누구나 반대할 것이다. 바울은 이를 완강하게 거절했고, 바나바는 칼같이 차가운 바울의 태도에 실망했다. 성경은 두 사람이 "서로 심하게 다투고 피차 갈라섰다"고 기록하고 있다. 결국 두 사람은 이 일로 갈라서고 말았다.

그 이후 바나바는 마가를 대동하고 그가 낳고 자랐던 고향 땅인 구브로(사이프러스) 섬으로 떠났고, 바울은 다른 제자를 예루살렘 교회에서 지원받아 2차 전도여행을 떠났다.

두 사람의 결별은 신앙의 크기와 성격은 꼭 일치하지 않는다는 사실을 알려주는 좋은 예가 되었다. 바울은 2차 전도와 3차 그리고 4차(스페인) 전도여행을 통해서 복음을 스페인까지(당시 스페인은 땅 끝이라고 생각했음) 전하는 위대한 역사를 다른 제자들과 함께 이루었다. 그는 바나바라는 당대의 위대한 인물과 함께 동행해서 복음을 전파했다는 평가 대신에 홀로 큰 역사를 성취했다는 후세의 평을 듣게 되었다. 바울의 성격에 맞는 평가였다.

바나바는 주로 고향인 사이프러스 섬과 안디옥과 소아시아에서 일생을 보내며 많은 주의 일을 숨어서 했고, 흔히 '믿음의 서신'으로 알려진 〈히브리서〉의 유력한 저자로 알려졌다.

유대교에서 기독교를 출발시킨 세 사람

바울과 바나바는 지난 10여 년(서기39-50년) 한결 같은 우정으로 서로 신뢰하며 일을 같이 해온 처지였다. 착한 바나바는 바울이 어려운 환경에 처했을 때마다 그를 적극적으로 도왔던 진실한 친구였다. 그는 바울이 예루살렘 지도자와 어려운 관계 속에 빠졌을 때에 발벗고 나서서 도와주었고, 그가 낙향해서 가족과 유대 회당에서 출교를 당하고 심각한 어려움을 겪을 때도 그는 바울의 능력을 알았기 때문에, 잊지 않고 찾아가 안디옥 교회로 불러들여 그의 장기를 살려서 기독교 전파에 크게 쓰이도록 인도했던 사람이다. 바나바는 바울에게는 진실한 하나님의 손길이었다. 바나바가 없는 바울과 바울이 없는 기독교는 상상할 수가 없는 일이다.

안디옥 교회에서 주목할 활동을 보였던 바울은 복음 전도에 대한 뜨거운 열정과 해박한 성경지식을 가지고 새롭게 일어나던 기독교의 초기 교리를 확립하고 세계적인 종교로 발전시킨 사람이다. 바울에 대한 바나바의 예리한 통찰력과 무던한 인내심이 아니었다면 기독교의 모습은 많이 달라졌을 수도 있는 일이었다. 바울의 초기 활동을 서기 39년에서 50년 사이로 본다면, 그에게 바나바의 도움은 주님의 인도 다음으로 중요했다.

바울이 칼같은 성격과 불같은 집중력으로 타협을 모른 체 예루살렘 지도자들, 특히 예수로부터 직접 교육을 받고 성장했던 베드로를 비롯한 다른 사도들에게 자신이 계시로 받고 성경의 연구로 터득했던 복음의 진실성을 증명할 때에도 바나바의 도움은 컸다.

그리고 바나바와 바울을 신뢰했던 베드로의 순수함과 넓은 포용력은 매우 큰 역할을 했다. 그런 과정에서 첫 예루살렘 공회의는 새로운 종교인 기독교가 유대 종교를 떠나는 첫 발걸음이었다고 볼 수 있다.

그리고 그의 생질 마가는 유약했던 젊은 시절을 믿음으로 극복하고 첫 공관복음인 〈마가복음〉을 기록해서 신약의 초석을 놓았다. 그가 순교했다고 전해진 이집트의 알렉산드리아에는 그가 세웠다는 교회가 지금도 남아 있다.

7
장

교회의 도전과
시련

2차 전도여행
서기 50-52년

바울은 2차 전도여행을 떠나며 세상에 당찬 도전을 던졌다. 그는 가정이나 모든 사회 생활을 버리고 오직 복음의 전파에 생명을 걸었던 사람이었다. 그는 복음의 전파를 위해서 모든 것을 걸고 세상에 도전했다. 그의 도전이 컸던 만큼 시련은 살인적이었고 사선을 넘는 고통과 위험이 그곳에 눈을 부릅뜨고 그를 기다리고 있었다. 바울의 2차 여행은 세상에 대한 그의 도전과 시련을 생생하게 전했다.

2차 여행 동행들

바울이 2차 전도여행을 예루살렘 교회가 보내준 실라와 함께 터키 소아시아 지방으로 떠났다. 실라는 예루살렘에서 잘 알려진 서기관 출신의 신실한 제자였다. 후에는 베드로 사도와도 주의 일을 같이 하며 그의 장기인 글쓰기(문서 작성)로 두 사람을 옆에서 잘 도왔던 사람이다.

믿음으로 자라는 교회

그들이 안디옥 교회의 전송을 받고 육로로 길리기아 다소를 거쳐서 험한 타우로스 산맥을 넘어 터키 중남부의 여러 곳을 방문했다. 그들은 데베와 루스드라에 차례로 도착해서 교회의 영접을 받았다. 이번에는 1차 전도여행 때의 방문 순서와는 반대로 더베와 루스드라를 지나서 이고니온 시까지 갔다. 방문했던 교회들은 걱정하던 바울에게 놀라운 위로를 더해주었다. 교회는 작은 씨앗에서 든든한 나무로 몰라보게 자랐고 사랑과 은혜라는 열매가 풍성했다.

바울은 루스드라에서 디모데(Tymothy)라는 그리스인 청년을 제자로 거두었다. 디모데는 어머니가 유대인이었지만 아버지는 전형적인 그리스인으로 믿지 않는 사람이었다. 그러나 디모데의 가정은 유대인의 전통을 지키는 가정이었다. 그의 어머니와 외조모가 다 유대인으로 어릴 적부터 유대인의 전통적인 교육을 통해서 그를 양육했다.

바울은 1차 여행 때부터 그곳에 살고 있던 디모데의 가정과 매우 친밀한 관계를 맺었다. 바울이 안디옥에서 몰려온 유대인들의 폭행으로 돌을 맞고 중상을 입었을 때 그를 구출해서 극진히 보살폈던 가정이 바로 디모데의 가정이었다. 그의 어머니 유니게(Eunice)는 그동안 그곳 현지인 교회를 사랑으로 이끈 귀한 바울의 동역자였다. 무엇보다 바울이 어딜 가도 잊을 수 없던 따뜻한 손길을 베푼 고마운 사람들이었다. 디모데의 어머니인 유니게(Eunice)와 외조모인 로이스(Lois)는 진실한 유대인으로 일찍 예수를 영접했고 바울을 위해 유대인의 박해를 무릅쓰고 헌신적으로 봉사했던 여인들이었다. 고향 다소에 있던 가정을 살인적인 박해 속에 모두 잃어버린 바울이 이곳에서 대신 얻은 첫 믿음의 가정이었고 사랑하는 여인들이었다.

인정을 버리는 시련

디모데는 바울의 아들같은 제자가 되었다. 디모데 역시 바울을 아버지같이 존경하며 그가 순교할 때까지 그의 곁을 지키고 섬겼다. 바울의 깊은 상처를 싸매주고 위로했던 믿음의 여인과 아버지 같이 존경하며 따랐던 아들 디모데와 이들을 격려하는 외조모의 자상한 배려는 그들이 어디에 있었든 한 폭의 아름다운 그림이었다. 모두 함께 살지는 못해도, 광대한 하나님이 넓은 세상에 엮어준 믿음의 가정이었고 참 사랑의 인연이었다. 그러나 바울은 이런 인연을 단지 아름다운 추억의 한 조각으로 가슴에 품고 결연히 떠났다. 그에게는 다른 어떤 도전보다 사람들 사이를 엮어주던 따뜻한 인정을 버리는 것이 가장 무거운 시련이었다.

성경을 강조하며

바울이 여러 성을 지나면서 말씀을 가르치며 예루살렘 회의에서 결정한 사항을 전해주고 지키도록 권했다. 그는 성경을 전문적으로 연구했던 사람으로 믿음으로 예수를 구주로 영접했던 이방인들이 구원은 받았지만 견고한 신앙인으로 자라기 위해서 필요했던 성경에 대한 지식이 부족한 것을 알고 있었다. 그는 율법의 강요나 믿음을 율법으로 대신하려는 유대주의와는 달리 성경지식의 필요성과 그에 대한 새로운 해석을 강조하며 각 성에서 열심히 말씀을 전했다. 다행히 각 성에서 걱정했던 것과는 딴판으로 교회들이 잘 자라고 있었다. 바울과 바나바가 각지에 세운 교회들이 한결같이 은혜 가운데 자라고 있었다. 바울은 두 번째 방문을 통해서 1차 때보다는 한걸음 전진해서 어느 곳에서나 성경 말씀을 강조하며 그들을 알찬 교인으로 양육하는 일에 중점을 두었다.

이고니온(Iconium)에서 벌어진 사건
소녀 테클라의 등장과 연모

바울의 용모를
기억하며

이고니온은 소아시아 터키 지역에서 가장 오래 된 도시였다. 이곳은 광활한 평야를 끼고 있던 도시로 지역에서 생산된 농산물과 양모를 다른 지역에 판매하며 번창하던 도시였다. 바울이 이곳을 방문한다는 연락을 받은 오네시보로(Onesiphorus)라는 부유한 그리스인이 온 가족을 이끌고 바울 일행을 맞기 위해서 루스트라에서 이고니온으로 오는 왕의 대로(the kings highway)에 나가서 기다렸다. 오네시보로는 이전에 바울을 만난 일이 없었기 때문에 디도가 전해준 그의 인상 용모를 기억하며 행인들을 찬찬히 살피며 사람을 찾고 있었다.

그가 마침내 바울의 인상과 비슷한 사람이 오고 있는 것을 보았다. 그는 작은 체구에, 머리는 대머리였고, 매부리코에 두 눈썹이 일자로 붙은 듯한 중년의 건강한 남자였다. 그가 안짱다리를 하고 당당하게 기다리던 사람들 앞으로 걸어왔다. 그의 온몸에 은혜가 넘쳤다. 사람의 모습이 분명하지만 어떤 때는 잠시 천사의 빛나는 얼굴 모습이 나타나기도 했다.*

---

* 외경인 바울행전이 소개한 얘기. 바울의 용모를 묘사한 유일한 기록이다. Short, bald, bow-legged, healthy-looking, single-browed, a bit long-nosed, and bursting with beneficence. Sometimes he looked like a mortal; at other times he had the glowing countenance of an angel.

〈바울행전(The Acts of Paul)〉에 나타난 바울의 용모

지금까지 바울의 외모를 알려주는 유일한 기록은 바울행전이라는 외경이다. 성경은 등장하는 인물들의 인상이나 모습을 대부분 생략하고 있는 것같이, 바울의 용모나 인상을 정식으로 기록한 곳이 없다. 단지 기독교에서 정경으로 취급하지 않는 주요 외경 가운데 하나인 바울행전에서 위에 인용한 바울의 모습을 전하고 있는 것이 그의 인상 용모에 관한 유일한 기록이다.

베드로 사도의 일생을 영화로 만들었던 〈쿼바디스(Quo va dis)〉의 유명한 장면인 베드로가 로마를 탈출하던 때 비아 압비아(Via Apppia) 길에서 로마로 들어가던 예수를 만났던 장면도 사실은 외경인 베드로행전에 나타났던 얘기였다.

'이고니온에서 벌어진 사건'은 외경인 바울행전에서 전하는 세 가지 주제 가운데 하나로 신약 교회가 인정하는 정경은 아니지만 2세기 후반 이후 터키 지방에 널리 알려지고 전해졌던 흥미로운 얘기 가운데 하나로 실제적인 사건일 가능성이 크다. 그러나 입에서 입으로 전해지는 과정에서 조금은 극적인 부분이 추가되었을 가능성도 있다.

뜨거운 말씀 전파가 담을 넘어서

바울은 오네시보로의 집에서 3일 동안 밤낮을 가리지 않고 주 예수의 복음을 전했다. 그는 하나님의 아들로 이 땅에 온 예수가 아무 죄도 없이 십자가에서 죽임을 당했지만 3일 만에 부활해서 여러 사람에게 보였던 일과 그의 죽임은 우리의 죄를 대속하기 위한 죄값이었다고 선포했다. 누구든지 예수의 보혈을 믿으면 주홍 같은 죄가 흰 눈처럼 깨끗하게 되고 '나 같은 죄인'도 살렸다고 자신의 가슴을 치며 눈물을 흘렸다. 모두의 눈에서 닭똥 같은 눈물이 떨어지기 시작했다. 열기가 온 방에 가득했고 모두가 믿고 죄를 고백하는 놀라운 일이 벌어졌다.

한편 오네시보로의 옆집에서 이상한 일이 벌어졌다. 16살 소녀가 창문을 통해 들려오는 카랑카랑한 바울의 말씀을 온 정신을 집중해서 듣고 있었다. 그녀는 말씀을 하나라도 흘려 보낼까 두려워서 3일 밤낮을 밥도 먹지 않고 잠도 자지 않고 창틀에 앉아 가슴을 졸이며 바울이 전하는 생명의 말씀을 듣고 있었다. 그녀는 이미 그곳에서 지체가 있고 부유했던 그리스인 청년과 약혼을 하고 결혼을 앞둔 소녀였다. 결혼을 앞둔 처녀가 정신을 잃고 이상한 설교에 빠져 있는 것이 걱정이 된 그녀의 어머니가 갖은 방법으로 달래고 설득했지만 소용이 없었다.

어머니는 결국 그녀와 약혼을 했던 젊은 청년에게 기별해서 남녀 사이의 사랑으로 그녀의 마음을 바울에게서 돌이키려고 했다. 소녀와 결혼을 앞둔 청년은 당시 이고니온에서 잘 나가던 유력한 집안의 젊은이였다. 그가 달려와 설득과 뜨거운 사랑으로 소녀를 바울에게서 떼어내려고 했지만 소녀의 마음은 요지부동이었고, 청년은 곧 자신이 사랑하던 소녀를 낯선 이방인 술객에게 빼앗긴 것을 깨닫고 크게 화가 났다.

긴급체포와 축출

정숙한 소녀의 이름은 테클라(Thecla)였고 그녀의 약혼자는 타미리스 (Thamyris)라는 청년이었다. 그가 참다 못해서 총독(Proconsul)인 카스텔리우스(Castellius)에게 바울이라는 유대인이 이고니온에서 와서 이상한 사상을 유포하고 있다고 고발했다. 그는 바울이 건전한 남녀 윤리를 부인하고 많은 여성들이 결혼 대신 예수라는 주인을 섬기는 것이 좋은 일이라고 주장하며, 젊은 여인들이 정상적인 결혼을 포기하도록 유혹하는 말을 한다고 비난했다. 사법 당국이 곧 바울을 체포하고 감옥에 가두고 사실을 따졌다. 그러나 사실 여부를 떠나 주민들의 억지 고발에 몰려 바울은 유죄 판결을 받고 심한 매질을 당했다. 그리고 강제로 이고니온 시에서 축출당하고 말았다. 테클라도 바울의 축출 소식을 듣고는 곧 이고니온의 집에서 도망을 쳤다. 그녀는 숱한 고초와 살해 위협을 피해서 흠모하던 바울을 만나 말씀을 듣고 평생 정절을 지키며 주께 헌신했다. 바울행전은 그녀의 극적인 일생과 바울에 대한 한결같은 흠모를 자세히 전하고 있다.

흠모의 대상

바울의 열정과 감동적인 복음 전도는 곳곳에서 흠모의 대상이 되었고, 이고니온에서 있었던 한 순결한 소녀의 열정적 헌신 얘기는 여러 곳에서도 있을 수 있었던 사건 가운데 하나였다. 누구든지 말씀으로 감동을 받으면 말씀을 전하는 사람에게 가까이 가서 교제하기를 원하는 것은 자연스런 일이다.

바울의 위대한 면은 이런 때라도 감동의 주인공은 자신이 아니고 예수임을 분명히 하며 여러 환경에서 냉철했던 점이었다. 그는 어느 때나 자신은 이 세상 누구보다 큰 죄인이고 주 예수의 은혜가 아니었다면 살인자요 탐욕의 인간임을 여러 사람 앞에서 실토하고 겸손하게 회개했다. 그리고 영광의 자리를 끝까지 거부했고 흠모의 자리에서 그리고 오해의 소지가 있는 자리에서 미련 없이 바로 멀리 떠나는 것을 주저하지 않았다. 그는 진실한 마음으로 이 땅의 교회를 인도하는 손길을 믿고 기쁘게 순종했다. 그가 믿고 떠날 때 예수가 그 자리를 늘 채워주었다.

바울이 복음을 전하며 수많은 박해를 받았지만 그보다 더 견디기 어려웠던 것은 어디서든 복음의 승리와 함께 그를 찾아왔던 따뜻한 사랑이 부르는 인간적인 유혹이었다. 마음을 흔드는 유혹은 세상의 거대한 도전들 가운데 하나였고 물리치기 어려운 큰 도전이었다.

외경(Apocrypha)과 바울행전(Acts of Paul)

유대교의 바리새인들은 창세기에서 말라기 시대(주전 4세기)까지 세상에 발표되었던 많은 경전 가운데 히브리인이 전통적으로 존중했던 39권의 성경을 표준 성경인 정경(Canon)으로 주전 90년경 열렸던 얌니아 회의(Council of Jamnia)에서 결정했다.

개신교는 이 39권의 성경을 모두 정경으로 받아들였고, 그 위에 예수가 전한 신약성경으로 서기 397년 카르타고 회의에서 확인한 27권의 성경을 추가해서 모두 66권의 성경을 정경으로 인정했다. 오늘날 우리가 정경으로 인정하고 사용하는 성경의 유래이다. 이들 정경 외에도 예언자나 하나님의 사람들에 관한 여러 책이 구약시대에 있었고 신약시대에서도 사도들이나 복음에 관한 경건한 책들이 존재했지만 교회가 정경으로 인정하지 않는 다수의 경전이 있다.

그들 가운데 일부를 외경(Apocrypha)이라고 부른다. 종파에 따라서 정경과 외경의 구분이나 숫자가 다르다. 이외에도 작자 미상이나 성경 인물의 이름을 도용해서 쓴 책들이 있고 이를 위경(Pseudograph)이라고 부른다. 바울행전은 베드로 행전(Acts of Peter)과 함께 신약시대의 대표적 외경 가운데 하나이다. 정경에 포함되지는 않았지만 우리가 읽어서 유익하고 좋은 책이라고 종교 개혁자 루터가 평했다.

유럽 대륙, 문명에 대한 도전

비시디아 안디옥 시를 지나 서쪽으로 진행하던 바울 일행은 무시아(My-sia)라는 곳에 이르러 북쪽에 있던 비두니아(Bithynia)와 본도(Pontus) 지방으로 가고자 했다. 그러나 길이 열리지 않았고 그들은 다시 서쪽 해안 끝에 있는 드로아(Troas)로 갔다. 드로아는 항구 도시로 한쪽은 유럽 대륙의 첫 도시인 마게도냐(Macedonia)로 가는 항구이고 다른 쪽은 소아시아(터키)를 연결하는 중요한 항구였다. 고대 그리스의 시가 문학의 시발점이 되었던 유명한 트로이(Troy) 전쟁터가 가까이 있던 항구였다. 바울 일행이 여러 날 그곳에 머물며 다음에 갈 전도 지역을 찾고 있었다. 그곳에 머무는 어느 날 바울은 밤 중에 환상을 보았다. 그는 환상 속에서 마게도냐 사람 하나가 그에게 "바다를 건너와서 우리를 도우라"는 말을 들었다. 바울은 예수가 그곳으로 일행을 부르는 것을 알았다.

유럽 대륙은 서구 문명의 중심지로 지식이나 문화에서 단연 중동 소아시아 지역을 넘어선 선진 문화를 누리고 있었다. 그 시작은 그리스라는 작은 도시 국가였고 로마라는 군사 강국이 그 뒤를 잇고 있었다. 그곳에 바울은 예수의 복음을 가지고 도전했다. 그가 전했던 복음이 이후 2천 년의 서구 문화를 발전하게 만든 동력이 되었다. 바울이 이런 역사적 소명을 받았던 것을 한참 시간이 지난 후 깨닫게 된다.

그리스인 의사 누가의 등장

그들이 마게도냐로 떠나기를 준비하는 사이 갑자기 일행에 한 사람이 추가되었다. 그는 그리스인 의사로 이후에 바울의 귀중한 동역자가 되어 복음 전파에 크게 쓰임을 받았던 누가(Luke)였다. 어떻게 그가 바울 일행에 합류했는지 기록은 없지만 바울이 드로아에서 마게도냐로 떠날 준비를 하는 동안 고질병이 악화되어 의사 누가의 치료를 받았을 것이라는 주장이 있다. 또 어떤 학자들은 환상 중에 나타난 마게도냐 사람이 누가였을 것이라고 추정했다. 그러나 분명한 것은 지병으로 고통을 받던 바울에게 유능한 의사가 필요했고 계속하던 그의 역사적 전도여행을 누군가가 기록하고 보존할 필요가 있었던 까닭에 누가와 같은 뛰어난 그리스 사람을 일행에 합류시켰던 것이다.

빌립보 시(Philippi City)

'영원한 환상의 도시' 빌립보 시는 바울이 밟았던 마게도냐(Macedonia) 지방의 첫 도시였다. 바울은 생전에 수많은 크고 작은 도시를 방문했지만 유독 빌립보 시는 이름만 들어도 그의 마음속에 깊이 새겨진 감동이 언제나 되살아나던 도시였다. 동분서주하며 일생에 잠시라도 쉴 틈이 없었던 바울에게 빌립보 성은 영원한 안식과 환상의 도시였다. 현실이 참담하고 고통스러울수록 그곳을 생각하며 그의 영혼과 마음이 아늑한 평안을 얻고 쉬는 곳이었다. 그만큼 빌립보 성에서 그가 겪었던 여러 사건은 신비하고 감미로운 기쁨을 그에게 넘치도록 주었다.

사도행전(The Acts)과 누가(Luke)

당시 그리스 문화의 특징은 과학과 역사라는 새로운 분야를 기존 철학 분야에 추가해서 현대적 서양 문화의 기초를 완벽하게 갖춘 때였다. 누가는 그리스 문화에 정통했고 유대인의 관점보다는 그리스인이라는 객관적 입장에서 여러 사건을 보고 기록할 수 있었던 사람이다. 바울은 이런 역할에 누구보다 적임자였던 누가를 불러서 일행에 합류시켰다. 그는 바울이 꿈꾸던 세계 선교를 위해서 필요했던 인재였다. 이때부터 그가 사도행전의 기록자가 되었고 자신을 포함한 일행을 표시할 때는 꼭 '우리'라는 복수를 사용해서 이방인이고 그리스인인 자신이 기록자인 사실을 즐겨 나타냈다.

그가 기록했던 여행일지는 사도행전이라는 성경으로, 그리고 예수의 출생부터 부활까지의 기록은 4복음서 가운데 하나인 누가복음이라는 성경으로 남아있다. 두 성경은 수신자가 데오빌로 각하(Theophilus)라는 그리스인 귀족 혹은 로마의 높은 관리라는 사람이다. 아직까지 데오빌로가 누구인지 밝혀지지 않았지만 로마인 귀족이고 상당한 영향력을 가졌던 성도라고 여겨진다. 당시 초대교회에서 2세기까지 부정확한 여러 기록이나 설화가 많이 나타났던 까닭에 혹시 예수의 복음과 사도 바울의 선교 행적이 이런 거짓 기록으로 훼손당할 우려가 있었다. 이를 막기 위해서 누가는 바르고 정확한 사실을 기록해서 그에게 보냈던 것이다.

데오빌로(Theophilus)라는 말은 번역하면 '하나님을 사랑하는 자'란 뜻이다. 뜻으로 보면 오늘날 예수를 믿고 사랑하는 모든 자들이 데오빌로가 될 수 있다. 역사는 정확한 사실과 기록이 생명이다. 이런 관점에서 구약성경은 하나님과 여러 예언자를 포함한 하나님의 사람들에 관한 유대인의 역사책이고, 신약성경은 예수와 그의 제자들의 행적에 관한 유대인과 그리스인들의 역사책이다.

그리스 반도는 로마의 행정 구역상 남북 두 주로 나뉘어져 있었다. 북쪽은 빌립 2세와 그의 아들 알렉산더 대왕이 일어나 전국을 제압하며 기세를 올렸던 마게도냐 주였고, 남쪽은 아테네, 고린도 시를 포함해서 남부 지역으로 아가야(Achaia) 주로 불렀다. 마게도냐 주의 수도는 데살로니가(Thes-salonica)였고 아가야 주의 수도는 고린도(Corinth) 시였다. 빌립보 시는 마게도냐 주의 북쪽 끝에 로마식으로 새로 건설된 아름다운 도시였다.

깨끗한 신도시

빌립보 시는 마게도냐 주의 북단에 로마가 신도시로 건설한 로마인 거주 도시(Roman colony)로 많은 로마의 퇴역 군인들이 살고 있던 도시였다. 금광이 있었고, 북쪽 발칸 반도의 여러 로마 영지에서 로마까지 이어지는 로마 제국의 주요 대로인 비아 에그나티아 (Via Egnatia)가 시 중앙을 관통하고 있었다. 덕분에 시는 통상과 교통의 요지로 번영했고 많은 로마식 건축물과 원형 경기장이 살처럼 부드러워 보이는 대리석 돌을 아낌없이 사용해서 건축한 아름다운 도시였다. 깨끗하게 새워진 시의 전경을 로마의 제신을 섬기는 장엄한 아크로폴리스(Acropolis) 신전이 시내 한가운데 높이 솟은 산 중턱에서 훤히 내려다보고 있었다. 시내에 들어서면 에그나티아 대로 동쪽으로 주민들이 공적 집회로 모이는 큰 광장(Forum)이 있었고 조금 더 가면 사람들이 늘 붐비는 시장(Agora)과 공중 목욕탕과 그 옆을 간지데스(Gangites) 강이 유유히 흐르고 있었다.

자주 옷감 장사 리디아(Lydia)의 호의

빌립보 시는 어디를 보던 전형적인 로마의 신도시였다. 바울이 터키 소아시아의 드로아 항을 배로 떠나 네압폴리스(Neapolis)라는 그리스 항구를 거쳐서 내륙으로 10마일 정도 떨어진 유럽의 첫 관문인 빌립보 시를 설레는 마음으로 찾아왔다. 이미 그리스 문화와 로마식 신건축 도시를 알고 있던 일행은 서둘지 않고 혹시 유대인의 회당이 있는지 찾았다. 그러나 신도시인 까닭으로 유대인이 적었기 때문에 그곳에는 유대인 회당이 없었다. 안식일이 되어서 그들은 조용한 장소를 찾아 기도를 드리려고 한적한 강가를 살피고 있었다.

마침 몇 여인들이 강물이 한 구비 돌아나가는 조용한 곳에 둘러앉아 있는 모습이 갑자기 일행의 눈에 띄었다. 바울이 반가운 마음이 들어 그들에게 다가가 온화한 음성으로 천천히 그리스도의 복음을 전했다. 여러 여자들 가운데 주장격이던 리디아(Lydia)라는 여인이 바울의 말씀을 듣고는 성령의 도움으로 예수를 믿게 되었다. 다른 사람들도 바울의 말을 순종하는 마음으로 듣고 마음에 감동을 받았다. 성격이 올곧고 뜨거웠던 리디아는 바울을 자신의 집으로 강청해서 집에 있던 모든 사람들에게 예수를 믿게 했다. 그들이 다 바울 사도에게서 세례를 받았다.

리디아는 소아시아 두아디라(Thyatira)에서 살던 그리스인으로 그곳 특산물인 자주색 옷감 장사로 이곳에 와서 크게 장사를 하던 당찬 여인이었다. 그녀의 극성으로 바울 일행이 이후 그녀의 큰 집에 머물게 되었고, 그녀의 집은 유럽 대륙에서 바울이 개척했던 첫 가정 교회가 되었다. 그 때부터 리디아의 집에 있던 작은 교회는 바울이 어디를 가던 그의 사역을 끝까지 물질과 기도로 도왔던 초대교회의 중요한 교회 가운데 하나가 되었다.

교회의 주축이던 리디아는 따뜻한 사랑으로 바울을 한결같이 따랐고 정성을 다해 그의 사역을 도왔던 역사적 도우미였다. 그녀는 바울이 어디를 가던 필요한 때를 맞추어 헌금을 보내 지원한 것은 물론이고 자상하게 안부를 묻고 주의 위로를 전했던 동역자가 되었다.

뜻하지 않은 사건과 옥고

생각지도 못한 든든한 후원군을 얻게 된 바울에게 뜻하지 않은 시비가 벌어졌다. 바울 일행이 길에서 당시 흔했던 여자 무당 하나를 만났다.

그리스의 신들과 신탁(Oracle)

그리스 민족은 오래전(주전 7, 8세기)부터 방대한 신들의 세계를 만들어 두고, 그 신들이 올림푸스 (Olympus) 산에 살며 늘 사람과 소통하며 생사 화복을 준다고 믿었다. 그들은 무슨 일이고 중요한 사건이 있으면 먼저 신탁(신의 메시지)을 받아 결정하는 관습이 널리 퍼져 있었다. 험한 산악 지대였던 그리스는 여러 도시 국가로 나누어졌고 중요한 국가적 일이든지 사람이 결정하기 어려운 중대한 사항이 있을 경우에는 이들은 으레 남부 그리스에 있는 유명한 델피(Delphi) 신전을 찾아가서 신들의 뜻을 물었다. 델피 신전의 주신은 아폴로 신이었고 신전에는 피통(Python)이라는 큰 뱀을 새겨 놓고 함께 숭배했다.

바울이 만난 무당은 그리스의 많은 신들 가운데 하나인 피통의 신이 내렸다는 여자 노예였다. 그녀의 예언이 신통해서 주인인 장사꾼들이 이 노예의 말을 따라 물건을 만들고 장사를 해서 큰 이득을 보고 있었다. 무당이 어느 날 기도하는 곳에 가는 바울을 보고 따라와 큰 소리로 "이 사람들은 지극히 높은 하나님의 종으로 구원의 길을 너희에게 전하는 자"라고 외치며 소란을 피웠다. 무당이 하루가 아니라 여러 날 이렇게 바울을 따라다니며 괴롭혔다. 바울이 참다 못해서 돌이켜 그 여자를 보고 "예수 그리스도의 이름으로 내가 네게 명하노니 여자에게서 나오라"고 여자를 주장하고 있는 귀신을 꾸짖어 내쫓았다. 당연히 귀신은 예수의 이름을 듣고 여자를 떠났고, 여자는 제정신을 차렸다. 문제는 그 여자 노예의 주인들이 앞으로 돈벌

이에 더 이상 무당의 도움을 받을 수 없게 된 것을 알고 노발대발, 바울 일행을 원망하며 화풀이를 했다. 그들이 바울과 실라를 붙잡아 시장(아고라) 안으로 끌고 가서 관리들과 그 상관 앞에 세웠다. 그리고 분한 목소리로 그들을 엉뚱한 죄목을 붙여서 고소했다.

– 이 사람들이 유대인으로 로마 사람인 우리가 받지도 못하고 행하지도 못할 이상한 풍속을 전하며 우리 성을 심히 요란하게 한다.

그들 주위에 모인 무리가 일제히 일어나 관리들에게 두 사람을 마구 욕했다. 상관들이 유력한 상인들의 고발을 듣고 무조건 바울과 실라의 옷을 찢어 벗기고 심하게 매로 친 후에 산기슭에 굴을 뚫어 만든 감옥 깊은 곳에 가두고 엄중히 지키라고 간수에게 명령했다.

한 밤의 찬송과 지진

두 사람의 몰골은 말이 아니었다. 매를 맞아 온몸이 시퍼렇게 멍이 들었고 엉덩이살은 터져 피가 낭자하게 흘렀다. 그들은 먹지도 못한 채 두 발은 차꼬에 꽁꽁 묶여서 깊은 감옥 속에 갇혔다. 두 사람은 그렇게 밤을 맞아 신음 소리를 죽이고 아픔을 견디고 있었다. 바울이 귀신을 쫓아내고 여자를 온전한 사람으로 회복한 일은 흠잡을 일이 아니었다. 그럼에도 불구하고 여자 노예의 주인은 귀신 때문에 벌던 수입이 사라진 것을 알고는 화가 나서 분풀이로 관리들을 충동해서 두 사람을 매질하고 감옥에 가두기까지 하는 핍박을 가했던 것이다. 그러나 바울은 찢어진 살과 시퍼렇게 멍든 온몸의 아픔보다 그가 전파했던 예수의 이름이 어느 곳에서든 귀신을 쫓아내는 것이 자랑스러웠다. 예수의 이름은 그리스 나라 사람들이 믿고 따랐던 귀신들을 제압했고 그들의 권세를 압도하는 예수의 권세를 사람들에게 증거로 보였던 것이 자랑스러웠고 감사했다. 바울과 실라는 그리스 신들이 그들이 전파하는 예수의 이름 앞에서는 한갓 우상의 무리에 불과한 사실이 밝혀졌던 것이 무엇보다 통쾌했다.

여기까지 두런두런 얘기를 나누던 두 사람의 가슴에 불덩이가 치올랐다. 그들은 벌떡 일어났다. 그리고 큰 소리로 기도하며 하나님의 이름을 기쁨이 넘쳐서 목이 터져라 찬미했다. 그 때였다. 깜깜한 옥터가 갑자기 우지직 움직였다. 지진이 나서 땅이 요동을 치며 감옥 문이 다 열리고 발에 채웠던 차꼬와 결박들이 풀어졌다. 지하 감옥에 갇혀 있던 죄수들이 무슨 일인가 두려워 떨며 모두 두 사람을 보고 있었다.

감옥 아래 좀 떨어진 곳에 있던 군영에서 잠자던 간수가 갑자기 들린 큰 소리에 놀라 깨었다. 그는 옥문들이 열린 것을 보고 죄수들이 벌써 도망을 쳤다고 생각하고 칼을 빼어 자결하려고 했다. 당시에는 죄수가 감옥을 탈출해서 도망치면 지키던 간수가 책임을 지고 자신의 목숨으로 죄 값을 치르는 것이 법이었다. 바울이 급히 소리를 질러 자결하려는 간수를 만류하고 죄수들 가운데 탈출한 자는 하나도 없고 다 감옥에 있다고 안심을 시켰다. 간수가 등불을 밝히고 감옥에 들어가서 사건의 전말을 알게 되었다. 그가 무서워 떨며 바울과 실라 앞에 엎드려 감사를 표시하고 그들을 밖으로 데리고 나갔다. 그리고 간절히 바울과 실라에게 물었다.

- 선생들이여, 내가 어떻게 해야 구원을 받을 수 있습니까?
- 주 예수를 믿으시오. 그리하면 당신과 당신의 집이 구원을 받을 것이요.

간수가 그들을 자신의 집으로 인도했고, 바울은 예수의 복음을 간수와 그

집에 있는 모든 사람들에게 전했다. 그 밤에 간수가 집에서 그들의 상처를 물로 씻고 약을 바른 후에 뜨거운 저녁 음식을 준비해서 먹도록 했다. 그들은 늦도록 진지한 얘기를 나누었고 간수의 온 가족이 다 믿고 세례를 받았다. 바울 일행이 마게도냐의 첫 성인 빌립보 성에서 매를 맞고 깊은 감옥에 갇혀 있으면서 뜻하지 않게 거두었던 두 번째 풍성한 수확이었다.

날이 밝으면서 시장을 감독하는 상관들이 부하를 보내어 두 사람을 석방하라고 전했다. 간수의 말을 들은 바울이 관리들과 그 상관의 불법적인 행동을 지적하고 만만찮게 나무랐다.

복음전파에 대한 로마 관리의 입장

이 사건은 바울이 빌립보를 떠나며 마지막에 오기를 부린 듯 보이지만 사실은 중요한 반발이었다. 로마 특히 유럽의 첫 관문인 이곳에서 로마 관리들이 예수 그리스도의 복음이, 또 예수를 믿는 것이 로마법에 아무 흠이나 위법이 없다는 사실을 무언 중에 그리스 반도 전역에 공개적으로 알리는 경우가 되었다.

로마는 원래 성문법보다는 판례를 중시하는 사법제도를 유지했던 나라였다. 바울과 실라의 체포와 구금으로 실망이 컸던 리디아와 교회 성도들에게 이런 바울의 당당한 모습은 큰 위로와 격려가 되었다. 리디아는 덕분에 그곳에서 큰 장사를 계속했고 그것으로 교회를 잘 섬기고 나아가 바울의 전도를 끝까지 도울 수 있었다.

- 로마 사람인 우리를 죄도 정하지 않고 공중 앞에서 때리고 옥에 가두었다가 이제는 가만히 내보내고자 하느냐? 아니라, 상관들이 친히 와서 사과하고 우리와 함께 나가야 할 것이요.

그들이 로마인이라는 말을 듣고 겁이 난 상관들이 곧 옥에 와서 바울과 실라에게 유감의 뜻을 전하고 두 사람이 성에서 떠나길 요청했다. 바울은 먼저 루디아의 집에 들려서 형제 자매들을 만나 사건의 전말을 전했고, 그들을 위로하고 성을 떠나갔다. 바울은 디모데를 그곳에 계속 머물며 신생 가정 교회를 얼마 동안 수습하고 오도록 남겨두었다.

사랑하는 여인들의 든든한 후원과 신비한 감옥 속의 이적을 경험했던 바울은 관리들의 부탁으로 빌립보 성을 떠나야 했지만 그와 함께하는 튼튼한 손길의 보호와 인도를 확신하고 어느 때보다 밝은 마음으로 성을 떠났다. 그리스인들이 믿는 신들에 대한 도전과 로마 관리들의 부당한 핍박을 이겼다는 행복감이 매질로 상처난 몸의 아픔을 보상하고 남았다.

빌립보서라는 신약성경의 배경

빌립보 시를 뒤에 두고 떠나는 바울의 발걸음이 심한 매질로 성치 않은 몸임에도 유난히 가벼웠다. 마음에 샘솟는 행복감은 육신의 고통을 넘어서는 영적 환희였다. 바울은 한참 후인 서기 57년경 에베소 시에 비슷한 일로 당국에 구속되어 심한 매질을 당하고 투옥 중에 빌립보 성도에게 한 통의 두루마리 편지를 써서 보냈다. 감사하는 마음과 절절한 애정을 전했던 그 편지가 오늘날 '기쁨의 서신'이라는 애칭으로 알려진 〈빌립보서〉라는 성경이다. 한편 빌립보서가 60년 초 바울이 1차 로마 연금 중에 기록해서 보낸 서신이라는 주장이 있고 또 설득력이 있다.

데살로니가 성(Tessalonica)

빌립보 성에서 동서로 이어지는 에그나티아 대로(Via Egnatia)에는 암비볼리(Amphipolis)와 아볼로니아(Apollonia) 시가 연이어 나타났고, 빌립보 시에서 100마일쯤 내려가면 마게도냐 주의 수도 데살로니가 시가 있었다. 그곳에는 유대인 회당이 있었고 바울과 실라는 늘 하던 대로 그곳에 가서 복음을 전했다.

그들은 안식일을 세 번 그곳에서 지내며 구약성경에 나타난 예언자들이 이미 전했던 구세주 예수의 고난과 부활 그리고 다마스커스로 가는 길에서 바울을 찾아왔던 예수를 전했다. 바울은 그리스도(Christos)라는 그리스 말은 '기름 부음을 받은 사람'이라는 뜻으로 이 세상을 구원할 구세주(Savior)를 의미한다고 설명했다. 그는 그리스도가 박해를 받고 죽은 자 가운데서 다시 살아났던 사실을, 성경을 인용해서 설명한 뒤에 그가 전하는 예수가 곧 그리스도라고 증거했다. 그의 진지한 설교를 들었던 데살로니가 사람들 가운데 경건한 그리스인의 큰 무리와 적지 않은 귀부인도 권함을 받고 바울과 실라의 말을 옳게 여기고 복음을 받아들였다.

그러나 유대인들은 사람들이 바울 쪽으로 몰려가는 것을 보고, 몹시 시기가 나서 어떤 불량한 사람들을 데리고 떼를 지어 성을 소동하며 바울 일행이 유숙하고 있는 집에 들어가 그들을 끌어내서 당국에 고발하려고 했다. 그들이 집에서 바울 일행을 찾지 못했던 까닭에 대신 집주인 야손과 몇 형제들을 관리들 앞에 끌고가서 소리를 질러 고발했다.

　－천하를 어지럽게 하는 사람들이 여기도 찾아 와서 야손이 그들을 맞아들였다. 이 사람들은 다 가이사(로마 황제)의 명을 거역하고 다른 임금 곧 예수라

하는 이가 있다고 한다

　관리들과 다른 사람들이 황제를 거역하는 무리가 있다는 말을 듣고 놀랐다. 사실이라면 로마 법으로는 살아남지 못할 중대한 반역 행위였다. 그러나 그들은 바울 일행을 찾지도 못하고 증거도 없었던 까닭에 야손과 형제들에게 시의 평온을 위해서 규정을 지키겠다는 보증을 받고 풀어주었다. 어처구니 없는 모함이었지만, 걸려들면 큰 고역을 당할 판에 예수를 믿는 형제들이 밤을 이용해서 바울과 실라를 그곳에서 멀리(약50 마일) 떨어진 베뢰아(Berea)라는 도시로 피신시켰다. 그들은 데살로니가에서 단지 세 주일을 머물며 전도하던 중에 황급히 쫓겨났던 것이다.

　바울이 한참 후에 아가야 주의 수도 고린도 시에 머물 동안 그가 마게도냐 주의 수도로 큰 도시였던 데살로니가에서 벌였던 짧고 불충분했던 전도를 안타까워하며 썼던 편지가 〈데살로니가 전후서〉라는 성경이 되었다.

베뢰아(Berea) 시

　그들이 다시 베뢰아에서도 유대인의 회당을 찾아가서 예수의 복음을 전했다. 그곳 사람들은 데살로니가 사람들보다 더 유순해서 말씀을 잘 받았고 날이 갈수록 이방인들 가운데 믿는 자들이 많았다. 이런 소식을 들은 데살로니가에 있는 유대인들이 기를 쓰고 베뢰아로 내려가 무리를 움직여 소동이 또 일어났다. 형제들이 나서서 바울을 해안 도로까지 피신하게 했고 그곳에서 아테네(Athens) 시까지 그를 보호해서 가도록 해서 간신히 화를 면했다.

그리스 문화의 중심지, 아테네

아테네는 그리스 문화의 중심지였다. 주전 5세기 때 전성기를 이루었던 아테네는 마게도냐 왕국이 강해지면서 정치와 경제가 기울기 시작했으나 바울이 방문할 당시에는 오랜 그리스 문화의 중심지로 명성은 여전했다. 세계의 새로운 사상이나 종교가 모두 이곳을 통해서 로마 제국으로 전파되던 때였다. 도시는 곳곳에 웅장한 도릭(Doric)식 건축물과 아름다운 대리석 조각들이 광장과 거리에 즐비했다. 특히 아크로폴리스 정상에 우뚝 선 판테온(Pantheon) 신전과 주변의 화려한 건축물과 수많은 그리스 신상이 살아있는 사람처럼 각지에서 찾아오는 참배객들의 놀란 눈을 즐겁게 맞고 있었다. 웅장한 판테온 신전은 상아처럼 하얀 대리석 돌로 아름답게 다듬은 거대한 석조 건축물과 조각들을 한껏 자랑하며 멀리서도 절정의 그리스 문화를 한눈에 드러내고 있었다. 그곳에는 흰 수염을 느리고 검은 모자를 쓴 많은 제사장들이 있었고 새하얀 드레스를 바람결에 휘날리는 신전 봉사 여인들이 또한 참배객들을 즐겁게 안내하고 돕고 있었다.

아테네 시내는 그리스식 붉은 지붕을 이은 아담한 집들과 잘 정돈된 거리, 어디를 가나 희고 붉은 색 돌과 육중한 대리석을 아낌 없이 깎아서 만든 작은 신전과 회당이 있었다. 어떤 것은 우윳빛 대리석을, 어떤 건물은 검은 색과 붉은 돌을 켜로 쌓아 시원하게 높이 지었다. 그리고 푸른 숲과 높이 자란 열대나무와 짙은 녹색 감람나무 군락이 곳곳에 보였다. 당시 아테네에는 여러 유명 학교가 있었다. 그들은 바울이 고향 다소에서 자라면서 보고 알았던 이름난 그리스의 철학자들과 과학자들의 이름을 내걸고 그리스와 세계 여러 나라에서 온 많은 학생들을 가르쳤다.

지중해의 맑고 더운 해안 도시. 사람들

맑은 태양이 거리와 푸른 정원 곳곳에 심긴 키다리야자나무와 싱싱한 잎이 무성한 감람나무에 따갑게 내리쬐고 있었다. 이들 푸른 나무와 붉게 핀 꽃 향기가 거리와 광장에 짙게 배어 있었다. 간혹 사람들이 삼삼오오 옷자락을 펄럭이며 거리를 걸었다. 그들은 하나같이 바쁜 기색이 없이 천천히 걷고 담소를 이어갔다.

농염한 문화 속에 불편한 마음

바울이 아테네 시에 발을 들여 놓으면서 잘 다듬은 옛 도시 길과 지천으로 널린 조각들을 보면서 전부터 말로만 듣던 농염한 그리스 문화의 정수를 하나하나 살폈다. 그러나 아름다운 시내 전경을 둘러보면서 곧 마음이 불편해졌다. 로마의 황제와 귀족들은 이들 아름다운 조각상과 정교한 미술품을 큰 돈을 지불하며 몰래 사들이고 있었다. 그들은 귀중한 예술품을 그리스 여러 곳에서 수집하는 데 열을 올렸다. 로마에 살던 유대인들 가운데 약삭빠른 상인들은 이런 그리스 미술품 거래로 큰 돈을 모았다. 그러나 경건한 바리새인인 바울에게는 눈살을 찌푸리게 하는 우상들이었고 아테네 시는 우상들의 큰 전각 같았다.

전도의 열정

급하게 떠나야 했던 데살로니가와 베뢰아에 남아 뒷일을 처리하고 아테네에서 합류키로 했던 일행들이 아직도 도착하지 않았던 때였다. 그들을 기다리는 동안 바울은 유대인 회당에 나가서 복음을 전하고, 시장에 나가서 만나는 사람들과 논쟁을 하며 예수 그리스도의 복음을 쉬지 않고 전하면서 시간을 보내고 있었다.

그리스인들은 오래전부터 복잡한 신의 세계를 만들어 놓고서는 그들이 사람들과 함께 살고 있다고 믿었다. 신들은 흔히 사람들과 사랑도 하고 결혼도 해서 반신반인의 아이를 낳고 살았다. 그들은 사랑하고 질투하며 심한 다툼과 싸움을 일으키고 사람들과 함께 전쟁을 일으켰다. 그들은 이런 신의 세계를 믿었고, 자연히 시간이 지나며 필요한 곳에 신들의 수는 늘어갔다. 그들이 다른 나라에서 새로운 신들이 계속 그리스로 유입되는 것을 전혀 이상하게 여기지 않았고 오히려 이유가 있다고 인정하면 새로운 신들로 쉽게 받아들였다.

아레오바고(Areopagus) 초청

그가 하루는 시장 광장에서 사람들이 모여서 연사들의 열변을 듣고 질문하는 모습을 보고, 그도 타고난 열정이 발동해서 예수 그리스도의 복음을 전했다. 그는 예수 그리스도가 세상을 구원하러 오신 하나님의 아들이고 그가 예루살렘에서 핍박을 당하고 죽었다가 부활한 사실을 전했다. 바울은 당시에 유행하던 토론과 논증의 명수였다.

사람들이 바울이 무슨 말을 하나 싶어 차츰 그 주위에 많이 모였고, 그 가운데는 당시 주류가 되었던 두 철학 사조인 에피큐러스(Epicurian, 행복 지상주의)나 스토아(Stoic, 금욕주의) 학파의 사람들이 있었다. 바울은 이들과 끝도 없는 논쟁을 벌이게 되었다. 이들 아테네 사람들과 이곳을 방문했던 나그네나 외국인들은 먹고 나면 세상에서 가장 새로운 것을 말하고 듣는 것 이외에는 달리 시간을 쓰지 않았다고 성경은 당시 아테네에 살던 사람들을 소개하고 있다. 사람들이 드디어 바울을 주목하고, 예수와 그의 부활을 전하는 바울에게 공개 토론을 요청했다. 그들은 바울에게 아레오바고라는 곳에 가서 아테네 시의 유력자들 앞에서 그의 철학을 설명하고 검증을 받으라고 요구했다.

아레오바고는 옛날부터 아테네 시를 다스리던 시의회 회원들이 모여서 시정을 논의하고 또 중대한 범죄(살인) 행위를 재판하던 곳이었다. 당시에는 로마의 지배로 자치권이 제한되었지만 그래도 회의는 살아 있어서 아테네 시로 소개되는 새로운 철학 사조나 유행을 그곳에 모여 듣고 판단하는 기능을 하고 있었다. 아레오바고는 시민들이 어느 정도 인정하는 강사를 초청했던 것은 물론 유력한 시민들이 새로운 학설을 듣고 평가하는 장소였다. 세계 각국에서 모여든 사람들이 누구든지 이 관문을 통과해야 새로운 철학이나 사상으로 인정을 받았다.

너털웃음을 터뜨린 바울

바울은 천성이 설교자였다. 그는 우선 자기 앞에 모인 청중이 어떤 사람들인지 분명하게 이해했고 그들의 관심을 끌 얘기를 서두에 소개했다. 그가 아테네 시에 도착해서 시내와 여러 신전들을 유심히 살피다가 갑자기 웃음을 짓게 만들었던 신전 한 곳을 보았다. 그는 바로 그 신전에 관한 얘기로 말머리를 잡았다.

신전의 이름은 '이름없는 신'(Unknown God)을 위하는 곳으로 사람들이 아직도 알지 못해서 모시고 경배하지 않는 신들이 있고 그 때문에 신들이 화를 낼지도 모른다고 생각해서, 미리 아직까지 알려지지 않은 '이름없는 신'을 달래고 섬기기 위해서 만든 신전이었다. 오래전부터 전통으로 이어지는 그리스 문화의 대표적 기조인 인본주의 사상과 논리적 이성을 꾸밈없이 알려 주는 신당이었다. 그리스의 복잡한 신들은 사람들의 머릿속에 있는 논리로 태어난 신들이었고 그 마무리를 이 '이름없는 신'을 위하는 신전이 맡고 있었던 것이다.

바울이 이 신전을 예로 들면서 한바탕 너털웃음을 웃고는 청중의 비위를 맞추기 위해서 "그리스인들은 종교심이 강하다"고 추켜세웠다. 그러나 그의 말 속에는 그리스인들이 아름다운 비너스 신상을 포함해서 많은 신상들을 정교하게 만들었지만 정말 그들을 믿는 것 같지 않다는 비아냥이 숨어 있는 칭찬이었다. 바울은 신상을 만들고 그 앞에 늘 똑같은 제사를 드리며 기복을 구하는 것이 믿는 것이라고 생각하는 사람들의 중요한 오류를 지적한 것이다.

바울의 본론, 그리고 도전

바울의 목적은 예수 그리스도의 진실을 소개하는 것이 언제나 유일한 목적이었다. 그리스인들이 알지도 못하는 신까지 섬기는 모습에 짐짓 감탄한 듯 찬사를 보내고 난 다음, 바울은 자신이 믿는 하나님을 겸손히 소개했다. 천지 만물을 창조한 창조주 하나님, 이 땅의 여러 민족을 한 사람의 후손으로 낳게 하고, 각 민족과 나라의 경계와 수명을 정하는 전능한 신, 여호와 하나님을 그들 앞에 소개했다.

바울은 계속해서 전능하신 하나님이 얼마 전 유대 땅에 예수 그리스도라는 사람을 태어나게 했고 그를 온 세상의 심판자로 삼았던 사실을 유대 역사에 나타났던 여러 예언자들의 말을 인용해서 설명했다. 그는 예수가 바로 이 땅의 모든 사람을 죄악에서 구원하러 온 구세주이며 하나님의 아들이라고 전했다. 그러나 사람들이 그의 정체를 알지 못해서 십자가에 못박아 죽였지만 그는 능력으로 죽은 자 가운데서 삼 일 만에 다시 살아났고, 후에는 죄인이었던 자신을 다마스커스로 가는 길에서 찾아왔다고 증언했다. 이 사람은 다른 사람이 아닌 자신이 믿는 예수 그리스도라고 역설했다.

사람들이 바울이 전하는 죽은 자의 부활을 듣고 곧 머리를 흔들며 반발했다. 그 때까지 그리스인들은 사람은 반드시 죽고 신들은 영원히 산다고 분명한 이원론을 믿고 있었다. 그들은 죽은 사람이 신도 아닌데 어떻게 다시 살아나느냐고 조롱도 하고 어떤 사람은 다음에 당신의 말을 듣겠다고 하며 자리를 떴다. 바울은 온 아테네를 복음으로 전도하겠다는 당찬 포부를 갖고 처음부터 강공으로 나왔었다. 그러나 이 날은 바울에게 실망스런 날이었다.

그는 전해야 할 말씀이 너무 많았다. 예수가 왜 십자가에서 죽어야 했는지, 그리고 죽은 자 가운데서 다시 살아나서 그를 믿는 모든 자들에게 구원을 약속하고 승천했다는 사실과 그가 곧 심판주로 다시 올 것과 그 의미를 자세히 설명하기도 전에 사람들이 죽은 사람이 다시 살아났다는 그들에게는 비과학적인 얘기에 일고의 가치도 없다는 듯 머리를 흔들며 모두 떠나 버렸던 것이다.

그들의 정작 관심과 목적은 세상의 부귀였고 선조들이 추구했던 창조주에 대한 지식과 얘기는 올림푸스 산에 살고 있는 수많은 신들 얘기로 족했다. 바울 사도가 깨닫고 온 생명을 다해서 외쳤던 진리를 그들은 알려고도, 함께 찾아보려고도 아니했다. 최신의 철학과 문명 속에 산다고 자부하던 아테네 사람들이 가졌던 두 번째 그릇된 교만이었다. 당시 여러 과학이 철학이라는 큰 테두리에서 독립해서 전문적인 분야로 갈라지며 각종 과학 지식이 난무하던 때였다. 흡사 오늘날의 첨단 과학이 영적 존재와 그 영역을 깊이 살펴 볼 생각은 하지 않고 비과학적이라는 이유로 부인하는 것과 같은 사태였다.

실수가 없는 복음의 능력

그의 마음은 다소 침울했다. 그가 만났던 아테네 사람들은 새로운 철학이나 종교에 호기심이 많았고 무엇이든지 듣고 판단해서 자신들의 지식에 그것을 추가하려는 사람들이었다. 바울은 항상 예수의 말씀에 사로잡힌 사람이었다. 그는 언제나 기회가 주어지면 복음을 전할 준비가 되었다고 스스로 생각했다. 그러나 그는 여러 학파의 사람들을 만나서 논쟁을 벌였고 또 그들이 마련한 강단 앞에서 담대하게 복음의 진수를 전했어야 했지만, 그는 오히려 그리스 시인의 말을 인용했고 복음을 에둘러 그리스 철학과 문화와 비교하며 예수의 신성과 구세주를 증명하려고 했다. 그는 그가 이미 익히고 얻었던 세상(그리스 문화)의 지식이 복음의 선포를 방해했다는 쓸쓸한 사실을 뒤늦게 깨달았다. 그러나 그의 실망감에도 불구하고 이곳에서도 성령의 역사는 어김없이 나타났다. 후일 당시 바울의 설교를 들었던 유력한 아레오바고 회원이던 디오니시오(Dionysius)와 다마리(Damaris)라는 여성을 비롯해서 다른 여러 사람이 말씀에 감동을 받고 예수를 믿게 되었다. 디오니시오는 얼마 후에 아테네 교회의 주교가 되었던 사람이다. 그리스 문화의 중심지에서 바울이 던졌던 도전은 보기에는 별 소득이 없어 보였지만 언제나 역사를 이끄는 손길은 그곳에서도 생명의 길을 열었다.

　바울은 아테네에 늦게 도착했던 실라를 빌립보에 그리고 디모데를 데살로니가에 다시 보내서 그곳 교회들에게 필요한 지침을 전달한 후에 아가야 지역 남단에 있던 고린도 시에서 다시 만나기로 약속을 하고 아테네를 떠났다.

고린도, 타락한 세상에 던진 신선한 도전

흥청거리던 항구 도시, 선풍적인 그리스인 교회의 인기

바울은 아가야 지방의 남단 지중해 연안의 항구 도시로 로마 제국의 해상무역 덕분에 풍요를 누리던 고린도 시로 갔다. 고린도는 아테네에서 50마일 정도 남쪽으로 떨어진 펠로포네소스 해협과 지중해를 연결하는 중요한 항구였다. 로마 제국이 오래전에 지중해와 에게해(Aegean Sea)의 해상 지배권을 장악하기 위해서 이곳 항구를 점령했고, 시저 황제 때(B.C.44)는 다시 로마식으로 재건해서 바울이 방문한 서기 50년경 고린도 시는 로마식 신도시로 변해서 한참 번영을 구가하고 있었다. 2십5만 명의 자유인과 4십만 명의 노예가 살았던 큰 항구 도시였다.

고린도 시의 해안가에는 아크로고린도(Acrocorinth)라는 산이 홀로 우뚝 솟아있고 산 정상 부근에는 풍요의 신인 아프로디테(Aphrodite) 여신을 섬기는 웅장한 신전이 있었다. 그곳에 늘 천 명에 가까운 여사제(노예)들이 살고 있었고 그들은 세계 각국에서 찾아오는 선원, 장사꾼, 군인, 자유인들을 맞아 풍요의 신에게 제사를 드리고 부업인 매음으로 이들을 즐겁게 해주고 있었다. 또 이곳에는 2년마다 바다의 신인 포세이돈(Poseidon)을 위해서 유명한 축제가 열렸고 그리스의 모든 도시 국가가 참여하는 각종 경기를 벌이며 흥청거렸다.

비마(Bema)

고린도 시는 자연히 성적 문란과 각종 성인 놀이가 판을 치던 향락의 도시가 되었다. 아크로고린도 산 밑으로 잘 정돈된 시내에는 시장(Agora)과 회당 그리고 원형 경기장과 공중 목욕탕 등이 하얀 석재로 깔끔하게 단장을 하고 방문객들을 맞았다. 번창하는 항구 도시답게 주민들과 많은 방문객들이 활기가 넘쳤고 전형적인 로마식 신도시의 면모를 즐기면서 살았다.

거창한 아폴로 신전이 시장 입구에 있었다. 도릭식 큰 돌기둥이 38개나 서있는 높은 로마 신전은 사람들을 압도했다.(현재 그 중에서 7개가 남아 있다) 그리고 광장 안 중앙에는 높이 5미터가 넘는 높은 단을 만들어 행사가 있을 때는 로마 총독이 앉아 감독을 했고 또 중요한 재판을 진행하던 비마(Bema)가 그곳에 있었다.

천막 기술자가 되어

바울은 마게도냐로 보낸 일행이 고린도로 돌아오기를 기다리며 천막 만드는 일을 다시 시작했다. 그곳에 지내는 동안 필요했던 자신과 일행의 경비를 마련할 생각이었다. 그는 천막 만드는 곳을 찾다가 터키 본도 (Pontus) 출신의 한 유대인 부부를 만났다. 아굴라와 브리스길라(Aquilaand and Priscilla) 부부였다. 이들은 얼마 전(서기 49/50년경) 클라우디아(Claudius) 황제가 로마 시에서 모든 유대인을 추방하라는 칙령을 내리자 이곳으로 쫓겨 온 사람들이었다.(로마 시에서 유대인 추방은 서기 1년 티베리우스 황제 때부터 종종 있던 일이었다)

아굴라와 브리스길라는 전부터 예수를 믿는 유대인 신자로 고린도 시에서 천막 공장을 운영하며 로마와 그리스 반도 여러 곳에 천막을 팔던 부부였다. 바울은 같은 직업을 가진 이들 부부를 알게 되었고 시간이 지나며 깊은 신앙적 교제를 나누게 되었다. 바울은 이후 늘 이들과 형제 같이 지내며 함께 그리스도의 일을 했다.

복음 전파의 기술자로

바울은 안식일마다 늘 했듯이 이곳 유대인 회당에 참석해서 유대인과 그리스인들에게 복음을 전하며 유대인들과 논쟁을 벌였다. 고린도 시에는 이미 상당수의 유대인들이 오래전부터 살고 있었고 그들의 회당도 여러 곳에 있었다. 그러는 사이 마게도냐에서 실라와 디모데가 고린도에 도착했다. 바울은 그들이 가져온 마게도냐 교회들의 신나는 얘기를 들었고 또 빌립보 교회에서 보낸 선교 후원금을 받았다. 바울이 두 번이나 제자들을 보내서 특별히 지도하며 걱정했던 마게도냐 교회들이 안정을 찾았다는 소식에 바울은 걱정을 덜었고, 빌립보에서 보낸 헌금은 바울로 하여금 더욱 복음 전도에 전념하도록 만들었다.

유대인 회당 옆에 세운 그리스인 교회

바울이 유대인들에게 예수는 하나님의 아들이고 그리스도(구세주)라고 유력하게 계속 증거하며 시간을 보내던 중에 그들이 바울을 배척하며 비방하기 시작했다. 그리고 유대인들은 곧 바울을 회당에서 축출했다. 바울은 이번에도 유대인들의 집단적인 박해를 받았고 회당 출입마저 금지당했다. 그러나 바울은 이들 유대인의 핍박에 맞서 분연히 일어섰다. 그는 옷을 홀홀 털면서(결별을 선언하는 유대식 몸짓) 유대인에게 격한 말을 쏘아붙이는 일도 잊지 않았다.

> – 당신들의 피(예수를 죽여 피를 흘린 죄)가 당신들의 머리로 돌아갈 것이고, 지금부터 나는 당신들을 죄에서 구원하는 책임에서 깨끗할 것이오. 나는 이방인에게 가서 기쁘고 복된 말씀을 전하리라

그는 유대인 회당 옆에 있던 디도 유스도라는 그리스 사람의 집에 교회를 따로 세우고 밤낮 없이 복음을 전했다. 두 교회는 바로 옆에서 보란 듯이 경쟁을 하며 서로 다른 성도를 섬기고 있었다. 유대인 회당은 모이는 사람들이 유대인들이었고 바울의 그리스인 교회는 모두가 고린도에 살던 그리스인이거나 타지방에서 온 이방인들이었다. 그러나 시간이 지나면서 그리스인 교회는 갈수록 부흥했고 유대인 회당은 늘 변화가 없이 조용하기만 했다.

지중해를 오가는 배들이 북적이던 고린도는 항구 도시로 향락과 성적 문란으로 오염된 사회였다. 바울이 그리스인 교회를 중심으로, 그리고 그가 가는 어디서나 던진 신선한 복음의 충격은 어지러운 고린도 사회를 깜짝 놀라게 만들기에 충분했다.

시간이 지나면서 복음으로 거듭난 크리스천들의 달라진 모습을 보면서 사람들이 그리스인 교회를 찾았다. 복음전파가 사람들 가운데 일으킨 효력이 나타나기 시작했다.

그리스도인으로 변한 사람들의 생활이 주변 사람들의 관심을 끌 정도로 간결했고, 절제가 있었고, 성적으로 정결했다. 사회를 변화시키는 능력이 교회에 나타났던 것이다. 오래된 유대인 회당의 사람들이 크게 시기심이 발동할 만큼 바울의 그리스인 교회는 부흥했고 사람들이 몰려들었다.

신앙의 동지들

바울은 유대인 회당에서 복음을 전하다가 쫓겨났지만 두 사람의 중요한 친구를 얻었다. 그들은 바울이 세울 새로운 교회에서 중요한 역할을 맡을 사람들이었다. 한 사람은 유대인 회당 옆에서 살던 디도 유스도(Titius Justus)라는 사람으로 그의 집은 바울이 이끄는 그리스도의 교회가 되었다. 디도 유스도는 유대 종교로 귀화했던 그리스(proselyte)인이었다.

다른 사람은 유대인 회당장(Synagogue ruler)이었다가 예수를 믿게 되었던 그리스보(Crispus)라는 사람이었고 그와 가족들이 유대교를 떠나 예수를 믿고 세례를 받았다.

이보다 먼저 천막을 만들던 아굴라와 브리스길라 부부를 신앙의 동지로 갖게 된 바울은 그리스인 교회에서 많은 고린도의 유력 인사들을 신앙의 동지로 갖게 되었다. 이들이 주축이 되어 새로운 교회는 곧 부흥하면서 수많은 그리스인들이 모였다. 고린도 교회는 바울이 1년 반이라는 시간을 보내면서 육성했던 교회로 그리스 반도에서 가장 중요한 기독교의 중심 도시가 되었다.

유대인의 위협과 두려움

유대인들의 시기는 분노로 변했다. 그들은 일부 현지인들과 관리들을 움직여서 그리스인 교회를 당국에 여러 차례 모함했고 갖은 방법을 동원해서 핍박했다. 바울의 심신은 이때문에 극도의 불안에 떨어야 했다. 그가 계속해서 고린도에 머물 것인지 아니면 다시 떠나야 할지를 몰라서 기도할 때 사람의 마음을 늘 읽고 있던 하나님이 환상 가운데 바울에게 위로의 말을 전했다. "두려워하지 말며 침묵하지 말고, 말하라! 내가 너와 함께 있으므로 어떤 사람도 너를 대적하여 해롭게 할 자가 없을 것이다. 이 성 중에는 내 백성이 많은 까닭이니라" 바울이 손을 꼭 쥐고 일어섰다.

신비한 일이 또 일어났다. 교회는 핍박을 받을수록 더욱 성장했고 바울이 1년 반 동안 이끌었던 이방인 교회가 크게 부흥했다. 그가 지금까지 직접 세운 여러 교회 가운데 이곳에서 가장 오랜 시간을 들여 현지 그리스 사람들로 이루어진 이방인 교회를 세우는데 전력을 기울였다. 고린도 교회는 곧 큰 교회로 우뚝섰다.

교회 안 갈등

그러나 바울은 항구 도시인 고린도에서 밤낮을 그리스 사람들과 함께 지내면서 이제까지 겪지 못했던 심각한 인생 경험도 처음으로 겪게 되었다. 고린도는 각국 사람들이 모이는 국제적인 항구 도시로 사람들의 마음도 풍랑이 쉬지 않고 이는 바다만큼이나 거칠었다. 무슨 일이 마음에 들지 않으면 때나 사람을 가리지 않고 거칠게 대들며 반대했고 무리를 지어 편을 갈라 싸웠다. 그들은 또 성적으로 타락해서 '고린도식'(Corinthian)이라는 표현이 곧 '간음'을 의미할 정도로 주변에 너나 할 것 없이 '고린도식'이 만연했다. 그 가운데 있던 교회도 이런 세태에서 예외가 아닌 것이 얼마 후에 드러났다.

총독 갈리오의 역사적 재판

서기 51년 7월에 신임 아가야 총독이 고린도 시에 부임했다. 그는 당시 유행하던 스토아 학파를 대표하는 철학자로 네로 황제의 개인교수였던 세네카(Seneca)의 동생인 갈리오(Lucius Junius Gallio)라는 사람이었다. 유대인들이 전에도 로마 총독에게 바울을 고발했지만 아무 반응이 없다가 똑똑한 새 총독이 왔다는 얘기를 듣고 지체 없이 바울을 법정에 고발했다.

그들은 바울이 율법을 어기면서 하나님의 말씀을 사람들에게 전한다고 비난했다. 유대인들은 바울이 유대 종교와 같이 로마가 전통 종교로 허용하는 종교가 아닌 이상한 신앙을 전한다는 것이었다. 로마는 전쟁을 통해서 영토를 넓혔고, 정복한 땅에서 사람들이 오래 믿던 토착 종교를 모두 합법적인 이국 종교로 인정했고 그 신들을 자신들이 숭배하는 신전에도 추가했다. 유대 종교도 그 가운데 하나였다. 유대인들이 바울을 고발하며 주장했던 것은 바울이 전하는 종교가 유대 종교의 모습은 닮았지만, 유대 종교가 아니고 다른 종교라는 것이었다. 이 주장은 바울이 인도하는 교회는 로마에서 생긴 불법 종교 집단이라는 말이었다.

갈리오 총독은 시 광장에 높이 세운 비마라는 재판자리에 앉아 유대인의 고발 내용을 들었다. 그러나 피고인이었던 바울의 변명을 듣기도 전에 성급하게 고발자인 유대인들의 주장을 귀찮은 듯 비난했다.

> ─너희 유대인들아, 만일 이것이 무슨 부정한 일이나 불량한(불법한) 행동이었
> 으면 내가 너희 말을 들어 주는 것이 옳거니와, 만일 문제가 유대 종교의 언
> 어와 명칭과 너희 율법에 관한 것이면 너희가 스스로 처리하라.

갈리오 총독의 인식은 바울이 전하는 종교는 유대인이 믿는 유대 종교의
분파였다. 그는 둘 사이에 어떤 근본적인 차이가 있다고 인정하지 못했고,
단지 둘이 사용하는 말이나 명칭의 차이 정도로 그리고 그들이 지키는 율
법에 관한 견해 차이로 이해했다. 당시 로마의 지도자들이 생각하던 평범한
견해였다. 재판은 이렇게 싱겁게 끝이 났고, 유대인들에 대해서 감정이 좋
지 않던 일부 현지 그리스 사람들이 바울을 총독에게 고발했던 유대인 회당
장이던 소스데네(Sosthenes)를 붙잡아 쓸데없는 일을 벌였다고 법정 앞에서
매질을 했다. 갈리오 총독도 이를 개의치 않았고 애써 외면했을 뿐이었다.

고발 사건은 이렇게 별다른 사태를 일으키지 않고 끝났지만 그 파장은
바울에게 매우 유리한 쪽으로 영향을 끼쳤다. 바울은 이후에도 많은 고발
사건을 당했으나, 적어도 64년 로마의 대화재 사건의 방화범으로 네로 황
제가 억지로 기독교인을 지목하며 가혹한 형벌을 가할 때까지 바울이 복
음을 전하는 것을 합법적인 종교 행사로 인정받는 판례가 되었다. 바울은
이미 기독교가 유대 종교의 일부가 될 수 없다는 것을 알았고 기회가 있을
때마다 공언했던 사람이다. 로마 제국에서 신망이 있던 총독 갈리오가 바
울 사건을 심리하고 판단하면서 이 사건은 하나의 중요한 판례가 되었다.

마게도냐를 생각하면, 바울을 괴롭힌 고민

고린도 교회가 부흥할수록 바울의 마음 한구석에는 계속 편치 않은 곳이 있었다. 그 가운데 가장 그의 마음을 무겁게 한 것은 그가 유럽 땅을 밟은 이래 빌립보에서 시작해서 데살로니가와 베뢰아에서 복음을 전했으나 시간이 부족해서 고린도에서와 같이 말씀을 깊이 있게 전하지 못했던 점이었다. 그는 곳곳에서 당했던 유대인의 핍박으로 성도들에게 복음을 충분히 이해시키고 교회를 맡길 만큼 그들의 신앙이 자라는 것을 보지 못하고 늘 급히 떠날 수밖에 없었다.

그 가운데서도 마게도냐의 수도로 바울이 인근에서 가장 중요한 전략 지역으로 생각했던 데살로니가 시는 단지 세 번의 안식일만 겨우 지내고 갑자기 밤중에 도망을 쳐야 했었다. 또 그리스 문화의 중심이던 아테네에서는 무의식 중에 논쟁에 빠져서 그가 원했던 만큼 충분한 말씀을 전하지 못했던 것이 두고두고 아쉬웠다. 3년을 아라비아 광야에서 보내며 복음의 비밀을 찾았던 바울에게 3주간이라는 시간은 마음에 차지 않는 짧은 시간이었고 너무나 부족했다. 바울은 어쩔 수 없이 자신은 급히 떠나면서 실라와 디모데를 매번 그곳에 남겨두어 사태를 수습하고 미진한 부분을 보충하려고 했지만 완벽주의에 가까운 그의 마음에는 걱정이 태산이었다. 그들이 다음 도시로 바울을 찾아오게 해서 현지 소식을 듣고 어느 정도 평상심은 찾을 수 있었지만, 한참 만에 들려오는 소식이나 교회의 편지를 보면 문제들이 속출했다.

문서 전도

바울은 문제를 어떻게 해결할까 고민하며 자신이 마게도냐로 돌아가 교회와 성도를 다시 돌보고 싶었으나 자신은 이미 그곳 유대인과 관리들에게 요주의 인물로 낙인이 찍혀 있었던 까닭에 위험했던 것은 물론, 새로운 전도 지역이 계속 나타나면서 틈을 내기 어려웠다. 그는 고심 끝에 자신이 그곳을 다시 방문하는 대신 그가 전했던 복음을 정확하게 설명하는 서신을 써서 보내기로 마음을 먹었다. 바울은 고린도에서 두 번이나 서신을 기록해서 데살로니가 교회에 보냈고 그곳 성도들이 보고 나서 주변 교회들에게도 보내서 열람하기를 권했다. 이렇게 해서 바울이 기록했던 첫 성경인 데살로니가전서와 후서가 세상에 나타나게 되었다.

최초의 성경

데살로니가전서와 후서

기록 배경

데살로니가는 활발한 항구 도시이며 마게도냐의 수도로 중요한 곳이었지만 복음 전파에는 매우 불완전한 작업을 했던 곳으로 바울은 생각했다. 데살로니가에서 바울을 따르는 무리가 많아질 때 유대인들이 시기가 나서 일부 현지 주민을 충동질해서 바울 일행을 무섭게 위협하는 바람에 그는 실라와 함께 밤중에 급히 떠나야 했던 곳이었다. 바울은 고린도에서 비교적 충분한 시간을 갖고 복음을 전했고 그의 출입을 금했던 유대인 회당 옆에 당당히 그리스도의 교회를 개척해서 보란 듯이 자라게 했다. 그러나 빌립보에서 시작해서 마게도냐의 여러 곳에서 늘 유대인들의 핍박으로 말씀을 충분하게 전하지 못했고, 특히 데살로니가는 중요한 지역임에도 불구하고 세 주일만 겨우 지내다가 쫓겨났던 곳이었다. 그는 그곳에 두고 온 교회를 걱정하며 미숙한 교회를 문서(서신)로 복음의 자세한 내용을 전하려고 결심했다.

바울이 고린도 시에 도착해서 얼마 지나지 않아 아테네에서 데살로니가로 보냈던 디모데가 고린도로 돌아왔다. 디모데는 초조해 하던 바울에게 놀랍게도 데살로니가 교회의 부흥 소식을 가져 왔다. 바울은 그 소식을 듣고 감격해서 놀람과 감사의 첫 편지를 써서 디모데 편에 데살로니가에 보냈다. 그는 서신 속에 복음을 큰 테두리로 묶어서 다시 설명하는 것을 잊지 않았다. 서기 51년 초에 기록된 이 첫 편지가 데살로니가전서*라고 부르는 성경으로 신약성경 가운데 제일 먼저 쓰여진 성경이다. 바울은 첫 편지를 보내고 나서 6개월쯤 후에 데살로니가 교회에서 바울에게 조언을 구했던 여러 질문에 대한 답신으로 두 번째 편지를 기록해서 또 데살로니가 교회에 보냈다. 이 두 번 째 편지가 바로 데살로니가후서가 되었다.

기록 목적

바울은 고린도에 1년 6개월 정도 머물며 그가 시리아와 그리스 지역의 여러 지역을 방문하며 전했던 예수의 복음을 정리하고 종합할 수 있는 상당한 시간을 가졌다. 그는 시간에 쫓겨서 충분히 말씀을 전하지 못했던 마게도냐 지역에, 특히 늘 미안한 마음이 떠나지 않던 데살로니가를 비롯해서 아테네에 복음에 관한 전반적인 지식을 글로 기록해서 부족했던 부분을 채우려고 했다. 복음의 내용을 전체적으로 종합하고 현지 사정과 질문 사항을 고려해서 강조할 부분도 추가해서 글로 써서 보내는 것이 그에게는 최선의 방법이었다. 이렇게 해서 신약성경 가운데 최초, 적어도 그가 쓰기 시작했던 첫 서신서 형식의 성경이 세상에 나타나게 되었다.

데살로니가전서는 바울이 복음의 진실을 체계적으로 세상에 알리는 그의 신학(교리) 입문서의 역할을 했다. 후에 기록했던 갈라디아서, 로마서 그

---

* 일부 학자들은 갈라디아서가 48/49년 안디옥에서, 그리고 야고보서가 50년 이전 예루살렘에서 기록되었다고 주장하며 이들이 최초의 신약성경이라고 주장하지만 사실을 확인하기가 어렵다.

리고 고린도 전후서는 데살로니가서라는 신학 총론을 각 주제마다 구체적으로 설명한 성경이라고 볼 수 있다.

데살로니가후서는 전서의 내용을 그대로 답습했고 그 가운데 점차 가열되던 박해에 대한 대응과 예수의 재림 전에 반드시 징조가 있을 것을 강조한 전서 보다 짧은 편지이다. 바울은 데살로니가 교회가 이 편지를 보고 나서 다른 지역에 있는 교회에도 보내어 읽게 하라고 부탁했다. 바로 회람 형식의 서신을 활용해서 모든 교회를 가르치는 성경이 되었다.

주요 내용

'그리스도인의 인격' 바울 사도는 그리스도인의 인격을 믿음, 사랑 그리고 소망이라고 정의하고 그 내용을 논리적으로 설명했고 결론으로 성도들이 예수 안에서 어떻게 살 것인지를 구체적으로 밝혔다. 이런 관점에서 데살로니가전서는 주로 믿음, 사랑, 소망을 총론적인 입장에서 성도들에게 알기 쉽게 설명하고 실생활에 적용하도록 권면하는 내용이다. 바울은 데살로니가 교인들이 짧은 시간 복음을 들었고 지도자가 없었지만 놀라운 부흥을 이룬 사실을 하나님의 역사라고 감사했다. 그가 전했던 복음은 그 자체로 능력이 있어서 사람들을 변화시켰다. 그리고 하나님이 선택한 백성들이 이를 믿고 따랐을 때 교회는 심한 핍박을 이겼고 오히려 강력한 형제 사랑으로 한 마음이 되었다. 바울은 복음이 교회 부흥의 동력이었음을 확신했고 큰 기쁨과 놀라움을 전하며 성도들이 주 예수의 재림을 믿고 인내로 경건한 삶을 살아갈 것을 부탁했다.

하나님의 뜻

바울은 데살로니가 교회 사람들에게 자신의 생명까지도 아끼지 않고 주고 싶었다. 그들은 바울에게 그렇게 귀한 사람들이었다. 그들의 부족함을 메워주기 위해서 몇 번이고 다시 돌아가 교회를 인도하기 원했던 데살로니가 교회가 말씀에 굳게 서서 부흥하고 있다는 소식은 기적 같은 신기한 일이었다. 그의 마음은 기뻐 뛸 듯했다. 그는 이런 모든 일을 하신 분이 하나님이고 예수 그리스도가 보낸 성령의 역사임을 깨닫고 어떻게 하나님의 은혜에 감사하며 보답할까 생각을 집중했다. 그는 기쁨이 넘치는 인사와 함께 우리를 향한 하나님의 뜻을 결론으로 데살로니가 교회에 전했다. 그가 전했던 것은 데살로니가 교회뿐만 아니라 지금 이 시간 세상 모든 교회와 성도를 향한 예수 그리스도의 뜻이었다.

- 항상 기뻐하라
- 쉬지 말고 기도하라
- 범사에 감사하라. 이것이 그리스도 예수 안에서 너희를 향하신 하나님의 뜻
  이니라.(살 전 5: 16, 17, 18)

바울이 살던 당시 사회 밑바닥 사람들의 생활은 비참했다. 노예가 대부분이었고 가난한 자유인들이 도시에 가득했다. 2천 년이 지나서 우리의 살림살이는 그 때에 비하면 하늘과 땅이 다를 만큼 큰 차이가 날 정도로 향상되었다. 그러나 지구촌 사람들이 더불어 살고 있는 여러 곳의 사회 모습이나 사람들이 피부로 느끼는 감정은 크게 변한 것이 없다. 힘을 가진 사람과 없는 사람, 부자와 가난한 사람, 사회적 약자와 강자 사이, 노소 남녀 인

종간의 차이 등을 비교하며 갈등하며 낙심하는 사람들의 모습은 그 때보다 지금 나아진 것은 별로 없다. 다른 사람들과 비교하며 느끼는 상대적 빈곤과 갈등은 삶이 향상될수록 오히려 아플 정도로 늘어났다. 지구촌은 그래서 하루도 편한 날이 없다. 우리가 언제나 하나님의 뜻을 깨닫고 현실을 이기고 살아야 한다고 바울은 권면했던 것이다.

예수의 재림

데살로니가서는 특별히 예수의 재림 시기와 재림 때 일어날 징조에 대한 바울의 예언이 담긴 성경이다. 그는 예수를 만났고 환상 가운데 천국을 보았던 사람이다. 그는 재림 때에 나타날 죽은 자의 부활과 산 자의 공중 휴거의 모습을 성경에서 처음으로 밝혔고 그 순서와 시기와 징조에 대한 중요한 예언을 우리에게 주었다. 그러나 그는 예수의 재림에 대한 우리의 올바른 대비를 부탁했다. 그는 전서에 이어 후서에서도 재림에 대한 추가적인 예언을 자세하게 전하면서 재림이 있기 전에 반드시 징조를 나타내서 사람들에게 경고가 있을 것을 알려 주었다.

세상에는 어느 때나 이단 사상을 가진 자들이 나타나거나 당시 데살로니가 교회의 경우처럼 성급한 사람들이 임박한 세상의 종말을 이유로 직장을 버리고 일도 하지 않고 교회를 어지럽히는 경우가 있었다. 바울은 이런 무리에게 밥도 먹지 말라고 엄하게 호령하면서 쉽게 마음이 흔들리거나 두려워하지 말아야 한다고 가르쳤다.

그리스도인은 주의 재림이 내일 올지라도 흔들리지 말고 기뻐하며 오늘 일에 충실하게 임하는 사람들이다. 그리스도인은 예수가 다시 올 때 그

교리에 관해서

어느 종교나 건전한 종교는 자신의 고유한 철학이 있고 그 철학을 통해서 사람들을 가르치고 훈련시키고 변화시킨다. 철학 혹은 교리는 어느 종교든지 자신의 정체성과 기본적인 사상 체계를 밝히는 선언이며 논리이다.

교리가 신비한 종교의 전 영역을 대변할 수는 없어도 적어도 신앙 세계에서 사람이 소유한 보편적인 인식과 논리로 어떤 종교의 특징을 잘 대변하는 선언이다. 바울은 이런 분야에서 월등한 능력을 가졌던 학구적인 바리새인 랍비였다. 그런 까닭에 바울은 초기 기독교의 교리를 예루살렘의 사도들과 함께 그의 해박한 성경 지식과 논증을 통해서 세상에 밝힌 사람이다. 그가 기록해서 후세에 전한 13권의 성경이 이를 증명하고 있다. 그는 뛰어난 지성과 이성을 소유했고 오늘날 서구 사상의 기초가 되었던 그리스식 논리학을 태어나서부터 배우고 익히고 살았다. 49/50년경 예루살렘 공회에서 시작해서 바울은 계속 자신의 신앙 철학을 세상에 전했고, 경우에 따라서는 베드로 사도를 공개적으로 책망할 정도로 자신의 철학을 끝까지 주장했다. 한편 바울은 기독교 전파와 교리 확립에 많은 공헌을 했지만, 그만큼 약점도 가지고 있었다.

경직된 교리는 어떤 때는 같은 종교 안에도 많은 분파를 낳았고, 또 밖에서 기독교를 반대하는 많은 적들을 만들었다.

신앙이 가진 넓은 자유 안에서 어떤 교리는 논리나 시각이 다른 사람들에 의해서 수많은 종파로 분파할 수밖에 없는 운명을 지녔다. 이와 같은 논리적 갈등과 종교적 부작용은 사실 많은 경우 진실한 신앙과는 관계가 없는 불필요한 부산물이었다

와 함께 새로운 세상의 주인공이 될 것을 알고 믿고 어느 때나 늘 맡은 일

을 열심히 행하는 사람이다.* 사람이 일을 하고 하지 않는 것은 자유지만 일을 하지 않는 사람은 참 그리스도인이 될 수 없다는 평범한 진실을 다시 전했던 것이다.

---

* 바울 시대부터 2천 년이 지난 오늘에도 그리스도인의 첫 모양은 일하는 사람이라고 석학 김형석 교수도 그의 신간 《예수》에서 강조했다. 반면 일하는 대신 종교행사에 전념하라는 주장은 대개는 사이비 기독단체의 말이다.

바울, 다시 시리아 안디옥 교회로

안디옥 교회의 변화

바울은 고린도 시를 떠나서 소아시아의 중심 도시로 번창하던 에베소 시에 잠시 들렀다. 그는 늘 하던 대로 유대인의 회당을 찾아가서 말씀을 전하고 유대인들과 토론을 가졌다. 여러 사람들이 더 오래 머물기를 요청했지만 거절하고 하나님의 뜻이면 돌아오겠다는 말을 남기고 그는 서둘러 에베소를 떠났다. 브리스길라와 아굴라 부부*를 그곳에 남겨두고 그는 배를 타고 가이사랴로 갔다가 예루살렘을 방문해서 2차 전도 소식을 전하고 시리아 안디옥으로 돌아갔다.

바울이 2년 만에 다시 파송교회로 돌아왔다. 안디옥 시는 여전히 사람들이 몰려 흥청거렸고, 그 사이 그리스도 교회는 믿는 이방인들의 수가 더 늘어났고 교회당도 한둘 더 늘었다. 바울은 안디옥에서 변화가 많았던 것을 곧 느끼며 회중에게 자신의 전도소식을 소상하게 전했다. 많은 사람들이 바울의 놀라운 활동과 비상한 의지를 인정하며 일행을 따뜻하게 위로했다.

그러나 안디옥 교회는 그의 고향집같이 그리웠던 모교회의 아늑한 품이 아니었다. 힘들고 길었던 여행에서 돌아와 잠시라도 여독을 푸는 그런 포

---

* 부부의 이름이 부인인 브리스길라가 먼저 나타났고, 다음에 남자인 아굴라의 이름이 성경에 기록되었다. 성경에서 이름 순서가 바로 중요성을 나타내는 순서라는 점에서 여성인 브리스길라의 역할이 남자보다 앞섰다는 의미였다.

근한 느낌은 사라지고 안디옥의 새로운 모습이 바울에게는 오히려 낯설기까지 했다. 그는 본능적으로 주위를 돌아보며 안디옥의 변한 모습을 보기 시작했다. 우선 예루살렘을 떠났던 베드로가 가족과 함께 안디옥 시에 와서 거주지를 정하고 교회들을 지도하고 있었다. 베드로는 이때 이미 가족을 동반하고 시리아 안디옥으로 이주를 한 뒤였고 바울과 헤어져 마가와 함께 사이프러스로 떠났던 바나바도 베드로가 안디옥에 거주한다는 소식을 듣고 이미 그곳으로 돌아온 상태였다.

예루살렘 교회의 변화

바울이 2차 전도여행을 마치고 시리아 안디옥으로 귀환하기 전에 예루살렘을 방문하고 그곳 본부 교회를 찾았다. 예루살렘에도 그 동안 많은 변화가 있었다. 모든 사도들이 다 예루살렘을 떠났고, 주의 형제 야고보 장로가 교회를 이끌고 있었다. 많은 성도들이 핍박을 피해서 다른 지역으로 떠나버린 예루살렘 교회에는 유대 종교에서 예수를 믿고 돌아왔던 유대인들이 얼마 남아 있었고 그 가운데 일부는 제사장의 신분에서 예수를 영접하고 교회로 돌아왔던 사람들이었다. 이들은 예수를 믿고 그리스도인이 되었지만 출신은 숨길 수가 없었고, 뼛속까지 유대주의자들로 야고보 장로와 같이 율법과 정결의식을 철저히 지키며 신앙 생활을 하고 있었다. 물론 그 덕에 위험한 예루살렘에서 그들이 생존할 수가 있었던 것은 사실이었다.

바울 일행의 시리아와 그리스 지역의 전도 행적과 현지 유대인들의 반발과 그들이 부추긴 그리스인 관리들의 핍박 얘기가 다 예루살렘 교회에 이미 알려졌다. 특히 바울이 그리스인 신자들에게 할례를 권하지 않고 율법도 강요하지 않고 예수를 구주로 믿는 자들은 다 받아들여 새로운 종교 집단을 이끌고 있다는 소식이 성전뿐만 아니라 일반에게까지 알려졌다.

예루살렘 교회를 이끌던 일부 유대주의자들이 바울과 베드로의 율법 경시 혹은 폐기 소식을 듣고 격분했다. 예루살렘 교회는 할례를 비롯해서 율법 문제에 대해서 49/50년에 열렸던 일차 종교회의에서 이미 깊이 토의해서 결정이 났던 사안임을 알고 있었다.

그럼에도 불구하고 기회가 있을 때마다 유대주의자들은 율법의 일부를 무시하는 바울과 베드로의 불법을 성토했다. 그리고 한발 더 나가서 시리아 안디옥이나 각지 그리스인 교회를 방문해서 이들의 불법을 계속해서 성토했다.

이들 유대주의자들의 극성은 예루살렘 성의 변화와도 무관하지 않았다. 예루살렘 주민 가운데 많은 사람들이 날이 갈수록 로마 정부에 반대하는 적극적인 독립당파 세력에 가담하기 시작했던 것이다. 예수 당시 온건했던 성전 지도부는 극단적인 독립주의자들의 세력으로 고전을 면치 못했다. 특히 60년대 후반에 이르면 로마 정부군를 무력으로 공격해서 많은 사상자를 내면서까지 독립을 쟁취하자는 열심당파(Zealots)들이 민중을 선동하며 세력을 얻고 있었다.

흠 없는 야고보 장로

야고보 장로는 예수의 형제로 사도들이 떠난 예루살렘 교회를 그가 순교 당하는 서기 62년까지 성실하게 인도했던 예루살렘 교회의 지도자였고 초대교회의 주춧돌 같은 존재였다. 그는 무엇보다 성경에 정통했고 행실에서 흠이 없던 신실한 장로로 존경을 받았다. 그의 다른 별명이 또 하나 있다. 낙타 무릎을 가진 사람이었다. 그는 어느 때고 기도에 힘썼고, 늘 무릎을 꿇고 기도했기 때문에 그의 무릎이 군살이 두텁게 붙어서 낙타의 무릎같이 되었다고 해서 붙인 별명이었다. 그의 기도와 해박한 성경 지식은 타의 추종을 불허했기에 그는 어려운 시절에도 예루살렘 교회를 끝까지 지켰고, 살인적인 유대교 지도자들에게 유대인의 성실한 삶을 보이며 핍박에서 살아 남아, 목숨이 10개라도 지키기 어려웠던 예루살렘 교회를 마지막까지 섬기며 지켰다.

야고보 장로(James, The Just)

예수의 동생들 가운데 맏이로 예수가 부활한 후에 믿기 시작해서 예루살렘 초대교회를 62년 순교할 때까지 기둥같이 지킨 사람이다. 성경에 정통했고 끝임없는 유대교의 핍박 속에서 기도로 교회를 이끌어간 인물이다.

그가 기록한 야고보서는 서기 60년경에 썼다고 보통 알려졌으나 일부 학자들은 성경에 나타난 단순한 교회 조직이나 유명했던 할례 문제에 대한 언급이 전혀 없는 점 등을 고려해서 50년 이전에 쓰여졌다고 주장한다. 야고보는 흔히 바울이 주장했던 교리(할례 등 율법의 행위가 아닌 믿음으로 구원을 얻는다)에 상반되는 입장(행함이 없는 믿음은 거짓이다)을 주장했던 것으로 알려졌다.

그러나 두 주장은 서로 연관된 신앙의 모습일 뿐이다. 바울은 신앙의 본질을, 야고보는 신앙 생활의 원리를 밝힌 것이다. 어느 것이나 소홀히 할 수 없는 신앙이라는 동전의 양면이다. 균형이 깨질 때에 오늘날과 같이 교회나 신자들이 교회답게, 신자답게 살지 못하게 되었다. 그 때문에 교회가 세상의 따가운 눈총을 받는다.

결국 예루살렘 초대교회는 야고보 장로의 순교와 함께 역사 속으로 영영

사라졌다. 서기 70년 로마의 티토 장군에 의해서 예루살렘 성이 완전히 정복되고 파괴당하면서 2천 년 가까이 유대 나라가 세계 지도와 역사의 장에서 살아졌던 아픈 역사의 전조였다. 예수를 믿는 초기교회의 중심지가 이때부터 유대 지역을 떠나 시리아 안디옥, 소아시아 에베소 그리고 세계의 중심지던 로마 제국의 수도로 옮겨서 성장을 계속했던 것이다.

예루살렘 교회에서

서기 52/53년, 바울이 2차 전도여행을 마무리짓는 시점에서 예루살렘 교회를 방문하여 그 동안 자신과 일행이 벌였던 전도활동을 보고했다. 예루살렘 교회는 유대주의에 매인 교인들이 큰 소리를 내고 있었다. 야고보 장로도 이런 사실을 알고 있었지만 구태여 큰 소리를 냄으로, 혹시 교회에 파탄이 일거나 또는 유대교의 전면적인 핍박으로 문제를 키우고 싶지 않았다. 그는 탄압이 계속되는 예루살렘 성에 예수 교회를 유지하는 것만으로 의미가 있는 일이라고 믿었다.

침체에 빠진 예루살렘과는 다르게 주의 복음은 세계로 계속 전파되고 있었고, 다른 사도들과 형제들이 유대 나라 밖에서 유대인들은 물론 이방인들에게 적극적으로 복음을 전해서 교회가 곳곳에 수를 더해갔다. 야고보 장로는 이런 소식을 다 듣고 있었다. 그는 바울에게 그간의 수고를 위로하고 감사할 뿐이었다. 형제들이 합심해서 그리고 서로 도와서 복음 전파의 지상명령을 은혜로 이루면 그것으로 감사한 일이었다.

2년 만에 돌아온 바울과 야고보의 대화는 간단히 끝났다. 흠이 없는 사람, 절제가 있고 중용을 아는 사람과의 대화는 결코 오랜 시간을 끌 필요가 없었다. 바울이 지체 없이 예루살렘을 떠나 안디옥으로 돌아갔고 역사 책(행 18장)에는 바울의 예루살렘 행적을 몇 마디의 말로도 밝히지 않았다.

바울의 격노, 53년경 시리아 안디옥

갈라디아 지역에서 날라온 뜻밖의 소식

안디옥의 분위기가 2차 전도여행을 떠날 때 보다 많이 변했던 것과 함께 바울의 심정을 자극하는 소식이 갈라디아 지방에서 왔다. 갑자기 날아온 소식은 바울에게 조금도 쉴 틈을 주지 않았다. 바울은 1차 전도여행을 하며 갈라디아 지방 여러 지역에 교회를 세웠었고 그 후 2차 전도여행을 통해서 이들 신생 교회를 방문해서 여러 말씀으로 교회와 교회를 이끄는 장로들을 위로하고 믿음의 깊이를 더했다. 이 무렵 예루살렘 본부교회에서 왔다는 어떤 사람들이 이들 갈라디아 지방 교회를 찾아와서 교회와 성도들의 마음을 어지럽게 하는 말을 퍼뜨렸다.

그들은 예수를 믿는 제자들이지만 유대주의에 젖은 제자들이었다. 이들이 갈라디아 지방의 여러 교회를 방문하고 이방인이 예수를 믿고 구원을 받기 위해서는 유대식 할례가 필요하다고 주장했다. 문제는 역시 이방인에 대한 할례 문제였고, 할례를 받지 않은 사람에게 세례를 베풀고 예수의 제자로 교회가 받아들인 것은 율법을 어긴 행위이고 성경을 무시하는 것이라고 바울의 전도를 정면으로 공격했다. 이들은 한걸음 더 나가서 바울의 약점을 노려 공격하며 고집스럽게 유대 전통을 주장했다.

바울은 예수가 살아 있을 때 그가 직접 뽑은 12사도 가운데 들지 않았던 것과 그가 예수나 어느 사도에게서 복음을 듣고 배운 일이 없던 것은 사실이었다.

그럼에도 불구하고 그가 시리아나 터키 지역뿐만 아니라 그가 방문했던 모든 지역에서 스스로 사도라고 자신을 소개했고, 누구보다 열정적으로 자신이 깨달았던 복음의 진실을 전파했다. 예루살렘에서 왔다는 주의 제자들이 이런 바울의 약점을 들어서 그의 정체성에 의구심을 던졌다. 그들의 주장은 얼핏 그럴 듯했다. 그들은 바울이 스스로 주장했던 사도 직분의 정당성과 그가 스스로 깨달았던 복음이 사도들이 보고 배웠던 예수의 복음과 일치하는 것인지에 의심을 던졌다. 그들은 바울의 모든 주장을 시초부터 허물려고 그의 정체성에 강한 의구심을 던지며 성도들의 마음을 흔들었다.

그들의 본론은 예수를 믿고 구원을 얻기 위해서는 이방인도 유대인처럼 할례를 받아야 한다고 주장하며 바울의 무할례 정책을 전적으로 부인하며, 예수나 사도들에게서 복음을 듣지 못한 바울이 전했던 복음의 진실성을 싸잡아 부정했다. 그리고 당시 예수가 선택하고 가르쳤던 12명의 제자들을 사도라고 불렀던 예루살렘 교회의 전통을 내세우며, 바울이 자칭 사도라고 말했던 것을 문제 삼았다. 이런 유대주의 전도자들이 여러 패로 흩어져 갈라디아 지방을 여행하며 곳곳에서 바울의 전도활동에 대해서 근원부터 의심하고 율법을 지키는 것이 성경적이라고 권했다. 그들 가운데 어떤 무리들은 자신들은 예루살렘 교회에서 파송을 받았다는 주장까지 했고, 또 다른 무리는 베드로 사도에게서 직접 듣고 배운 제자들이라고 자신들을 소개했다.

바울은 자신이 생명을 내놓고 복음을 전하고 가르치고 세운 교회가, 그리고 지도자들이 이런 속임수에 넘어 가지 않을 것이라고 믿었다. 그러나 문제는 믿음이 약한 그리스인들은 이런 주장에 동조하거나 흔들린다는 사실이었다. 교회의 역사가 일천했던 까닭에 많은 성도들이 흔들릴 위험이 있었다. 바울은 이들의 활동을 제지하고 교회들이 요동을 치지 않도록 경계할 필요가 생겼다. 바울은 분기를 떨치며 즉시 일어났다. 그의 안에 잠자던 투사정신이 살아났다.

베드로의 실수

한편 베드로가 예루살렘의 핍박을 피해서 시리아 안디옥으로 거처를 옮긴 때는 서기 50년 전후였다. 유대주의 제자들이 전에도 안디옥에서 할례 문제로 말썽을 일으켰고 그 결과 혼란이 교회에 일어나서 예루살렘 공회가 열렸던 때가 서기 49/50년경이었다. 베드로는 그후에 바로 가이샤라와 페니키아 지역을 지나서 계속 북상해서 안디옥 시에 안착했던 것이다.

베드로는 성격이 급했지만 근본이 온후했고 마음이 넓은 사람이었다. 후덕했던 그의 주위에 사람들이 몰려들었고 그는 이방인이나 유대인이나, 부자나 가난한 자를 가리지 않고 언제나 스스럼 없이 교제하며 복음을 전했다. 그는 누구든지 그를 청하면 즐겁게 가서 형제들에게 말씀을 전하고 주는 음식을 별로 가리지 않고 먹고 마셨다. 그가 2차 전도여행에서 돌아왔던 바울을 회당에서 만나게 되었다. 이 즈음 갈라디아 지방에서 들려온 불쾌한 소식으로 마음이 불편했던 바울이 안디옥에서 살면서 신망을 받던 초대교회의 큰 기둥이었던 베드로를 공개석상에서 책망하는 사건이 일어났다.

베드로와 바나바 등 일행이 어느 날 그리스인 집에 초대를 받아 말씀을 전하고 이어서 벌어진 잔치 자리에서 그리스식(이방인) 음식을 먹고 교제하던 중에 누군가가 유대주의 예수의 제자들이 예루살렘에서 안디옥 시에 왔다는 소식을 전했다. 그는 야고보 장로가 이끄는 예루살렘 교회의 유대주의 교인들의 말썽 많은 전투적 주장을 알고 있었다. 그들은 유대 전통을 고수하며 이를 지키지 않는 제자들을 공격하고 율법의 준수를 강조했다. 베드로는 이들의 구설수로 전에도 가이사랴의 이방인 백부장 고넬료의 집에서 벌어졌던 말씀 잔치로 오해를 받았었다. 그는 안디옥에서 다시 그런 추궁을 받고 싶지 않았다. 그래서 그가 서둘러 자리를 떴던 것이며 물론 그와 함께 했던 바나바와 일행도 함께 자리를 떴다. 바울이 이 소식을 들었던 것이다. 그의 마음속에 뜨거운 것이 치솟았다.

거룩한 책망

당시 교회 지도자들이 율법을 강조하는 별난 제자들 앞에서 이방인들과 섞여 사는 모습을 보이지 않으려고 몸을 사리는 일이 자유롭던 안디옥 시에서조차 흔했다. 문제는 그리스도 안에 있던 유대인들이 어디서든 전통을 고집했기 때문에 베드로가 안디옥 시에 왔을 때도 이들 유대주의자들의 비판에 신경을 써야 했다. 생태적으로 율법을 배우고 암송했던 이들 유대인들은 예수를 구주로 영접한 뒤에도 버리기 어려웠던 오랜 관습이었고 태어나서 8일 만에 자신들의 몸에 새긴 유대인의 표적을 말처럼 쉽게 부인할 수가 없었다.

속이 끓던 바울이 여러 사람이 모인 교회에서 베드로를 만났다. 그가 베드로의 면전에서 이같은 그의 위선을 신랄하게 책망했다. 여러 사람들이 어쩔 줄을 모르고 당황했으나 베드로는 바울의 강력한 시선을 외면하지 않고 웃음으로 화답했다. 결국 사람 좋은 베드로의 공개사과로 이 사건은 마무리가 되었고 율법주의 유대인들이 오히려 뒤로 물러설 수밖에 없던 중요한 전기가 되었다.

바울의 태도는 사람의 도리로는 지나친 듯했지만 복음의 진실을 지키고 혹시 잘못될 소지가 있을 때는, 특히 지도자들 가운데 원칙에 대한 타협과 지나친 아량을 처음부터 절단하려는 결의에 찬 책망이었다. 세월이 지나도 변치 않는 신앙의 곧은 길이고 세상 사람들의 안주를 경계하는 하나님의 뜻이었다. 오늘날 교회의 지도자들이나 교단의 선배들이 기존의 체제에 늘 안주하고 즐기려는 인간적인 성향에 대한 후진들의 도전이 절실함을 인정하게 하는 좋은 본보기가 되었다.

사도직(Apostleship)에 대한 이견

사도(Apostle)라는 직분은 좁은 의미로는 예수가 제자(Disciple)로 직접 불렀던 12사도를 의미했다. 그 가운데 이스카리옷 유다가 예수를 배반하고 떠난 빈 자리를 초대교회를 이끌던 베드로의 제의로 선거를 통해서 사도 한 명을 회중 가운데서 뽑아서 12명으로 채웠다.

후에 바울은 예수가 선택해서 보낸 자 혹은 대리인이나 사자(Messenger)의 의미로 자신을 포함해서 바나바나 다른 주의 종을 사도라고 소개했다. 바울은 사도라는 말을 예루살렘에서 사용하던 고유한 의미를 넘어 일반적이고 넓은 의미로 성경 여러 곳에서 썼다.

예수가 복음을 전할 때와 예루살렘 초대교회는 분명 좁은 의미로 사도라는 말을 상당 기간 썼고 바울과 누가 때에 와서는 넓은 의미로 사도라는 말을 성경에서 사용했다.

복음 전도자에서 투사로

안디옥에 돌아와 잠시 머물던 바울에게 두 사건은 바울 안에 잠자던 바리새파의 특징 가운데 하나인 투사 정신을 깨웠다. 바리새파는 오래전 그리스 왕조에 대항해서 유다의 독립을 위해 싸웠던 마카비 형제의 독립 투쟁에서 나타났던 강력한 항쟁의식에서 비롯되었다. 예루살렘에서 점차 세력을 잡아가던 독립당파도 근원은 이들 바리새파에서 연유했다. 2차 전도 여행을 마치고 돌아왔던 바울은 안디옥에서 또 다른 고통을 당하고 있었다. 지금까지는 말씀을 전파하기 위해서 방문했던 여러 곳에서 유대인들의 핍박을 주로 받았었다. 그들은 예수를 십자가에 매달았던 정통 유대교 신자들이었고 또 그들이 사주해서 바울 일행을 매질하고 감옥에 가두었던 현지 그리스인 관리들이었다. 유대인의 핍박은 당연한 것이었다. 그러나 바울이 시리아 안디옥에서 새롭게 직면했던 사람들은 예수를 믿는, 그것도 법대로 잘 믿는다고 하던 동지들이 적 아닌 적으로 변해서 바울을 공격했다. 더욱 그를 분노하게 만들었던 것은 그들이 바울의 개인적인 약점을 물고 늘어지면서 그가 전했던 복음에 대한 정통성을 부인했고 그것을 복음을 믿기 시작한 지 얼마 되지 않던 순진한 갈라디아 지방의 그리스인 성도들에게 떠들어대며 공격한 사실이었다.

베드로 사도는 이미 시리아 안디옥의 모든 성도들이 초대교회의 기둥으로 존경하고 따르던 대표적인 예수의 제자였다. 그는 유대인 교회나 그리스인 교회나 어디서든지 환영을 받았고 그가 가는 곳에는 바나바나 다른 사도들이 동행하며 그의 권위를 인정했다. 그가 유대주의에 빠진 예루살렘 교회의 강경한 제자들을 의식해서 경우에 따라서는 이방인 교제를 피하며 보였던 이중적 자세는 바울에게는 분명 외식이었고 잘못된 태도였다. 바울도 그의 원만한 인격과 믿음을 존중하고 신앙의 선배로서 처음부터 사귀며 일하기를 바랐었다. 더욱이 갈라디아 지방에서 복음을 전하던 어떤 제자들은 베드로 사도에게서 직접 복음을 배웠다고 주장하며 바울의 정통성을 부인하고 인격을 무시했던 것이다. 냉혹한 현실 앞에서 바울은 뒤로 물러서는 대신 투사가 되었다.

진실을 외치는 서신

그는 거리로 나가 외치는 대신 차분하게 종이와 먹을 앞에 두고 깊은 명상에 빠졌다. 그리고 한 통의 편지를 작성해서 갈라디아 지방 교회에 보내서 그곳에 있는 교회가 읽고 그리고 다른 교회에 보내서 또 읽게 하고 그리고 모든 교회가 열람하도록 했다. 이렇게 세상에 나타난 서신이 후일 〈갈라디아서〉라는 성경이 되었다. 앞에 설명했던 안디옥에서 일어난 두 사건이

세상에 알려진 것도 바울이 갈라디아 지방 교회들에게 보냈던 이 서신에서 두 사건의 내용을 자세하게 밝혔기 때문이다. 다른 어떤 성경이나 역사서에서 밝혀지지 않은 초대교회 내부의 갈등과 진통을 있는 그대로 전해준 귀중한 역사 자료였고 동시에 바울의 신상에 관한 매우 희귀한 자료가 되었다.

갈라디아서는 바울이 데살로니가서에 이어서 서기 51/52년경 두 번째로 기록했던 성경으로 기독교의 중심 교리를 설파했던 귀중한 성경이다. 2차 전도여행을 마치고 시리아 안디옥에 돌아온 바울이 두 사건을 통해서 극도로 마음이 상했을 때였다. 잠자던 그의 투사 정신이 깨어났다. 그가 작심을 하고 자신의 사도직의 정당성을 변호했고 이어서 그가 계시로 깨달았던 복음의 중심 사상을 논리적으로 그리고 유대인의 역사를 통해서 증거를 들며 피력한 주옥 같은 논문이다. 진실은 늘 아픔을 동반하지만 갈라디아서를 읽는 독자는 누구도 쉽게 붉은 피를 토하는 듯 외치는 바울의 모습을 상상

할 수가 있다. 그리고 진실 안에 있는 충만한 은혜가 이 땅의 모든 속박을 풀고 독자의 마음에 한없는 자유를 선물로 주고 있다.

모든 이견을 잠재운 그리스도 안의 새 삶

누구든지 갈라디아서를 읽으면 바울이 싸우는 모습을 발견한다. 바울은 진리의 깃발을 들고 싸움터에 나간 장수같이, 투혼을 불사르며 대적들을 책망하고 꾸짖는 삼엄한 장면이 나온다. 그는 자신이 어떻게 계시를 통해서 복음을 스스로 깨달았고 예수가 주었던 사명이 무엇인지를 기록했고, 특히 사도 베드로와 자신을 비교하면서 자신의 사도직을 강력하게 변호했다.

그는 베드로가 유대인에게 복음을 전할 책임을 맡은 사도라면 자기는 이 방인에게 복음을 전하는 사명을 받은 사도라고 주장했다. 그는 또 자신을 베드로와 같은 동급의 사도라고 당당히 예수가 그에게 맡긴 사역을 설명하며 자신의 신분을 증거했다. 자신이 전했던 복음의 진실성에 대해서도 아라비아 사막에서 보냈던 3년의 세월을 언급하며 그가 계시로 복음을 깨닫게 되었다는 사실과 하늘에서 온 천사(하나님의 사자)라도 자신이 전한 복음외에 다른 복음을 전하면 저주가 있을 것이라고 기염을 토했다.

바울의 변명은 서릿발 같이 냉엄했고 당당했다. 물론 비유의 타당성이나 표현의 형평성에서 문제가 있을 수 있는 주장이지만, 바울은 문제가 되었던 그의 사도직과 복음의 진실성에서 다른 사람들의 반론이나 논쟁이나 어떠한 타협도 거부한다는 결연한 입장을 입술이 아닌 문자로 선언했던 것이다. 그는 확신을 가지고 예수의 복음을 전했고 진실을 방해하는 어떤 사람도 환경도 용납하거나 타협을 거부하며 남은 일생을 끝까지 달려갔다. 바울은 자신이 이 세상에 사는 인생의 목적과 이유를 이렇게 밝혔다.

- 내가 그리스도와 함께 십자가에 못 박혔나니 그런즉 이제는 내가 사는 것이
아니요 오직 내 안에 그리스도께서 사시는 것이라. 이제 내가 육체 가운데
사는 것은 나를 사랑하사 나를 위하여 자기 자신을 버리신 하나님의 아들을
믿는 믿음 안에서 사는 것이라 (갈 2:20)

바울은 그렇게 인생을 시종 변함 없이 살았다. 누구도 이런 바울에게 당
시나 이후에나 감히 더 이상 시비를 걸지 못했던 이유였다.

갈라디아서(Galatians)의 이모저모

역사적
두 주제
바울이 처음으로 자신의 개인적인 얘기와 두 번의 전도여행과 안디옥에서 일어났던 일련의 사태를 스스로 고백하며 그리스도인의 새로운 인격을 대표하는 '믿음'(Faith in Christ Jesus)을 복음의 핵심으로, 의와 구원의 도구(Means of Justification and Salvation)로 모든 지상교회에 선포하는 서신을 기록했다. 유대인들이 금과옥조로 여기는 율법의 준수로는 결코 구원(Justification, Redemption)을 얻을 수 없다고 확인하며 새로운 기독교의 교리를 문자로 확인했던 성경이 바로 갈라디아서이다.

갈라디아서는 보석처럼 반짝이는 바울의 초기 복음서로서 신약교회를 유대교에서 분리해서 이 땅에 정착시키는 기초가 되었다. 그만큼 많은 신학자들과 믿음의 선배들이 공들여 연구하고 그것을 후학들에게 신앙의 기초로 가르쳤다. 그 가운데 16세기 유럽의 정치 종교를 지배했던 교황의 잘못된 교리와 지침에 맞서 종교개혁을 주장해서 지금의 개신교(Protestant) 기초를 세웠던 마틴 루터(Martin Luther)가 핍박과 무서운 위협 속에서도 손에 놓지 않고 읽고 의지했던 믿음의 책이었다. 그래서 갈라디아서를 루터의 책(Luther's book)이라고도 불렀다.

갈라디아서의 기록 연대

기독교의 교리 가운데 핵심적인 부분인 '사람이 의롭게 되는 길은 율법의 준행이 아니고 믿음으로 의롭게 된다'는 것을 논리적으로 또 역사적으로 설명한 성경이다. 바울은 사람이 하나님의 자녀로 변할 수 있는 길은 오직 예수 그리스도를 믿는 믿음이라고 기독교의 본질을 천명하고 유대 종교와의 결별을 선언했다. 중요한 이 성경이 언제 어디에서 기록되었는지에 대한 여러 주장이 있다. 그 가운데 초기설은 서기 48/49년 바울이 1차 전도여행을 마치고 시리아 안디옥에서 기록했다는 주장이다. 다음에는 바울이 51/52년 2차 전도여행 중 고린도에서 데살로니가전서를 쓰고나서 기록했다는 주장이다.(FF Bruce) 또 다른 후기설은 53년 2차 전도여행을 마치고 안디옥에 돌아온 바울이 그곳에서 기록했다는 설이다. 가장 늦게는 성경 내용의 상호 유사성을 이유로 바울이 고린도전후서를 기록할 즈음 같은 시기에 에베소에서 기록했다는 주장이 있다.(NIV 성경) 이밖에 갈라디아라는 지명을 놓고도 그곳이 터키 소아시아 북부 지역이라는 설과 1차 전도여행 때 갔던 소아시아 남부 지역을 의미한다는 다른 주장들이 있다.

다른 하나의 중요한 주제는* '그리스도 안에 있는 그리고 그가 준 자유'라는 신약시대의 새로운 주제였다. 하나님이 모세를 통해서 주었던 율법은 사람들이 지켜야 할 강제 조항이 대부분이었고 그들에게 유대인이 되기 위한 의무 사항들이었다.

그러나 바울은 이런 율법 시대는 예수가 이 땅에 와서 십자가에서 죽고 부활함으로 이미 실효를 잃었다고 선언했다. 그는 율법을 강요하는 대신

---

* 갈 2: 4, 5:1

사람들에게는 하나님이 허락한 자유가 있다고 선언했다. 모든 종교나 사상이 인간의 극단적 행동과 사고를 제한하고 그 속에서 중용과 사랑을 요구한 반면에 기독교는 유일하게 인간에게 천부적 자유가 있다는 주장을 기본 철학으로 택했다. 모든 인간은 예수를 믿고 그 안에서 스스로 결단하는 인간의 의지를 하나님은 존중한다는 주장이다.

바울이 갈라디아서를 통해서 인류 역사에서 또 하나의 큰 진보를 이루었던 주장이다. 미국의 흑인 인권 운동가였고 목사였던 마틴 루터 킹목사가 갈라디아서에 나타난 자유를 인류의 보편적 그리고 천부적 권리로 인용하고 1963년 워싱턴 시에서 대규모 행진을 했던 것은 유명한 일이다.

바울의 회고(서기 35-53)

바울은 그가 쓴 두 번째 성경인 갈라디아서의 1, 2장에서 다른 어느 곳에서 보다 더 많은 자신에 관한 얘기를 쓰고 있다. 20년 가까운 그의 인생을 농축한 회고록 같다. 그는 자신이 받는 여러 가지 모함과 오해를 짧은 글을 통해서 일시에 날려 버리길 원했다. 그렇기 때문에 그는 감정이 고조된 듯한 표현 속에 자신의 가슴에 깊이 묻어두었던 진실의 덩어리들을 꼭 집어서 토해냈다.

유대주의자들은 그들의 질긴 성격으로 보아 어디서나 불쑥 나타나 자신을 모함하고 어렵게 믿기 시작했던 이방인 성도들의 여린 신앙을 흔들었고 앞으로도 있을 것이 분명했다.

그는 자신이 바리새파 사람으로 랍비 훈련을 통해서 유대식 교육을 잘 알고 있었고, 이런 교육은 사람이 죽었다가 다시 태어나지 않으면 고치기 어려운 속성임을 너무나 잘 알고 있었다. 그가 강하게 나가지 않으면 유대인의 근성을 잘라내기 힘들다는 것을 스스로 알고 있었다. 그가 힘을 다해서 자신의 체험과 성경과 유대 역사를 통해서 통찰했던 진리를 피를 토하듯 선포했다.

바울 복음의 진실성

복음(Gospel)은 처음에는 구세주인 예수가 이 땅에 태어났다는 복된 소식을 말하는 용어로 성경 기자가 썼으나 그 후 예수가 전했던 말씀과 성경을 말하는 기독교 고유의 단어가 되었다. 특히 바울이 이 단어를 많이 쓰면서 일반화되었다. 바울은 갈라디아서를 기록하면서 서두에서 자신이 사용하던 복음이란 말의 본질을 다음과 같이 정의했다.

– 그리스도께서 하나님 곧 우리 아버지의 뜻을 따라 이 악한 세대에서 우리를 건지시려고 우리 죄를 대속하기 위해서 자기 몸을 주셨으니(갈1 : 4절)

바울이 선포했던 복음은 예수 그리스도가 하나님의 뜻에 따라 우리 인류의 죄를 대속하시려고 자기 몸을 십자가에 메달려 죽었고 삼 일 만에 다시 살아남으로 그를 믿는 모든 사람들의 구원자(Savior)가 되었다는 것이다. 바울은 이를 증거하기 위해서 열심히 구약성경을 묵상하고 옛 선지자들의 예언과 유대 선조들이 받았던 하나님의 말씀을 찾아내서 세상에 증거로 선포했다. 그는 변론과 증거를 가지고 복음의 진실을 증명했던 것이다.

분노와 저주

바울은 갈라디아 지방 교회가 유대주의자들의 엉뚱한 할례 고수 주장을 듣고 속히 자신이 전했던 복음을 떠나 그들의 주장을 따르는 것이 너무 이상하다고 탄식했다.

그는 그리스도를 믿는다는 어떤 무리나 혹은 천사라도 그가 전했던 복음 외의 다른 복음을 전하면 저주를 받을 것이라고 단호하게 경계했다. 바울은 세상에는 다른 복음은 없으며 그들이 이방인에게 할례를 주장하고 유대인도 지키지 못하는 엄하고 복잡한 율법을 강요하는 것은 성도들의 마음을 어지럽게 하여 그리스도의 복음을 변질시키려는 의도라고 유대주의 그리스도인을 책망했다.

사실 이방인에 대한 할례와 율법 문제는 이 편지를 쓰기 전인 서기 50년경 예루살렘 공회에서 정식으로 토의를 거쳐 이미 정리가 되었던 문제였다. 그럼에도 불구하고 당시 예루살렘 교회의 주축을 이루고 있던 율법주의적 그리스도인들이 오랜 타성을 버리지 못하고 그때까지 안디옥과 여러 갈라디아 지방을 배회하면서 헛된 주장을 퍼뜨리며 그리스인들과 다른 이방인들의 신앙을 흔들고 있었다.

바리새인들, 특히 정통 유대인이 죽어도 버리지 못하는 것이 이들이 나면서부터 익힌 율법주의였다. 바울이 고린도후서에서 그리스도 안에서 거듭난 사람은 옛 사람이 죽고 다시 태어난 새로운 피조물이 되어야 한다고 외친 이유 가운데 하나였다.

바울의 회심(35년) 이후 예루살렘 방문 기록

바울은 시리아 다마스커스 길을 가던 도중 예수를 만나서 예수의 종이 되었다. 그가 새로운 사람이 되어서 예루살렘을 5번 방문했던 기록이 성경에 나타났다.

1. 서기38/39년, 예수를 영접하고 3년을 광야에서 보내고 난 후에 첫 번째로 예루살렘을 방문.
2. 44/45년, 유대지역 가뭄 피해를 돕기 위해서 구호연금을 가지고 두 번째로 예루살렘 방문.
3. 49/50년, 할례 문제로 열린 일차 예루살렘 공회에 참석하려고 세 번째로 방문.
4. 53년, 2차 전도여행을 마치고 예루살렘에 네 번째로 방문 후에 안디옥으로 귀환.
5. 57년, 3차 전도여행 끝에 예루살렘을 다섯 번째로 방문했다가 체포되어 가이사랴 로마 총독의 감옥에 2년 수감.

타협을 거부하다

서기 49/50년에 바울은 예루살렘 공회에 참석해서 그가 1차 전도 중에 갈라디아 지방에서 전했던 복음의 진실성을 확인하기 위해서 예루살렘 교회의 지도자들과 비공개 토론 시간을 가졌다. 그가 비공개로 자신의 복음을 사도들에게 설명한 이유가 있었다. 그는 갈라디아 지방에 복음을 전하기 위해서 큰 위험과 고통을 겪고 자칫 생명까지도 잃을 뻔하면서 여러 곳을 방문하고 돌아왔다. 이런 그의 수고와 희생이 자신이 전했던 복음이 예수에게서 직접 전수받은 사도들의 신앙과 복음에 위배된다면, 그는 하나밖에 없는 귀중한 생명을 걸고 헛수고를 했던 것이었다. 또 3년 동안의 아라비아 사막생활이 아무런 의미가 없는 헛수고였다.

그는 이런 수모를 공개적으로 당하고 싶지 않았다. 그의 내적 진실과 3년 동안 광야에서 기도하며 구했고 계시로 받았던 복음의 진실이 무위로 끝난다는 사실을 그는 도저히 참을 수가 없었다. 바울의 성격으로 미루어보면 그는 누구와도 결별을 선언하고 그의 길을 갔을 사람이었다.

복음을 받은 경로

바울은 자신이 복음을 어떻게 받았는지를 이렇게 설명했다.

> ─ 형제들아, 내가 너희에게 알게 하노니 내가 전한 복음은 사람의 뜻을 따라 된 것이 아니니라. 이는 내가 사람에게서 받은 것도 아니요 배운 것도 아니요 오직 예수 그리스도의 계시로 말미암은 것이라*

예루살렘 초대교회를 이끌었던 사도들은 예수가 직접 선택했고 늘 함께 살았고, 같이 동행하며 말씀을 들었다. 그들은 예수가 3년의 공생애를 통해서 본을 보이며 지도했던 제자들이었다. 그들은 복음을 예수에게서 직접 듣고 보고 배웠던 사람들이 분명했다. 반면 바울은 예수를 반대해서 일어나 가혹한 방법으로 새로운 종교를 말살하려고 했던 사람이었다. 그는 복음을

---

* 갈 1: 11,12

누구에게서 배우고 예수가 전했던 진리를 이해하는데 도움을 받은 일도 없었다. 예루살렘 초대교회의 사도 가운데 유력하다는 이들(베드로, 야고보 그리고 요한)이 그에게 아무 상관이 없었으며, 또 그들이 바울에게 어떤 사명을 준 일도 없었다는 사실도 밝혔다. 바울은 예수나 그의 유력한 제자들에게 직접 듣거나 배운 것이 없었지만 당당하게 그가 예수 그리스도의 복음을 성경(구약)과 계시(성령)를 통해서 받고 깨달았다고 선포했다.

계시
'계시'라는 말은 여러 가지 뜻으로 오래전부터 성경에 사용되었다. 계시는 하나님의 신비한 능력으로 사람들에게 나타난 이상, 환상, 여러 가지 꿈과 소리와 불꽃 등으로 하나님의 말씀이나 명령을 듣거나 보고 깨닫는 것을 나타내는 말이다. 바울이 받은 계시는 이런 초자연적인 현상과 특히 그가 광야를 배회하며 성경을 묵상하는 가운데 성령의 역사로 깨달았던 것을 함께 말했던 것이다.

사도직 변명

예루살렘 초대교회에서 사도라는 명칭은 12사도에게만 부르던 명칭이었다. 예수가 직접 부르고 가르쳤던 12명의 제자를 가리킬 때 쓰던 말이다. 바울은 갈라디아 지방을 순회하며 말씀을 전할 때 스스로 사도라는 명칭을 자신과 그와 함께했던 바나바에게도 부르게 했다. 예루살렘의 유대주의 제자들이 바울이 사도라는 명칭을 사용했던 것에 대해서 시비를 걸고 나섰다. 당시 통용되던 제자들의 명칭으로 사도라는 말은 12명의 사도에게 제한되었지만 바울이 마음대로 귀중한 명칭을 도용했다는 주장이었다. 그가 진정한 사도가 아니라면 그가 전했던 복음의 진실성 자체가 의심될 수밖에 없었다. 그가 치명적인 내상을 입을 중대한 사건이었다. 그래서 바울은 갈라디아서의 서두를 사도직에 대한 강력한 변명으로 시작했다. 그의 성격대로 정공법을 선택했다.

> －사람들에게서 난 것도 아니요 사람으로 말미암은 것도 아니요 오직 예수 그리스도와 그를 죽은 자 가운데서 살리신 하나님 아버지로 말미암아 사도 된 바울은(갈 1:1)

사도(Apostle)라는 말은 그리스어로 '보내심을 받은 자, Apostolos'라는 말에서 유래한 단어였다. 단어의 뜻과 같이 사도라는 단어를 넓은 뜻으로 이해하면, 바울이 자신을 사도라고 부른 것은 조금도 이상할 것이 없었다. 그도 부활한 예수가 부르고 사명을 주어 이방나라에 보냄을 받은 사람이었다.

사도에 대한 일반적인 의미를 적용했다면 전혀 수긍 못할 것이 없다. 단지 예루살렘 초대교회의 전통에 따른다면 좋은 이름을 도용한 것이 될 수도 있었다. 바울을 비난하던 사람들은 사도라는 말의 정의를 따지는 것이 아니었다. 그들은 바울이 거룩한 이름을 도용한 '사이비 사도'라고 비열하게 몰아붙였던 것이다.

그의 변명은 강력했지만 그 때문에 바울을 반대하던 자들의 사도직에 대한 시비가 멈췄다고 보기는 어렵다. 문제는 그들의 변치않는 율법주의와 바울에 대한 반감이었다.

기둥 같은 제자들, 유력한 자들

예루살렘 교회는 초대교회로서 다른 여러 지역으로 흩어져 나간 많은 교회의 모체로 모든 성도들을 섬기는 어머니와 같은 역할을 상당한 기간 수행했다.

예수가 뽑아 가르친 사도들과 야고보 등 여러 장로가 시무했던 까닭에 자연히 각 지역의 교회를 신앙적으로 지도하는 위치에 있었다. 바울은 이런 예루살렘 교회의 일정한 역할은 인정하면서도, 교회를 구성하고 있던 일부 보수적인 지도자(율법주의 혹은 바리새파적 성향이 강했던)들에 대한 감정은 그들에게서 받은 오해와 할례 문제로 편치 않았다.

그가 예루살렘 교회의 '기둥 같은' 혹은 '유력한 자'로 부른 사람들은 교회를 대표하던 사도 베드로, 야고보 장로 그리고 사도 요한이었다. 바울은 그들에게서 복음을 배운 일도 복음을 이해하기 위한 어떤 도움을 받은 일이 없었다. 더구나 성경(구약성경)에 관한 한 그들에게서 배울 것은 전혀 없었던 바울은 천성이 바리새파 랍비였다. 오히려 그들을 지도할 학문과 지식이 있는 사람이었다.

그럼에도 불구하고 그는 갈라디아 지방을 비롯해서 시리아 안디옥에서 소위 예루살렘 교회에서 왔다는 제자들로부터 인신 공격을 계속 당하고 있었다. 어떤 때는 가소로운 짜증이 날 형편이었다.

그가 '기둥 같은', '유력한'이라는 용어를 사용하면서까지 예루살렘 지도층의 무력함을 지적하며 자신이 전했던 복음의 정통성을 고집했던 이유였다. 바울의 이성적 성격을 넘어 감정적 요소가 강하게 전해지는 표현이었다.

모든 복음은 다같이 중요하지만, 사역 중반을 넘긴 바울이 기독교의 진리를 조목조목 밝히면서 증명한 갈라디아서는 그리스도 안에서 어떻게 믿어야 바르게(의롭게) 사는 길인지를 알기 쉽게 제시하고 있다. 갈라디아서는 그가 썼던 다른 서신서들 보다 훨씬 단순하고 논리가 직선적이어서 명쾌하다.

8
장

교육과 주요
교리서의 기록

3차 전도여행
서기 53-57년

안디옥을
떠나며

서기 52년경 2차 전도여행에서 돌아왔던 바울은 안디옥에서 오래 머물지 않고 한바탕 소동을 벌인 후 곧 3차 전도여행을 다음 해인 53년에 떠났다. 그는 안디옥 그리스인 교회뿐만 아니라 유대 기독교인들에게 율법주의적 사고와 행동에 대한 강력한 경종을 울렸다. 그리고 베드로 등 예루살렘을 떠났던 초대교회 지도자들에게 유대교와의 단절을 강력하게 요구하며 기독교는 유효 기간이 지난 유대교의 유산을 더 이상 지키지 않을 것을 선언했다. 바울은 그 선봉에 서서 예수의 복음전파에 전념하겠다는 확고한 결의를 세상에 알렸던 것이다. 그는 이미 베드로 등 사도들과 일정한 거리를 두고 자신의 위치를 당당하게 정립할 수 있었다.

갈라디아와 부르기아(Phrygia) 지방을 지나 도착한 에베소 시

그는 2차 전도여행 때와 같은 경로를 따라 다소(Tarsus)를 거쳐 갈라디아 지방의 여러 도시를 거치며 그가 복음의 씨앗을 뿌리고 세웠던 각지 교회를 방문해서 말씀으로 그들을 격려하고 서쪽으로 계속 진행해서 아시아 지역의 수도로 당시 로마, 알렉산드리아 그리고 안디옥 다음으로 컸던 에베소 시를 찾아갔다. 그는 2차 전도여행을 마무리할 즈음 에베소 시에 잠시 들러서 그곳에 브리스길라와 아굴라를 남겨 두고 떠나면서 현지 유대인 회당 지도자들에게 다시 방문하겠다는 약속을 남겼었다. 바울은 떠난 지 1년이 지나기 전에 다시 에베소 시를 방문하고 본격적으로 복음 전파에 몰두하기 시작했다.

에베소(Ephesus) 시

아시아 지역 수도

에베소 시는 터키 소아시아 지역의 중심도시로 로마의 행정구역으로 아시아 지역 수도였다. 에게 해로 나가는 항구가 에베소에서 3마일 정도 인접해 있었지만 바다로 나가는 카이스터(Cayster) 강의 오랜 퇴적 활동으로 모래가 쌓였던 까닭으로 항구는 습지로 변한 지 오래였다. 에베소는 소아시아 지역에서 가장 오래된 도시 가운데 하나로 긴 지중해 해안을 끼고 있는 소아시아의 대평원에서 생산되던 풍부한 낙농 제품과 포도주 등 농산물의 유통을 위해 각지에서 몰려드는 상인과 무역상들이 붐비면서 크게 번창했다.

로마의 통치가 시작되면서 시내는 로마식 큰 시장과 넓은 도로를 깔고 그 위에 대리석으로 다듬은 공중 목욕탕과 2만 명을 수용할 수 있는 대형 원형 극장과 도서관을 새로 건축해서 로마 어떤 도시에도 뒤지지 않는 엄청난 규모의 웅장한 건축물과 아름다운 조각품을 자랑하고 있었다.

아데미 신전(Temple warden of Artemis)

도시의 명물이었던 거대한 아데미 신전은 고대 그리스 건축물을 대표하던 아테네 시의 아름다운 파르테논 (Parthenon) 신전보다 규모가 4배나 더 크게 지은 웅장한 대리석 건물이었다. 시민들의 자부심이 대단했던 것은 물론 도시를 방문하는 모든 사람의 입을 딱 벌어지게 할 만큼 크고 거창했다.

아데미 신전은 당시 세계에서 제일 큰 신전으로 아데미라는 다산과 풍요를 상징하는 여신을 섬기는 신전이었다. 외모가 독특한 아데미 여신은 터키 소아시아는 물론 그리스 전역에서 숭배되던 신으로 다산과 풍요의 여신답게 12개의 풍만한 유방을 가슴에 주렁주렁 달고 있는 신이었다. 아데미 여신은 훨씬 전부터 농업과 목축을 전문으로 하던 민족이 '다산'을 상징하는 여성의 유방과 '풍성한 결실'을 의미하는 모유가 가득 찬 둥근 젖통을 여인의 몸 전면에 보란 듯이 가득 달고 있는 신이었다. 지역마다 이름이 다르긴 해도 로마인들까지 숭배하던 여신이었다.

신전을 중심으로, 중요한 지역 상권

에베소는 세계에서 제일 큰 신전을 구경하러 오는 방문객들이 끊임없이 찾는 도시였다. 야릇한 아데미 여신의 축소판 신상이 어디서나 불티가 나

듯 팔렸다. 신상을 은이나 돌에 새겨 팔던 세공품 제조 판매가 시의 큰 수입원이 될 만큼 각지에서 온 방문객들이 기념품으로 신상을 사갔다. 방문객들은 크고 웅장한 신전을 보고 한 번 놀랐고 다음에는 앞가슴에 풍만한 젖통을 주렁주렁 단 이상한 아데미 여신의 노골적인 모습에 놀라서 자신들에게 같은 풍요와 다산을 기원하며 신상을 사갔다. 에베소 시를 흥청거리게 만들었던 재물의 근원이 바로 이 여신의 숭배에 있다고 믿고 그들은 여신 상을 사가지고 갔고 그것이 행운을 집으로 모신다고 여겼던 것이다.

자연히 시내에는 각종 제조업자들이 길드(Guild)라는 조합을 만들고 업자들의 이익을 대변했다. 그들은 여러 가지 종류의 기념품을 만들어 그것을 신전이나 시내에 있는 유명 상가에서 팔 뿐만 아니라 다른 지역에도 판매해서 큰 이득을 보고 있었다. 이들의 강한 입김이 우상 숭배를 반대하던 바울을 얼마 후에 고통스런 소송에 휘말리게 했다.

마술의 명물 도시

에베소 시는 큰 도시일 뿐만 아니라 마술의 도시로도 유명했다. 사람들이 많이 모이는 곳에 마술 공연도 장사가 꽤나 잘 되었다. 세계의 유명 마술사들이 이곳에 와서 학교를 만들고 어디서든 신나는 공연으로 사람들을 즐겁게 해주고 있었다. 마술은 막연하게 인간의 숨은 능력을 찾는 사람들이나 또 호기심이 많았던 사람들이 어디서나 늘 추구하는 놀이였다. 사람들은 신기한 능력을 보이는 공연에서 눈을 부릅뜨고 능력의 근원을 찾으려고 했지만, 결국 신통력보다는 눈속임을 하는 놀이에 불과했다. 바울이 이런 헛된 속임수를 부정하고 사람들이 찾는 능력의 원천으로 복음의 진실을 전하면서 이들과의 일전이 불가피했다.

바울의 사전준비, 에베소를 복음 중심지로

에베소의 천막사업

바울은 2차 전도여행을 마칠 즈음인 서기 52년 말 혹은 53년 초 그가 고린도를 떠나서 가이샤라로 가는 길에 이곳에 와서 잠시 유대인들과 인사를 나누었다. 그는 곧 다시 오겠다는 말을 남기고 총총히 떠났던 일이 있었다. 대신 그는 고린도에서 함께 왔던 브리스길라와 아굴라를 에베소에 남겨두어 천막제조 사업을 이곳까지 확장시키고 후일 에베소에서 바울의 본격적인 복음 전파를 준비하도록 했다. 그가 서둘러 안디옥에서 갈라디아와 부루기아 지방을 경유해서 에베소로 돌아왔던 이유였다.

브리스길라와 아굴라 부부도 에베소에서 천막 사업을 벌이며 바울이 돌아오기를 기다리며 준비하던 중에 아볼로(Appolos)라는 유대인 선생을 만나서 그에게 부족했던 점을 채워주며 그리스도의 사랑을 베풀었다.

아데미 신전에 얽힌 야화

누구나 입을 딱 벌리게 했던 엄청난 신전이지만 주전 356년경 어떤 정신병자가 불을 질러 신전을 완전히 파괴했다가 그 후에 신전을 더 크게 지었다고 유대 역사학자인 요세푸스(Josephus)는 밝히고 있다. 문제는 정신병자의 방화 이유가 걸작이었다. 그는 헤로스트라투스(Herostratus)라는 자신의 이름을 역사에 남기기 위해서 방화를 했고, 그는 자신의 이름을 소원대로 세상에 남겼지만, 악한 정신병자라는 꼬리표가 붙었다. 사람은 자신의 혈통을 세상에 남기려는 동물적 본능이 있고 또 자신의 이름을 후세에 남기려는 명예욕 때문에 자신의 몰락은 물론 다른 사람들에게 큰 피해를 입혔다.

언변이 뛰어난 부흥사, 아볼로

바울이 에베소에 도착하기 전이었다. 이집트의 큰 도시인 알렉산드리아에서 태어나서 예수를 믿고 성경을 잘 알았던 아볼로(Apollos)라는 유대인이 이 지역에 와서 예수의 말씀을 전했다. 그는 성경을 잘 알았을 뿐만 아니라 언변에도 뛰어나 열심으로 예수에 관한 것을 자세히 전했다. 그러나 그에게 부족한 점이 천막 일을 하면서 회당에서 아볼로를 만났던 브리스길라와 아굴라의 눈에 띄었다. 그가 성경에도 능했고 언변도 뛰어나 예수를 잘 전했지만 세례요한의 물세례만 알 뿐, 정작 예수를 구주로 영접했을 때 받는 성령 세례를 체험하지 못했던 사실이 브리길라와 아굴라의 눈에 보였다.

브리스길라 부부가 아볼로를 집으로 초청해서 친절을 다해 성령 세례를 포함해서 예수에 관해서 더 많은 것을 알려 주었다. 그는 뛰어난 성경 지식과 언변으로 말씀을 가르치는 선생으로 또 교회에서 감동적인 설교로 회중을 즐겁게 하던 사람이었다. 그러나 성령의 역사를 몰랐던 까닭에 천막제조 기술자 부부가 그의 부족한 것을 지적하고 채워주었다. 이들 부부는 후에 그가 아가야 지방에 가려고 했을 때도 고린도에 있는 교회에 그를 소개했고 아볼로에게 추천장까지 써주는 친절을 베풀었다. 바울이 에베소에 도착했던 때는 그가 이미 고린도로 떠난 뒤였다.

바울은 한참 시간이 지나서 고린도 교회에 보내는 편지에서 고린도 교회에는 여러 파벌이 있는 중에 하나는 '아볼로를 따르는 사람들'라고 지적하며 그가 고린도에서 해박한 성경지식으로 예수를 전하며 크게 활약했던 것을 전하고 있다. 아볼로에 관한 얘기는 누구든지 그리스도 안에서 성경지식을 잘 배우고 성령의 역사를 체험해야 비로소 바른 성도가 되고 말씀을 가르치는 자나 전하는 자가 될 수 있다는 것을 지적하고 있다. 바울은 아볼로에 관한 일화를 듣고서 성경지식과 온전한 믿음의 도리를 잘 가르치는 것이 복음전파의 핵심이라는 사실을 깨달았다. 그가 소아시아 여러 지방의 중심이던 에베소에 신학교를 세우고 가르치는 일에 힘을 쓰게 되었던 이유였다.

바울과 성령 역사

바울이 에베소에 도착해서 곧 열두 명쯤 되는 예수를 믿는 제자들을 만났다. 이들에게서 아볼로의 경우와 같이 바울은 부족한 점을 곧 보게 되었다. 그들은 요한의 물세례는 받았지만 예수를 구주로 영접할 때 받는 성령 체험을 듣지도 알지도 못했다. 바울은 요한이 요단 강가에서 회개의 세례를 베풀며 백성에게 말했던 '내 뒤에 오시는 이를 믿으라' 했던 바로 그 사람이 예수라고 말하며 그들에게 예수의 이름으로 세례를 베풀고 안수했다. 그들은 곧 성령을 받아 회개하고 방언도 하고 예언도 하기 시작했다. 바울이 에베소에 도착해서 첫 번째 한 일은 예수를 믿는 성도를 성경말씀과 성령의 역사를 통해서 그들을 온전한 성도로 양성하는 일이었다.

당시 터키 소아시아 지역은 물론 아프리카나 유럽 대륙에 많은 유대 그리스도인들이 나가 살면서 예수 그리스도에 관한 복음을 전하고 있었다. 마음이 뜨거운 성도나 언변이 좋은 사람들이나 가르치는 은사가 있었던 사람들은 누구든지 듣고 배운 바를 이웃과 주변에 전했다. 그리고 기적같이 전도는 어디서나 상당한 성공을 거두고 있었다. 도시 어느 곳에나 심령이 가난한 사람들이 넘쳐났고 그들이 복음을 듣고 예수를 믿었던 것이다.

그러나 전하는 사람들의 능력이나 재주로 성공을 거두는 것은 아니었다. 그들이 여러 전도자들을 통해서 복음을 듣고 믿음을 갖게 되었던 것같이 그들이 전했던 말씀도 조금씩 달랐지만 신비한 복음의 능력이 어디서나 나타났다. 에베소나 고린도에서 아볼로가 말씀 전파에 성공을 거두었던 것같이 다른 지방에서는 또다른 사람들이 복음을 전했고 인기를 끌고 있었다.

성경지식과 교리에 대한 바울의 원칙

아볼로에 대한 더 이상의 설명이 없는 까닭에 그가 누구에게서 복음을 배웠고 에베소와 고린도에서 무슨 말씀을 전했는지 남아 있는 설명이 전혀 없지만, 그가 언변에 뛰어나고 성경(구약)에 능통했기 때문에 유대 바리새인들의 주장을 누르고 복음을 잘 전했다. 그에게 있던 부흥사로서 장점을 인정한 평가였다.

초대교회 당시 예루살렘에서 핍박을 피해 세계 각처로 흩어졌던 주의 제자들이 가는 곳마다 복음을 전했고 그 전했던 내용이 사람에 따라 다양했다는 사실을 아볼로와 바울이 에베소에 도착해서 만났던 예수를 믿는 열 여섯 명의 제자들의 모습에서 알 수가 있다. 아볼로는 예수에 관한 지식과 복음을 알고 있었지만 세례요한의 세례까지만 알고 있었던 것이다.

한편 바울의 성경을 읽는 일부 독자들은 성경에서 그가 주장하는 기독교의 교리들에 대한 그의 긴 설명과 반복되는 논증에 대해서 어렵고 지루함을 호소하는 경우가 있다. 그러나 아볼로의 경우처럼 예수의 제자이며 성경 선생인 사람도 예수에 대한 진실을 충실하게 알지 못했던 경우가 있었고, 혹은 알지만 자신이 처했던 상황에 따라서 취사 선택과 해석에서 온도 차이가 초대교회 지도자들 가운데서도 나타났던 것을 볼 수 있다. 바울 사도가 왜 그렇게 교리의 논증에 집중했고, 그것을 위해 많은 시간을 들여서 강조했는지를 짐작할 수 있는 이유였다. 그는 초대교회 혹은 기독교의 요람기에 나타났던 무수한 이단과 왜곡된 진실을 보았기 때문에 계시를 통해서 깨쳤던 일정한 교리에 대해서 끝까지 강경한 입장을 취했던 것이다.

오늘날 성경의 진리가 여러 가지 이유로 흔들리는 현상은 그 때보다 더 심하다고 볼 수 있고, 바울의 원칙은 우리에게 귀중한 교훈을 주고 있다.

바울이 에베소에 도착해서 이런 복음전도의 다양성을 보고 또 문제점도 이해했다. 그가 여러 전도자들의 복음전도를 하나의 방향으로 조정할 수 있는 효과적이고 올바른 길을 찾게 되었다. 그가 바른 성경지식을 가르치는 신학교와 건전한 교리에 착안하고 즉시 실행에 옮겼다.

두란노 강당
(Tyrannus' lecture Hall)

세상에는 믿는 사람들도 많지만 믿지 않는 사람들이 더 많다. 예수를 구세주로 인정하면 무슨 죄든지 용서함을 받고 거룩하고 전능한 하나님의 자녀로 다시 태어난다는 사실을 믿는 것은 누구에게나 어려운 일이 절대 아니다. 그럼에도 불구하고 믿지 않는 사람들이 많은 이유는 의심이라는 인간성 때문이다. 의심은 태초부터 있었고 인간의 마음속에 숨은 강력한 인간성의 하나이다. 의심 때문에 인류는 문명을 발전시켜왔고 또 그것 때문에 시간이 흐르면서 더 큰 고통을 당하고 있다. 예수를 보고 듣고 그의 지도를 받았던 12제자들마저 한 사람은 예수를 팔았고 다른 이들은 그의 죽음과 부활을 보았지만 위험한 때는 모두 예수를 버리고 달아났고, 말씀이 들리지 않고 그가 보이지 않으면 이전의 혼탁한 세상으로 돌아갔다.

예수의 부활 소식은 들었지만 믿지 못하고 예루살렘을 버리고 엠마오로 가던 두 제자가 길에서 평소에 잘 알았던 예수를 만났다. 그러나 두 제자는 그가 누군지를 알아보지 못했다. 의심과 실망이 그들의 밝은 눈을 가렸던 까닭이다. 바울의 제자 누가가 쓴 성경은 예수가 부활해서 그들과 동행까지 했지만 그를 깨닫지 못했던 믿지 못하는 제자들에게 예수가 했던 일을 이렇게 전했다.

– 이에 (예수가) 모세와 모든 선지자의 글에서 시작하여 모든 성경에 쓴 바 자기에게 관한 것을 자세히 설명하시니라(눅 24장 27)

무슨 이유로든 믿지 않는 사람들에 대해서 복음을 깨닫게 하는 가장 좋은 방법을 예수는 위에 인용한 말씀처럼 가르쳤다. 그는 성경에 나타난 예수에 관한 모든 것을 자세하게 설명해주고 성경의 능력으로 불신을 치료하는 방법이었다. 모든 성경의 초점은 메시아(구세주)에 관한 예언이고, 메시아는 예수 그리스도라는 말과 같은 뜻이었다. 바울이 에베소에서 따른 방법이었다. 그리고 그가 에베소에서 성경을 전문적으로 가르치는 신학교를 세운 이유였다. 그 이름이 바로 '두란노 강당'이었다. 이후 바울은 자신의 자유의지든 강제든 그가 가는 여러 곳에서 새로운 전략으로 예수의 제자를 양성하는 교육에 전념했다.

유대인 회당 이용

바울이 서둘러 에베소에 돌아와 다른 곳에서 전도여행 때 늘 하던 버릇대로 유대인의 회당을 방문해서 예수에 관한 말씀을 전하고 유대인들과 토론을 벌이곤 했다. 다른 지역의 유대인 회당과는 다르게 온건했던 에베소 회당에서 그는 석달 동안 예수의 복음을 전했다. 그곳의 유대인들은 다른 어떤 도시에서 보다 비교적 오랫동안 바울에게 말씀을 전하도록 허락했다. 그곳 유대인들은 이미 아볼로나 브리스길라 부부의 노력으로 예수의 복음을 들었고 공격적이 아니었던 이들의 전도를 굳이 금지하는 않았던 듯했다. 그들은 새로운 예수 신앙을 많은 유대교 종파의 하나 정도로 인식했던 것이다. 그러나 바울의 강론은 강력했고 그 속에는 그들의 인내를 넘어서는 반 유대교적 입장이 뚜렷했다.

유대인들이 점차 마음이 굳어 순종하지 않고 바울을 비난하다가 3개월쯤 지나서는 그에게 회당 출입을 전적으로 금지하고 말았다. 새로운 출구가 바울에게 필요하게 되었다.

새로운 전략에서 세운 교회

안식일에는 유대인 회당에서 누구든지 자격 있는 유대인이면 말씀을 전할 수 있었던 당시의 회당 관례를 이용하려고 했던 이유가 있었고 또 바울 자신이 유대인으로 동족을 버리지 않고 그들에게 먼저 구원을 전하기 위해서 유대인 회당을 우선적으로 찾아가서 복음을 전했던 이유였다.

덕분에 몇 명의 형제들을 구원해서 교회의 기초를 다졌던 것은 사실이지만, 바울 자신은 큰 위험을 늘 감수해야 했고 죽을 고비를 넘기는 심한 핍박을 받고 매번 쫓겨나는 고통을 겪어야 했다. 2차 전도여행 때 바울은 고린도에서 유대인의 회당에서 쫓겨나 그 옆에 살던 그리스인 성도 디도 유스도의 집을 교회당으로 활용해서 큰 성공을 거두었고 유대 회당에 오히려 일격을 가했었다.

그가 에베소에서 두란노라고 별명이 붙은 한 장소를 찾아서 그곳에 교회와 신학교를 열었다. 에베소는 소아시아의 중심 도시로 주변 여러 곳에서 사람들이 모이는 도시였다. 그곳에 예수 교회를 세워서 예배를 드리고 또 성경을 가르치는 한편 신앙 훈련을 통해 제자를 양성해서 각 지방으로 파송하고 그들이 교회를 현지에 세우도록 도와주는 새로운 전략을 세웠다.

두란노 강당(Tyrannus' lecture hall)의 모습

두란노(Tyrannus)라는 이름에 관해서 여러 설이 있지만 '두란노'라는 이름은 얼마 전까지 그곳에 있던 유명했던 티라누스(Tyrannus)라는 그리스 철학자가 사용하던 학당을 바울이 다시 사용하면서 사람들이 붙인 이름이라는 설이 유력하다. 어떤 사람은 건물 주인이 두란노라는 유대인이었고 바울은 그 건물 일부를 빌려서 강의실로 썼다고 주장한 반면 다른 사람은 티라누스(Tyrannus)라는 그리스 말이 원래 폭군이라는 뜻에서 강력한 리더십을 가졌던 바울의 별명이었다고 주장하기도 했다.

바울은 브리스길라 부부와 함께 아침에는 천막 만드는 일을 하고 낮잠을 자는 시간인 오전 11시부터 오후 5시까지는 두란노 교실에서 열심히 예수의 복음을 가르치고 전했다. 그 결과 에베소는 물론 아시아에 사는 모든 유대인과 그리스인들이 말씀을 들었고 '말씀이 힘이 있어 널리 전파되고 세력을 얻으니라'(행 19:20)라고 성경은 바울의 활약과 활발했던 교회 모습을 전하고 있다. 매일 계속되는 강의를 통해서 바울은 자신이 깨달은 기독교 교리를 정리했던 것은 물론이다.

에베소는 지역상 소아시아의 중심에 있었고 바울의 말씀을 들었던 제자들이 주변 도시로 나가서 복음을 전했다. 또 주변 도시에 있던 사람들이 두란노 강당에 대한 소문을 듣고 와서 바울의 지도를 받고 돌아가 교회를 세우기도 했다. 기록에는 나타나지 않지만 바울도 주변 도시에 제자들과 함께 짧은 여행을 하며 이들 지역에 교회를 세우는 일을 도왔을 것이다. 이 시기에 골로새(Colosse), 히에라폴리스(Hierapolis) 그리고 라오디게아(Laodicea) 등 수많은 주변 성읍에 교회가 개척되었고 후에 요한이 계시록에서 언급한 아시아의 일곱 교회도 이때에 개척이 되었을 가능성이 크다.

기독교 교리와 에베소 교회의 황금기

두란노 강당은 정확한 위치나 명칭에 대한 확실한 논증이 어렵지만, 바울의 전도 일생에서 중요했던 시기 임은 물로 그의 초인적인 능력이 넘치게 나타났던 때였다. 그는 지금까지 발표했던 서신서에서 단편적으로 다루었던 기독교 교리를 종합해서 체계적으로 교리와 논리를 완성할 수가 있었다.

그가 에베소 지역을 떠나 그리스 지역으로 이동해서 각 교회가 약속했던 구제헌금을 마무리하고 그것을 예루살렘 교회에 전달하기 위해서 떠날 준비를 했다. 그 때 그는 고린도 교회에 보내는 두 서신서를 기록했고 조금 뒤에 아가야 지방의 겐그레아(Cenchrea)에서 로마서(Romans)라는 그의 교리(사상) 체계를 종합적으로 다룬 한편의 서신서를 기록해서 보냈다.

이들 세 서신서는 안디옥에서 기록했던 갈라디아서와 함께 바울의 기독교 교리를 집대성한 성경이다. 바울은 이들 교리 성경의 상세한 내용을 두란노 강당에서 완성했다고 볼 수 있다. 한편 바울이 교육해서 각 지역에 내보낸 현지 이방인 지도자들의 활약으로 소아시아 터키에서 수많은 교회가 섰다. 벌써 50대 중반의 원숙했던 바울 사도가 당시 그리스, 터키, 시리아 지역의 중심이던 소아시아 지역에 초기 기독교 신앙의 황금기를 개척했던 것이다.

에베소, 도전을 넘어 새로운 꿈을 보다

바울의 기적

바울의 말씀을 들었던 수많은 사람들이 아시아 지역에서 그리스도를 영접하는 놀라운 일이 벌어졌다. 말씀이 힘이 있었던 것은 물론 그에게서 신비한 능력이 나타났다. 심지어 사람들이 그가 천막 제조 때 쓰던 손수건이나 앞치마를 가져다가 병자의 몸 위에 놓으면 병이 떠나고, 사람을 괴롭혔던 각종 마귀가 떠나가는 기이한 역사가 나타났다.

이런 바울의 놀라운 기사를 보고 당시 마술과 점으로 유명했던 에베소 지역에서 활동하던 유대인 마술사나 점쟁이로 바뀐 제사장의 후손들이 기적을 일으키려고 바울을 흉내내다가 낭패를 당하는 사건들이 터졌다. 그들은 악귀들린 자들에게 "내가 바울이 전파하는 예수의 이름으로 명하노니 악귀는 떠나가라"고 바울의 이름을 빌려서 악귀를 쫓아내려는 억지 사태까지 벌어졌다. 그들이 실패를 당했음은 물론이고 곤욕을 치렀음은 말할 것도 없다.

기적이란?

사람은 하나님이 정한 자연법칙을 따라 세상에서 살도록 지음을 받았다. 그러나 하나님은 위급하고 꼭 필요한 경우에는 이런 자연 법칙을 초월하는 일을 행하신다. 사람이 보기에 기이한 이런 일을 세상에서 기적이라고 불렀다.

하나님은 꼭 필요한 경우에는 기적을 행하신다. 그대로 놓아 두면 많은 의로운 사람들이 죽고 핍박을 당하는 위급한 경우에는 직접 나서서 불행한 사태를 막았다.

사울이란 자가 예수의 제자들을 포박하고 핍박하기 위해서 다마스커스로 가는 길에서 예수를 만났던 사건도 기적 가운데 하나였다. 또 무소불위의 권력을 가졌던 사울 왕이 미쳐 날뛸 때 소년 다윗이 연주했던 가야금 선율을 듣고 정신을 차리게 했던 일도 기적이었다.

현대에 와서도 기적은 반드시 필요했던 때에 일어났다. 중국 공산당이 2차 대전이 끝나고 무주 공산이 된 중국 대륙을 접수하고 공산 혁명을 끝내고 있었다. 중국에는 청나라 때부터 기독교의 두 단체가 선교사를 파송하고 여러 지역에 교회를 세워서 교육과 의료 사업으로 중국인을 돕고 있었다. 그러나 종교를 인정하지 않는 무신론자들인 공산 세력이 기독교를 부인하고 눈엣가시 같은 교회를 불법화시켜 중국 땅에서 영원히 제거하려고 했다. 그들은 지역적으로나 교인의 숫자에서 영향력이 컸던 천주교를 먼저 축출했다. 그리고 개신교까지 몰아 내려고 하던 때였다.

당시 중국에는 미국이나 외국의 선교사들이 다 추방을 당하고 소수의 중국인 목사들이 간신히 목숨을 부지하고 중국 공산당 지도부에 공산당 헌법에 명시한 그러나 허울뿐이었던 '종교의 자유'를 들어 개신교의 존립을 강력하게 호소했다. 하나님은 중국 공산당의 2인자였던 주은래라는 지식인의 마음을 움직이게 해서 기독교의 조건부 활동을 허가하는 역사적 결정을 내리게 했다. 후일 역사학자들은 공산당 정부가 기독교를 허가했던 이유를 여러 가지로 해석하고 설명했다. 그러나 분명했던 것은 이런 위급했던 경우에 하나님이 직접 나서서 공산당 지도자의 마음을 움직였던 것이다. 사람들이 논리를 앞세워 인정하려고 들지 않는 기적이다.

> 한국의 지성을 대표하는 김형석 교수는 그의 저서*에서 기적에 대해서 이런 글을 썼다.
>
> - 많은 크리스천들이 예수의 기적적인 능력을 믿고 있다. 그들이 과학을 몰라서가 아니다. 합리적인 사고가 부족해서도 아니다. 자기 자신들이 신앙생활의 체험에서 얻은 수많은 정신적 확증들 때문에 그 원천이 되는 그리스도의 인격과 신앙의 능력에 어떤 경건한 가능성을 인정했기 때문이다.
>
> * 김형석 교수의 《기독교》에서 인용

유대 제사장 스게와(Sceva)의 일곱 아들

스게와라는 유대인 제사장의 일곱 아들도 악귀 들린 자에게 이런 억지를 행하던 중 악귀 들린 자에게서 큰 봉변을 당하는 일이 벌어졌다. "내가 예수도 알고 바울도 알거니와 너희는 누구냐"고 외치며 악귀 들린 사람이 그들에게 덤벼들어 그들을 올라타고 두들겨 패자, 그들이 피를 흘리며 벗은 몸으로 황급히 그 집에서 도망을 치고 말았다. 자칭 유대인의 제사장이라는 작자들이 예수의 이름을 빙자해서 귀신을 쫓아내려고 했다가, 마구잡이 미친 주먹에 중상을 당할 뻔했던 어처구니 없는 사건이었다. 에베소에 살던 유대인과 그리스인들이 다 이 사건을 듣고 두려워했다. 그리고 주술이나 요술로 사람들을 현혹하던 유대인이나 그리스인 무리들이 주 예수의 이름을 높이며 예수를 믿고, 놀랍게도 지금까지 자행했던 그들의 죄악을 자복하고 회개했다.

마술책을 불사르며 회개

에베소는 터키나 그리스 지역에서 당시 많은 사람들이 번창하던 도시에 요행심을 가지고 몰려들던 도시였다. 사람들이 이상한 마술사들의 공연을 보고 또 이들이 팔던 신통력이 있다는 각종 부적이나 주술에 빠져들었다. 세상이 어수선할수록 믿을 곳을 찾지 못한 사람들이 이상한 마술이나 용하다는 점쟁이들을 찾는다. 그들은 신기한 마술을 가르치며 묘기를 보이고 또 점을 쳐서 사람들에게 사주팔자를 예언하며 돈을 벌며 살았다.

그들이 바울이 전한 복음을 듣고 또 그에게서 나타난 신비한 능력을 보고 놀라움을 금치 못했다. 그들은 바울이 가진 능력은 자신들이 연마한 마술이나 주술을 분명 크게 압도하는 것을 깨닫고 두려워하며 바울을 따르기 시작했다.

바울의 강력한 권유로 그들은 지금까지 마술과 주술로 사람들을 미혹했던 일을 회개했다. 그들은 바울이 전하는 복음을 진리로 인정하고 미신 숭배에서 하나님께 돌아섰던 것이다. 그들은 진정한 회개를 사람들 앞에 보이기 위해서 구체적인 표시로 마술에 관한 책(파피루스로 만든 두루마리 책)과 부적을 다 모아 가지고 길로 나와서 사람들이 보는 앞에서 불살랐다. 그 책들의 값만도 은 오만 드라크마(큰 돈임에는 틀림 없으나 정확한 현재의 가치를 계산하기는 어렵다)나 되었다.

회개는 성령의 역사를 불렀고 이렇게 바울에 의한 복음의 설파가 큰 도시를 근본부터 흔들었다. 아볼로나 다른 유대인 제자들이 할 수 없었던 기적이었다. 앞서 예루살렘 초대교회의 베드로와 요한 사도에 의해서 나타났던 놀라운 회개 운동에 이어서 바울 사도가 소아시아 이방인 도시에서 일으킨 하나님의 큰 역사였다.

그리스도인의 진실한 삶

예수가 복음을 유대에서 전할 때는 온 세상이 예수가 전하는 복음을 듣지도 알지도 못하던 때였다. 유대 나라 밖 그리스나 로마와 같은 이방 나라는 노예가 전체 인구의 3분의 2였고 나머지 3분의 1 정도가 자유인과 주인들이었던 시대다.

그 후에도 이런 상황은 초대교회 시절을 넘어 수백 년을 이어가며 사정은 비슷했다. 복음을 듣지 못했던 사람이 엄청나게 많았고 부분적으로 듣기는 했어도 그 진실성을 깊이 이해하지 못했던 사람들이 대부분이었다. 다른 정치나 사회적 환경도 현재와 비교한다면 턱없이 열악했던 것이 사실이다.

반면에 오늘의 시대는 세계 어디를 가나 성경이 널리 보급되었고 의미있는 설교집이나 해설서가 책방마다 즐비한 시대이다. 누구나 마음만 있으면 손을 뻗어 복음과 관계되는 정보를 얻기는 매우 쉬운 세상이다. 그런 까닭에 말씀의 전파도 목회자를 양성하는 학교도 중요하지만, 오늘날에는 믿는 사람들이 초기 기독교들 같이 말씀대로 사는 모습을 세상에 보이는 일이 시급하다. 이런 사람들을 세상에서 그리고 교회 안에서조차 보기 힘든 것이 문제이다. 기독교에 대한 사회적 관심이 점차 떨어지고 있는 큰 이유이다. 성경을 보는 우리의 관점이 교리나 윤리나 그리고 교회의 조직이나 운영보다는 우리가 사는 세상에, 우리가 속한 사회에 교회와 교회를 섬기는 사람들이 어떻게 말씀대로 진실하게 사는지를 보여주는 것에 초점을 맞춰야 할 때가 되었다.

내가 로마도 보리라

바울은 에베소에 도착해서 총 2년 3개월(유대 관습으로 3년이라 통칭)을 체류하며 열심히 일했다. 마술을 하던 많은 사람들이 바울의 말씀 전도를 들고 또 그와 함께 드러난 눈부신 증거를 보면서 회개했다. 그들은 자신들의 요술과 복술이 허망한 것을 알고 점치는 책이나 요술에 관한 책을 다 끄집어내서 여러 사람 앞에서 산처럼 싸놓고 불을 질렀다.

이 사건은 그의 에베소 체류가 상당히 경과된 시점에 일어났고 바울의 전파가 얼마나 강력했던가를 보여주었다. 주의 복음이 에베소에서 소아시아 전역으로 뜨겁게 전파되었고 힘이 있었던 것이다. 바울의 총명한 눈이 그리스 소아시아를 넘어서 전도의 새로운 목표를 보기 시작했다. 그는 올림픽 경기에서 마라톤을 달리는 선수와 같이 지금까지의 수고와 성공에 안주하는 대신 예수가 맡긴 사명의 완주를 원했다. 그리고 흐트러짐이 없는 로마의 군사같이 예수의 군사로 복음전파의 최종 표적을 향해서 나가길 원했다.

바울은 이후 그가 방문할 지역과 일정을 제자들과 의논하면서, 그가 그리스의 마게도냐와 아가야 지방 교회에서 기근이 심했던 예루살렘 교회에 보내는 구호 연금을 예루살렘에 전달한 후에 로마도 가겠다는 계획을 처음으로 밝혔다. 바울은 지금까지 로마의 큰 도시들을 여러 곳 방문해서 복음을 전파했지만, 정작 로마 제국의 핵심부인 로마 시를 가보지 못했다. 그의 뜨거운 마음은 제국의 황제가 있는 곳을 방문해서 황제 앞에서 복음의 비밀을 마지막 힘을 다해서 전하고 싶었다. 그는 로마에는 이미 예수를 믿는 성도들이 많이 있었고 교회도 있다는 소식을 부리스길라 부부에게서 들었다. 그는 전도를 시작하면서 다른 사람이 복음의 씨앗을 뿌렸던 곳은 피해서 복음이 전해지지 않은 곳에만 가겠다고 공언했던 사람이다. 그러나 바울의 소원은 로마에 있는 교회에 자신이 깨달은 복음의 비밀을 자세히 전해주고 복음에 관한 그들의 지식을 넓혀주고 싶었다. 그는 로마 교회 성도들과 얼마 동안 지내다가 그들의 도움을 받아 당시에는 세상의 끝이라고 생각했던 스페인까지 가서 복음을 전하겠다고 결심했다.

그의 시선이 이때부터 비로소 땅끝을 보고 세상의 정점을 보고 생명 보다 더 중한 예수의 복음을 그곳에 증거하겠다고 공언했다. 그가 달려갈 마지막 목표를 분명하게 선포했던 것이다. 에베소 생활은 분명히 그의 복음 전파에도 중요한 변화를 주었다. 그가 지금은 복음의 깊이나 내용의 순수성을 중시하는 복음주의적 방향으로 복음 전도자에서 복음의 변증자로 변하고 있었다. 그가 두란노 강당을 운영하며 복음 전도자와 목회자를 양성하며 얻은 큰 변화였고 진보이기도 했다.

고린도 교회의 문제점 그리고 방문

에베소에서 기록한 성경 에베소에 체류하던 바울은 고린도 교회의 성도들과 서신을 통해서 알게 되었던 교회의 내분과 고질적인 여러 문제를 해결하기 위해서 바쁜 시간을 쪼개어, 적어도 한 번은 고린도 시를 배를 타고 직접 방문했고, 에베소와 마게도냐 지역에서 또 여러 편의 서신들을 써서 고린도에 보냈다. 고린도 교회는 그가 2차 전도여행 때 말씀을 전하고 직접 그리스인 교회를 개척해서 거친 항구 도시에 살던 사람들을 1년 반이나 자녀처럼 정성으로 양육했던 곳이다. 이런 이유로 그는 에베소에서 두란노 강당과 교회를 돌보던 바쁜 중에도 특별한 애정을 가지고 고린도 교회의 동정을 주시했고 교회의 문제들을 해결하기 위해서 수고를 마다할 수가 없었다. 그가 기록해서 보낸 여러 편의 서신이 오늘날 고린도전후서라는 성경이 되었다.

부끄러운 세속적 병폐가 교회 안에

바울의 에베소 체류를 알고 난 고린도 교회 성도들이 에베소에 있는 바울을 찾아와서 교회의 편지(고전 7: 1; 16:17)를 그에게 전하며 교회 안에 있던 여러 문제를 토로하고 바울의 지도를 요청했다. 특히 교회 안에 파당이 생겨 서로 다툰다는 얘기와 부끄러운 친족 상간 사건이 있다는 소식에 바울은 크게 놀랐다. 그는 생명을 바쳐서 사랑했고 양육했던 성도들에게 이런 세속적인 문제가 생겼다는 것이 충격적이었다. 그가 분연히 일어나 교회를 향해서 하나님의 온전한 뜻을 전하고 즉시 파당을 버리고 예수의 이름 아래 하나로 뭉칠 것과 성도들이 서로 돌아보아 음행을 경계하고 회개하라는 권유가 아닌 강력한 명령을 여러 편지로 거듭 전했다.

바울이 에베소에서 기록해서 고린도 교회에 보낸 최소한 4통의 편지 가운데 첫 번째 편지(고전 5: 9)는 그 동안 유실되어 내용을 알 수 없고, 두 번째는 바울이 첫 번째에 이어서 서기 55년 초쯤에 기록해서 보냈다. 이 편지가 고린도전서가 되었다. 세 번째 편지는 고린도전서를 쓰고 나서 6개월쯤 뒤인 55년 말경에 마게도냐 지방에서 써서 보냈던 것으로 우리가 지금 고린도후서라고 부르는 성경이다. 서기 2세기경 초대 교부들은 지금은 유실된 네 번째 편지의 일부를 세 번째 편지에 추가해서 현재의 고린도후서를 완성했다고 주장했다. 전서와 후서를 보낸 중간 어느 시점에서 바울은 고린도 교회의 반응이 늦어지자 본인이 직접 배를 타고 고린도를 방문했다.

고린도 시의 전격 방문

두 번째 편지(전서)를 보내고 나서 바울은 초조하게 고린도 교회의 반응을 기다리고 있었다. 그러나 편지에 대한 반응과 그곳에 보냈던 디모데의 귀환이 늦어졌다. 답답했던 바울은 배편으로 에게 해를 건너 직접 고린도 교회를 방문해서 문제의 성도들을 대면하고 설득하려고 나섰다.

초기 교부들(The Apostolic Fathers)

사도들이 순교하고 난 후 기독교의 정통 교리를 지키고 올바른 복음의 진리를 체계적으로 연구하고 이론을 발전시킨 신앙의 선배들과 학자들을 초대 교회의 교부들이라고 부른다.

교부들은 1세기 말에서 8세기까지 여러 사람들이 있지만 사도들에게 직접 배웠거나 동시대에 살았던 사도 이후의(속사도) 교부들을 초기 교부들이라고 한다. 이들 가운데 로마의 클레멘트(Clement of Rome), 스미르나의 폴리캅(Polycarp of Smyrna, 안디옥의 이그나티우스(Ignatius of Antioch) 등 여러 교부들이 나타났다. 교부(Father)라는 말은 지금도 가톨릭 교회에서 목사나 교사를 부를 때 사용하고 있다..

그는 눈에 익은 성도들의 얼굴을 보며 하나님의 뜻을 전하면 그들 역시 자신의 얼굴을 보고 마음을 열고 회개할 것이라고 생각했다. 그는 얼마 전까지 그가 인도했던 은혜로운 고린도의 그리스인 교회를 마음속에 떠올리며 그가 가면 충분히 그들을 하나님의 말씀으로 훈계하고 온전한 그리스도의 길로 돌아오게 할 수 있다는 자신감마저 있었다. 바울은 짧은 기간이지만 에베소에서 배를 타고 고린도를 전격 방문해서 직접 문제를 해결하려고 일련의 적극적인 활동을 벌였다. 그러나 고린도 여행은 그의 선한 의도와는 전혀 다르게 비참한 모습으로 끝이 나고 말았다.

철저한 실패

고린도 시의 특별한 환경이 계속 문제였다. 고린도는 우상 숭배가 심했던 것은 물론 사람들이 정도를 넘어 심히 부패했었다. 신전에서 공공연히 매춘이 이루어졌고 사람들이 술과 도박과 심히 문란한 생활에 빠져 있었다. 매일 새롭게 항구에 짐을 풀고 싣는 상선들을 통해서 각국에서 온 선원들과 여행객들이 시내 곳곳에서 술과 여자를 쉽게 샀다.

바울은 고린도에 도착해서 처음으로 복음을 전했던 유대인 회당에서 이런 방탕한 무리들을 만났었다. 특히 유대교로 귀화했던 많은 그리스 사람들 가운데 윤리와 절제를 잃고 환락에 빠졌던 사나운 사람들이 많았다.

또한 그를 반대하던 주동자들의 차가운 반응이 너무 강력했다. 반대 세력이 이미 널리 알려졌던 바울의 명성을 전적으로 무시하고 거친 말과 행동으로 막무가내로 대들며 나섰던 것이다.

그들은 해묵은 시비를 또 거론했다. 그의 사도직이 자의적이라고 전제하고 복음의 진실성을 의심했다. 그 위에 그가 일 년 전부터 각 교회에 권해서 예루살렘 교회의 가난한 성도를 구제하기 위한 헌금을 바울이 사사로이 사용하려고 한다는 얼토당토않은 소문을 퍼뜨리며 공격했다.

날카로운 각을 세우고 화를 내며 반대하는 사람들을 짧은 시간에 설득과 권면으로 바로 잡을 방법은 없었다. 사람의 인격이 아무리 고매해도 또 신실한 믿음이 있더라도 더러운 세속에 빠진 사람들의 황폐한 마음과 성난 사람들의 교만한 마음을 진정시키지 못할 때가 흔히 있다.

어느 때고 두려움을 모르던 바울이 현실 교회의 문제점을 피부로 느끼며 깊은 실망에 잠겨 에베소로 돌아왔다. 바울은 침중한 어조로 세 번째 편지인 고린도후서의 일부를 써서, 그리스인 목회에 탁월한 능력이 있던 디도(Titus) 편에 보냈다.

디도는 그레데(Crete) 섬 출신 그리스인으로 어느 곳을 가든지 원만한 인격을 가진 목회자로 능력이 있었기 때문에 바울 사도의 후기 사역에 큰 도움을 주었던 사람이다.

바울은 고린도 교회에 보냈던 후서의 한 부분에서 바울 반대파를 이끌던 주동자에 대한 자신의 분노가 한계에 도달했다고 전하면서 고린도 교회를 다시 원점에서 새로 시작할 뜻이 있다는 극단 처방도 숨기지 않았다. 그가 외부로부터의 핍박 대신에 지금까지 겪어 보지 못했던 여러 이해가 상충하는 목회 현장에서 교회가 안으로 겪는 생생한 전투를 실감했던 때였다.

에베소와 마게도냐에서 기록한 성경
고린도전후서

고린도서의 기록 시기 서기 55년*, 바울이 신약성경 가운데 가장 개인적이고 격하고 날카로운 두 서신 서를 6개월 간격으로 기록해서 고린도 교회에 보냈다. 전서는 그 해 상반기에, 후서는 그 해 후반기에 기록했고 그리고 전후서의 중간 어느 시점에서 바울은 고린도 시를 전격 방문해서 교회 안에 있던 여러 문제들을 교회를 개척했던 사람으로, 어디서든 인정받던 기독교 지도자의 권위를 가지고 문제의 사람들과 만나서 단번에 해결하려고 했다. 그러나 현실 교회의 여러 문제는 바울의 마음과 같이 전혀 녹록하지 않았다 .

고린도서의 기록 배경

에베소에 도착하기 3년 전인 52년경에 바울은 고린도 시를 처음 방문해서 유대교에서 떨어져 나온 일부 그리스인들과 새로운 교회를 세우고 복

---

* 학자에 따라서는 56/57년을 주장한다.

음을 전했다. 교회가 부흥하면서 자연히 여러 계층의 서로 다른 사람들이 모였다. 그리스인들이 주축이 되었고 일부 유대교에서 바울을 쫓아 예수를 믿었던 소수의 유대인들도 있었다. 또 교회에는 자유인은 물론 수많은 노예들까지 여러 종류의 사람들이 함께 모였다. 바울은 그들 가운데서 목회를 인도하며 전에 느껴보지 못했던 새로운 경험을 적잖게 얻었다. 그는 교회의 설립자이며 많은 이질적인 사람들을 하나로 묶어서 충성스런 예수 공동체를 만드는, 요즘 말로 교회의 담임목사였다. 무엇보다 그의 열심과 더없이 소박한 삶은 다양한 성도들을 하나의 단단한 공동체로 묶는데 부족함이 없었다. 그러나 그리스도인의 모범인 그가 떠나자 차츰 세속적인 것들이 교회 안으로 들어오기 시작했다.

고린도 시의 퇴폐적 모습

바울은 번창하던 항구 도시였던 고린도에서 1년 6개월 정도 오래 거주하며 교회를 세우고 말씀을 강론하며 친히 교회를 이끌었다. 고린도는 전체 인구가 한참 때는 오십만 명을 넘었던 로마 제국에서 세 번째로 큰 대도시였다. 바울 사도 당시 주민들 가운데 약 4십만 명이 노예들이었고 2십5만 명이 자유인이었던 이 항구 도시에는 유동 인구도 많아 다른 지역에서 방문한 상인들과 선원들이 늘 들끓었다.

고린도는 당시 만연한 그리스 문화에다가 항구 도시로 세계 여러 민족들이 방문해서 성적 유희와 각종 오락을 찾던 도시였다. 대표적인 그리스 신전인 사랑의 여신 아프로디데 (Aphrodite) 신전이 매춘부의 소굴이 되었을 뿐만 아니라 2년마다 열리는 해상 경기를 포함해서 각종 스포츠 행사가 겹치면서 흥겨운 환락의 도시였다. 매춘이 종교적 행사로 변하며 성적 문란을 조장했다.

그가 에베소에 왔다는 소식을 듣고, 고린도 교회에서 사람들이 바울을 찾아 와서 고린도 교회 소식을 전했다. 소식을 듣고 그는 지금은 유실된 편지를 일차로 써서 보냈다.

그리고 나서 시간이 지난 후, 다시 고린도에서 사람들이 교회 편지를 가지고 바울을 찾아와서 그의 지도를 요청했고, 바울이 이에 대한 답변과 지금까지 여러 경로로 알게 된 고린도 교회의 문제들에 대한 질책과 경고를 담은 두 번째 편지를 다시 보냈다. 이것이 고린도전서가 되었다.

그 후 두 번째 편지에 대한 고린도 교회의 반응을 기다리던 바울이 고린도를 방문했지만 그를 배척했던 일부가 사납게 들고 일어서는 바람에 크게 실망을 한 바울은 에베소로 돌아와서 세 번째 편지를 디도를 통해서 고린도에 보냈다. 바울은 디도의 소식을 에베소에서 기다리던 중에 일어난 에베소 상인들의 폭거로 그는 마게도냐로 건너가 피신할 수밖에 없었다.

한참 후에 고린도에 서신을 가지고 갔던 디도가 메게도냐에 머물던 바울에게 돌아와 고린도 교회가 편지를 읽고 변해서 말썽을 피우던 성도들이 놀랍게도 회개했다는 좋은 소식을 전했다. 바울은 곧 안도와 위로의 편지를 마지막으로 보냈다. 지금까지 알려진 것으로는 세 번째 편지(질책과 변화를 요구하는 내용)에 네 번째 편지(디도에게서 좋은 소식을 듣고 난 후 안도의 내용)를 추가해서 지금 우리가 고린도후서라고 부르는 성경이 되었다.

고린도서의 주제

전서

교회에 여러 문제들이 있었다. 또 교회가 어떻게 대처해야 할지 궁금했던 질문들이 있었다. 이들 가운데 중요한 것으로 1)교회 내의 파벌과 분쟁, 2)시기 질투, 3)성도간의 법적 소송, 4)근친상간의 용납과 위험스런 성적 타락, 5)결혼과 이혼에 대한 올바른 태도, 6)시장에서 팔던 우상에 바친 음식물, 7)교회 안에서 영적 재능의 활용, 8)부활에 관한 오해와 진실 등이 있었다. 바울은 이런 교회 안에 공통적으로 있는 여러 문제점과 또 고린도 교회의 독특한 질문 사항들에 대한 성경적 인도를 한 편씩 제목마다 자세히 설명했다.

고린도 교회의 문제들은 교회가 어느 곳에 있든지 또 어느 시대나 여러 사람들이 모이는 교회에 있었던 고질적인 문제였다. 바울의 은혜스런 강해는 오늘날에 우리들이 모이는 교회가 따라가야 할 바른 길을 알려 주고 있다. 이런 의미에서 고린도서는 기독교의 교리를 설명하는 성경이면서 동시에 교회가 갖고 있는 현실적 문제를 구체적으로 다룬 믿음의 헌장과 같은 성격의 성경이다.

전서의 두 가지 특별 주제

사랑, 고린도전서 13장

바울은 에베소에서 일하면서 고린도 교회에 있는 교회 내부 갈등에 대해서 여러 편지로 자신의 신앙적 해결 방법을 알렸고, 급한 김에 자신이 직접 배를 타고 잠시 그곳을 방문했었다. 이들 현실 교회의 실제적인 문제는 그 때나 지금이나 변하지 않는 교회 안의 생태적인 문제다. 바울은 고린도전서에서 앞 뒤의 글과 맞지 않는 '사랑'에 대한 한 편의 아름다운 시를 성경 중간에 넣었다. 후인들이 '사랑장'이라고 부르는 따뜻한 선율이 흐르는 시가(Poem)이고 기도의 글이다. 그는 믿음은 신앙의 첫 요소임에는 틀림 없지만 사랑 안에서 행하지 않으면 이것 역시 아무것도 아니라고 초기 그가 주장했던 '믿음 = 의 = 생명'이라는 등식 선언을 훌륭하게 보완했다.

부활과 소망

믿음과 사랑을 역설했던 바울은 다시 준엄한 현실로 돌아왔다. 그는 하나님의 아들로 이 땅에 구세주로 왔던 예수는 불법과 죄악이 가득 찬 이 땅을 당장 심판하거나 하나님 나라로 바꾸지 않고 그 날을 약속하며 승천했다. 예수는 승천하기 전에 그를 안타깝게 쳐다보는 제자들에게 그가 곧 다시 이 땅에 와서 죽은 자나 산 자들을 심판할 것과 하나님의 자녀들은 예수와같이 모두 부활해서 썩지 아니할 영화로운 몸으로 변해서 하나님 나라에 들어갈 것을 약속했다.

우리 모두는 예수가 다시 올 그 날을 기다리고 바라고 있다. 이것이 그리스도인의 참된 소망이다. 모든 사람은 그 날을 기다리며 땅에서 일정한 시간을 살다가 하나님 나라로 주소를 옮겨가는 것이다.

반면이 세상은 '권세를 잡은 어둠'의 세력들이 지배하는 곳이다. 정치 권력은 물론 재물, 명예, 재미, 장수 등 사람이 추구하는 세상의 기쁨은 절제가 없으면 욕심과 정욕 때문에 '권세를 잡은 어둠'의 세력으로 변한다. 그리스도인들은 오직 예수의 능력으로 이런 세상을 싸워서 이기고 사는 사람들이다.

바울이 생전에 좋아했던 두 가지 세상의 아름다운 모습이 있다. 그는 고대 그리스의 올림픽 경기를 좋아했다. 올림픽 경기의 공정성과 인간의 아름다운 최선을 사랑했다. 그는 또 로마 군사를 좋아했다. 로마 군인의 엄한 규율과 목표를 향한 질서 있는 행진을 사랑했다.

그는 예수가 세상 권세에 의해서 십자가에서 고통을 당했던 것과 같이, 어떤 사람도 세상 권세의 핍박에서 자유로울 수 없고 때로는 무시무시한 고통을 당하며 살기도 한다는 것을 사람들에게 알렸다. 그럼에도 불구하고 예수의 손을 잡은 사람들은 소망 가운데 기쁨을 잃지 않고 그 날을 기다린다. 소망은 사람들에게 모든 현재를 사랑할 수 있는 유일한 길이고 능력이라고 그는 예수의 약속을 믿고 선포했다.

고린도전서 13장 성경 전문과 해석
〈성경 전문〉
1. 내가 사람의 방언과 천사의 말을 할지라도 사랑이 없으면 소리 나는 구리와 울리는 꽹과리가 되고,
2. 내가 예언하는 능력이 있어 모든 비밀과 모든 지식을 알고 또 산을 옮길 만한 믿음이 있을지라도 사랑이 없으면 내가 아무 것도 아니요,
3. 내게 있는 모든 것으로 구제하고 또 내 몸을 불사르게 내줄지라도 사랑이 없으면 내게 아무 유익이 없느니라.
4. 사랑은 오래 참고 사랑은 온유하며 시기하지 아니하며 사랑은 자랑하지 아니하며 교만하지 아니하며,
5. 무례히 행하지 아니하며 자기의 유익을 구하지 아니하며 성내지 아니하며,
6. 불의를 기뻐하지 아니하며 진리와 함께 기뻐하고,
7. 모든 것을 참으며 모든 것을 믿으며 오든 것을 바라며 모든 것을 견디느니라.

8. 사랑은 언제까지나 떨어지지 아니하되 예언도 폐하고 방언도 그치고 지식도 폐하리라.

9. 우리는 부분적으로 알고 부분적으로 예언하니,

10. 온전한 것이 올 때에는 부분적으로 하던 것이 폐하리라.

11. 내가 어렸을 때에는 말하는 것이 어린아이와 같고 깨닫는 것이 어린 아이와 같고 생각하는 것이 어린 아이와 같다가 장성한 사람이 되어서는 어린 아이의 일을 버렸노라.

12. 우리가 지금은 거울로 보는 것 같이 희미하나 그 때에는 얼굴과 얼굴을 대하여 볼 것이요 지금은 내가 부분적으로 아나 그 때에는 주께서 나를 아신 것 같이 내가 온전히 알리라.

13. 그런즉 믿음, 사랑, 소망, 이 세 가지는 항상 있을 것인데 그 중에 제일은 사랑이라.

〈해석〉

　신구약성경 가운데 사람들이 가장 많이 애독하는 말씀을 들라면 당연히 고린도전서 13장이다. 바울 사도가 성령의 충만함을 받아서 사랑이라는 우리의 인격 가운데 가장 소중한 부분을 설파한 글이다. 평소 우리가 아는 것 같으나 잘 모르는 사랑에 대해서 그는 우리에게 성경적 설명을 처음으로 설파했다. 우선 바울의 글을 세 부분으로 나누어서 생각하면 이해가 분명해진다.

첫 부분은 4절에서 8절까지 말씀으로 사랑의 본질을 설명했다. 사랑은 하나님의 가장 큰 성품이고, 사람은 하나님의 형상을 따라 지음을 받은 가장 중요한 그의 피조물이다. 그가 섬세한 표현으로 그린 사랑은 하나님의 사랑이 사람을 통해서 세상에 나타나는 모습이다.

둘째 부분은 9절에서 12절 까지 말씀이다. 그는 우리가 지금은 서로 주고 받는 사랑은 아무리 정성을 쏟아도 결국 불완전한 것이라고 진단한다.

셋째 부분은 1절부터 3절까지 말씀이다. 처음 세상이 밝고 아름다웠던 것과는 달리 세월이 흐르면서 세상은 점점 어둡고 차갑게 변하는 것은 세상에 천사의 말과 같이 달콤하고 누구처럼 감동적인 말이나 설교가 없어서, 또 놀라운 지식이나 믿음이나 전적인 헌신이 부족해서 생긴 것은 아니라는 말이다. 결국 인간의 죄로 인해서 사랑이 식어져서 생긴 문제라는 주장이다. 이들을 부분 별로 조금 더 깊이 들어가보면 바울이 전하기 원했던 진실이 나타난다.

첫 부분 세상에서 사랑을 소유한 사람이 나타내는 이상적인 모습이다. 사랑은 이웃과 함께 사는 세상에서 자신이 아닌 이웃이나 다른 사람에게 보이는 다정한 감정이고 자신의 이기적 성격을 자제하고 다른 사람을 먼저 배려하는 삶의 태도이다. 그는 여럿이 함께 사는 세상에서 자신뿐만 아니라 다른 사람이 불의한 일을 당하는 것을 기뻐하지 않으며 오직 진실을 즐거워하며 끝까지 참고 견딘다.

그는 믿음으로 창조주의 인도와 사랑을 확신하고 언제까지라도 그것을 바란다. 사랑은 더불어 사는 세상에서 사람들이 하나님을 본받아 서로 따뜻한 사랑을 베풀며 사는 모습이다. 남녀의 사랑도 이 범위를 크게 벗어날 수는 없다. 그러나 이상적인 사랑의 모습은 예나 지금이나 찾기 어려운 것이 사실이다. 바울은 부족하고 위험한 인간조건을 알았고 그래서 완전한 사랑을 뒤로 미룬 체 미완성의 모습으로 남겼다.

역사상 가장 위대한 예술가 셋이 이태리에 살았다. 이들은 암흑 시대라고 불리는 중세의 어둡고 칙칙한 종교에서 해방을 원하며 자연과 참다운 인성으로 돌아가려고 눈을 떴던 르네상스를 대표하는 예술가였다. 그들은 성경을 정독하고 그리고 개방적인 기독교 지도자들과 사귀면서 예수와 하나님 그리고 그들이 다스리는 나라를 화폭에 담았고 또 아름다운 대리석 돌덩이를 깎아서 그 속에 하나님과 그의 사람들을 표현하려고 평생을 보냈던 사람들이었다.

레오나르도 다빈치(1452-1519), 미켈란젤로(1475-1564), 라파엘(1480-1520) 세 사람이 바로 그들이었다. 그 가운데 연장자였고 평생을 독신으로 살았던 이태리 플로랑스 출생의 화가요 과학자요 철학자가 레오나르도 다빈치이다. 그가 인생의 절정기였던 나이 52살에 시작해서 67세로 죽기까지 오랜 시간을 바쳐 그렸지만 완성을 시키지 못하고 죽었던 그림이 있다. 모나리자(Mona Lisa)라는 사랑하던 한 여성의 신비한 초상화였다. 지금도 파리 루브르 박물관에서 수많은 사람의 시선을 어김 없이 독점하고 있는 그림이다. 인기의 이유는 주인공의 얼굴에 나타난 불가사의한 미소 때문이라고 평한다. 미소의 의미와 왜 레오나르도 다빈치 같은 화가가 그림을 미완성으로 남겼는지 의문이 날 때가 있다. 그가 정말 표현하기 원했던 것은 모나리자의 미소를 통해서 바울이 나타내려고 했던 "사랑"을 화폭에 담으려 했던 것은 아닌가? 누구도 필적하기 힘든 천재도 진정한 사랑을 완전히 표현하기가 어려워서 그림을 미완성으로 남겼다는 생각이 든다.

바울도 여러 사람들이 사는 현실(세상) 교회 안의 심각한 문제를 보고 경험했다. 그가 힘을 다해서 하나님의 '사랑'을 전하고 강조했던 서신의 일부가 고린도전서 13장이다. 천재적인 작가인 바울은 글로 사랑의 모습을 표현하려고 애썼다. 그러나 사랑의 참모습을 글로는 완성할 수가 없었고 미완성으로 남길 수밖에 없었다. 그들이 부활 후에 있을 우리의 온전한 변화와 하나님 나라에서 살 후일로 완전한 사랑의 묘사를 미루었던 것은 우연의 일치만은 아니었다.

둘째부분 바울은 사랑의 모습이 미완성일 수밖에 없는 이유를 이곳에서 밝히고 그 날을 기약하며 두 손을 모았다. 지금까지 우리가 알고 있는 하나님과 그의 나라에 관한 지식과 믿음은 부분적이라는 이유가 하나였다. 그 다음은 우리의 육신이 연약해서 온전한 사랑을 이 땅에서 이룰 수가 없었다.

즉 우리의 인간조건이 두 번째 이유였다. 2천년 전에는 유리로 만든 거울이 없었기 때문에 구리를 잘 닦아 만든 거울로 자신의 얼굴을 볼 수밖에 없었다. 그들은 깨끗하고 맑은 자신의 모습을 보는 대신 구리 거울에 비친 희미한 얼굴을 보는 것으로 만족해야 했다. 마치 우리가 예수의 얼굴을 마음에 그려보는 것과 같다. 그러나 마지막 그 날에는, 우리가 그의 얼굴을 가까이 마주 대하고 환하게 보는 날이 올 것이다. 그 때는 우리가 알지 못하던 하나님을 온전하게 알게 되고 진정한 '사랑'을 깨닫고 서로 그것을 나타내며 살게 될 것이라는 말이다.

셋째 부분 이 부분의 말씀은 전적으로 부패하고 냄새 나는 세상 얘기를 시적 표현으로 그린 것이다. 그 때나 오늘이나 세상에는 뛰어난 언변으로 흡사 천사가 말하듯 사람의 마음을 훔치는 사기꾼들이 정치, 경제, 사회 각 분야에 많이 있다. 종교계에도 그렇다는 말이다. 이들의 특징은 말과는 다르게 진실한 사랑이 없다고 그는 지적했다. 기독교는 예수 그리스도를 구세주로 그리고 살아계신 하나님의 아들로 믿는 신앙이고, 하나님은 영원한 사랑이고 그의 본심은 사랑이라고 가르친다.

후서

고린도후서의 전반부는 바울이 기록했던 어떤 성경보다 가장 훌륭했던 글이라고 후세 학자들이 평한다. 펄펄 끓는 용광로에서 금이 나오고 좋은 쇠가 나오는 것처럼, 심각한 도전과 지금까지 경험하지 못했던 실망과 자괴감 속에서 새로운 바울이 태어났던 것이다. 후반부에서는 어느 성경 보다 더 자세하게 자신이 예수 안에서 어떻게 새로운 사람이 되었고, 예수가 불러서 맡긴 일을 얼마나 성실히 수행했는지를 설명하며 자신의 사도직을 변호했다. 고린도 교회의 대부분 성도들은 바울의 고린도 방문을 원하고 있었지만, 일부 소수는 아직도 자신의 약점을 지적하며 은근히 결속을 흔들고 있었다. 또 장차 어떤 거짓 선생들이 와서 교회를 흔들지도 모르는 일이었다. 그는 할 수 있는 한 강력한 언어를 구사해서 자신을 변호함으로써 그들이 자신이 전한 복음에서 떠나지 않도록 대비하는 길을 택했다. 몇 가지 후서의 주제를 요약하면,- 1)오해에 대한 변명, 글과는 다른 바울의 약하고 시원치 않은 언변, 2)그리스도의 교회는그리스도의 향기이며 성도는 마음에 쓴 그리스도의 편지, 3)영의 직분과 영광, 겉사람과 속사람, 4)땅에 있는 집과 하늘에 있는 집, 5)새로운 피조물, 6)화해의 기쁨(Joy of Reconciliation) 등이다.

바울의 고린도 교회 방문과 보낸 서신들의 일람표

1. 서기 51-53년경, 고린도 1차 방문과 교회 설립(2차 전도여행)

2. 54년경, 글로에(Chloe) 가족의 에베소 방문(고전 1:11)

3. 54년 말경, 에베소에서 고린도에 보낸 1차 편지(유실)(고전 5:9)

4. 54년, 고린도 교회의 편지와 대표들(스데바나와 브드나도, 아가이고)의 에베소 방문(고전 7:1; 16:17)

5. 55년 초, 두 번째 편지(고린도전서) 발송(디모데 편에 보냄)

6. 55년, 고린도 2차 방문, 짧은 그러나 고통스런 방문(고후 1:15)

7. 55년 세 번째 편지(고린도후서) (고후 2:3-4; 7:12) (디도 편에 보냄)

8. 56년 디도가 고린도에서 마게도냐에 도착. 마게도냐에서 네 번째 편지, 세 번째 편지인 고린도후서에 추가

9. 57년, 고린도 3차 방문(고후 12:14; 13:1; 행 20:2-3)

10. 57년, 겐그리아(고린도 인근 항구)에서 로마서 기록

그는 디도가 가져온 좋은 소식을 듣고 뛸 듯이 기뻐하며 고린도 성도들에게 교회 지도자에 대한 존중과 자신이 펼쳤던 고린도 교회의 지도 원칙을 다시 강조하는 편지(4차)를 써서 보냈고, 오늘날 그 일부가 고린도후서의 말미에 포함되어 있다. 마지막으로 예루살렘에 보낼 구제 헌금이 아시아와 마게도냐에 이어서 고린도에서 잘 끝나서 예루살렘에서 오순절을 지킬 수 있기를 바랐다.

한편 바울이 고린도후서(세 번째 서신)를 기록해서 디도 편에 고린도로 보내고 난 후에 에베소에서 큰 사건이 터졌다. 에베소에서 아데미 여신과 관련된 각종 신상을 제작해서 팔던 상인 단체가 폭거를 일으켜 우상을 멀리하라고 강력하게 외치던 바울을 체포해서 형벌을 가하려고 했다. 바울은 다행히 폭도들의 습격과 체포는 피했으나 바울을 후원하던 그리스인 성도들이 곤욕을 치루었다. 바울은 위험을 피해서 일단 에베소를 떠나 마게도냐로 옮겨야 했고 그곳에서 디도의 소식을 기다렸다.

성경과 설교의 차이

바울의 여러 약점을 들추며 공격하던 고린도 교회의 반대파는 바울이 '글보다 말씀이 약하다'고 그의 설교 실력을 폄하하며 인신공격을 했다고 고린도후서에서 바울이 밝혔다. 고린도에서 바울 다음으로 상당한 기간 예수의 복음을 가르쳤던 언변이 뛰어났던 아볼로를 염두에 두고 두 사람을 비교하며 평가했던 말일 수도 있다.

바울은 그가 각 지역 교회에 보낸 편지로 소아시아와 그리스 지역에서 이미 유명해졌고, 그 후 4세기경에는 그가 보냈던 13편의 서신서가 기독교가 공인하는 정경이 되었다. 오늘날 우리는 그의 서신 모두를 성령의 역사로 기록된 하나님의 말씀이라고 믿고 따르고 있다.

그럼에도 불구하고 그는 말씀이 약하다는 평가를 고린도 교회의 일부 성도에게서 받았던 사실은 우리가 지금 딱히 이해하기가 어려운 부분이다. 당시의 관례대로 기록자가 따로 있어서 바울은 구술했고 기록자가 파피루스라는 종이에 기록해서 모든 편지를 완성했다. 결국 편지를 구술해서 보낸 사람은 바울이다. 그럼에도 불구하고 바울은 편지에 쓴 글보다 말씀이 약하다고 공격을 받았던 것이다.

결국 성경은 그것 자체로 신비한 능력이 있다는 것을 증명하는 말이다. 성경은 인간의 설명을 넘어서는 신비한 능력과 진리를 포함하고 있다. 아무리 거룩한 사람이 말로 전하거나 설명하거나 훌륭한 주석을 붙여서 문자로 논증을 해도, 위에 인용했던 바울 자신의 고백과 같이 성경을 기록한 자라도, 인간은 가변적인 감정과 육신을 가졌기 때문에 성령(하나님)의 뜻을 온전하게 표현하거나 설명하기 어렵다고 볼 수 있다. 바울이 기록한 편지(성경)의 저자는 인간 바울이 아니고 성령이었다는 사실은 아무리 강조해도 지나치지 않는다.

바울이 겪은 목회의 어려움, 고린도 교회

바울은 고린도 교회가 자신이 가르치고 본을 보이고 지도했던 것처럼 잘 자라서 의젓한 예수의 신부가 되었으리라고 기대했다. 그래서 편지를 보내 안부를 물었다. 한참 만에 사람들이 에베소로 바울을 찾아왔다. 여러 사람이 다녀가며 고린도 교회의 소식을 전했다. 놀랍게도 교회가 여러 파로 분리되어 있었고 문란한 성도덕의 타락과 어떤 사람은 근친 상간까지 범했고 그것으로 많은 형제의 마음을 상하게 했다는 얘기들이었다. 자신이 전심전력을 다해서 개척했고 1년 반이나 오직 하나님의 거룩함과 진실함으로 본을 보이며 그들과 함께 살며 그들을 인도했던 수고와는 다르게 교회가 분란을 겪고 있었다.

바울은 장기인 편지쓰기로 그들을 다시 가르치고 인도하려고 고린도전서라는 서신을 기록해서 보냈다. 그들이 회개하고 바른 믿음에 돌아오기를 기다렸다. 그러나 결과는 더 나빠져서 이제는 바울을 비난하고 폄하하는 소리까지 들렸다. 자신의 약점이라면 최대의 약점이었던 사도직의 정당성 문제를 거론하며 그가 전했던 복음의 진실성마저 흔들려고 한다는 것이었다. 그가 급한 김에 에베소에서 직접 배를 타고 고린도에 건너갔던 이유였다. 그러나 그를 기다리는 것은 완강한 반발뿐이었다. 그가 목숨을 바칠 각오로 달려온 그의 경주를 하루아침에 물거품으로 끝낼 위험이 그곳에 있었다. 크게 마음이 상하고 어찌할 바를 알지 못해서 그는 에베소로 바로 귀환해서 다시 심한 편지를 보냈다. 디도가 그 편지를 가지고 가서 편지 내용을 설명하며 그리스인들끼리 속 마음을 터놓고 토론하며 설득하기를 바랐다. 다행히 고린도에서 돌아온 디도를 마게도냐에서 만난 바울은 고린도 교인들이 다 바울이 다시 오길 고대한다는 말과 반대에 앞장섰던 자도 회개했다는 말을 전했다.

바울은 마음이 놓였고 크게 위로를 받았다. 바울은 이런 과정을 겪으며 목회의 진짜 어려움을 처음으로 당하며 고민하며 실망도 하며 내적 싸움을 벌였다. 사람들이 아무리 예수를 구주로 영접했지만 서로 다른 여러 사람들이 모여서 신앙 공동체를 이루기가 얼마나 어려운 일인지를 깨달았다.

    그리고 이런 신앙 공동체의 문제점은 일시적이 아니라 인간 본연의 어두운 내적 모습에서 기인했고, 그래서 아무 때나 터질 수 있는 문제인 것을 절실하게 알게 되었다. 그가 전서에서 여러 문제들을 거론하며 마지막으로 성령의 사람이 되어야 하고 '사랑'으로 서로 사랑하라는 예수의 마지막 명령을 전했다. 바울은 다른 사람이 아닌 자신이 세웠던 교회에서 심히 어려운 때를 당하며 성도들의 신앙생활의 중심이 될 교회에 대해서 많은 생각을 했다. 고린도전후서는 이런 교회의 문제를 해결하기 위해서 성도들이 알아야 할 생활 신앙을 중점적으로 다룬 성경이고, 말미에 서신의 권위를 확고하게 하기 위해서 자신의 사도직과 사도로서 당했던 수많은 핍박과 수고를 증거로 제시했다. 그 위에 그는 성령의 감동으로 하나님 나라에 올라가서 신비한 체험을 했던 영적 체험까지 소개하며 이방인의 사도로 그를 택하시고 부르신 하나님의 소명을 강조했다.

에베소의 폭동 사건과 바울의 탈출

바울이 에베소에서 3년 가까이 복음을 전하는 동안에 일으킨 돌풍은 여러 잡신을 섬기던 우상 숭배자들에게 계속 경종을 울렸다. 소아시아 지역에 살던 그리스 사람들은 여러 개의 풍만한 유방을 앞가슴에 늘인 아데미 여신이 그를 받드는 사람들에게 풍요와 다산을 준다고 믿고 숭배했다. 아데미 여신의 축제일이 되면 아시아 온 지역에서 사람들이 에베소에 몰려와 신전에서 제사를 드리고 각종 여흥을 흥겹게 즐겼다.

바울의 눈에는 가소로운 우상 숭배였다. 그는 이전에 그리스의 아테네에서 행했던 설교와 같이 '사람의 손으로 만든 것들은 신이 아니라'고 결연이 이곳에서도 계속 외치며 하나님은 한 분뿐이며 그가 보낸 만민의 구세주가 예수라고 주장했다. 이것이 끝내는 큰 충돌로 이어졌고 바울이 에베소를 떠나게 만들었다.

아데미 은장색(Silversmith)의 폭동

에베소는 아데미 신전에 연루된 각종 사업이 번창하던 도시였다. 그 가운데 아데미 신상과 신전의 모형을 각종 금속으로 만들어 에베소를 찾아온 방문객에게 파는 것은 물론 다른 지역에 보내서 판매하면서 큰 이득을 보던 사람들이 많았다. 그들은 조합(Guild)이라는 이해 단체를 만들어서 꽤나 영향력을 행사하고 있었다. 특히 은세공품 제조업자(당시 Guild의 주축)들이 아데미 여신의 인기 덕을 톡톡히 보고 있었다. 이들이 바울을 비난하며 에베소 사람들을 충동해서 폭동을 일으켰다. 바울의 주장은 필연코 그들의 영업에 부정적 영향을 미칠 중요한 사건이었다. 사람들이 아데미 신을 섬기지 않고 신전에 관계된 세공품이나 기념품을 사지 않는다면 그들의 생업이 크게 위기를 맞게 될 것이 뻔했다. 데메드리오(Demetrius)라는 은장색이 바울을 비난하며 에베소 시민들의 풍성한 삶에 부정적 영향을 미칠 것이 뻔한 그의 활동을 민감한 경제적 이유를 내세워 주민들을 선동하는 말을 하며 폭동에 앞장을 섰다.

- 바울이 에베소뿐만 아니라 온 아시아(터키 소아시아)를 통하여 수많은 사람을 권유하여 말하되 사람의 손으로 만든 것들은 신이 아니라 하니 이는 그대들도 보고 들은 것이라. 우리의 영업이 천하여질 위험이 있을 뿐만 아니라 큰 여신 아데미의 신전도 무시당하게 되고 온 아시아와 천하가 위하는 그의 위엄도 떨어질까 걱정하노라

그는 아데미 신전과 신상을 은이나 금으로 또는 돌로 깎아 만들어서 판매하던 세공업자들의 조합을 대표해서 바울을 공격하고 나섰다. 생업이 큰 위기를 맞는다는 말에 사람들이 무조건 분노했다. 그들은 "크다 에베소 사람의 아데미여"를 외치며 바울을 잡아 공개 처형을 하려고 들었다. 바울을 찾지 못하자 그와 함께 사역하던 가이오(Gaius)와 아리스다고(Arisarchus)를 붙들어 일제히 연극장(Theatre)으로 몰려 갔다. 바울도 소동을 듣고 곧 그곳으로 가려고 했으나 에베소 시의 관리를 포함해서 주위 사람들이 위험을

감지하고 적극 말렸다.

극장으로 몰려갔던 대중은 무슨 일로 자신들이 모이는지도 모르면서 군중을 따라 들어갔다. 그들은 서로 이런 말 저런 말로 모인 이유를 설명하려고 했지만 정확한 폭동의 이유조차 몰랐다.

이 과정에서 유대인들은 바울을 참소하기 위해서 알렉산더(유대 제사장)라는 사람을 억지로 내세워 바울의 잘못을 지적하고 그를 정죄하려고 했지만, 그가 유대인임을 알아 본 시민들은 유대인의 주장을 귀담아 듣는 대신에 단지 "크다, 에베소 사람의 아데미여"만 부르며 두 시간이나 모여 떠들었다. 에베소 사람들도 상술에 약삭빠르고 능란했던 유대인들을 싫어했던 것이다.

다행히 시의 서기장이 나서서 무리를 진정시키고 시민들이 이유 없이 모여 소요를 벌이면 시 행정을 감시하고 있는 로마 총독부의 심기만 건드리는 결과가 된다고 설득하며 모인 무리를 해산시켰다. 바울이 이 소요 사건으로 어떤 피해를 직접 당했는지 기록이 남아있는 것은 없다. 그러나 학자들 가운데 어떤 사람들은 바울이 감옥에 갇혔다가 중한 태형을 당한 끝에 풀려났다는 유력한 주장을 발표하기도 했다.

폭동은 서기 56년 초 혹은 중반쯤에 일어났고 바울은 그 때까지도 고린도에 보낸 강력한 편지(고린도후서)와 편지를 가져갔던 디도에게서 소식을 듣지 못했다. 그의 마음이 초조했다. 그는 우선 폭동 끝에 감시와 추적을 당하고 있는 에베소를 떠나서 드로아로 갔다가 그곳에서 마게도냐 지방으로 바다를 건너가서 그의 소식을 기다렸다.

구제헌금 마무리

　바울은 에베소를 떠나며 그가 이미 1년 전부터 시작했던 예루살렘 교회의 가난한 성도들을 돕기 위한 구제헌금을 마무리하고 싶었다. 그는 소아시아와 마게도냐 그리고 아가야 지방에 흩어진 각 교회가 자원해서 내는 구제헌금을 완결해서 오순절 안에 예루살렘에 도착하기를 원했다. 바울은 에베소에서 그리스 지역 여행을 준비하며 이미 디모데와 고린도 사람 에라스도 두 사람을 마게도냐와 아가야 지역으로 급파했다. 그 후에 얼마 지나지 않아 큰 폭동 사건이 에베소에서 터졌고 바울이 에베소를 급히 떠나는 직접적인 동기가 되었다.

　바울은 에베소에 지금껏 방문했던 어떤 지역보다 오래 머물며 아시아 지역에 강력한 복음 전파의 중심이 될 교회를 세웠고 에베소 교회를 넘어서 주변 넓은 지역에 보낼 각종 지도자를 양성하던 학교인 두란노 강당을 세워서 복음 전파에 새로운 길을 열었다.

바울의 북유럽 지역 방문

　은장색 데메트리오의 고발 사건으로 떠들썩했던 큰 소동이 진정되고 나서 바울은 에베소를 떠나 마게도냐 지역으로 갔다. 그는 〈고린도후서〉를 가지고 고린도에 보냈던 디도를 만나기 위해서 먼저 드로아에 갔다가 디도가 오는 것이 늦어지면서 그 곳에서 다시 마게도냐로 건너갔다. 곧 바울은 디도를 만나 고린도 교회의 사정을 듣고 크게 위로를 받고 지금은 유실된 마지막 편지인 화해와 용서의 글을 고린도 교회에 보냈다. 그는 가벼운 마음으로 여러 곳을 방문하며 예루살렘에 보낼 연보의 완결을 독촉하며 여행을 계속했다. 이때쯤 바울은 그리스 국경을 넘어 북쪽 일리루곤(Illyricum) 지역 (현재의 알바니아와 유고)까지 가서 말씀을 전하고 다시 아가야 지방 고린도로 돌아왔다고 전한다.(참조, 롬 15:19)

바울이 사용한 특별한 단어와 그 진화

바울은 유대 바리새인 가정에서 태어나 어릴 때부터 정규 유대인 교육을 받았고, 바리새인이면 누구나 자랑스럽게 원했던 랍비(Rabbi)가 되기 위해서 다시 예루살렘에 유학했다. 그는 그곳에 있던 유명 사학인 가말리엘 문하에서 전문적인 랍비 교육을 받았고 명석한 두뇌로 인정을 받았던 바리새인 청년이었다. 출생지로 보면 그는 유대가 아닌 외국 도시였던 시리아(Syria) 다소(Tarsus)에서 태어난 유대인 해외 교포 (디아스포라, Diaspora)였다. 다소는 그리스 문화의 중심지로 당시에는 교육 도시로 유명했고, 그리스와 시리아에서 가장 큰 대학과 도서관이 있는 곳이었다. 그곳에서 다른 사람들과 같이 정상적인 그리스 교육을 받았던 바울은 장래가 촉망되던 어린 수재였다. 이런 사실은 그가 후에 누구 보다 많은 성경을 기록할 수 있었던 훌륭한 성장 배경이 되었던 것이다.

바울의 글을 읽는 독자는 우선 그의 풍부한 언어(그리스어) 구사에 놀라고, 그리고 그가 사용했던 상당수의 특정 단어는 그의 강력한 사상이 함축됨으로 인해서 이전의 의미에서 다른 의미를 가진 새로운 말로 태어났다는 사실을 발견한다. 물론 바울은 그의 모든 성경을 그리스 말에 정통했던 그리스인이나 그리스 출신 유대인과 서기관에게 구술해서 그들이 기록하게 했으나 특정 단어의 선택이나 사용은 순전히 그의 생각이었다. 그가 즐겨 사용했던 언어를 살펴보면 그는 단어의 진화를 통해서 자연스럽게 그의 신학 사상을 설명했던 것을 알 수 있다. 이런 의미에서 누구든지 그가 사용했던 단어의 뜻이나 진화를 올바르게 이해하지 못할 경우에는 그의 논리나 주장을 정확하게 파악하지 못할 수 있다는 말이다.

바울은 이스라엘 민족이 간직했던 성경을 완벽하게 이해했던 바리새인이었다. 그는 예수의 복음을 논증하는 과정에서 히브리 말이나 당시 유행하던 그리스 말로 쓰여진 옛 성경에서 이미 사멸되었거나 의미를 잃고 사장된 잊혀졌던 여러 단어들을 끄집어내어 새 의미를 주고 살려냈다. 그는 그렇게 새로운 단어들을 창조했던 것이다. 언어는 사회를 따라 살기도 하고 영영 사장되기도 하는 산 동물이다. 초대교회 시대와 같은 노예사회에서 넓게 통용되던 주인(Lord)이나 종(Slave)이라는 단어는 지금은 쓰지 않는 단어이다. 바울은 이 단어에 그리스도 예수와 그의 제자들이라는 새로운 의미를 심어서 오늘날도 성경뿐만 아니라 기독교 사회에서 널리 사용하는 특별한 용어가 되기도 했다. 바울은 여러 언어를 선택해서 새로운 뜻을 이식한 후에 그의 복음을 설명하고 세상에 전파하는 논증의 도구로 사용했다.

성경은 누구나 인정하는 인류 최대의 문화유산이다. 독자의 수가 예나 지금이나 가장 많고 인류가 배출한 위대한 철학자는 물론 서양 문학가의 대부분이 성경의 영향을 받지 않은 사람이 없다. 그들은 모두 어린 시절 성경을 읽고 그곳에서 언어와 문장을 익혔다고 고백했다. 성경은 여러 사람이 기록한 하나님의 말씀이다. 성경을 기록했던 여러 사람이 성격이 다르고, 살았던 환경이 다르고, 기록한 목적이 달랐지만 성령의 역사로 성경은 일정한 통일성을 유지했고 일정한 목적과 가치를 내포하고 있다. 바울은 이런 면에서 다른 성경 기록자보다 당대 최고의 그리스 문화 속에 자랐고, 그리스 문화의 특징인 시가 문학이나 역사적 소양을 지녔다는 사실이 그가 남긴 여러 성경을 통해서 분명하게 드러났다. 바울은 그가 후세에 끼친 신학적 영향이 지대했던 만큼이나 서양 문학에도 큰 영향을 남긴 위대한 작가였다. 바울이 사용했던 독창적인 언어를 전부 밝히고 설명하는 것은 전문가에게 맡기고 지금까지 수많은 사람을 극적으로 변화시켰던 바울의 언어를 일부만 여기에 예로 소개한다.

- **은혜**(Grace): 값도 성과도 요구하지 않고 공짜로 주는 구원과 새 생명(엡 2:1-10, 눅 4:18)
- **대속**(Atonement, Redemption): 유대인들이 죄를 속죄하기 위해서 드리는 동물 제사에서, 그리스도가 우리의 죄를 용서하기 위해서 십자가에서 대신 죽은 사실
- **보혈**(Precious Blood): 예수 그리스도가 십자가에서 흘린 피, 어떠한 죄악이나 허물도 다 깨끗하게 하는 보배로운 피.
- **죄**(Sin): 모든 인간이 범한 죄악, 허물(롬 3:9-23), 특히 성령을 거역하고 그리스도가 메시아임을 부인하는 인간의 고집
- **하나님의 공의**(Justice of God): 죄는 반드시 그 대가를 치르게 하고, 용서하는 하나님의 의로움
- **속량, 구속**(Redemption): 몸 값을 받고 종을 풀어 준다는 뜻에서 죄악의 대가를 치르고 용서받는 일.
- **구원**(Rescue): 죄로 죽을 수밖에 없는 인간이 영원한 생명을 얻는 길
- **십자가**(Crucifixion): 극악한 죄인을 매다는 나무 십자가에서, 인류의 죄악을 대신 지불하기 위해서 예수 그리스도가 못박힌 십자가를 의미하는 말
- **의**(Justification): 하나님이 보낸 예수 그리스도가 우리를 죄에서 구원하신 것을 믿는 것(롬 4:22)
- **의인**(The righteous): 예수의 보혈과 구속하심을 믿는 자(롬 1:17)
- **의롭다**(Righteous): 하나님이 죄가 없다고 인정하는 (사람)
- **율법**(Law): 죄를 깨닫게 하는 하나님의 명령과 계율에서, 유대인의 율법, 정결의식 및 장로의 유전 등 모든 유대적 전통.
- **자비**(Mercy): 아무런 대가를 바라지 않고 내리는 하나님의 긍휼
- **사랑**(Love): 하나님의 본성. 사회 혹은 신앙 공동체 안에서 하나님을 본받아 사는 마음, 서로 위하는 마음

- **믿음**(Trust): 예수 그리스도가 하나님의 독생자이고 세상을 구원하러 오신 구세주임을 믿는 것
- **소망**(Hope): 예수의 재림과 새로운 세상을 바라는 것(롬 5:2)
- **부활**(Resurrection): 죽은 자가 다시 살아남, 예수가 첫 부활의 주인공
- **유대인**(Jews): 유대 지방과 갈릴리 지역에 사는 모든 유대인과 타국에 거주하던 유대인을 총칭하는 말
- **이방인**(Gentiles): 유대인이 아닌 그리스인, 로마인을 포함하는 모든 세계인을 지칭하는 말
- **구세주**(Savior): 세상을 구원하기 위해 오신 메시아, 하나님의 아들, 예수 그리스도
- **메시아**(Messiah): 유대 나라와 유대 민족을 구원하러 올 구세주라는 말에서, 예수를 지칭하는 말이 됨
- **주**(Lord): 노예제도가 보편적인 세상에서 노예가 섬기는 주인을 부르는 말에서 진화해서, 예수 그리스도를 지칭함
- **아버지**(Father): 육신의 아버지에서, 예수의 구속으로 하나님의 양자가 된 우리가, 하나님을 친근하게 지칭할 때 쓰는 말.
- **할례**(Circumcision): 육신적인 할례에서, '믿음으로 된 의'를 심장에 새기는 것(롬 4:11)

로마서의 기록

겐그레아 교회

바울은 헬라 지방(고린도와 겐그레아)에 돌아와서 항해가 어려운 겨울철 3개월을 또 하나의 중요한 성경을 기록하며 지냈다. 그는 예루살렘으로 가기 위해서 처음에는 배로 갈 계획을 세웠으나 유대인들이 유대 절기에 맞추어 여러 사람들이 예루살렘에 가려고 했을 뿐만 아니라 그 중에 어떤 유대인들이 바울을 주시하며 기회를 보아 해치려 한다는 소식을 들었다. 그는 처음 계획을 바꿔서 육로로 마게도냐를 지나 드로아에 가서 그곳에서 배를 타고 예루살렘으로 가기로 일정을 다시 정했다. 그러는 사이에 바울은 고린도 항에서 조금 떨어진 겐그레아(Cenchrea)에서 〈로마서〉(Romans)라는 또 하나의 빛나는 성경을 기록해서 그곳 겐그레아 교회의 여성 성도인 뵈뵈(Phoebe)에게 로마로 전하도록 했다.

로마서의 선언적 의미, 유대교와 기독교

세상에는 여러 종교가 있고 그 가운데는 기독교와 같이 하나의 창조주를 유일신으로 믿는 종교가 있다. 유대교가 그 대표적인 종교로 하나님의 우주 창조와 유대 나라를 비롯한 인류 역사의 주관자로 하나님을 믿는 종교다.

그들은 하나님의 창조 역사를 처음으로 기록했고 유대 민족의 유래를 설명한 역사서를 기록하고 성경(TaNaK)이라 불렀다. 기독교는 이 성경을 창조주 하나님에 관한 유일한 역사책이라고 믿는 점에서 유대교와 신앙의 근원적인 동질성을 인정한다. 그러나 예수가 성경 여러 곳에서 이미 약속했던 구세주로 이 땅에 온 하나님의 독생자라는 사실을 유대교는 부정했다. 예수가 그들의 잘못을 통렬하게 지적하고 그들이 회개하고 바른 길로 돌아오길 요구했지만 그들은 듣지 않았을 뿐만 아니라 오히려 그를 십자가에 못박았다.

바울은 예수를 따라서 유대인들이 믿던 성경에서 증거를 찾아서 그가 구세주이며 살아계신 하나님의 아들임을 주장했던 것이다. 그는 유대교가 하나님과 그의 말씀에 대한 바른 지식이 없기 때문에 잘못을 깨닫지 못한다고 지적해서 유대 지도자의 노여움을 샀다. 바울은 유대인을 바른 길로 인도하기 위해서 자신의 목숨까지도 버리겠다고 끝까지 이스라엘 민족이라는 자신의 혈통을 수긍하고 참기 어려운 핍박에도 불구하고 전도를 포기하지 않았다. 그가 로마서라는 빛나는 성경을 쓰게 했던 또 하나 이유였고 성경에 숨긴 큰 주제였다.

로마서의 주제와 특징

로마서는 예수의 복음을 자세하게 정의한 논문이고 기독교의 교리를 가장 논리적으로 전개했던 성경이다. 주제로서 많은 사람들이 로마서의 3장

19절에서 26절까지의 말씀을 꼽고 있다. 전체적으로 로마서는 바울이 지금까지 말씀을 전하며 논했던 모든 분야의 사건을 차분하게 검토하며 자신이 계시를 통해 얻은 복음의 진리를 많은 구약성경의 말씀을 인용해서 여러 각도에서 종합적으로 논증했기 때문에 그가 지금까지 썼던 다른 성경 보다 범위가 넓고 역사적인 것이 특징이다.

바울은 여러 사람에게서 듣기만 했던 로마 교회의 성도들에게, 특히 동족이던 소수의 유대인과 많은 이방인인 로마 사람들에게 자신이 동족을 떠나 이방인의 사도가 된 이유를 밝히고, 그럼에도 불구하고 동족에 대한 자신의 강한 애착과 사랑을 전하며 유대인들이 예수에게 돌아오길 원했다. 그는 지금까지 주장했던 여러 교리적 강론 위에 유대인의 한 사람으로 따뜻한 인간의 정을 더해서 동족인 유대인에게 보내는 한 편의 아름다운 편지로 딱딱하고 건조해질 수 있는 교리를 잘 포장했다. 그는 또한 다수인 로마 사람(이방인)들을 격려하고 예수는 유대 땅을 넘어 세계 만국의 구주로 이 땅에 왔던 하나님의 아들임을 구약성경의 예언을 강력한 증거로 들어서 논리적으로 강조했다.

어떤 면에서 보면 로마서는 바울이 에베소에서 3년 가까운 시간을 보내며 제자들을 양육했던 두란노 강당의 모든 주제를 유대인의 역사를 통해서 조명하며 한 권의 책에 담은 글이라고 볼 수 있다. 그는 이 편지를 기록할 때까지 로마를 방문했던 적이 없었고 그곳의 성도들과도 친밀한 교제가 없었다. 그런 까닭에 로마서는 지역 특징이나 지인들의 동정이나 그들과의 어떤 감정이 전혀 섞이지 않은 순수한 그의 영성과 사고가 돋보이는 성경이다.

특히 로마서는 뛰어난 영성의 소유자였던 바울이 정확하게 유대인의 역사를 예언했다는 사실이다. 그는 고대 유대 역사를 회고하고 곧 있을 멸망(서기 70년 예루살렘 멸망)과 앞으로 있을 새로운 이스라엘 나라의 건국과 그들의 미래를 예언했다는 점이다.

유대 민족은 70년 예루살렘 함락 이후 2천년 동안 세계 여러 나라에 흩어져 살다가 2차 세계대전이 끝나고 연합국의 배려로 지금의 이스라엘 나라를 회복할 수 있었다. 바울은 나라를 회복한 이들 유대인들이 회개하고 예수를 구세주로 받아들이는 날이 꼭 올 것이라고 말하고 그 날이 바로 예수의 재림이 이 땅에 이루어지는 때가 될 것이라고 예언했다.

로마서 3장 19–26절 말씀

로마서의 주제를 대변하는 말씀이다. 로마서는 이 주제를 큰 제목으로 그 밑에 여러 부분마다 설명을 더하고 그 위에 유대인의 역사적 소명과 로마에 있는 교회가 어떻게 세계의 중심에서 바른 신앙 생활을 지켜서 예수가 부탁한 사명을 이 땅에 이룰 것인지를 다룬 중요한 교리서다. 위에 인용한 글은 바울의 이성과 영성이 최고의 논리로 예수의 역할과 창조 세계와 인류를 향한 하나님의 사랑과 예정을 전하는 로마서의 핵심 주제를 다룬 글이다.

하나님은 우주를 창조하고 그 가운데 백미라고 할 수 있는 인간을 자신의 형상대로 창조의 마지막 날에 지으셨다. 그리고 보시며 심히 좋아했다고 창세기 기자*는 전하고 있다. 하나님은 원래 첫 인간인 남녀 두 사람을 천국과 같은 에덴 동산에 두고 그들과 그리고 그들의 자손들과 영원히 살려고 마음을 정했었다. 그러나 이 계획은 죄라는 신비한 세력이 세상에 나타나고 그것이 여자의 마음을 속이고 죄를 짓게 만든 결과로 바꿀 수밖에 없었다. 죄를 미워하는 하나님은 그의 처음 예정을 바꾸어서 두 사람을 에덴 동산에서 쫓아냈다. 그러나 죄는 하나님의 본심마저 바꿀 수는 없었고 하나님은 사람들을 극진히 사랑했고 그들을 죄에서 구원해서 자신의 처음 생각과 같이 자녀가 된 사람들과 영원히 살 수 있는 방법을 찾았다. 첫 방법으로 그는 유대 민족에게 죄를 깨닫게 하는 율법을 주었다. 그러나 율법으로는 죄가 들어가 자리를 튼 인류를 구원할 수가 없었다. 하나님은 다른 방법을 찾았다. 그는 자신의 분신인 독생자 예수를 인간의 몸으로 이 땅에 태어나게 했고, 아무 죄도 없는 예수를 부끄러운 십자가에 매달려 죽게 만듦으로 인류의 모든 죄를 다 용서하는 완벽한 방법을 택했다. 죄는 값이 있었고 독생자를 버려야 했던, 아버지에게는 제일 큰 희생이었다. 대신 인류는 자신들의 죄값을 지불하지 않고 구원을 거저 얻었고, 장차는 하나님의 영원한 영광 가운데 살 소망을 얻게 되었다. 하나님은 마땅한 구원의 대가를 치룸으로써 그의 온전한 의로움을 세상에 확인했다.

이를 믿는 사람은 누구든지 예수가 부활했던 것같이 부활하고 썩지 아니할 몸으로 에덴 동산이 있는 천국에서 살게 될 것이다. 다마스커스 길에서 회심했던 바울이 30세 전후였다면 이후 그의 남은 인생 38년*의 인생길을 시간과 공간을 초월하고, 온갖 영욕을 넘어, 쓰러지고 넘어지고 일어서기를 반복하면서 바보처럼 달려가게 했던 바울 복음의 정수였다.

*창세기 기자는 모세였다.
* 바울이 사형집행을 당했던 해가 서기 68년으로 보고 셈한 숫자

주요 내용

1장에서 8장까지

바울은 '믿음', '사랑', '소망'이라는 큰 주제에 따라서 죄에 대한 현재적 심판과 미래에 있을 최후의 심판을 설명했다. 그는 이어서 예수의 십자가 보혈의 공로로 우리가 죄를 용서받고 '하나님의 자녀'가 되고 예수와 함께 하나님 나라의 상속자가 되고, 예수 안에 있는 성령의 역사를 통해서 사망에

서 자유함을 얻어 영원한 '생명'을 얻게 하는 예수의 구원을 단계적으로 설명했다. 예수 안에서 우리가 누릴 복된 삶을 노래했다.

9장에서 11장, 바울의 놀라운 예언

바울은 이방인의 큰 구원을 통해서 유대인을 시기나게 만들어서 그들의 얼마라도 구원하시기 원하는 하나님의 비밀스런 계획을 9장에서 11장까지 3장에 걸쳐서 설명했다. 예수 그리스도가 다윗의 후손으로 이 땅에 왔지만 유대 민족의 끈질긴 복음 거부와 폭력적인 항거 때문에 지금은 우선 이방인을 구원하고 그 후에 유대인이 수많은 이방인들의 영광스런 구원을 보고 뉘우치고 예수를 순종하고 구원을 얻게 될 것이라는 하나님의 예정을 세상에 전했다.

그의 예언은 부분적으로 실현되어서, 서기 70년 유대 나라는 로마의 공격으로 완전히 망해서 세계 지도에서 사라졌다가 2차 세계대전이 끝나고 전승국들의 배려로 이스라엘은 나라를 팔레스타인 지방에 다시 세울 수 있게 되었다. 고대 이스라엘에서 시작해서 현대까지를 바울은 2천 년 전에 정확하게 예언했던 것이다. 아직은 전부는 아니지만 그의 예언이 점차 성취되고 있다는 사실은 그가 놀라운 영성을 소유했던 예언자임을 오늘 우리에게 증거하고 있다.

12장-15장

바울은 12장부터 15장까지에서 그가 지금까지 밝히고 증명했던 기독교의 기본적인 원리를 실제적인 삶에 어떻게 적용할지를 가르치는 여러 교훈을 구체적으로 전하고 있다.

16장. 안부

로마서 16장은 바울이 지금까지 구술을 통해서 기록했던 편지를 로마로 가져갔던 겐그레아(Cenchrea) 교회의 여성도 뵈뵈(Phoebe)를 로마 교회에 소개하고 그녀에 대한 합당한 대접을 청하는 말로 시작했다. 겐그레아는 고린도에서 6마일 정도 동쪽으로 떨어져 있던 항구로 건너편 서쪽에 있던 고린도 항과 짝을 이루었던 곳이다. 그가 로마 교회에 전했던 안부에는 많은 로마인 노예들의 이름이 등장했다. 그는 로마를 방문하기 전에 로마에 살았던 상당수의 로마인 노예들을 알고 있었다. 그 가운데 황제의 궁전에서 일했던 노예들이 포함되었다.

겐그레아 교회의 뵈뵈는 바울을 포함해서 여러 사람의 보호자가 되었을 만큼 신실하고 헌신적이었던 성도로 바울이 각별한 사랑을 담아 칭찬했다. 당시 여성에 대한 관점이 낮았고 교회에서도 드러나게 행동하는 것을 금기시했던 때에 혹시라도 소홀함이 있을까 걱정하며 잘 대해줄 것을 부탁했다. 로마서를 쓸 당시 바울은 아가야(그리스 반도의 남쪽) 지방에서 항해가 어려운 겨울이 지나기를 기다리며 3개월 정도 머물렀고, 그는 뵈뵈가 섬기던 교회에서 함께 지내며 로마서를 썼던 것이다.

로마에 있던 교회

로마 교회에서 유대인은 소수였다. 로마 사람들은 유대인의 독특한 관습 때문에 그들을 차별했고 어떤 때는 일종의 거부감까지 가지고 있었다. 유대인이 연루된 부정 사건이 터지면서 로마 황제가 로마에 살던 모든 유대인에게 로마를 떠나라는 강압적인 축출 명령을 수차 내렸던 때였다. 이렇게 삶의 터전을 심각하게 위협받던 이들에게 바울은 위로의 말을 보내고 그들을 따뜻하게 품어야 했다. 그들에게 자존심을 심어 주어야 했고 소망을 주어야 했다. 그는 자신의 일생을 회고면서 지금까지 무서운 핍박과 죽음의 위협을 늘 감수할 수 있게 했던 힘은 예수가 십자가에서 당한 고난을 기억하는 것이라고 전했다. 그는 또 현재의 고난은 우리가 장차 하나님 나라에서 받을 영광에 비교하면 아무것도 아니라고 전하며, 그것을 오히려 즐거움으로 맞을 수 있다고 위로했다. 유대인뿐만 아니라 고통 속에 살던 수많은 노예들에게도 꼭 필요했던 위로였고 참 소망이었다.

유대인에게 율법은 생명과 같이 중요한 것이었고 그들의 생활은 역사적으로 할례와 같은 율법이 그 기초가 되었다. 그러나 할례나 율법을 모르던 이방인이 기독교인이 되기 위해서 유대인의 할례나 관습적이던 율법을 따르는 것은 불필요한 일이었고 연관성이 없는 문제였다. 그러나 바울은 이런 유대인 역사를 믿음이라는 신앙의 본질을 설명하는 역사적 증거로 바꾸어 로마 사람들에게 설명함으로 유대인의 역사를 긍정적으로 전했다.

바울이 사용했던 〈사도와 계시〉의 의미

바울은 예루살렘의 12사도들과는 다르게 유대와 갈릴리에서 예수를 만난 일도 그의 가르침을 들은 일도 없는 사람이다. 그가 만났던 예수는 다마스커스를 가던 길에서 나타나 그를 부르고 사명을 맡긴 때가 처음이었다. 바울은 자신에게 있는 이런 약점을 보완하기 위해서 많은 노력을 경주했던 것이 사실이다.

그가 자신의 입장을 변호하기 위해서 사용했던 두 용어가 바로 '사도와 계시'라는 단어였다. 그는 예수가 뽑고 가르친 12사도라는 고유한 뜻을 넘어서 '사도'라는 단어의 일반적인 해석(보냄을 받은 자)을 통해서 자신의 사도직을 정당화시켰고, 애매했던 복음의 전수 통로를 성경을 통한 '계시'라는 말로 대신했다.

그는 예수 그리스도에 관한 모든 증거를 구약성경에서 찾았다. 유대 조상 가운데 하나님께서 쓰신 많은 종들, 특히 족장들과 선지자들이 있었고 다윗과 같은 걸출한 사람과 그들이 남긴 방대한 구약과 예언서가 있었다. 바울은 어렸을 때부터 성경을 공부하고 외우고 그 내용을 배우고 깨달았던 성경 신동이었다. 그가 예수에 관한 글을 성경에서 찾았고 드디어 그 비밀을 풀고 예수가 하나님의 아들이고 세상을 구원하러 오신 구세주라고 완전히 믿게 되었다.

그가 예수 그리스도를 성경 말씀을 증거로 인용하며 시리아, 터키, 아시아 그리스 전역을 누비고 다녔던 것이다. 예루살렘의 사도들이 전했던 예수의 복음과 부활의 목격자들이 전한 증언과 더불어 바울이 제시한 복음의 증거가 완벽한 조화를 이루어 오늘날의 기독교 신앙과 교리를 완성했다.

바울의 서신서와 4복음서의 차이

바울의 복음은 예루살렘의 사도들이 전했던 복음과 내용이나 기술방식에서 다르다. 그의 글을 읽으면 여기저기 번쩍거리는 독특한 논리가 내용보다 독자를 우선 설득한다. 그리고 빈틈없이 구성한 기승전결이 이상해서 두 번째 읽는 독자의 마음을 무너뜨린다. 그 위에 유대인들이 무조건 암송하는 구약성경의 구절이 필요한 곳에 적절하게 배치되어 바울은 자연스럽게 말씀의 뜻을 설명해서 주제를 증명하고 증인으로 옆에 세운다. 한편 예루살렘의 사도들은 그 반대의 입장에서 예수의 복음을 전하고 필요한 경우에는 구약성경을 인용하고 예수의 것으로 설명하려고 했다. 그들은 예수라는 선생과 함께 자고 먹고 살면서 그들이 보고 들었던 예수의 말씀과 기적과 사랑의 마음을 기자들처럼 똑같이 증인으로 전하는 데에 주력했다. 그들은 더 이상의 설명이나 논리적 전개는 오히려 방해가 된다고 삼갔다.

간혹 구약성경에 예수의 오심과 사역을 예언한 곳이 있으면 그것을 예수의 실제적 삶으로 설명하고 증명하려고 했다. 한편 바울은 기회가 있을 때마다 유대교와는 다르게 예수 안에는 자유가 있다고, 그가 전했던 복음에는 자유가 있다고 강조했다. 그러면서 그것으로 방종이나 자신의 인간적 존재를 알리고 다녔던 사이비 전도자를 경계하고 멀리하라고 각지에 전했다. 바울이 인정했던 것은 예수 그리스도를 세상에 알리는 데는 여러 가지 다른 방법이 있을 수 있다고 '자유'라는 단어에 대한 바른 정의를 전했다. 15세기 마틴 루터가 바티칸 교황청의 일방적 전횡과 독단에 반기를 들고 믿음 안에 있는 '의'와 '자유'를 들고 일어섰던 이유였다.

성경을 잘 이해하기 위해서

사람이 그가 살고 있는 현실을 뛰어넘어 살기는 쉽지 않다. 위대한 사상이나 철학이 시대와 공간을 넘어 보편적 진리로 오래 세상에 존재하는 일이 있지만, 그러나 그것도 역시 제한적이다. 사람의 사고와 논리가 우선 제한적이기 때문이다. 바울은 세상에 둘도 없는 정열적인 복음 전파자였다. 또한 성령의 감동을 받은 뛰어난 선지자로서 예수 안에 있는 진리를 파헤쳐 세상에 강력하게 전했다. 그러나 그도 현실 세계의 영향을 받았던 사람이다.

그가 기록한 고린도서는 성문화가 극도로 문란했던 항구 도시에서 만난 일부 반항심이 강하고 부도덕했던 성도들 때문에 썼던 성경이다.

갈라디아서는 자신의 최대 약점이었던 사도직과 복음의 진실성을 교묘한 방법으로 부정하며 이방인에게 할례를 주장했던 바리새파 기독교 유대인들의 치졸한 공격에 대항해서 "율법으로는 결단코 하나님 앞에 의롭다 함을 받을 수 없다"는 최강수 공격으로 맞선 바울의 변명이었다.

로마서는 세계의 수도에 있던 그리스도의 몸된 교회 그리고 그의 곁을 떠나 로마로 갔던 교회를 섬기던 많은 성도들, 그리고 황제 궁에서 영향력이 있던 노예들에게 진리의 말씀을 전해주어야 할 의무 때문에 예수에 관한 진실을 자세히 써서 보낸 서신이었다. 빌립보서는 고집은 셌지만 상냥하고 착했던 자주 옷감 장사 루디아와 죄수 앞에서 벌벌 떨면서 부복했던 로마인 간수장을 생각하며 기쁘고 떨리는 가슴으로 썼던 서신이었다.

데살로니가서는 입성 3주 만에 쫓겨났던 데살로니가의 부족했던 자신의 전도 활동을 걱정하며 조마조마한 마음으로 급히 썼던 서신이었다.

다른 서신들도 당시 그와 연결이 있던 성도들과 그들이 세운 교회에 앞으로 필연적으로 닥칠 위험한 박해를 생각하면서 미리 그들의 마음을 준비시킬 요량으로 썼던 성경들이다. 물론 성령이 전하는 말씀을 썼지만 지역적 시대적 상황을 벗어나 구름 위에서 썼던 것은 아니었다. 물론 성령이 전하는 말씀을 썼지만 지역적 시대적 상황을 벗어나 구름 위에서 썼던 것은 아니었다. 우리가 바울의 생애와 그가 살았던 세상을 더 깊이 살펴 보는 이유이다.

책에서 저자가 강조했던 점

지금까지 성경을 해석하고 말씀을 전했던 사람들은 많이 있다. 나는 누구보다 '성경을 재미 있게 읽을 수 있는 방법'을 원했고 찾았다. 바울의 성경은 누구에게나 난해하다. 사람들이 그것을 쉽게 읽고 이해할 수 있는 방법이 있다면, 그리고 그 위에 읽는 재미를 더해서 유익하게 읽는다면 좋겠다는 생각을 오래전부터 해왔다. 그러나 바울은 그의 삶 자체가 신비에 싸여 있어서 사실 그가 썼던 성경들 이외에는 남아 있는 자료가 거의 없다. 그만큼 교리 얘기를 빼면 별 세상적 얘기가 없는 사람이다. 한편 시대를 불문하고 훌륭한 목회자의 설교는 청중에게 많은 감동과 유익을 주는 것은 틀림이 없다. 굳이 그들의 설교에서 부족한 점을 들라면, 단편적인 주제를 넘어 산 전체를 보는 거시적 관점이 약할 때가 있는 점이다.

나는 이런 면에서 독자들이 바울의 일생을 전체적으로 조감하며, 갈 수 있을 만큼 깊이 들어가서 그가 살던 도성과 그곳에서 당했던 치욕과 고통도 같이 맛보며 그의 말씀을 읽어 보고 싶었다. 그래서 나는 열심히 그가 살았던 시대를 찾아 보았고 그의 출생과 성장배경을 들추어 보았고 가능하면 그가 살았던 곳도 찾아보았다. 동시대 사람들이 남긴 그에 대한 평가와 후세 학자들의 평가를 비교하며 진실을 찾으려고 했다.

나는 무엇보다 진리는 긴 논증이 필요 없어야 하고 진실은 논리를 넘어 마음으로 느껴야 한다고 믿는 사람이다.

이 책을 쓰며 나는 그가 오늘 우리와 함께 살고 있다면 어떻게 예수의 복음을 전하며 세상에 무슨 메시지를 전할까 곰곰이 생각했다. 나는 그것을 독자에게 전해서 독자들이 바울의 진실을 재미있게 이해하도록 돕는 것을 목표로 책을 썼다.

바울, 대표적인 그리스 작가이며 그리스 문화의 완전한 이해자

언어는 인간이 가지고 있는 논리이며 사고의 산물이다. 어떤 사람이 사용하는 말이나 단어는 그 사람의 생각과 반응을 다른 사람에게 전하는 필수적인 도구이다. 언어에는 모든 사람이 이해하는 공통의 의미를 기본적으로 갖고 있지만, 사람마다 그 공통 분모를 넘어서는 독특한 혹은 개인적 의미를 추가할 때가 있고, 환경에 따라서 다른 뜻을 알맞게 실어서 전할 때가 있다. 언어에 일반적인 것을 넘어서 특별한 의미를 다양하게 전하는 능력이야말로 창작의 기본 요소이고 작가의 역량이다. 이런 언어의 구사를 잘 하는 사람을 천부적 작가라고 평가하기도 한다. 바울 사도는 이런 면에서 뛰어난 천부적 작가였다. 그의 문학적 재능과 철학 지식은 당대의 그 누구보다 뒤지지 않았고 순회 전도자로 유대 지역과 그리스, 터키 전 지역과 로마 제국의 수도를 누비고 다닐 때 어떤 문화적 특성도 그의 예리한 안목을 넘어서는 것이 없었다. 그는 태생도 그리스 지역이었고 교육도 그리스에서 받았던 전형적인 그리스인*이고 동시에 혈통적으로 바리새인이었다. 그가 살던 그리스 문화권은 수많은 뛰어난 문인과 철학자들이 남긴 별처럼 빛나는 작품과 서양 철학의 보고가 지천으로 쌓여 있던 선진 문화권이었다. 시기적으로 그리스 문학의 절정기였고 그것이 신생 로마 문화권으로 서서히 이동하면서 새로운 에너지를 받아 일어나던 때였다.

* *Paul, Apostle of the Heart Set Free* by FF Bruce

예루살렘으로 가는 위험한 길

곳곳에 숨긴 살인 음모

바울은 고린도 항에서 배를 타고 직접 예루살렘으로 가서 그곳에서 유월절을 지키기로 했던 처음 계획을 바꾸었다. 유월절 절기를 예루살렘에서 지키려고 떠나는 어떤 유대인들이 배에서 그의 목숨을 노리고 있다는 소식이 바울에게 알려졌던 까닭에 일정을 바꿀 수밖에 없었다. 바울을 죽이려는 유대인들이 어떤 사람들인지 알려진 것은 없지만 바울에 대한 유대인들의 원한이 그만큼 컸다는 사실은 그의 심장을 얼어붙게 했다.

그가 지금까지 방문하며 복음을 전했던 도시에서 바울은 매번 유대인에게서 심각한 반대와 핍박을 받았었다. 그들은 스스로 바울에게 폭행을 가하기도 했지만 대부분은 현지의 유력한 그리스(이방인)들을 부추겨서 그들로 하여금 바울에 대한 죄를 지방 정부에 고발하게 해서 합법적으로 죽이려고 했다. 명절이 되면 각지에 흩어져 살던 유대인들은 꼭 예루살렘 성전에 올라가 제사를 드리려고 떠나는 것이 그들의 오랜 관습이었다. 바울이 이번에도 유월절 명절을 예루살렘에서 보내려고 서둘러 고린도 항에서 떠날 계획을 세울 때 다른 유대인들도 예루살렘 순례를 준비하고 있었다. 그 가운데 아가야 지방에 살던 어떤 유대인들이 바울이 배를 타고 예루살렘으로 떠난다는 사실을 알고, 배에 함께 타고 가다가 기회를 보아 아무도 모르게 그를 죽여버릴 무서운 계획을 짜고 있었다.

바울은 고린도 항에서 배로 떠나는 처음 여행 계획을 바꾸고, 육로로 마게도냐로 가서 그곳에서 유월절을 보내고 오순절 안에 예루살렘에 도착하기로 새로 계획을 짰다. 그는 떠나는 장소뿐만 아니라 일정도 유월절에서 오순절로 늦추어서 고린도에서 살인 음모를 꾸몄던 유대인들을 피하려고 했다. 바울은 새로운 계획에 따라 그와 함께 구제 헌금을 가지고 가는 각 지역교회의 대표들을 먼저 드로아에 보내고 후에 그곳에서 그들과 합류하기로 약속한 뒤에 자신은 도보로 마게도냐 빌립보로 떠났다. 주위에 있던 제자들과 성도들이 바울에 대한 유대인들의 원한을 걱정하며 극구 예루살렘 여행을 만류했지만 바울의 결심은 요지부동이었다.

바울은 북상해서 빌립보 성에서 늘 보고 싶었던 자주 장사 루디아와 다른 형제들을 만나 마음에 쌓인 불안과 걱정을 털어버리며 즐겁게 유월절을 보냈다. 진실한 성도들과의 교제로 그의 마음은 한결 편해졌다. 그는 빌립보에서 배를 탔고, 닷새 만에 여러 제자들이 기다리는 드로아 항에 도착했다.

죽은 자를 살리다

그가 7일을 드로아에서 보내는 동안 한 사건이 터졌다. 그가 떠나기 전날 밤에 사람들이 찾아와 말씀을 전하다가 시간이 늦어졌다. 마침 한밤까지 말씀이 길어지는 바람에 유두고(Eutychus)라는 청년이 삼 층 창문에 걸터앉아 말씀을 듣다가 졸음을 이기지 못하고 그만 창에서 떨어져 죽는 사고가 일어났다. 의사인 누가와 다른 사람들이 청년을 일으켜보니 호흡이 끊어져 이미 죽어 있었다. 그러나 바울이 내려가서 사람들을 물리치고 그

위에 엎드려 기도했을 때 죽었던 유두고가 신기하게 살아났다. 사람들이 놀라서 하나님의 은혜를 감사했고 죽은 자도 살리는 바울의 역사를 보면서 위험한 여행을 앞두고 걱정하던 여러 사람이 위로를 받았다. 바울은 다시 다락에 올라가 떡을 떼어 먹고 날이 새도록 오랫동안 말씀을 전하고 아침 일찍 그곳을 떠났다.

그는 드로아에서 걸어서 아소(Assos)로 떠났고 다른 일행은 배로 아소까지 먼저 가서 그곳에서 바울을 만나 배로 밀레도(Miletus)까지 가면서 유대인들의 관심을 피하려고 했다. 그는 그곳에서 멀지 않은 에베소에 사람을 보내서 교회 장로들을 밀레도에 오도록 청했다. 바울은 오순절까지는 예루살렘에 도착하기 원했고, 시간을 절약하기 위해서 에베소까지 가서 여러 사람들을 만나 시간이 지체되는 것을 걱정해서 장로들을 밀레도까지 불렀던 것이다.

밀레도, 바울의 고별 설교

사람이 오래 같이 살다 보면 서로 정이 쌓인다. 바울은 3년 가까이 함께 지내며 자신이 온 힘을 다해 가르치고 섬겼던 에베소 교회의 장로들과 가정 식구들을 불러서 얼굴들을 보고 작별 인사를 나누고 싶었다. 바울은 보이지도 않고 알 수도 없는 큰 능력에 떠밀려 예루살렘으로 가지만, 그 또한 심상치 않은 사건이 예루살렘에서 그를 기다리고 있다는 예감이 있었다. 또 주위 형제들 그리고 선지자들이 번번히 예루살렘 여행을 경고하며 마음을 바꾸라고 여러 번 권하기도 했다.

고린도와 에베소는 박해에 쫓기던 다른 지역 방문과는 다르게 바울이 처음부터 교회를 세우고 직접 양육하며 많은 시간을 수고했던 곳이다. 그럼에도 불구하고 그는 뼈아픈 도전과 실패를 동시에 당했던 곳이다. 그가 고린도에서 처음으로 경험했던 것은 사람들이 모이는 지상교회는 어느 곳이나 완전한 곳이 없다는 차가운 현실세계의 장벽이었다. 그는 에베소 교회도 반드시 그런 시련이 있을 것이라고 경고하며 그에 대한 준비를 잘 하라고 장로들에게 부탁했다.

그는 지난 3년 가까운 시간을 그곳에서 보내며 말이 아닌 자신의 삶으로 증거했던 그리스도인의 본을 따르라고 그들에게 거듭 말했다. 그는 교회에 부담을 주지 않도록 천막을 손수 만들어 팔며 교회를 섬겼다. 그는 높은 자리를 피했고 세상 사람과 같은 풍족한 생활은 결단코 피했다. 그가 능력이 없어서가 아니었다. 그런 제도가 없어서도 아니었다. 그런 지도자들이 없었기 때문도 아니었다. 그가 자나깨나 걱정했던 것은 교회였다. 그래서 그가 그렇게 살기로 작정했던 삶이다. 세상에서 버림받고 밑바닥에 쳐진 노예들, 실패한 사람들, 병든 자들, 차가운 산동네에 사는 사람들이 주위에 가득한 세상에서 '살 길을 외치는 목자들'의 삶은 그들과 같이 낮은 자리에서 시작해야 했고 그곳에서, 어떤 경우에는 더 낮고 비참한 데서 끝나도 순종하리라는 결단이 필요했다. 그는 예수가 이미 보였던 삶을 끝까지 닮으려고 했던 것이다. 지도자는 자신의 삶을 우선 정하고 나서 시작해야 하고 지도자로 있는 동안에는 그 길을 떠나지 않을 것도 미리 정하고 시작해야 한다는 평범한 진리를 확인하는 자리였다.

9
장

예루살렘에 대한
최후의 경고

예루살렘 입성

서기 57-58년경

예루살렘 성, 영광과 치욕의 성전

바울 일행이 긴 항해 끝에 가이샤라에 도착해서 그곳에서 오래 살고 있던 전도자 빌립 집사의 집에서 며칠을 지내고 드디어 예루살렘 성에 도착했다. 빌립 집사의 집에서 알게 되었던 사이프러스 섬 출신 나손(Mnason)이라는 사람이 다행히 예루살렘에 집을 가지고 있어서, 바울과 동행이 그 집에서 기거하기로 정했다. 큰 위험이 도사린 예루살렘에서 일행이 안전하게 머물 수 있는 장소는 중요했고 나손이 즐겁게 자신의 집을 그들의 숙소로 제공했던 것이다. 모두 그 집에 편하게 여장을 풀었다. 그러나 치명적인 위험은 먼 곳에 있지 않았다.

예루살렘 성은 이스라엘의 영광과 치욕이 공존하던 도시였다. 거룩한 성전이 있고 그 위에 하나님의 영광이 머무는 곳이었다. 그러나 사람들이 그곳을 권세와 치부의 장소로 이용하기 시작하면서부터 이스라엘은 끝을 모르는 치욕을 이곳에서 당했다. 예수를 비롯해서 수많은 의인이 피를 흘렸지만 인간의 탐욕은 끝도 없어 더 많은 피흘림을 부르고 있었다.

호랑이 굴에 뛰어든 바울

바울이 드디어 주위의 계속된 만류에도 불구하고 생명과 죽음이 한 발 차이인 위험 천만한 도시에 뛰어든 것이다. 예루살렘은 그를 기다리는 무서운 호랑이 굴이었다. 세계 여러 나라의 중요한 도성에서 바울의 놀라운 복음전파를 보았던 유대인들이 명절을 지내기 위해서 예루살렘 성에 모두 올라왔다. 그들은 바울이 율법을 무시하고 이방인에게 성경을 전했던 것과 성전 관리들의 타락을 비방하며 성전이 더 이상 거룩한 곳이 아니라는 말을 들었던 사람들이다. 그 때문에 바울을 죽여야 한다고 분노했던 사람들이다. 그들 가운데 일부 극단적인 사람들은 이번에 바울을 성지에서 만나면 두말없이 끝장을 내겠다고 벼르고 있던 자들이다.

여러 지방에서 온 유대인들은 바울을 현지 그리스인들을 충동해서 혹독한 형벌을 가했고 여러 번 죽이려고 했지만 고비 때마다 나타난 이상한 사건으로 그를 죽일 수가 없었던 것을 안타깝게 생각했다. 바울에 대한 극도의 반감은 이렇게 예루살렘에서 타올랐고 그위에 성전 관리들의 분명한 지지를 받고 기세가 사나웠다. 그들은 호시탐탐 바울을 찾고 있었다. 그들은 예루살렘 성에는 바울이 빠져 나갈 구멍이 전혀 없다고 믿고 이를 갈며 그가 나타나기를 기다렸다.

예루살렘 성전과 제사장

예루살렘 성전과 같이 크고 아름다운 교회, 몇 만 명이 모인다는 큰 교회, 구름처럼 많은 청중을 몰고 다닌다는 말씀의 종들은 그것 자체가 우상이 되기 쉽다. 그 때나 지금이나 위험한 세상의 모습이다. 그곳에는 하나님 대신에 세상의 권위가 먼저 자리를 잡고 거룩한 이름으로 사람들을 모아서 자신들의 유익을 위해서 종처럼 부리려고 든다. 당시 예루살렘의 모습이었다. 성전, 전 세계에서 몰려드는 사람들, 그들의 가난한 심령을 거룩한 모양으로 달래며 순종을 요구하는 제사장이라는 자칭 지도자들이 있었다. 그들은 로마가 지배하던 세상의 큰 변화를 외면하고 율법과 제사 그리고 하나님의 이름으로 유대인들에게 맹목적인 종교적 순종을 요구했다. 그들은 예수와 스데반에 이어 이방인의 사도라는 바울의 생명을 거룩한 성전 안에 숨어서 찾고 있었다.

예루살렘, 유대인 세계의 중심지

예루살렘 성은 해외나 이스라엘 지경 밖에 나가 살던 각지에 흩어진 이스라엘 사람들이 명절을 지낸다는 구실로 예루살렘 성에 모여서 서로 자신이 살고 있는 곳의 정치 경제 사회 문제를 숨김 없이 주고 받던 정보의 중심지였다.

그들은 예루살렘에 도착해서 얼마 지나지 않으면 세계의 모든 중요한 정보를 들었다. 그들의 관심사는 물론 어떻게 하면 로마의 엉성한 통제에서 벗어나 돈을 벌고 잘 살 수 있는지가 주요 토론의 대상이 되었다.

그 다음은 로마의 정치 구조를 어떻게 활용해서 이스라엘의 자치권을 확보하고 성전을 중심으로 한 신정 정치를 강화하는 방법도 역시 느릿해 보이지만 여러 파벌로 나누어진 유대교 종파들의 관심사였고 암중모색의 핵심이었다. 이뿐만 아니었다. 예루살렘 성은 이런저런 세상 사람들이 모이는 장소였다. 그들의 욕망과 정욕과 시기와 질투가 거룩한 외모에도 불구하고 각자의 마음속에 그림자처럼 따라와서 서로 만나 싸우고 원한을 풀고 사람들을 죽이기까지 하는 살벌한 장소였다. 이런 사고가 한 번씩 밖으로 터질 때는 한두 사람이 성 밖으로 내몰리고 사람들이 사정 없이 던지는 돌에 맞아 죽었다. 특히 당시에는 유대 파벌 가운데서 독립을 주장하던 파가 화평보다는 무장항거를 선호하는 쪽으로 기울기 시작했다.

유대 지도자의 시기와 경계심

예루살렘 성을 생활의 중심지로 여기고 살던 유대 종교 지도자들이 가지고 있던 특별한 관심사 가운데 하나가 있었다. 그것은 이단의 괴수로 이미 처단했던 예수의 제자들이 유다 지역 밖에서 일으킨 심상치 않은 소동이었다. 세계 여러 지역에서 들어오는 예수 그리스도를 믿는 집단의 놀라운 활약은 이미 이들 성전 제사장들에게 충격을 주었고 경계심을 주기에 충분했다.

그들은 얼마 전까지는 예루살렘에 살던 많은 유대인을 성공적으로 전도했고, 스데반과 야고보의 순교 이후에는 시리아 터키 대륙으로 흩어져 달아났다. 이들 흩어진 그리스도인들이 각처에서 현지 그리스인들에게 복음을 전해서 그 기세가 불꽃처럼 상승하고 있다는 소식이 계속 들어왔다.

그 가운데 놀라운 소식은 이런 이방인 전도에 앞장을 선 사람이 전에 잘 나가던 바리새인이던 사울(바울)이라는 사람이라는 것이었다. 바울을 죽여서 화근을 없애려고 했던 각지 유대인들의 끈질긴 노력과 실패의 소식도 하나도 빠짐없이 이곳에 전달되었다. 다행히 그 바울이 예루살렘에서 오순절을 지내기 위해서 온다는 소식이었다. 이번에는 그를 붙잡아서 꼭 죽여야 한다는 소리가 성 여기저기에서 들렸다.

예루살렘에 가득했던 규탄의 소리

유대교의 절기를 맞아 예루살렘에 온 각지의 유대인들 사이에 갈라디아 지방과 터키 아시아 지방 그리고 그리스 전역에 예수 이름을 전파하며 유대인과 이방인 사회에 큰 소동을 일으켰던 장본인인 바울이 예루살렘에 나타났다는 소식이 순식간에 퍼졌다.

이곳저곳에서 예루살렘에 올라온 유대인의 바울에 대한 원한도 여러 가지였다. 고린도에서 올라온 유대인들은 바울을 신임 총독 갈리오에게 고발했다가 말도 붙이지 못하고 거절당했다. 그 때문에 그들은 그리스인들에게 무능하다고 창피를 당했던 사람들이다. 그 때의 치욕을 생각하면 가슴이 떨리던 그들은 바울에게 이런저런 일로 원한이 있는 사람들과 한 패가 되어서 바울을 찾았다. 그들은 바울을 예루살렘에서 꼭 찾아 갑절로 복수를 안겨주고 싶었다.

다른 한 패는 에베소에서 바울을 자신들의 생업을 위태롭게 할 뿐만 아니라 아시아가 온통 떠받들던 아데미 여신을 천박하게 만들었다고 사람들을 충동해서 폭동을 벌였다가 이 또한 관리들의 온건한 조치로 실패를 당했던 은장색 일파 사람들이었다. 바울이 건재한 한 그들의 영업이 위태롭게 될 것을 걱정해서 예루살렘 성에 바울이 나타나기만 하면 그를 잡아 없애는 것이 상책이라고 생각했다. 많은 유대인들이 데살로니가와 빌립보에서 예루살렘에 올라와 머물고 있었다.

각 지역에서 온 이런 사람들이 예루살렘 성에 머물며 키는 작지만 당당한 체구에 짙은 일자 눈썹 아래 형형한 두 눈을 가진 바울을 찾고 있었다. 조금은 안으로 휜 듯한 안장다리를 약간 끌 듯 걷는 대머리 바울의 독특한 외모를 기억하며 사람들이 기다리고 있었다.

다급했던 교회의 임기응변

야고보 장로와 예루살렘 교회는 여러 경로를 통해서 바울의 기적같은 선교활동 소식을 알았고 예루살렘 성에 올라온 많은 유대인이 이 때문에 바울을 잡아 죽이려고 기다리고 있다는 것을 곧 알았다. 그들은 해외 여러 교회에서 거둔 헌금을 가지고 예루살렘에 온 바울을 환영했지만 내심 걱정도 이만저만이 아니었다. 그들은 바울에 대한 유대인들의 반감이 심상치 않다는 것을 알고 어떻게 하든 그가 큰 말썽 없이 예루살렘에서 명절을 지내고 속히 떠날 방법을 찾기에 고심했다.

바울을 만난 야고보 장로와 교회 지도자들은 이런 사정을 바울에게 설명하고 바울이 유대인이 지키는 결례 의식을 많은 대중이 보는 앞에서 행하게 함으로 바울에 대한 비난이 사실이 아닌 것을 보이자는 대책을 말했다. 당장 닥친 위험은 피해야겠다는 생각으로 교회는 가난해서 정결 제사 비용을 감당하기 어려웠던 형제 몇을 바울에게 소개해주고 그 비용을 바울이 부담하고 함께 의식을 행하게 했다. 다음날 바울이 성전 관리들에게 7일간의 정결의식이 끝났음을 통보하고 제물을 드리게 함으로 유대인들의 오해와 의혹의 눈길을 잠시라도 피하자고 했다.

성난 군중이 돌을 던지는 위험한 순간

그러나 사태는 다른 쪽에서 급진전했다. 바울이 그리스와 아시아 쪽에서 거둔 헌금을 예루살렘까지 가지고 왔던 사람들 가운데 한 사람인 에베소 출신 그리스인 드로비모(Trophimus)가 바울과 함께 예루살렘 시내에 있던 것을 보았던 사람들이 그가 이방인을 데리고 성전에 들어가 거룩한 성전을 더럽혔다고 소동을 부리기 시작했다.

예루살렘 성전에는 이방인이나 여자가 들어갈 수 있는 지역이 구분되어 있고 그 지역을 넘어 성전 뜰로는 절대로 들어갈 수가 없었다. 만일 이것을 어기면 '신성모독죄'로 죽임을 당하게 되어 있었다. 성결 기간인 7일이 거의 끝날 때쯤 해서 에베소 지역에서 온 유대인들이 성전에서 바울을 보고 모든 무리를 충동하며 바울을 체포했다.

> ─ 이스라엘 사람들아, 도우라! 이 사람은 각처에서 우리 백성과 율법과 이곳을
> 비방하여 모든 사람을 가르치는 자인데 이번에 또 헬라인을 데리고 성전에
> 들어가서 이 거룩한 곳을 더럽혔다.

그들은 바울이 이방인을 성전 안으로 불러들였다고 소동의 불을 지폈고 바울이 신성모독이라는 엄청난 죄를 지었다고 성전 관리들에게 고발했다. 소동이 일자 각지에서 바울에게 앙심을 품었던 자들이 바울은 율법을 무시했고 십자가에서 처형당한 예수를 하나님의 아들이라고 전하며 큰 죄악을 저질렀다고 일제히 성토했다. 어느 죄목 하나라도 다 사형에 처하는 중범이었다. 때마침 성전 관리들도 이 참에 바울을 제거하고 싶은 마음이 강하던 때였다. 사건은 급전해서 성난 군중들이 바울을 묶어 성전 밖에 밀쳐

내고 문을 닫았다. 곧 돌을 던져 죽인다는 뜻이었다. 위대한 전도자 바울의 생명이 풍전등화의 위태로운 순간을 맞고 있었다.

바울을 구한 로마 시민권

광대한 영지를 질서 있게 유지하고 소요와 폭동 등 영지의 반란을 경계하던 로마 정부의 현지 유화정책은 점차 현지 총독들의 통치를 어렵게 만들었고, 가능하면 그들은 영지의 사건을 조용히 무마하는 방향으로 사태를 수습하는 일이 늘어났다. 벨릭스도 예루살렘 지도자들을 미워했지만 이런 대세에 순응해서 그들의 환심을 사려고 재판이나 정책을 그들에게 유리하게 결정했다.

그는 또한 개인적으로 탐욕이 강했고 잔인했던 것으로 유명하다. 그는 클라우디오 황제의 노예로 있다가 황제의 눈에 들어 출세를 했던 형 팔라스(Pallas)의 덕으로 총독까지 되었지만 54년 클라우디오가 죽고 네로 황제가 등극하자 곧 해임될 것을 예상하고 더욱 재물에 집착하던 때였다. 그를 대신해서 네로 황제가 보낸 신임 총독은 베스도(Porcius Festus)로 59년에 벨릭스 후임으로 부임했지만 경험이 미숙해서 여러 어려움을 겪다가 2년 후인 61년 신병으로 곧 죽고 말았다.

다음 해인 62년에는 로마에 대한 반감이 심화되어 대규모 유대인 폭동이 발생했고 예루살렘 교회의 야고보 장로도 열심당파의 극단적인 사람들에 의해 죽음(순교)을 당했다.

성전 옆 안토니오 성채에서 로마 주둔군 부대가 급거 출동했다. 예루살렘 성이 요란하고 성난 군중들이 소동을 벌여 사람을 죽이려 한다는 소식이 바로 성전 옆에 있는 로마군 병영에 알려졌다. 성전을 비롯해서 유대교의 많은 지도자들이 살던 예루살렘 성의 치안 유지와 감시를 맡기 위해 성전 바로 옆에 붙어 있는 안토니오 성채와 부속 병영에는 6백여 명의 로마 군인들이 상주하고 있었다. 급한 소식을 듣자 수비대 대장인 천부장 루시아(Lysias)가 즉각 로마 군병들과 백부장들을 인솔하고 엎드리면 코에 닿을 현장에 출동했다.

사경에서 구원

　유대인들에게 주먹질을 당한 바울이 성전 밖으로 밀쳐졌고 문은 닫혀 있었다. 성난 무리가 던진 돌들이 바로 바울에게 날아가던 때였다. 로마 군인들이 소리를 치며 곧 달려가 바울을 급히 구해내고 사람들이 왜 소동을 벌이는지 이유를 알아보려고 했다. 그들이 유대인들에게 물었지만 이 사람 저 사람 서로 말이 달라 종잡기가 어려웠다.

　천부장은 우선 바울을 두 쇠사슬로 단단히 묶고 병영으로 호송한 후에 사건의 전말을 파악하려고 했다. 그러나 성난 유대인들이 바싹 따라오며 로마군이 압송하는 바울에게 욕설을 퍼붓고 틈만 보이면 죽이려고 계속 몰려들었다. 천부장은 군인들에게 바울을 폭도들의 손길을 피해 들어서 계단 위 병영 안으로 옮기라고 명했다. 그 때서야 정신을 차린 바울이 천부장을 향해 "내가 당신에게 말을 해도 되겠느냐"고 물었다. 바울의 유창한 그리스 말에 놀란 천부장이 대답했다.

　－네가 그리스 말을 아느냐? 그렇다면 너는 이 전에 반란을 일으켜 시카리(칼든 자객) 사천 명을 이끌고 광야로 달아나던 이집트 사람이 아니냐?
　－나는 유대인이고 소읍이 아닌 길리기아 다소 시의 시민이니 청컨대 백성에게 말하기를 허락해 주시오.

　천부장이 바울이 악행 중에 잡힌 죄인이 아닌 것을 알고 안심이 되어 허락했다. 바울이 층대 위에서 서서 군중에게 손짓을 해서 조용하게 한 뒤에 히브리 말로 자신을 변호하는 말을 전하기 시작했다. 바울이 누군지를 모르던 군중이 그가 히브리 말로 얘기를 시작하자 갑자기 조용해졌다. 바울은 로마 군사의 호위를 받으면서 예루살렘 성전 코밑에서 성난 유대 군중에게 확신에 찬 목소리로 늘 하던 그의 간증을 전했다.

성난 유대인 앞에선 바울의 포효

바울은 살벌한 주변을 개의치 않고 한없이 평화로운 얼굴로 예수가 그에게 맡긴 이방인에 대한 자신의 사명을 설명했다. 그는 지금까지 셀 수도 없이 많은 설교를 그리스 사람과 유대인 앞에서 전했지만, 이날 성난 유대 군중에게 토했던 말은 어느 때보다 강한 진정이 담긴 내용이었다. 사경을 경각의 차이로 벗어난 그가 지금까지 이방에 전했던 복음을 유대교의 본산인 예루살렘 성전에서 있는 힘을 다해 전했다. 그가 생명의 위험을 알면서도 기다리던 순간이었다. 방금 전에도 로마 군사가 달려들어 그를 보호하지 않았다면 그의 생명은 이미 끊어졌을 것이 분명했다. 지금 그는 죽음을 이기고 복음을 증거할 절호의 기회를 잡았던 것이다. 그러나 벅찬 가슴과는 달리 그의 목소리는 감정에 들뜨거나 어눌한 기색이 전혀 없었다.

청중은 더욱 조용했고 바울은 늘 하던대로 다마스커스를 가던 길에서 예수를 만난 후에 일어났던 자신의 회심 사건을 자세히 설명했다. 그는 예루살렘에서 어떻게 죄없는 스데반을 죽였고 그리고 다마스커스 성에서 예수의 제자들을 잡아 죽이려고 가던 중에 성전 지도자들이 죽였던 예수가 그를 찾아왔던 사건을 군중에게 전했다. 성난 군중을 향한 바울의 필사적인 포효는 계속했다.

그러나 여기까지 바울의 말을 듣던 군중이 소리를 지르며 옷을 벗어 던지고 티끌을 공중에 날리며 미친 듯 야단을 치기 시작했다. 천부장이 군중들이 바울을 해칠까 걱정이 되어 로마 군사들에게 바울을 영내로 데려가서 무슨 일로 유대인들이 그를 비난하는지 심문하라고 명령을 내렸다.

당시 로마 군영에서 중죄인이나 살범인을 심문할 때는 특별한 채찍을 사용했다. 채찍은 여러 가닥의 가죽끈을 꼬아서 만든 특수한 줄에 매듭을 만들어 매듭마다 쇠꼬챙이나 날카로운 짐승 뼈를 달아서 채찍이 사람 몸에 맞으면 살이 터지고 뼈마저 상하도록 만들었다. 채찍질로 심문 도중에 사람이 흔히 죽기까지 하는 지독한 심문이었다. 천부장이 군사들에게 명한 심문은 이런 난폭한 매질이 따르는 혹독한 심문이었다.

로마 시민권

군사들이 채찍을 때리기 전에 바울을 가죽끈으로 형틀에 묶으려고 했다. 바울이 옆에 지키고 있는 백부장에게 급히 말을 걸었다.

"당신들은 로마 시민인 사람을 죄도 정하지 않고 채찍질을 할 수 있느냐?

로마 시민권이 이번에도 위기에서 바울의 생명을 구하는 긴요한 도구가 되었다. 바울이 중대한 죄를 범했을 것이라고 단정했던 천부장이 무서운 고문을 해서라도 진실을 알아보려고 했던 것이다. 천부장이 백부장의 보고를 듣고 놀라 바울에게 와서 직접 물었다.

- 나는 돈을 많이 지불하고 시민권을 얻었다. 네가 로마 시민이냐? 너는 어떻게 로마 시민권을 얻었단 말이냐?

"나는 나면서부터 로마 시민이요. 나는 길리기아 다소 시에서 태어난 다소 시민이며 로마 시민이요.

천부장이 놀라서 그를 매질로 심문하려던 생각을 버리고 바울을 일단 감옥에 가두고 다음날 사실을 유대 지도자들을 불러서 알아보려고 마음을 정했다.

유대 열심당(Zealots)의 무장 폭력과
시카리 암살자(Sicarii, short daggers)의 발호

유대 열심당은 1세기 예루살렘 성전을 중심으로 활동했던 유대교 일파로 당시 주로 제사장들과 성전 관리들이었던 사두개파와 민간에서 율법을 가르치며 큰 영향력을 행사하던 바리새파에 이어 세 번째 큰 파벌로 로마 정부에 항거해서 이스라엘의 독립을 적극적으로 추구하던 사람들이었다.

이들 열심당의 기원은 기원전 2세기 시리아 정부에 항거해서 이스라엘의 독립을 쟁취했던 마카비 형제와 그에 동조해서 무장 봉기를 일으켰던 독립 운동에서 시작된 반항 운동이었다. 그들은 계속 증폭되던 로마와의 적대적 갈등을 점차 무력을 사용해서 해결하려고 하면서 유대 종파 간에 많은 갈등을 빚기도 했다. 특히 이들 가운데 극단적인 일부 강경파는 몸속에 단도같은 무기를 숨겨 가지고 성전에까지 들어가서 친로마 제사장이나 유대 지도자들을 살해하기도 했다.

이들의 공격으로 예루살렘 교회의 야고보 장로가 62년 살해되었고, 47-59년까지 유대 대제사장이었던 안나니아(Ananias)조차 62년 이들에 의해서 살해당했다. 이후에 더욱 거세진 이들 세력은 66년 로마 주둔군을 공격하는 폭동으로 로마와의 전쟁을 일으켰고 70년 예루살렘의 멸망을 초래했다.

마지막 경고

다음날 천부장은 유대인들이 무슨 일로 그를 죽이려 하는지 진상을 알기 위해서 제사장들과 온 산헤드린 공회원들을 모으고, 쇠사슬에 묶인 바울을 풀어주어 그들 앞에 세우고 심문을 받게 했다. 소명할 기회를 얻은 바울이 긴 유대인 겉옷을 엄숙하게 차려 입고 늘어선 공회원들을 주목하며 말문을 열었다.

– 여러분 형제들이여, 오늘까지 나는 범사에 양심을 따라 하나님을 섬겼소이다.

대제사장 아나니아(Ananias)가 바울의 천연덕스런 변명에 화가 머리끝까지 치밀어올랐다. 바울의 말은 그를 죽이려고 드는 공회는 양심도 없는 사람들이라는 말을 능청스럽게 비꼰 것이었다. 그가 곁에 서있는 사람들에게

눈짓으로 그 입을 치라 명했다. 옆에서 갑자기 날라온 주먹에 바울의 입술은 터져 금세 피가 흘렀다. 바울이 터진 입술을 움켜쥐고 대제사장을 노려보며 소리를 질렀다.

– 회칠한 담 같은 자여, 하나님이 너를 치리로다. 네가 나를 율법대로 심판한다고 앉아서 율법을 어기고 나를 치라 하느냐?
– 하나님의 대제사장을 네가 감히 욕하느냐? 바울을 친 자가 옆에서 소리를 질렀다.
– 형제들아, 나는 그가 대제사장인 줄 알지 못하였노라. 성경 말씀에 "너의 백성의 관리를 비방하지 말라" 말한 곳이 있는 것을 나도 알고 있소이다.

바울과 그를 비난하는 대제사장과 공회원 사이에 팽팽한 긴장이 이어지며 논쟁이 계속되었다. 바울이 공회의 구성원들이 일부는 성전을 지키는 사두개인이고 다른 이들은 바리새인인 것을 알았다. 두 유대 종파는 이스라엘의 지도층으로 평소에는 사사건건 서로 원수처럼 지내는 적수들이었다. 유대교는 여러 종파로 갈라져 싸우면서 '자신들의 교리가 옳다'고 주장하며 타협을 모른 채 싸우기만 했다. 바울도 이전에 바리새인으로 살면서 이런 종파 간의 갈등을 잘 알았던 사람이다. 그의 머릿속에 한 가지 기지가 번개처럼 지나갔다.

– 여러분 형제들이여, 나는 바리새인이요 또 바리새인의 아들이라, 죽은 자의 소망 곧 부활로 말미암아 내가 심문을 받고 있는 것이오.

바리새인들은 죽은 사람의 부활과 천사와 성령의 존재를 믿었지만 사두개인은 오직 모세 오경만을 정경으로 믿을 뿐, 부활이나 천사나 영의 존재를 믿지 않았다. 바울의 말을 들은 공회 사람들이 금방 바리새인과 사두개인으로 나누어져 서로 떠들며 다투기 시작했다. 바리새인 편에서 몇 서기관이 일어나 바울의 말을 옹호하고 그의 증언을 옳다고 승인했다. 지금까지 바울의 범죄를 규탄하며 로마군에게 그의 처형을 강청했던 일은 까맣게 잊어버리고 그들은 서로 교리 싸움에 열을 냈다.

- 우리가 이 사람을 보니 악한 것이 없도다. 영이나 혹 천사가 그에게 말하였으면 어찌 하겠느냐?

지금까지 바울의 범죄를 규탄하며 로마군에게 그의 처형을 강요했던 산헤드린 공회는 두 파로 갈라져 서로 자신들의 주장이 옳다고 다투며 소란을 일으켰다. 공회의 큰 분쟁으로 바울에 대한 그들의 고발 내용을 알 수 없게 된 천부장은 군사들에게 바울을 병영으로 다시 호송하라고 명령했다.

이번에는 유대 종교의 고질적인 종파 싸움 덕에 바울이 위험한 순간을 모면했다. 그러나 바울이 임시응변으로 위기는 벗어났다고 하지만, 끈질긴 유대인들이 무슨 흉계든 꾸미면서 로마군의 손을 통해서 그를 다시 죽음으로 몰고 갈 것이 뻔했다.

로마군 감옥에 갇혀 있던 바울은 자신의 형편을 돌이켜보며 한심스런 생각이 들었다. 그가 유대인들에게 무슨 원한을 사서 이토록 끝도 없는 핍박을 계속 받아야 하는지 그리고 과연 이들의 강철 같이 감겨 오는 핍박이 언제 끝날지 알 수가 없었다.

뜻밖의 방문객

그 날 밤이었다. 뜻밖에도 바울은 꿈속에서 천금같은 위로를 받았던 것이다. 예수가 꿈에 다시 바울 곁에 나타났다. 그리고 말씀으로 그를 격려하고 고통스럽지만 그가 살아야 할 또 하나의 중대한 목표를 주었다. 그것은 캄캄한 밤 중에 감옥에 갇혀서 실의에 떨던 바울에게 반짝이는 하늘의 별처럼 반드시 살아야 할 분명한 표적을 주었다.

– 담대하라! 네가 예루살렘에서 나의 일을 증언한 것 같이 로마에서도 증언해야 할 것이다!

바울은 지금까지 예루살렘에 도착해서 하루도 편한 날이 없었다. 한 발자국만 잘못 디디면 죽음뿐이었던 살얼음판같은 위태로운 길을 걸었다. 지금은 안토니오 성채의 로마군의 감옥에 갇힌 바울을 예수가 다시 찾아왔던 것이다. 그가 살기가 번득이는 유대인의 핍박에서 바울을 안전하게 보호해서 로마 제국의 심장부까지 보내어 예수를 증거하도록 하겠다는 약속이었다.

그러나 예루살렘 성 한쪽에서는 바울을 이 참에 제거하겠다는 유대인의 흉계가 한 단계의 실패를 겪고 나서 두 단계 더 무섭게 그리고 은밀하게 발전했다.

40명의 암살단

유대인의 흉계는 더욱 무섭고 독해졌다. 문제 덩어리로 보이는 바울을 죽이러는 유대인의 공개 시도가 막히자 일부 극단주의 청년들이 비밀리에 바울 살해음모를 꾸몄다. 그들은 로마 정부에 반대하는 일부 강경파 젊은이들로 말보다는 행동으로 이스라엘의 독립을 위해 로마 정부에 항쟁을 벌이던 열심당 사람 (Zealots)들이었다. 그들은 날카로운 단검(시카리)을 몸에 지니고 다녔다. 그들은 심지어 거룩한 성전에까지 무기를 숨기고 들어가 표적이 된 사람들을 감쪽같이 살해하고 도주했다.

이들 40여 명이 다음날 제사장들이 바울을 심문하겠다고 그를 병영에서 성전으로 나오게 하면, 길에 매복했다가 호송하는 로마 군인들의 주의를 다른 곳으로 돌리게 하고 바울을 단칼에 처치하기로 계획을 꾸몄다. 그들은 바울을 처치하기까지는 밥도 먹지 않고 물도 마시지 않겠다고 서약하고 제사장에게 계획을 알렸다. 이번에는 바울이 피할 길이 없어 보였다. 그러나 이들의 감쪽같은 계획을 한 젊은이가 알게 되었다. 그가 바로 바울의 생질이었다.

바울의 생질이 어떤 경로로 이 비밀을 입수했는지 또 이름이 누군인지조차 성경은 밝히지 않고 있지만, 바울의 가까운 친족이 그의 생명을 구하려고 나섰다는 사실은 오래전 예수를 영접했다는 이유로 바울의 출당을 결정했던 그의 가족들이 이 무렵에는 바울을 용서했고 일부는 이미 회개하고 예수를 믿게 되었다는 것을 간접적으로 알려주고 있다.

바울이 음모를 듣고 생질을 백부장에게 소개했다. 백부장이 천부장에게 알려주면서 다시 바울은 위기에서 벗어날 수 있었다.

가이샤라 총독부 수감

안토니오 성채의 수비대 대장인 천부장 루시아는 살해 음모를 알고 나서 크게 놀랐다. 그는 급히 바울을 가이샤라(Caesarea)로 옮기는 것이 예루살렘 소요를 막고 죄없는 로마 사람을 살리는 길이라고 생각했다. 당시 로마 총독부가 가장 중시했던 정책은 예루살렘에서 어떤 소요나 난동이 일어나는 것을 사전에 막는 것이었다. 여러 전임 총독들이 이런 소요사태의 책임으로 자리에서 해임 당해 로마로 소환되었던 전례가 있었다. 성경을 기록했던 누가는 가이샤라에 있던 로마 총독에게 바울을 압송하며 천부장이 제출한 보고서의 사본을 이렇게 전했다.

> – 글라우디오 루시아(Claudius Lysias)는 총독 벨릭스(Felix)께 문안하나이다. 이 사람이 유대인들에게 잡혀 죽게 된 것을 내가 로마 사람인 줄 알고 군대를 거느리고 가서 구출한 후에 유대인들이 무슨 일로 그를 고발하는지 알기 위해서 그들의 공회로 그를 데리고 내려 갔나이다. 그러나 고발하는 것이 그들의 율법 문제에 관한 것뿐이요 한 가지도 죽이거나 결박할 사유가 없음을 발견하였나이다. 그러나 불온한 유대인들이 그를 암살하려는 흉계가 있다고 누가 내게 급히 알려 주기로, 곧 당신께로 보내고 또 고발하는 사람들도 당신 앞에서 그에 대하여 증명하라 하였나이다.

보고서는 바울을 심문하고 조사한 결과 그를 죽이거나 결박해서 수감할 아무런 죄목을 찾지 못했다고 밝혔다. 그렇다면 천부장은 바울을 당연히 석방해야 했었다. 그럼에도 불구하고 천부장은 한 로마 사람의 생명을 살해음모에서 구한다는 명목으로 바울을 가이샤라에 보내서, 총독이 다시 송사를 듣고 심문을 계속해 줄 것을 요청했던 것이다. 그러나 총독부 역시 바울에게는 위험했던 곳이라는 사실이 곧 밝혀졌다.

유대인의 역사와 문화

유대인의 역사는 민족의 첫 조상이던 아브라함의 가족이 유프라테스 강이 페르시아 만으로 흘러 들어가는 하류 지역에 있던 갈데아 우르에서 시작했다. 그들은 당시 유프라테스 강과 티그리스 강이 만든 넓은 삼각주 지역에서 살던 셋 족속의 후손들이었다.

어느 날 하나님이 아브라함을 방문하고 그의 후손들이 큰 민족을 이루고 남방 팔레스타인 지역에서 살게 하겠다는 엄청난 약속을 주었다. 아브라함 부부에게는 꿈도 꿀 수 없는 엄청난 약속이었다. 왜냐하면 그들은 이미 나이가 많아 정상적으로는 자손을 생산할 형편이 아니었다. 그러나 그들은 처음부터 하나님의 약속을 믿었다.

그리고 하나님의 약속은 후에 사실로 실현되었고 이 때문에 그들은 유대 민족이라는 독특한 민족을 형성해서 넓고 비옥한 팔레스타인 땅에서 살게 되었다. 축복은 즐거운 일이지만 한편 그만큼 축복에 대한 책임과 의무도 있는 법. 이스라엘 민족이라고 다른 민족과 다른 심성을 가지고 태어나지 않았다. 다른 것이 있었다면 남자가 태어나면 8일 만에 할례를 행하고 하나님이 모세를 통해 주신 율법(성경)을 아이들에게 귀에 딱지가 앉히도록 가르쳐서 세상 사람들과 다르게 살도록 만드는 교육이었다. 교육으로 바른 인생의 길을 가르칠 수 있었다.

그러나 교육으로 사람 속에 있는 성정, 특히 달콤한 죄악으로 향하는 본능을 온전히 억제하고 살도록 만들 수는 없었다. 그들이 잘 살게 되었을 때는 마음이 부패했고 세상 사람들과 똑같이 정욕과 욕심대로 살았다. 죄악이 심해질 때 하나님의 징계는 이스라엘 민족을 지옥 같은 고통의 구렁 속으로 추락시켰다. 그들이 놀라 정신을 차리고 마음을 가다듬게 강제로 만들었던 것이다..

유대인의 특색

　유대 민족의 오랜 역사는 이런 과정의 반복이었다. 그러면서 유대 민족은 고유한 문화를 유지했고, 그 가운데 두드러진 특색은 끈질긴 민족성이었다. 당시 사경을 헤매던 바울의 시련 속에서도 어김없이 유대 민족의 특성은 나타났다. 유대 민족이 여러 이유로 역사의 정면 혹은 전면에 나설 수 없었을 때는 그들은 그들을 지배하는 강한 세력의 배후에서 교묘한 방법으로 자신들의 의지를 관철시키고 적대 세력을 조종하는 법을 터득했다. 당시 예루살렘 제사장과 바리새파 지도자들도 통치권을 쥔 로마군 지도자나 황제를 이용해서 자신들의 목적을 이루려고 했고 욕심도 채웠다. 바울은 이런 유대인의 술책으로 죄인도 아니면서 2년 동안을 가이사랴 총독부에서 옥살이를 했다.

로마 총독 벨릭스(Felix)와 바울

　바울이 가이사랴로 호송된 뒤에 바로 총독부의 해롯 궁에 수감되었다. 총독 벨릭스의 재판 명령에 따라서 바울이 이곳에 온 지 5일 만에 예루살렘에서 대제사장 아나니아(Ananias)가 다른 장로들과 더둘로(Tertullus)라는 변호사와 함께 가이샤라에 도착해서 총독 앞에서 바울을 고발하는 변론을 전개했다. 바울은 천부장의 공식 보고와 같이 로마법으로는 어떤 죄도 범하지 않은 유대인으로 단지 종교상의 문제로 비난과 고발을 당했던 로마 시민이었다. 그는 로마 총독 앞에서 애매한 피의자일 뿐이었다. 그러나 예루살렘에서 온 유대인들이 모두 일어나 변호사의 말이 옳다고 주장했다.

　총독이 이번에는 머리짓으로 바울에게 해명을 요구했다. 바울이 일어나 자신의 무죄를 주장했다. 그가 예루살렘에 온 지가 열이틀 밖에 안 되는 짧은 시간이었고, 그동안 성전이나 회당에서 누구와 변론한 일이나 소동케 한 일이 전혀 없었기 때문에 그들이 주장하는 죄목 자체가 성립될 여지가 없고, 만일 그들이 다른 증거로 총독 앞에 그를 소송할 것이 있으면 말하라고 응수했다.

그는 이어서 그가 예수를 믿게 되었던 배경을 짧게 설명하고, 그들이 자신을 비난하는 이유는 죽은 자의 부활을 자신은 믿지만 그들은 부인하는 까닭이라고 유대교의 여러 종파 간의 견해 차이를 내세웠다. 바울은 그가 예루살렘에 온 목적을 다른 여러 지역에서 거둔 구제헌금을 예루살렘의 가난한 자들에게 전해주기 위해서 온 것이라고 아무도 비난할 수 없는 방문 이유를 떳떳이 밝혔다.

글라디오 안토니오 벨릭스는 글라디오(Claudius) 황제의 총신으로 노예에서 해방된 그의 형이 황제의 측근으로 있던 덕분에 서기 52년 유대 총독으로 임명되었고, 헤롯가의 공주였던 두루실라(Drusilla)와 세 번째 결혼했던 야심가였다. 그는 유대교를 잘 이해하고 있던 사람이었다. 그는 쌍방의 주장을 듣고 문제가 유대교의 교리나 율법상의 차이였음을 금방 이해했다. 그는 바울을 바로 석방할 수도 있었지만 현장에 있던 천부장 루시아가 오면 자세한 내용을 듣고 결정하겠다고 재판을 또 연기했다. 대신 그는 바울을 지키는 백부장에게 바울을 가두고 지키기는 하지만 자유를 주고 친구들이 와서 돌보아 주는 것을 금하지 말라고 특별한 명령을 내렸다.

벨릭스의 탐욕

바울은 자유롭기는 하지만 헤롯 궁에 갇혀서 오래 지내야 했다. 그는 뚜렷한 혐의도 없이 총독 벨릭스의 우유부단과 개인적인 탐욕 때문에 백부장의 감시를 받으며 지냈다. 한 번은 벨릭스와 두루실라가 바울을 불러 세상을 떠들썩하게 흔들고 있는 '예수를 믿는 도'에 관해서 설명을 듣기 원했다. 바울에게는 총독에게 복음을 전할 귀중한 기회였다.

당시 예루살렘 유대교는 폭력으로 치닫고 있었다. 강경한 열심당원들이 세력을 얻으며 성전 지도자들의 온건한 정책에 반기를 들고 친 로마 인사들을 공격하고 살해하는 사태가 벌어지고 있었다. 한편 예수를 믿는 새로운 종교가 가이사랴를 비롯 팔레스타인 지역과 시리아와 터키 소아시아 그리고 로마에까지 전파되어 유대교를 압도하는 세력을 얻고 있었다. 특히 사회의 밑바닥에 살고 있지만 그들의 깨끗한 삶과 정직한 자세는 다른 많은 종교와는 크게 다르게 세상의 주목을 받았다.

로마 총독은 언제 터질지 모르는 예루살렘의 정세에 불안을 느꼈다. 총독은 예루살렘의 불온한 사태가 터지면 무력 진압을 하든 혹은 환심 정책으로 무마하던 어느 것이나 자신이 응분의 책임을 져야 했다. 그 위에 로마의 정치적 변동이 그들 더욱 불안하게 만들었다. 자신의 후원자였던 글라우디오 황제가 죽고 네로가 그 뒤를 이어 황제가 되었던 것이다. 황제가 된 네로가 전례를 따라 자신의 심복을 새로운 유대 총독으로 임명할 것이 뻔했다. 그가 언제 로마로 소환될지 모르던 때였다. 당연히 총독은 할 수 있는 한 떠나기 전에 돈과 재물을 챙기려고 했다. 그들은 예수에 관한 바울의 말을 들어 보고 싶은 마음도 있었지만 그에게서 혹 얻을 것이 있을까 하는 욕심도 있었다.

그러나 바울은 오직 하나님의 '의'와 권력자들의 '절제'와 장차 필연적으로 오는 '심판'에 대해서 강력하게 그들에게 경고하는 말을 전했다. 그들은 자신들의 부정과 불륜을 두려워하며 "지금은 가라. 내가 틈이 있으면 너를 부르리라"라고 얼버무리며 그를 돌려보냈다. 탐욕스런 벨릭스 총독은 그 후에도 바울을 자주 불러 얘기를 들었다. 그는 바울의 배후에 상당한 재산가가 있어서 그에게서 돈을 받을 수 있을까 바랐고 또 한편으로는 유대인이 기피하는 인물을 정당한 이유는 없지만 계속 감금해서 그들의 환심도 사려고 했던 것이다.

새 총독 베스도 (Porcius Festus)의 부임과 재판

바울이 가이사랴에서 죄수 아닌 죄수로 감옥에 수감당한 지가 이태가 지났다. 서기 59년경 새로운 총독 베스도가 벨릭스를 대신해서 부임했다. 베스도는 부임한 지 3일 만에 서둘러 유대의 중심이었던 예루살렘 성을 방문했다. 신임 인사차 방문한 새 총독에게 유대지도부는 다시 바울에 관한 고발사건을 들고 나왔다. 그들은 베스도에게 바울을 예루살렘에 보내주기를 원했다. 그들은 바울을 도중에 습격해서 죽이려는 속셈이었다. 새 총독 베스도는 그들의 요구를 거부하는 대신 중재안으로 유대인들이 자신과 함께 총독부가 있던 가이사랴로 가서 그를 재판자리에 불러 말을 들어 보겠다고 약속을 하고 예루살렘에서 가이사랴로 돌아왔다. 다음날 유대인들이 전과 같이 바울을 여러 가지 중대한 사유를 들어 고발했지만 실체적인 증거가 없었다. 그러나 설왕설래하던 재판은 지루하게 공방을 이어가다가 갑자기 중단되었다. 바울의 남아있는 인생 역정을 다시 바꾸는 일이 벌어졌던 것이다.

황제의 재판을 요구하다

바울이 변명하는 차례가 되어 그가 유대인의 율법이나 성전이나 황제에게 도무지 죄를 범했던 일이 없다고 주장했다. 그 때 베스도가 유대인의 환심을 살 뜻으로 바울에게 넌지시 "네가 예루살렘으로 올라가서 이 사건에 대해서 내 앞에서 심문을 받으려느냐"고 엉뚱한 질문을 던졌다. 전에 유대인들이 길에 매복했다가 바울을 암살하기 위해서 내놓았던 조건이었다. 바울이 깜짝 놀라 일어섰다. 그리고 당돌하게 황제의 재판을 요구했다.

– 내가 가이샤(황제)의 재판 자리(황제를 대신한 총독) 앞에 서 있으니 마땅히 거기서 심문을 받을 것이요. 만일 내가 불의를 행하여 무슨 죽을 죄를 지었으면 죽기를 사양하지 아니할 것이나 만일 이 사람들이 나를 고발하는 것이 다 사실이 아니면 아무도 나를 그들에게 내줄 수 없소이다. 내가 가이사(황제) 앞에서 재판 받기를 원합니다.

바울은 예루살렘에서 심문받기를 단호히 거부하며 로마 시민으로 로마 황제 앞에서 자신이 변론할 것을 주장했다. 로마 시민은 언제나 황제 앞에서 무죄를 주장할 수 있는 권리가 있었고, 바울은 마지막 생존 수단으로 그의 로마 시민권이 보증하는 시민의 특권을 행사했던 것이다.

베스도는 배석한 사람들과 상의하고 그의 요청을 승인했다. 그러나 한 가지 어려운 문제가 그에게 남아 있었다. 지금까지 전임 총독과 유대 제사장들이 여러 번 바울을 심문했지만 그에게 아무 죄도 찾지 못했던 것이다. 그를 체포해서 오래 감옥에 수감했던 이유는 물론이고 지금은 황제에게 그를 압송할 죄목이 없었다. 단지 전임 총독은 점차 불온해지는 예루살렘의 소요를 막고 어떻게 하든 그들의 환심을 사려는 이유로 그를 감옥에 넣어 감시하고 있었다. 바울이 황제의 심판을 요구한 이상, 총독은 그를 로마로 압송해야 했으나 문제는 황제에게 보고할 적당한 죄목이 없었다. 총독이 정당한 죄목도 없이 로마 시민을 구속해서 황제에게 보내는 것은 무모하고 매우 위험한 짓이었다.

왕과 총독 앞에 선 바울의 명 설교

유대와 갈릴리 등 팔레스타인 지방의 왕으로 네로 황제가 임명했던 아그립바 2세(Agrippa II)가 누이동생인 베니게(Bernice)와 함께 가이사랴에 와서 신임 총독인 베스도를 예방했다. 아그립바 왕은 헤롯 대왕의 4대 손으로 글라우디오 황제의 궁에서 네로와 함께 자랐다. 글라우디오 황제가 네 번째 황후로 맞은 아그리피나는 글라우디오 황제가 죽고 나자 자신의 아들인 네로를 로마의 새 황제로 추대했다. 황제가 되었던 네로는 심복이고 친구이던 아그립바를 유대 지역 왕으로 임명했다.

베스도가 그들이 황제와 가까운 관계를 알고, 바울의 구류 사실을 이들에게 전하며 황제에게 보고할 죄목이나 명분을 찾는 것을 도와달라고 부탁했다. 그들도 바울에 대한 소문을 익히 들었던 까닭에 흥미를 나타내며 바울의 말을 들어 보겠다고 했다.

다음날 바울이 이들 앞에 섰다. 아그립바 왕과 베니게가 화려한 왕과 공주의 복장을 하고 위엄있게 자리에 앉았고 로마 총독과 다른 고위관리들이 배석했다. 베스도가 심문을 하게 된 경위를 솔직하게 털어놓고 설명했다.

─아그립바 왕과 여기 같이 있는 여러분이여, 이 사람은 유대의 모든 무리가 살려두지 못할 사람이라고 예루살렘과 여기서도 내게 청원했던 사람이지만, 내가 살펴본 결과 그는 죽일 죄를 범한 일이 없소이다. 그러나 그가 황제에

게 재판을 요구한 까닭에 나는 그를 로마로 보내려고 합니다. 그러나 나는 지금 황제께 그에 대한 확실한 죄목을 아뢸 것이 없으므로 오늘 그를 심문해서 상소할 죄목을 찾으려고 당신들 앞에, 특히 아그립바 왕 앞에 그를 세웠소이다. 나는 죄목도 밝히지 않고 죄수를 보내는 것이 무리한 일인 줄 압니다.

아그립바 왕이 바울에게 변명할 기회를 주었다. 바울이 특유의 손짓을 하며 그가 유대 종파의 가장 엄한 파인 바리새인 가운데 바리새인으로 어떻게 예수를 다마스커스를 가던 도중에서 만나 믿게 되었는지 설명했다. 그리고 그가 유대인에게 핍박을 당하고 근거없는 송사를 당해서 왕과 총독 앞에서 심문을 받게 되었는지를 변명하면서, 새롭게 그들에게 복음의 요체를 설명하는 것을 잊지 않았다.

– 아그립바 왕이여, 그러므로 하늘에서 보이신 것을 내가 거스르지 아니하고 먼저 다마스커스와 예루살렘에 있는 사람과 유대 온 땅과 이방인에게까지 회개하고 하나님께로 돌아오라고 전했던 까닭에 유대인들이 성전에서 나를 잡아 죽이려고 했습니다. 그러나 하나님의 도움을 받아 내가 오늘까지 높고 낮은 사람 앞에 서서 이렇게 증언하는 것입니다. 나의 증언은 이스라엘의 선지자들과 모세가 반드시 되리라고 예언했던 것입니다. 곧 예수 그리스도가 고난을 받을 것과 죽은 자들 가운데서 먼저 다시 살아나서 이스라엘과 모든 이방인들에게 구원의 빛을 전할 것이라는 사실입니다.

이 때 갑자기 베스도가 큰 소리로 외쳤다.

– 바울아, 네가 미쳤도다. 너의 많은 학문이 너를 미치게 했구나!

– 베스도 총독이여, 내가 미친 것이 아니요 참되고 온전한 말을 합니다. 왕께
서는 이 일을 아시기로 내가 왕께 담대히 말하는 것이니, 이 일에 하나라도
알지 못함이 없는 줄 믿나이다. 이 일은 세상 한쪽 구석에서 슬그머니 일어
난 사건이 아닙니다. 아그립바 왕이여, 왕은 선지자를 믿으시나이까? 왕께
서 믿는 줄을 내가 압니다.

– 바울아, 네가 적은 말로 나를 권하여 그리스도인이 되게 하려 하는구나!

– 말이 적으나 많으나 당신뿐만 아니라 오늘 내 말을 듣는 모든 사람도 다 이
렇게 결박된 것 외에는 나와 같이 되기를 하나님께 원하나이다.

바울은 마지막으로 있는 힘을 다해 그들이 죄를 회개하고 예수를 믿고
구원을 얻으라고 강권했다. 바울의 말이 끝나자, 왕과 총독과 베니게와 그
와 함께 앉은 사람들이 다 급히 일어나서 따로 물러나 서로 얘기를 나누었
다. 사건의 처리를 고심하던 왕과 고관대작들 모두가 "이 사람은 사형이나
결박을 당할 만한 행위가 없다"고 이구동성으로 결론을 냈다.

한편 아그립바 왕과 총독 일행이 바울의 강력한 설교를 듣고 그리스도
를 믿게 되었는지 지금 어떤 기록도 남아 있는 것이 없다. 단지 그들이 바
울에 대해서 평했던 얘기를 미루어 보면 그들은 분명히 바울의 무죄를 사
실로 인정했다. 그들은 예수와 그를 믿는 기독교를 유대교 지도자들처럼
전적으로 불법적인 종교집단으로 결코 부정하지 않았다는 사실이다. 그들
은 극성을 피우던 유대교 지도자들의 주장 보다는 바울을 더 신임하고 동
정을 보냈던 것이다.

기독교는 세상의 핍박 속에 성장하는 독특한 생명력을 가지고 있다. 바
울은 화려한 왕복을 입고 심판 자리에 앉아 있는 아그립바 왕과 로마 황제
를 대신해서 전권을 행사하던 총독 앞에서 조금도 약해지지 않고 그들이

자신과 같이 예수를 믿는 사람으로 살기를 원하며 복음의 진리를 설파했다.

아그립바 2세와 베니게의 남매간 불륜

아그립바 2세는 헤롯 대왕의 후손으로 마지막 유대 왕으로 책봉되었던 사람이다. 그는 헤롯 왕가의 전통에 따라서 로마 황제인 클라우디오 집안에서 자랐고, 황제가 아그리피나와 재혼하면서 황제의 양자가 되었던 네로와도 얼마동안 같이 살았다. 서기 50년 그는 팔레스타인 지방의 칼키스 (Chalcis) 분봉 왕이 되었다가 네로 황제의 총애로 후에는 갈릴리와 유대 지역 분봉왕이 되었다.

그는 당시 로마 귀족들의 문란한 결혼과 여성 편력에 빠져 있었고 자신의 친 자매이며 이미 결혼과 이혼을 거듭했던 베니게(Bernice)와 함께 궁에서 살았다. 로마의 총독이던 벨릭스의 세 번째 부인이던 두루실라(Drusilla)도 아그립바 1세 왕의 딸이었고 아그립바 2세와는 친남매 사이였으며 베니게와는 자매 사이였다. 베니게는 후에 로마의 티토 장군의 후궁이 되었으나 후에 버림을 받았다고 한다. 아그립바 2세는 70년 예루살렘이 망하고 나서는 로마로 돌아가서 살았다.

로마로 떠나는 죄수들 틈에

바울은 원했던 것같이 예루살렘을 떠나 로마로 가는 큰 배에 올라 항해 길에 나섰다. 그는 많은 죄수들 틈에 낀 수인의 하나로 배를 탔다. 바울과 2백 76명이나 되는 사람들이 탔던 배는 지중해 해안을 따라가다가 큰 태풍을 만나 캄캄한 바다에서 14일 동안 정처없이 표류했다. 사도행전에서 그의 항해 일지를 적은 누가의 기록은 마치 호머(Homer)가 지었던 그리스 문학의 고전인 오딧세이(Odyssey)의 서사시 냄새가 난다고 후인들이 평했다. 또 이 조난 사건의 주제는 마치 구약의 〈요나서〉를 연상케 하는 내용이라고 비교하며, 바울 한 사람의 생명이 난파선에 있던 모든 사람의 생명을 살렸다고 설명했다. 예수라는 주인이 맡겼던 사명의 완수에 목숨을 걸었던 바울이라는 종의 강렬한 생명은 폭풍마저 진정시켰고 많은 생명을 죽음에서 구했던 것이다.

우리(We)라는 항해 기록자

총독 베스도가 살던 가이사랴에서 로마까지는 배를 타고 가는 먼 항해 길이었다. 바울과 함께 여행을 하며 여행일지(사도행전)를 기록했던 사람은 누가(Luke)라는 그리스인 의사였다. 그가 항해 일지를 기록하면서 '우리'라는 여행 당사자로 다시 등장해서 항해 일지를 적어 갔다. 바울 일행이 예루살렘에 도착해서 그곳 교회와 야고보 장로의 환영을 받는 장면*이 끝나고 (성경) 무대에서 사라졌던 누가는 항해가 시작하고 나서부터 주인공인 바울과 함께 여행자로 다시 등장했다. '우리'라는 표현은 그가 바울을 수행해서 배를 탔고 이후 항해 일지를 기록하고 있다는 표시였다. 그와 함께 데살로니가 사람 아리스다고(Aristarchus)가 승선해서 바울과 동행했다.

가이샤라에서 누가(Luke)는 무엇을 했나?

바울이 가이사라에서 감옥에 수감되었던 기간을 성경은 2년(57-59년)이라고 전했다. 그 동안 누가는 바울과는 멀리 떨어지지 않은 곳에서 살다가 로마행이 결정되자 다시 바울 곁으로 돌아왔다. 2년 동안 신실한 그가 그 지역에서 시간을 허비했을 리는 없다. 그가 썼던 누가복음이나 사도행전과 같은 귀중한 성경의 충실한 내용을 고려한다면, 그는 가이사라에 오래 살던 빌립 집사 가족이나 예루살렘에서 예수를 목격했던 사람들과 교제하며, 예수와 그의 열두 제자들의 활동에 관한 여러 증인과 증거들을 광범위하게 수집했을 것이다. 그 결과로 누가는 4복음서 가운데 하나이고 예수에 관한 가장 충실한 말씀과 풍성한 일화로 가득 찬 〈누가복음〉을 쓸 준비를 했을 것으로 학자들은 추정하고 있다. 그가 유대인이 아니고 그리스인이었다는 사실은 그가 누구보다 사실 확인에 충실했고 성령의 능력으로 총명했던 기자였음을 증명하고 있다.

---

* 행 21장:18

호송 군관

누가가 기록했던 항해 일지는 우선 바울을 호송할 로마 군관의 등장으로 서두를 열었다. 그의 이름은 율리오(Julius)라는 황제 직속 아구스도(Imperial Regiment) 부대에 속했던 한 백부장이었다. 그는 바울을 비롯해서 많은 죄수를 로마까지 호송하는 책임을 맡아서 가이사랴 항에서 배를 구하고 도중에 큰 배로 갈아타고 로마로 항해하는 모든 일을 수행했다. 율리오는 각지역에서 로마로 가는, 특히 황제에게 가는 공문과 사람의 운송을 책임지던 장교로 운송도중 배를 잡고 죄수를 감독하는 전권을 행사하는 권한을 가졌다. 그는 단순했지만 진실과 거짓을 구별하는 능력이 돋보이는 장교였기 때문에 죄수였지만 바울을 인정하고 따르면서 많은 인명을 한 사람도 잃지 않고 구할 수 있었다.

항로 및 항해 시기 결정

당시 가이사랴 항에서 떠나는 배 가운데 직접 아드리아해와 지중해를 관통해서 로마로 가는 긴 대양 항해를 할 만큼 큰 배는 없었다. 율리오가 세운 계획은 가이사랴에서 터키 소아시아 지역 해안을 경유해서 마게도냐까지 여러 항구를 들러가는 정기선을 이용해서 서쪽으로 진행하다가 도중 정박하는 항구에서 이집트의 알렉산드리아 항에서 곡물을 싣고 로마로 가는 대형 곡물선을 만나면 그 배를 갈아타고 대양을 횡단해서 로마로 가는 것이었다.

바울이 가이사랴를 떠난 때가 언제인지 기록은 없지만 도중 유대인의 금식일(9월 하순이나 10월초)이 있었다는 기록과 또 그들이 항해할 때 대륙 쪽에서 강한 바람과 서북풍의 맞바람 때문에 항해가 예정보다 늦어졌던 점을 감안하면 7월 말이나 8월 초였을 것이다. 유대인의 계산법에 따르면 이 지역 항해는 오순절에서 장막절(10월 초)까지 여름 동안이 안전하고 그 이후 겨울에는 항해가 매우 위험한 기간이었다. 로마인들도 9월 15일 이후는 안전항해가 '의심스런' 때라고 주의했고 11월 이후 항해는 '자살항해'라고 경계했었다.

가이사랴에서 떠난 첫 배(약 15일)

바울은 다른 일행과 함께 가이사랴에서 시리아, 터키, 아시아 지역 항구들을 차례로 기항하는 아드라뭇데노(Adramyttium)라는 배를 타고 첫 기착지인 시돈(Sidon)에 다음날 도착했다. 율리오의 배려로 바울은 그곳 배에서 내려 성도의 집에서 밤을 보내고 다시 항해를 계속했다. 시돈 항을 떠나자 곧 맞바람이 불기 시작해서 배는 맞바람을 피해 사이프러스(Cyprus)섬 해안을 의지하고 항해를 계속해서 길리기아와 밤빌리아(터키 소아시아 지역 해안) 바다 건너편에 있는 루기아의 무라(Myra) 항에 도착했다. 시돈에서 무라 항까지는 보통 10-15일 정도 걸리는 항해였지만 바람으로 늦어졌다.

무라 항에서 대형 곡물선을 타고(약 15일)

무라(Myra) 항에서 백부장은 곡물을 싣고 이태리로 가는 대형 곡물 운반

선인 알렉산드리아 배를 찾아서 일행을 승선토록 했다. 마침 대륙 쪽에서 바람이 불기 시작해서 항해가 늦어졌고 여러 날(15일 정도 걸린 듯) 만에 배는 간신히 니도(Cnidus) 섬 맞은 쪽에 있는 미항(Fair Havens)이라는 그레데 섬의 서쪽 항구에 도착했다. 이때쯤 금식하는 절기가 이미 여러 날 지났으므로 항해가 매우 위험한 때가 되었다.

바울의 충고

선장과 백부장도 더 이상 배를 대양 쪽으로 항해하는 것이 매우 위험한 일인 것을 알고 어느 곳이든 적당한 항구에서 겨울을 보내고 항해가 가능한 봄에 로마로 떠날 생각을 하며 선주와 함께 의논을 하고 있었다. 바울도 그들 틈에 끼어 의논을 들었다. 그도 여행을 많이 했던 사람이었다. 바울은 금식하는 절기(10월 5일)가 이미 지났으므로 더 이상 항해하는 것이 위험한 줄을 알고 있었다. 특히 얼마 전부터 이상하고 불쾌한 느낌이 들어 마음이 편치 않은 바울이 조심스럽게 일행에게 미리 위험을 예고하며 더 이상 항해는 "화물과 배만 아니라 우리 생명에도 타격과 많은 손해를 입을 것"이라고 자신의 의견을 제시했다.

당시 항해 시기나 항로 등의 모든 결정권은 공적 임무로 배를 차출했던 백부장에게 있었다. 백부장은 예수를 믿는 종교 지도자로 존경은 가지만 항해에 관한 전문가가 아닌 바울의 경고성 만류보다는 항해 경험이 풍부한 선장과 선주의 의견을 좇아서 긴 겨울을 편하게 지낼 수 있는 항구를 찾다가, 미항에서 멀지 않은 같은 섬 남쪽 해안에 있는 뵈닉스(Phoenix) 항으로 가서 겨울을 보내기로 결정했다.

뵈닉스는 그레데 섬의 큰 항구로 한쪽은 서남을 다른 한쪽은 서북을 향하고 있는 항구로 남풍이 조금만 불면 미항에서 연안을 따라 내려가면 어렵지 않게 이내 도착할 듯했다. 그들이 바람을 주시하며 기다릴 때 마침 남풍이 순하게 불기 시작했다. 그들은 이때다 싶어 곧 닻을 감고 돛을 올리고 배를 움직여 항해했다. 좋은 기회가 온 듯했지만 사실은 그 반대였다.

유로굴라(euroquilo) 계절풍

지중해 연안 섬에서 겨울 철에 빈번하게 발생하던 심한 계절풍으로 원 뜻은 북동풍(Northeast wind)이라는 태풍이다. 당시 겨울철 지중해 연안에서 모든 항해를 불가능하게 만들었던 심한 폭풍이었다.

계절풍 유라굴로(Euroquilo)

그레테(Crete) 섬 한가운데서 맹렬한 광풍이 갑자기 크게 일며 거센 동북풍이 바다로 불어왔다. 연안을 따라 남쪽으로 가던 배가 휘몰아치는 폭풍에 나뭇잎처럼 춤을 추며 삽시간에 바다 한가운데로 밀려났다. 항해를 지휘하던 선장도 노련한 뱃사람들조차 어떻게 손을 써볼 사이도 없이 배는 그레데 섬에서 밀려났고 강풍을 뚫고 연안 쪽으로 나가는 것이 불가능했다. 그들은 돛을 내리고 배를 바람에 맡기고 가는 대로 쫓겨갈 수밖에 없었다.

배가 가우다(Cauda)라는 작은 섬 밑으로 지나갈 때 선원들이 선미에 끌고 오던 거룻배(구명정이나 육지와 연락용으로 쓰던 작은 배)를 간신히 배 위로 끌어올리고 줄을 선체에 감아 스르디스(Syrtis)라는 모래톱(등)에 걸릴까 두려워하며 닻을 내리고 바람이 가는 대로 배를 맡겼다. 밤새 배는 바람이 부는 대양 쪽으로 쫓겨 갔다.

미항(Fair Havens)을 떠난 지 이틀이 되던 때였다. 대양 가운데로 밀려나 어떻게 손을 쓸 수가 없었던 선원들은 배가 암초나 스르디스를 만나 깨지는 것을 피하기 위해서 배를 가볍게 하려고 곡물을 바다에 버렸다. 셋째 날에는 배의 기구들을 바다에 던졌다. 계속해서 여러 날이 지났지만 낮에는 해도 밤에는 별도 보이지 않는 캄캄한 바다의 높은 풍랑 속에 배는 한 장의 젖은 종이처럼 까불리며 떠다녔다. 언제 배가 찢겨 부서질지 모르는 가운데 모든 사람들이 잠도 못자고 뜬 눈으로 지내며 극도의 불안감에 빠졌다. 그들은 먹지도 못하고 10여 일을 사경에서 지냈다. 구원의 희망이 모두 사그러들었다. 배에 탔던 모두에게 상황은 절망적이었다.

스르디스 모래톱(Syrtis Sands)

지중해 북아프리카 해안의 바닷속에 있는 넓은 모래톱으로 큰 배가 모르고 지나다가 모래등에 좌초당해서 빠져 나오지 못하는 사고가 자주 일어났다. 선원들 사이에 유명해졌고 두려움의 대상이 되었다. 당시 이집트와 로마를 오가는 곡물선은 가장 큰 배로 배에는 가득 실은 곡물은 있었지만 물이 떨어져 일단 모래톱에 걸리면 선원들이 물이 없어 아사하는 사고가 일어났다.

사명과 구원

그 때 하나님의 사자가 간절히 기도하던 바울을 찾아와 뜻밖의 소식을 알려 주었다. 바울이 드디어 용기 백배하고 일어났다. 그는 여러 사람들 앞에 구원의 기쁜 소식을 힘있게 전했다.

–여러분이여, 내 말을 듣고 그레데 섬에서 떠나지 아니하고 이런 타격과 손상을 면했더라면 좋을 뻔했소이다. 이제는 안심하소서. 당신들 중에 누구도 생명에는 아무런 손상이 없겠고 오직 배뿐일 것이오. 내가 속했고 내가 섬기는 하나님의 사자가 어젯밤에 내 곁에 서서 말하기를 "바울아, 두려워하지 말라, 네가 가이사(로마 황제) 앞에 서야 하겠고 또 하나님께서 너와 함께 항해하는 자들을 다 네게 주셨느니라" 말했소이다. 그러므로 여러분이여, 안심하라! 나는 내게 말씀하신 그대로 되리라고 하나님을 믿소이다. 우리가 반드시 한 섬에 곧 걸릴 것이오.

모두가 사경을 헤매며 정신이 혼미하던 때였다. 그들이 죽지 않고 사경을 벗어나리라는 소식에 정신을 차리려고 했으나 이미 너무 지쳐 있었고 바울의 권고대로 자리를 털고 일어설 엄두가 나지 않았다. 그러나 시간이 많이 걸리지는 않았다. 의로운 한 사람으로 인해서 많은 사람이 구원을 얻을 수 있다는 사실이 곧 밝혀졌다. 사실 바울은 있는 힘을 다해 예수가 그에게 주었던 사명의 완주를 위해서 기도했다. 그는 이미 자신의 생명을 버린 지 오래였다. 오직 그의 영혼에 새긴 표적 하나가 유일한 생명줄이었다. 미항을 떠나면서 시작되었던 해난이 14번째 날을 맞은 밤 자정쯤 해서 선원들이 캄캄한 밤중에 생명의 소망을 출렁이는 깊은 바닷속에서 찾았다. 그들은 배가 육지에 가까이 가고 있는 것을 물 깊이를 재어 보며 확인했던 것이다.

사경에서도 욕심이

누가는 그날 밤에 일어났던 해난보다 더 위태했던 사건을 그의 항해 일지(사도행전)에 이렇게 전했다.

— 우리가 아드리아 바다(Adriatic Sea)에서 이리저리 쫓겨가다가 자정쯤 되어 선
원들이 어느 육지에 가까워지는 줄을 짐작하고 물을 재어보니 스무 길이 되
고 조금 가다가 다시 재었을 때는 열다섯 길이었다. 암초에 걸릴까 하여 고
물에서 닻 넷을 내리고 날이 새기를 고대했다. 그러나 선원들이 몰래 도망
하고자 하여 이물에서 닻을 내리는 체하고 거룻배를 바다에 내려 놓았다.

수심이 점차 줄어든다는 것은 배가 어느 곳인지 육지에 가까이 접근하고
있다는 말이었다. 선원들은 멀리 육지를 느끼기 시작했다. 살 소망을 잃은
채 오래 죽음의 그늘에 빠졌던 그들이 살아야겠다는 욕망이 다시금 강하게
일어났다. 그러나 그들은 어려운 현실도 보았다. 몇십 명도 되지 않는 선원
들이 아직도 풍랑이 거센 바다를 뚫고 무려 2백 5십 명도 더 되는 많은 사
람들을 먼 육지까지 안내하고 돕는 일은 너무 위험했다. 큰 배는 아직도 격
한 파도에 이리저리 밀려 제대로 방향조차 잡을 수가 없었다. 노련한 뱃사
람의 눈에는 자신들의 생명과 배 안에 있는 많은 사람들의 생명을 한꺼번
에 다 구원하기에는 전혀 가망이 없어 보였다.

선원들이 그들만 배에서 빠져나가 바다 물을 헤치고 육지로 갈 생각을
하고 거룻배를 내렸던 것이다. 이 때까지 침착하게 앉아서 사태를 보면서
기도하던 바울이 아직도 정신을 차리지 못하는 백부장과 군인들을 깨우고
경고했다. "저 선원들이 배에 있지 아니하면 당신들은 구원을 얻지 못할 것
이요"라고 선원들의 전문적인 도움이 필요한 때에, 그럼에도 불구하고 자
신들만 살겠다고 어려운 현장을 몰래 빠져나가려는 인간들의 욕심을 바울
이 꼭 집어서 말했다. 군인들이 서둘러 거룻배 줄을 칼로 끊어 거룻배를 바

다에 버렸다.

소망은 용기를

바울은 선원들이 자기들만 살겠다고 배에서 구명정을 내려타고 육지 쪽으로 가는 것을 막고 밤이 새기를 기다렸다. 그 사이 바울은 얼이 빠진 듯한 선장에게 부탁해서 남은 밀가루로 충분한 양의 빵을 구우라고 요청했다. 새벽녘이 되고 앞이 보이기 시작해서 바울은 여러 사람 앞에 갓 구운 빵과 치즈를 내어놓고 먹기를 권했다.

> ─당신들이 기다리고 기다리며 먹지 못하고 주린 지가 오늘까지 열 나흘인즉 지금 음식 먹기를 권하는 바요. 이것이 당신들의 생명을 구하는 길이요, 지금은 당신들 중에 머리카락 하나도 잃는 자가 없을 것이요

바울이 이렇게 먹기를 권하고 자신이 떡을 가져다가 모든 사람 앞에서 하나님께 감사하고 떼어 먹기를 시작하자 다른 사람들도 다 안심하고 받아 먹었다. 극심했던 풍랑과 두려움의 연속은 놀랍게도 사람들에게 먹는 일도 잊게 만들었지만, 바울은 그들의 생명을 살렸을 뿐만 아니라 사람의 죽고 사는 일이 오직 하나님의 손에 있음을 여러 사람에게 다시금 깨닫게 했다. 그 가운데 많은 사람이 바울이 권한 예수를 믿었을 것이 분명했다. 생명의 문은 죽을 자리에서도 간절히 살 길을 찾는 사람들에게는 열리기 마련이었다. 세상을 살리는 하나님의 원칙이었다.

모든 죄수들을 살린 바울의 진실

날이 새면서 앞에는 어느 땅인지 알지 못하지만 경사진 해안이 있는 항만이 보였다. 그들이 안전하게 해안에 도착할 방법을 찾았다. 배 뒤에 내렸던 키를 풀어 늦추고 보조 닻을 바람에 맞추어 올리고 해안을 향하여 들어갔다. 조금 가다가 바닷속의 두 물이 만나 소용돌이 치는 곳에 배가 걸리고 말았다. 배의 이물(선수)은 앞 물길에 부딪쳐 나가지 못하고 고물은 큰 물결에 부닥쳐 깨져 나갔다. 배는 좌초되었고 진퇴양난이었다. 군인들이 혹시 죄수가 육지로 도망치지 않을까 염려하며 백부장에게 그들을 다 죽이자고 말을 꺼냈다. 당시 로마 법에는 군인들이 죄수를 호송하다가 죄수가 도망칠 경우에는 호송 군인이 그 책임을 지고 죽음을 당했다.

그러나 백부장은 이미 바울의 인품을 믿었고 그를 살리려고 군사들의 사나운 제의를 듣지 않고 우선 헤엄칠 줄 아는 사람들은 먼저 물에 뛰어내려 육지로 가게 하고, 남은 사람들은 널조각이나 배의 다른 물건을 의지하고 육지로 안전하게 나가게 했다.

멜리데(현재의Malta) 섬에 도착한 바울 일행

비가 오고 날이 찼다. 2백 7십 6명의 난파선 사람들이 북아프리카 리비아 인근 몰타 섬에 상륙했다. 섬 사람들이 긴 죽음의 고통에서 구조된 사람들을 위해서 모닥불을 피우고 따뜻하게 영접했다. 마침 바울도 나무 한 묶음을 집어 불에 넣는 중에 나뭇단에서 독사 한 마리가 뜨거움 때문에 나오다가 바울의 손을 물고 있는 것이 섬 주민들의 눈에 띄었다. 섬 주민들이 이

것을 보고 서로 수군거렸다.

> – 이 사람은 살인한 자가 맞는가 보다. 바다에서는 구조를 받았지만 하나님이
> 그를 더 살지 못하게 버리는구나!

　바울이 독사를 불에 떨구었으나 시간이 지나도 조금도 상한 기색이 없었다. 사람들은 그가 붓든지 혹은 갑자기 쓰러져 죽을 줄 알고 기다렸으나 오래 기다려도 아무 이상이 없는 것을 보고 놀라서 이번에는 '그를 신'이라고 불렀다. 그 부근에 보불리오(Publius)라는 섬의 제일 높은 관리의 땅이 있었고 그가 난파선 사람들을 청해서 4일이나 머물게 하며 친절을 베풀었다.

　보불리오의 아버지가 마침 열병과 이질로 중태에 있는 것을 알고 바울이 가서 기도하고 안수하여 말끔히 낫게 했다. 섬 사람들이 이를 알고 병든 사람들을 바울에게 데려와서 다 고침을 받았다. 섬 사람들이 더욱 난파선 사람들을 후하게 대접했고 월동하고 떠나는 '우리'를 위해서 여러 가지 쓸 것을 배에 실었다고 누가는 항해 일지 끝에 기록했다. 그의 기록에는 나타나지 않았지만 멜리데 섬에는 이때부터 교회가 섰고 섬에 살던 독사가 바울의 기도로 다 없어졌다고 사람들이 전하고 있다.

로마 입성

　바울 일행은 그 섬에서 3개월을 지내고 다음해 봄(2월이나 3월 초)에 역시 곡물선으로 알렉산드리아에서 월동하던 배를 타고 항해를 계속해서 이태리의 시실리(Sicily) 섬의 시라구사(Syracuse)에 도착했다. 그들은 그곳에서 3일을 지내고 다시 떠나 이태리 서쪽 해안에 있는 레기온(Rhegium) 항에 도착

했다. 그곳에서 하루를 지내고 남풍이 일어나므로 항해를 계속해서 다음날에는 항해의 마지막 목적지였던 로마 부근 보디올(Puteoli) 항구에 도착했다.

보디올 항구는 로마에서 75마일 정도 떨어져 있지만 로마라는 대도시에서 가장 가까운 항구로 모든 배는 로마로 가는 화물을 이곳에서 부렸다. 바울 일행은 보디올 항에 살던 형제들을 만났고 또 그들의 요청을 받아 7일 동안을 그들과 함께 머물다가 로마로 떠났다.

바울의 이름은 이미 로마까지 놀라운 능력의 종으로 알려졌다. 로마에 살던 형제들이 바울의 도착 소식을 듣고 압비오 시장(forum of Appius, 로마에서 40마일쯤 떨어진 곳)과 삼관(The Three Taverns)까지 마중을 나와 바울 일행을 따뜻하게 영접했다. 바울이 새삼 주의 인도를 감사하며 담대한 마음을 얻게 되었다.

10
장

세계의
중심에서

바울, 드디어 로마에

황궁 옆 셋집 바울은 드디어 꿈에도 가보고 싶었던 로마에 도착했다. 그에게 로마는 세상 사람들이 동경하는 번화한 세계의 중심지가 아니었다. 그는 로마라는 대제국의 중심부에 예수의 바른 복음과 지식을 전해야겠다는 꿈이 있었다. 아름다운 꿈이었지만 그의 몸은 자유가 없는 황궁에 속한 시위대의 감금 아래 있었다. 시위대와 호송군관의 호의로 그는 조그만 셋집에 기거하며 재판을 기다리는 신세였다. 그래도 다행이었다. 그는 집 밖으로 나갈 수는 없었지만 찾아오는 사람들은 자유롭게 만날 수 있었다.

황제 궁의 호의

바울의 인격을 옆에서 보고 감동을 받았던 백부장 율리오가 황제 시위대에 상당히 호의적인 보고를 했음은 당연했다. 또한 예루살렘에서 보낸 고소장에도 바울이 무슨 범죄행위로 체포된 것이 아니었던 까닭에 바울은 시위대 부근에서 거처를 얻어 자유롭게 재판 날을 기다리며 살도록 허락받았다. 단지 감시 군인들이 그의 곁에 파견되어 같이 살며 그를 감시했을 뿐이었다. 시위대는 바울을 찾아오는 사람들이 그를 만나고 얘기를 자유롭게

로마와 초대 기독교인들

바울이 도착했던 서기 60년경의 로마는 번영을 구가하던 제국의 수도로 당시 세계를 지배하던 권력의 심장부가 있던 곳이었다. "세계의 모든 길은 로마로 통한다"는 말과 같이 로마 시 한 가운데 있던 로만 포름(Roman Forum)이라는 광장은 원로원과 의사당, 주피터 신전 등 로마 정부가 있던 곳으로 그곳은 세계로 뻗어 가는 모든 길의 시발점이고 각 도시까지의 거리를 측정하는 황금표적(Golden Milepost)이 서있던 곳이다. 포름을 중심으로 4개의 언덕이 있고 그 중 하나인 팔라티네(The Palatine Hill) 언덕에는 황제의 넓은 궁이 있고 주위에 황족들이 사는 빌라들이 버티고 있었다. 로마는 티베르(Tiber) 강 동쪽 연안에 모두 7개의 언덕을 중심으로 기원 전 735년에 시작된 나라였다.

황궁이 있는 언덕 아래에 서민들이 즐기던 시장과 대규모 경기장들이 있었고 그 가운데 대표적인 서커스 막시무스(Circus Maximus)는 15만 명의 관객을 수용하던 대경기장이었다. 로마 시는 당시 모든 것이 풍성했다. 큰 길가에는 작은 상점들이 즐비했고 각 나라 상품을 팔고 있었다. 서민들은 정부가 싼 값에 공급하는 식량과 기름(Olive Oil)과 포도주를 즐기며 거의 매일 열리는 각종 경기를 관람하며 지냈다. 공식 휴일만 연중 159일이나 되었다. 그들의 일상 관심사는 경기장에서 좋은 자리를 차지하는 것이었다. 그러나 자유인이던 일반 주민들의 생활은 귀족이나 고급 관리들과는 다르게 화려하지는 못했다. 중심에서 벗어난 시장 뒷거리는 지저분했고 조그만 아파트에서 배급 식량을 먹고 가까운 공중 목욕탕(1세기 말에는 1,000개)에서 남녀가 목욕을 즐기며 경기장에서 무슨 일이 있었는지 수다를 떨며 살았다. 특히 노예나 사회 밑바닥에 살던 사람들의 생활은 오히려 빈민굴같은 생활이었다고 역사학자들은 전했다.

로마 시는 모두 14개의 구역으로 나뉘어 있었고 유대인들은 서쪽 3개 구역에 집중해서 살고 있었다. 그들이 모이던 회당도 13개나 되었다. 유대인의 로마 이민 역사도 오래되었다.

기원전 37년 로마 군의 지원으로 헤롯 1세가 파티아(페르시아) 군에 점령 당했던 예루살렘을 탈환했던 때에 로마 군이 파티아 군에 동조했던 약 2천 여 명의 유대인을 포로로 로마로 끌고 갔던 것이 효시였다. 그 때부터 상당수 의 유대인들이 로마로 이주해 살았다. 로마 시의 인구는 5십만에서 많을 때 는 백만 명에 달했고 그 중에 유대인들도 최소 몇 만에서 십여만 명이나 되 었다고 한다.

초기 기독 유대인들은 역시 이들 유대인 지역에서 살았다. 바울이 로마에 왔고 또 베드로 사도까지 이곳에 오고 나서 본격적으로 로마인들은 물론 황 실 노예나 경비병에 대한 활발한 전도로 믿는 사람들이 눈덩이처럼 불어났다. 그러나 이들은 64년 일어났던 대화재 사건과 네로 황제의 핍박을 시작으로 계 속된 환난을 피해서 점차 로마 외곽으로 밀려났다. 그들은 심지어 땅밑에 굴 을 파고 숨어서 어려운 신앙 생활을 계속했다. 지금까지 찾아낸 40여 개의 카 타콤(Catacombs of Rome) 이라고 부르는 대형 지하 묘지가 생기기 시작했다.

할 수 있도록 배려했고, 덕분에 바울은 차차 시위대 군인들과 황궁에서 일 하던 많은 노예들에게까지 복음을 전하는 귀한 기회를 얻었다. 이들 노예 들은 노예라는 신분과는 다르게 황제 측근에서 일했던 까닭에 어떤 노예 들은 상당한 영향력을 가진 사람들이었다.

로마의 유대인 지도자

바울은 로마에 도착해서 3일이 지난 후 지체하지 않고 로마에 살던 유대인 지도자들을 자신이 있는 곳으로 초청했다. 그리고 그가 로마로 오게 된 경위를 변명했다.

– 여러분 형제들이여, 내가 이스라엘 백성이나 우리 조상의 관습을 배척한 일이 없는데 예루살렘에서 로마인의 손에 죄수로 내준 바 되었고 로마인은 나를 심문하여 죽일 죄목이 없으므로 석방하려 하였소. 그러나 유대인들이 반대했고 일부가 나를 암살하려고 했던 까닭에 내가 부득이 황제에게 상소했던 것이고 내 민족을 고발하려는 것이 아니었소이다. 나는 당신들을 만나 내가 이곳에 오게 된 경위를 설명하기 원해서 여러분을 이렇게 불렀소이다. 나도 여러분들과 같이 이스라엘 민족이 기다리는 소망으로 말미암아 이렇게 쇠사슬에 매인 것이요.

유대인들이 바울에게 대답했다.

– 우리가 유대에서 당신에 대한 공문을 받은 일이 없고 또 형제 중 누가 와서 당신에게 대하여 좋지 못한 것을 전하든지 얘기한 일도 없습니다. 그러나 우리는 당신의 사상이 어떠한가 듣고자 원합니다. 우리가 당신과 당신의 파에 대하여는 어디서든지 반대를 받는 줄 알기 때문에 당신의 설명을 듣기 원합니다.

정한 날이 되어서 그들이 바울이 기거하는 집에 다시 모였다. 바울은 아침부터 저녁까지 하나님 나라를 증언하고 모세의 율법과 선지자의 말을 가지고 예수가 이스라엘 민족이 기다리던 진정한 메시아이고 그가 죽었다가 살아나 자신에게 나타났던 일을 전했다. 그는 예수의 부활과 자신의 회심 사건을 자세하게 설명하면서 언제나처럼 많은 구약성경의 말씀을 가지고 오랫동안 예수의 복음을 전했다. 유대인들은 그 때까지도 바울이 전파하는 복음이 유대교의 한 분파 정도로 이해했었다. 그러나 바울의 복음을 듣고 나서는 반응이 확연히 둘로 갈라졌다. 그의 말을 믿는 자들도 있지만 믿지 않는 사람들이 더 많아 서로 토론하다가 결국 아무 소득도 없이 흩어졌다.

바울은 지금까지 어디서든 유대인에게 먼저 말씀을 전했지만 그들은 늘 복음을 외면했었다. 그 날도 바울은 비장한 어조로 자신의 처소에 모였던 유대인 지도자들에게 성경말씀을 가지고 예수를 유력하게 증명했지만 그들은 여전히 예수를 영접하기를 거부했다. 그는 유대인을 떠나 로마인들에게 복음을 전하라는 '이방인 전도'의 사명을 그들을 만나 다시 확인했을 뿐이었다.

사도행전의 중단. 60년 초

누가가 기록했던 사도행전이 여기까지 와서 갑자기 중단되었다. 누가는 바울이 로마의 황궁 옆 셋집에서 2년을 지내면서 자기에게 오는 사람은, 유대인이나 로마 사람이나, 수비대 군사나 황제의 높은 고관이나 황궁에서 일하는 노예들이나 누구든지 다 만나서 하나님 나라를 전파하며 예수 그리스도에 관한 모든 것을 거침없이 전했다고 기록한 후에 사도행전의 마지막 장을 덮었다.

그러나 바울의 복음전파는 이후에도 그가 로마 감옥에서 풀려난 62년부터 다시 2차로 투옥되고 나서 서기 68년경 네로 황제의 재판으로 목이 잘려 순교할 때까지 6, 7년간 더 계속되었다. 누가는 그 때까지 바울과 늘 함께 있었다. 이런 사실은 2차 투옥 중에 바울이 두 제자에게 보낸 세 편의 목회서신에서 밝혀졌다. 그가 무슨 이유로 순교 때까지 같이 있던 바울의 마지막 활동에 관한 기록을 중단했는지 궁금할 뿐이다. 혹시 그가 지금의 사도행전에 이어 그 속편을 남겼지만 거친 세월을 지나며 유실되었을 가능성도 있다. 그러나 일부 학자들은 다른 의견도 진술하고 있다.

그리스 지식인의 자제

누가가 바울 사도의 마지막 생애에 관한 기록을 남기지 않은 이유를 일부 학자들이 당시 기독교가 처했던 어려운 상황에 대한 그의 깊은 사려였다고 주장했다. 64년 로마의 대화재라는 역사적 사건으로 수많은 기독교인이 방화범으로 누명을 쓰고 심한 핍박을 받던 중에 황제를 비롯해서 로마 지도부를 자극하지 않기 위해서 그리스인인 누가가 기독교의 진전에 관한 후속 기록을 자제했을 것이라고 추정했다. 누가는 당시 세상을 꿰뚫어 보는 예리한 눈을 가졌던 전형적인 그리스인 지식인이었다. 그는 누구보다 복음 전파를 위해서 인생의 모든 것을 바치며 달려온 진실한 신앙인이었다. 그리고 유대인이 아닌 최초의 이방인 지도자였다. 그가 복음 전파에 부정적인 영향을 끼칠 세상 권부에 대한 비방이나 결정적인 자극을 피했던 이유였다고 했다. 그가 평생 옆에서 보고 배웠던 영적 선생이던 바울과는 다른 지성인의 일면이다.

바울의 최종 목표

한편 바울의 말씀 전파와 성경기록은 그 때까지 최후의 두 목표를 남겨 두고 있었다. 그는 복음을 들고 세상 끝까지 달려가길 원했다. 예수가 그에게 명했던 복음 전파의 사명을 완주하는 것이 그의 인생 목표였다. 그는 당시 세상 끝이라는 스페인까지 복음을 들고 찾아가 말씀의 씨앗을 뿌리길 원했다. 두 번째 목표는 그가 가이샤라의 로마 감옥에 갇혔을 때 예수가 나타나 그에게 주었던 마지막 사명이었다. 로마 제국의 황제는 당시 가장 높은 권부의 정상에 있던 지배자였다. 그는 황제에게 복음을 전하는 일을 그가 이 세상에서 해야 할 마지막 사명이라고 믿었다. 두 목표는 그에게 아무리 무서운 핍박이 있더라도, 몸이 부서져 조각조각 잘리더라도 달려야 했던 그의 인생 표적이었다.

로마의 1차 수감, 60-62년

바울은 황궁 부근에 있던 셋집에서 2년을 보냈다. 그의 복음전파는 자연히 극히 제한적일 수밖에 없었다. 아무리 자유가 주어졌다 해도 그는 수감된 셋집에서 밖으로 나가 사람들을 접촉하는 일은 죄수로 불가능했다. 그가 만나고 얘기를 나눌 수 있는 사람은 그를 감시하기 위해 늘 같이 지내던 황제 시위대에 속한 로마 군인들이었다. 놀라운 일은 이 때도 일어났다. 복음을 듣고 감동을 받은 이들이 주위에 있던 사람들에게 귓속말로 전하는 전도는 느린 듯했지만 폭발력은 컸다. 복음을 전해 들었던 이들 모두가 황제 시위대 소속이든지 황궁에서 일하던 많은 노예들이었다. 그들이 일을 마치고 야간을 틈타 바울을 찾아 말씀을 들었다. 그리고 그때까지 보지도 듣지도 못했던 하나님 나라의 아름다운 모습을 보고 깨닫기 시작했다. 그들이 지금까지 살았던 거친 삶에서 잊고 살던 눈물을 줄줄 흘리며 예수의 이름을 부르며 하나님을 찬미했다.

노예라는 신분이었지만 그들 가운데 일부는 황제의 측근으로 언제든지 큰 영향력을 행사할 수 있던 사람들이었다. 이미 약삭빠른 로마의 유대인들은 황제의 정부였다가 두 번째 황후가 되었던 포페아(Poppaea Sabina)를 유대교로 개종(?)시켜서 네로에게 영향력을 행사하고 있었다. 일부 학자들은 64년 로마의 대화재 사건의 방화범으로 엉뚱하게 기독교인을 지목한 네로 황제의 배후에 포페아의 입김이 있었다는 주장을 했다.

로마인의 열광

로마는 당시 아프리카, 터키, 소아시아 그리고 유럽 등 3대륙에서 생산된 막대한 농산물과 의류와 공산품을 가져와 의식주가 모두 풍성한 도시였다. 황제는 물론 원로원과 귀족들은 수십 명에서 수백 명의 많은 노예들을 거느리고 풍성한 삶을 즐겼다. 시내는 대형 경기장과 극장이 들어섰고 로마의 특유한 문화였던 공중 목욕탕이 곳곳에 있어서 시민들이나 자유인들은 더운 지방에서 필요한 목욕을 누구나 즐길 수 있었다. 그러나 밑바닥에서 살던 노예들이나 검투사들의 실제 생활은 비참했다. 전쟁터를 떠난 군인들 역시 생활은 노예들 보다 크게 나은 것이 없었다. 이런 밑바닥 인생들이 "수고하고 짐진 자들은 다 내게로 오라"는 예수의 복음을 듣고서 교회로 몰려들던 때였다.

60년대 초에 로마로 왔던 베드로 사도가 밖에서 이들 로마 교회를 인도
했다. 바울은 수인으로 그가 할 수 있던 최선을 다했다. 그는 군인들과 황
궁에 속한 노예들을 대상으로 있는 힘을 다해서 복음을 전했다. 많은 노예
와 군인들이 그를 찾아 와서 은혜로운 말씀을 듣고 눈물을 흘리며 예수를
영접했다. 그들의 무리가 엄청나게 늘어나고 뜨거워지자 유대인들이 시기
가 났고 그들이 어디서나 썼던 방법을 찾아 기독교인들을 제거하려고 했
던 것은 당연한 일이었다.

사도행전 이후 발생한 사건들

서기 60년대는 로마 제국의 지배 권력과 이스라엘 민족에게 중요한 사건이
연속해서 일어나던 시기였다. 지금까지 바울 곁에서 의사로서, 그리스 말 대
필자로 그리고 역사학자로 그를 수행하던 누가가 신약시대의 중요한 기록인
〈사도행전〉을 28장에서 갑자기 중단했다. 바울이 1차 감금 상태에서 자유롭게
석방되고 나서부터 그가 2차로 로마 관리들에 의해서 체포되었던 때가 66 - 67
년경이었다. 그러면 62년부터 67년까지 바울은 어디서 무엇을 했고, 그가 석
방 후 이미 〈로마서〉에서 밝혔던 자신의 계획에 따라서 4차 전도여행지로 스
페인 어느 지방을 방문하고 그후에 어디로 갔는지 정확한 기록이 없다. 단지
2차 로마 구금 중에 그가 사형을 기다리며 감옥에서 기록했던 3권의 목회서
신이 2차 수감과 임박했던 죽음을 제자들에게 알리며 그동안 그가 소아시아
와 그리스 지역 여러 곳을 방문했다는 사실을 단신으로 전하고 있을 뿐이다.

그 사이 로마에서는 64년 대화재 사건이 발생해서 그 화재의 방화범으로
기독교도들이 누명을 쓰면서 극심한 박해가 일어났고, 68년에는 박해의 주인
공이던 네로 황제가 자살하는 사건이 벌어졌다

한편　예루살렘 성은 66년 대규모 유대인의 반 로마 폭동으로 많은 로마군인들이 죽었고 이어서 시작된 토벌작전으로 70년에는 티토(Titus) 장군에 의해서 예루살렘은 잿더미가 되었고 유대 나라는 멸망했다. 이렇게 큰 사건들이 연속해서 일어났던 시기에 누가는 어디에 있었고 왜 이런 사건에 대한 기록이나 언급을 전혀 남기지 않았는지 궁금할 뿐이다.

　　지금까지 누가의 행적을 보아서 그가 바울이 가는 곳에는 늘 동행했었고 그가 머무는 곳에 함께 혹은 가까이 있었다는 사실과 바울이 마메르티네 지하감옥에서 죽음을 기다리는 동안에도 누가만이 그와 함께 있었다는 사실*에서 그가 무슨 얘기를 기록으로 어딘가에 남겼을 것은 확실하다. 누가가 사도행전 속편을 쓰지 않았을까, 그리고 그 책이 오랜 역사의 소용돌이 속에서 파괴 혹은 유실되었다고 생각하는 사람들이 있다. 역사와 인류를 이끄시는 하나님의 뜻을 알기 원하는 모든 사람들의 소원을 생각하면 너무 안타까운 일이다.

---

* 딤후 4:11

1차 수감 중에 썼던 성경들

달려온
걸음을 잠시
멈추고

바울은 1차 수감 생활을 하던 기간에 그의 뒤를 이을 다음 세대를 생각하며 그들에게 남길 교훈을 차분히 정리했다. 그는 지금까지 어디서든 사악한 유대인과 싸우면서 또 그들이 부추긴 로마인과 현지인들의 불의한 핍박을 맨살로 견디며 로마까지 달려왔다. 그가 로마의 황궁 부근에서 2년을 감옥 아닌 감옥에서 재판을 기다리며 수감 생활을 했다. 그러나 이 시기는 그의 전 생애에서 역설적이지만 가장 평온했던 시기였다. 그가 현실 세계에 매이지 않고 새로운 세대를 위해서 자유롭게 생각을 정리할 수 있었던 귀중한 시간이었다. 그는 자신을 대신해서 중요한 지역에서 교회를 이끌고 있는 사랑하는 제자들에게 교회와 섬김의 생활을 가르치고 전해야 할 것들을 기록했다. 쇠사슬에 묶여서 장차 어떻게 될지도 모르는 때에 그는 대신 자신의 장기인 글쓰기로 주옥같은 서신들을 그의 뒤를 이을 후세에 남겼다. 우리는 이들 서신을 옥중 서신이라고 부른다. 그가 밤에는 시위대 군인들과 궁에서 일하던 노예들에게 복음을 전하고 낮에는 예수를 묵상하며 글을 쓰기에는 더없이 좋은 시간이었다.

4편의 옥중 서신서

　바울은 로마의 셋집에 갇혀 있으면서 4편의 서신을 기록해서 그리스 소아시아 지역 교회에 보냈다. 이들 4편의 서신은 에베소서, 골로새서, 빌레몬서 그리고 빌립보서였다. 아직도 학자들 사이에는 이들 성경을 기록하고 보냈던 장소와 시기 등에 대한 이견이 있지만 대체적으로 인정하는 것은 이들 성경이 서기 60년에서 62년 사이 로마에서 바울이 기록했다는 것이다.

　4개의 성경 가운데 에베소서, 골로새서, 빌레몬서는 서신의 수신지가 소아시아 지역이고 성경의 주제가 교회를 주제로 한 성경인 점에서 상호 연관성이 있는 것으로 보아 같은 시기에 쓰여진 것이 분명하지만 빌립보서는 서신을 받는 곳이 마게도냐의 빌립보 교회이고 내용이나 문장에서 이들 세 성경과는 차이가 있어서 혹 바울이 에베소나 가이사랴의 감옥에서 써서 보낸 서신이라는 주장도 있고 또 설득력도 있다. 이곳에서는 일반적인 견해를 따라서 같은 시기 로마에서 기록된 것으로 보고 성경 별로 주요 내용을 살펴본다.

에베소서(Ephesians)

　바울이 옥중에서 썼던 서신서 4개 가운데 제일 분량이 많고 내용이 충실한 성경이 에베소서이다. 바울의 인생에서 가장 원숙했던 시기에 자신의 주위에나 또는 수신지에 특별한 문젯거리가 없던 자유로운 시기와 장소 그리고 입장에서 썼던 이 성경은 예수가 머리이고 성도들이 각 지체가 되어 온전하게 한 몸을 이룬 교회의 성격과 목적과 구성 원리를 밝힌 귀중한 책이다. 지혜의 영인 성령이 세밀하게 간추린 그의 신앙 정수였다.

주제

바울은 예수라는 주인을 섬기는 충직한 종으로 지금까지 무려 25년 이상을 살았다. 지금까지 그가 보고 깨달았던 예수에 관한 모든 것을 그리고 그를 믿는 사람이 모여서 이룬 신앙 공동체인 교회에 대한 그의 생각을 압축한 성경이 바로 에베소서이다. 그의 모든 서신이 늘 영감이 넘치는 귀중한 글이지만 에베소서는 사막같은 세상에 그가 정교하게 깎아 만든 하나님의 집을 그린 책이다. 이 성경은 빛나는 영성의 보고이고 이 땅에서 성도들이 이루고 사는 작은 천국에 대한 설계도이고, 수많은 사람들이 함께 살고 쉬는 공동의 삶을 위한 예수의 가르침이다.

사람은 모여서 산다. 하나님은 사람들이 함께 살며 신앙을 서로 나누기를 원했다. 바울은 남편과 아내로서 가정을 이루고 사는 우리의 처음 모습에서 자녀와 부모, 그리고 주인과 노예, 관리들과 백성들이라는 사회적 구조 안에서 사는 모든 사람들을 교회라는 신앙 공동체로 불러서 믿음 안에서 하나로, 서로 평등한 사람으로 사는 것이 하나님의 뜻이라고 말했다.

바울은 교회의 머리는 예수이고 성도는 교회를 이루는 귀중한 지체라고 표현하며, 교회는 그의 몸이고 만물을 충만케 하는 하나님(예수 혹은 성령)의 충만함이라고 정의했다. 한편 바울은 성도의 삶을 3가지 인격으로 정리했다. 믿음, 사랑 그리고 소망이라는 세 가지 특징이 온전히 있어야 진실한 성도의 삶이라고 강조했다. 에베소서라는 성경은 이런 점을 구체적으로 더 깊게 설명한 성경이다.

골로새서(Colossians)

골로새서는 에베소서와 함께 쌍둥이 성경이라는 말이 붙을 정도로 내용이 흡사한 부분이 여러 곳에 있다. 그러나 에베소서가 소아시아 지역에 있는 에베소 교회뿐만 아니라 그 지역에 있던 여러 교회에 보낸 회람 형식의 일반 성경인 반면, 골로새서는 바울이 에베소에 3년간 머물며 복음을 가르치고 전할 때 그에게 복음을 듣고 제자가 되었던 에바브라(Epaphras)가 골로새에 돌아가 세웠던 교회의 성도들에 대한 편지로 교회를 위협하던 이단 사상에 대한 질문을 받고 답신 형식으로 썼던 성경이다.

이단에 대한 경고

골로새 교회의 특별한 문제는 이단에 대한 것이었다. 에바브라가 로마에까지 가서 대책을 상의했던 이단은 유대교적 의식주의와 금욕주의나 천사숭배등 여러 사상들이 혼합된 영지주의 (Gnoticism)의 초기 형태의 것이라고 알려졌다. 영지주의는 차츰 종교적 신앙 형식을 띠면서 기독교에 들어온 이단 사상으로 2, 3세기경에 절정에 이르렀다. 골로새서는 에베소서와 같은 시기인 서기 60년경에 쓰였고, 1차 연금 상태에서 기록했던 성경 가운데 하나인 까닭으로 유사한 내용이 있는 것은 자연스런 일이다. 그러나 바울이 당시 유행하던 여러 이단 사상을 비판하고 바른 복음을 강조하는 입장에서 골로새서를 기록했다는 점에서 에베소서와는 다른 시각에서 기록한 성경이다.

바울 주위에 있던 제자들

그는 서신 말미에 인사를 전하며 로마에 그와 함께 있는 형제들의 이름을 기록했다. 우선 서신을 골로새까지 가져갈 사람은 에베소 교회에 보내는 서신을 가져갈 두기고(Tychius)였다. 그리고 그와 함께 골로새 출신인 '신실하고 사랑을 받는 형제' 오네시모(Onesimus)가 두기고와 함께 갈 것이라고 알렸다. 오네시모는 바울이 2년 동안 로마에 갇혀 있을 때 바울의 전도를 받고 주의 종으로 거듭나 바울을 옆에서 극진히 돌보던 사람이다.

그는 바울이 골로새서와 에베소서를 기록할 때 함께 쓴 〈빌레몬서〉의 주인공으로 빌레몬이라는 성도의 집 노예였다가 로마로 달아났던 사람이다.

바울이 골로새 교회에 안부를 전하는 사람들의 이름을 소개했고 그들이 또한 초대교회 당시의 사도들의 동정에 관한 중요한 단서를 제공하고 있다. 그 가운데 아리스다고(Aristarchus)와 바나바의 생질 마가와 유스도라 하는 예수가 문안한다고 기록했고 '사랑을 받는 의사' 누가와 데마도 같이 있다고 전하며 그들의 문안도 전했다.

마가(Mark)는 바나바의 생질로 바울과 바나바의 1차 전도여행 때 동행하던 중 그리스 밤빌리아에서 일행을 떠나 예루살렘으로 돌아갔던 청년으로 그 때문에 바울이 2차 전도여행 때 동행을 거부했던 젊은 사람이다.(행 15장 38절) 그 때부터 12년이 지난 후에 마가는 로마에 나타나 바울을 만났고, 바울은 부정적인 옛 생각을 버리고 그를 귀중한 동역자로 받아들였다. 바울의 이런 심경 변화에 대한 구체적인 얘기가 성경에 없기 때문에 정확한 이유나 배경을 알 수는 없지만, 마가는 그 때까지 베드로의 지도로 〈마가복음〉이라는 성경을 쓴 이후였고, 또 그의 행적으로 보아 로마에 오게 된 배경에는 베드로가 있었고, 그가 로마로 올 때 함께 여행을 했던 것이 아닌가 추정할 수 있다.

마가복음은 서기 50년대 혹은 60년대 초에 기록되었던 성경이며, 베드로가 로마에 온 때는 서기 60년대 초로 추정한다.

빌레몬서(Philemon)

바울이 개인적인 부탁을 하기 위해 썼던 한 장의 편지가 정경 66권 가운데 한 권이 되었다. 예수의 복음이 널리 퍼지고 나서 한동안 그에 관한 많은 책들이 기록되었고, 또 사도들이나 잘 알려졌던 주의 제자들에 대한 각종 책까지 포함하면 여러 책들이 기독교의 이름으로 세상에 필사되고 전해졌다. 예수에 관한 많은 책들이 널리 보급되는 것은 좋은 현상이었지만 반면에 분별없는 독서로 인해 이단 사상이 들어 오고 성도들의 건전한 신앙을 돕기는 고사하고 오히려 다수의 책으로 인해 신앙의 건전한 성장을 방해하는 일이 벌어졌다. 4세기가 되어서야 이런 문제를 해결하기 위해서 기독교 지도자들이 모여서 많은 책 가운데 성령의 권위로 쓰인 신약 27권(397년 카르타고 회의)과 구약 39권(유대Tanakh) 총 66권을 뽑아서 정경으로 세상에 공표했다.

빌레몬서는 바울이 2년 동안 로마의 가택 연금 상태에서 만났고 그리고 바울의 인도로 예수를 영접했던 오네시모(Onesimus)라는 한 노예를 노예신분에서 풀어주기 위해서 골로새에 살던 그의 주인 빌레몬에게 간청하는 편지였다. 이 편지가 후에 정경으로 선택이 되고 오늘 우리가 읽는 성경이 되었다. 당시 노예는 그 주인에게 상당한 값을 치르고 나서야 자유인으로 방면되었다. 이런 합법적인 절차를 따르지 않고 더욱이나 주인의 돈을 훔쳐 달아났던 종은 잡힐 경우에는 사형을 당하는 중죄였다. 바울은 이런 사정을 오네시모에게서 듣고 어떻게 하든 그를 도와서 죽을 죄를 면해주고 주의 종으로 쓰고 싶었다.

바울이 자유롭게 여행을 할 수 있다면 그가 오네시모를 대동하고 골로새를 방문해서 빚진 돈을 지불하고 또는 돈을 주기 힘들면 말로 빚을 갚든 도와주겠지만, 그는 사슬에 매여 로마의 감옥에 갇혀 있는 형편이었다. 바울이 에베소와 골로새에 편지를 써서 두기고 편에 부치면서 마침 오네시모에 관한 편지도 함께 써서 보내게 되었다. 어떻게 다른 방법이 없었기 때문에 바울이 노예의 주인인 빌레몬과 그의 부인인 압비아 그리고 그들 모두가 서로 공통으로 잘 아는 아킵보의 이름을 들면서 간청하는 편지를 썼던 것이다.

노예제도에 대한 기독교의 입장

노예제도는 로마 제국을 경제적으로 굳게 지탱하던 원동력 가운데 하나였다. 그러나 예수 안에서는 주인이나 노예나, 유대인이나 이방인이나, 부자나 권력자가 따로 차별이 있을 수 없다는 것이 바울의 주장이다. 모두가 주 앞에는 평등한 사람이고 겉사람의 차이는 사라지고 사랑 받는 자녀일 뿐이다. 예수가 모든 성도에게 부탁했던 바른 삶의 자세였다. 겉으로는 세상 법을 따르지만 우리의 속사람은 하나님의 법을 따르는 것이 마땅한 일이다. 기독교가 노예제도를 반대하고 만인 평등을 외친 첫 문서였다. 바울이 의도했던 글의 참뜻이었고 후대 귀한 주의 종들이 당시 보편적이던 노예제도에 대한 시대의 변화를 기다리며 한 장의 편지를 66권 정경의 한 권으로 뽑아서 선포했던 이유였다.

빌립보서(Philippians)

빌립보서는 바울이 에베소서와 골로새서 그리고 빌레몬서를 썼던 시기인 서기 60-61년경 로마의 1차 연금 상태에서 쓴 성경이다. 그러나 앞에 설명한 세 성경과는 내용이나 글의 성격에서 많은 차이가 있어서 로마의 연금전에 가이사랴에 있는 로마 총독부의 감옥이나 또는 그보다도 훨씬 전인 소아시아 에베소에서 쓴 성경이라고 주장하는 사람들도 있다. 확실한 것은 그가 자유의 몸이 아닌 상태에서 썼던 편지라는 사실이다. 사람이 오랫동안 갇혀서 답답하고 언짢은 마음이 있을 때 그런 마음을 떨쳐버리는 길은 그가 지금까지 지나온 인생 길을 곰곰히 돌아보면서 기뻤던 순간과 사람들을 기억하고 회상하는 일이다. 바울은 여러 곳에서 갖가지 사연으로 성도들과 아름다운 시간을 많이 가졌던 사람이다. 그러나 빌립보에서 일어난 사건은 그가 어디를 가든 잊을 수 없는 특별한 것이었다. 그는 갑자기 그들이 보고 싶었고, 고통스런 일도 당했지만 뜻밖의 결과에 놀라 맛보았던 신비한 감격의 순간들이 생각났다. 그가 기억 속에 늘 살아 있고 언제나 다시 보고 싶은 사람들에게 사랑과 기쁨을 전하는 글을 쓴 것이 바로 빌립보서이다.

빌립보, 특별한 도시

바울에게 빌립보는 특별한 도시였다. 소아시아 지방에서 복음 전도의 일을 끝내고 어디로 가서 주의 일을 계속해야 할지 목표를 정하지 못하고 있을 때에 갑자기 나타난 환상을 보고 유럽 대륙으로 진출했던 첫 도시가 빌립보 시였다. 빌립보는 이후 그에게 아름다운 추억의 도시가 되었다. '기쁨의 서신'이라는 별명이 붙을 만큼 감사와 기쁨이 넘치는 편지를 옥중에서 쓰게 만든 빌립보 성은 그에게 잊을 수 없는 아름다운 추억이 쌓인 곳이었다. 바울은 어느 때 어느 곳에서든 어렵고 힘든 일을 만나면 빌립보를 회상하며 힘을 얻었고 사랑스런 얼굴들을 꼭 다시 볼 날을 기도하며 주의 위로를 얻었다.

루디아와 그 집의 여인들

바울은 성도들에게 그리스도의 이름으로 인사를 전한 다음에 그들을 생각할 때마다 하나님께 감사를 드린다고 자신의 따뜻한 심정을 전했다. 그리고 바울은 그들을 위해서 하나님께 간구를 드릴 때마다 기쁨이 넘친다고 마음속에 가득한 연모의 정을 털어 놓았다.

세상에서 가난하고 불쌍한 사람은 사랑하거나 연모할 사람이 없는 사람이다. 마음에 품고 사모할 사람들이 있으면 그 사람은 불행을 느낄 때라도 아주 실망하거나 낙심에 빠질 수가 없다. 그는 그들을 생각하는 것만으로 감사와 기쁨이 생긴다. 바울이 바로 그런 사람이었다. 그들 가운데는 루디아라는 후덕한 여인이 있었고 그 집에 함께 살던 마음씨 고운 여자들이 있었다.

루디아는 고집이 셌었지만 마음을 주었던 주의 종을 결코 잊지 않고 어느 곳에 갔든지, 쇠사슬에 묶여 감옥에 있더라도, 멀고 험한 길을 가리지 않고 찾아가 사랑의 선물을 전했던 사람이다.

그리고 또 다른 사람들이 있었다. 로마 관헌들이 내려치는 태장에 살이 터지고 피가 낭자했던 바울과 실라(Silla)를 감옥에서 끌어내어 자신의 집으로 안내하고 물과 기름으로 상처를 싸매주었던 간수장과 그의 순진한 가족들의 얼굴을 떠올릴 때, 그 밤에 찬송 가운데 임했던 성령의 놀라운 역사를 기억할 때 바울은 온갖 고난과 위험을 깡그리 잊고 어디서든 기뻐서 감사를 외쳤다.

그는 땅이 움직이고 옥터가 진동하던 그 때의 신비한 감격을, 예수가 함께 있다는 확신을 결코 잊을 수가 없었다.

바울의 자기 소개

빌립보서 1장 7절에는 재미있는 단어가 두 개가 있다. '복음을 변명함과 확정함'(Defending and Confirming the gospel)이라는 말은 바울의 복음전파는 결국 예수의 복음을 '변론'하고 '확정'하는 것이라는 말이다. 변론이나 변명 그리고 확정이라는 말은 법정에서 피고가 원고의 주장에 대해서 자신을 변호하고 그 사실을 재판관을 통해서 확정을 받으려고 할 때 사용하는 말이다.

바울은 일생을 복음 전파를 위해 살며 수많은 사람을 만났다. 그 가운데는 자신처럼 율법을 연구하고 밝히는 일에 일생을 걸었던 유대 바리새인들이 있었고, 그리스 지역에서는 많은 철학자들, 당대의 뛰어난 과학자들, 아테네에서는 또한 비교철학의 전문가나 비평가들, 로마에서는 황제의 총신들 그리고 내노라는 학자들을 만났다. 이들에게 복음을 전파하기 위해서는 그들의 공격적 논리에 대응하는 고도의 '변론(defending)'과 토론이나 증거를 통해 진실을 '확정(condfirming)'하는 기술이 필요했다.

바울은 이 일을 위해서 예수가 뽑아서 세상에 내보낸 사람이었다. 예수가 이들 뛰어난 인본주의자들 앞에 내세운 주의 종이 바울이었다. 작은 키에 대머리 그리고 넓은 이마를 하고 두 눈썹이 일자로 붙어 있는 안짱다리의 통통한 백발의 남자였다. 볼품이 없는 외모에 말솜씨마저 빈약했던 유대인, 그는 어디서나 사람들의 빈축을 사던 유대인 디아스포라였다. 그러나 속사람은 지성이 빛나던 위대한 그리스인이었다

11
___
장

땅 끝까지
달려가다

4차 전도여행
서기 62-66년

바울의 석방, 1차 연금에서 풀려나다

바울 사도는 서기 68년경 로마에서 교수형을 받고 순교했다. 지금까지
대부분의 역사 기록은 그의 순교 시기를 67-68년으로 전하고 있다. 그러
나 그의 순교 시기를 놓고 다른 주장이 있고, 그가 1차 로마 감옥에서 풀려
난 후인 서기 62년 말부터 순교할 때까지 무엇을 했는지에 대해서도 또한
여러 주장들이 있다. 이유는 초대 기독교의 공식 기록인 〈사도행전〉이 바
울의 로마 1차 투옥이 2년을 끌다가 거의 끝나는 시점에서 중단했고 그 이
후 그에 대한 기록이 바울이 로마 2차 투옥을 전후해서 마지막으로 썼던 3
개의 목회서신(The pastoral Letters)에서 간단히 기록된 것 외에는 다른 기록
이 전혀 없기 때문이다.

스페인 여행, 62-64년

바울 사도는 서기 62년 말 로마 감옥에서 잠시 풀려난 후에 바로 스페
인으로 달려갔다. 그러나 바울이 어떤 경로로 또 스페인 어느 도시를 언제

방문했는지에 관한 기록이 현재 남아 있는 것이 없다. 그러나 이견이 있지만, 분명한 것은 여러 정황이 그의 4차 전도여행을 확실한 것으로 증명하고 있다는 사실이다.

바울의 스페인 전도여행을 증명하는 기록은 우선 바울 자신이 로마를 방문하기 전에 로마에 있는 교회에 보낸 편지(로마서)에서 그의 최종 여행 목적지를 스페인으로 명시했던 점이다. 바울은 스페인까지 달려가서 꼭 복음을 전하고 싶었다. 당시 사람들은 스페인이 세계의 서쪽 끝이라고 모두 생각했다. 바울은 그 때까지 동쪽 여러 곳에서 복음을 편만하게 전했고, 스페인에서 복음을 전하는 일이 그가 예수에게 받았던 사명을 끝까지 완수하는 것이라고 믿었다.

다음 증거는 바울 사도 이후 초기 교회를 이끌었던 많은 교부(Father)들이 바울의 스페인 전도여행을 당연한 사실로 받아들였던 점이다. 특히 바울 시대에서 불과 30년 정도 지난 후에 로마 교회를 이끌었던 클레멘트(Clement of Rome)라는 교부를 비롯해서 후세 교부들이 다 바울의 스페인 여행을 사실로 인정하고 있다. 교부 클레멘트의 경우, 그는 바울이 생존했던 시대에 살던 사람들이 아직도 로마에 살아 있었을 시기에 로마의 기독교 지도자(2대 혹은 4대 교황)였던 만큼 확실성이 컸던 주장이다.

스페인에 남아 있는 바울의 자취

스페인의 어느 지역을 여행하며 복음을 전했는지도 확실한 증거가 발견된 것은 없지만 서기 3-4세기부터 내려온 구전 설명은 바울이 로마에서 긴 항해 끝에 서기 63년에 스페인의 타라고나(Tarragona) 시에 도착해서 복음을 전했다고 말하고 있다. 다른 스페인 역사학자(J.M. Recasens I Comes)*는 타라고나 시가 아닌 바에티카(Baetica) 지방에 바울이 63-65년 사이에 방문해서 그 지역을 복음화했다고 주장하고 있다. 이런 사실을 뒷받침할 역사적 증거는 아직까지 밝혀진 것은 없지만 여러 주장은 바울의 4차 전도여행이 이루어졌던 것을 확실하게 증명하고 있다. 무엇보다 바울의 최종 선교 목적지가 스페인이었다는 사실은 성경의 예언이라는 점과 그의 강인한 성격은 4차 전도를 증명하는 충족한 증거라고 말할 수 있다.

---

* *The Martyrdom of St. Paul* by Harry W. Tajra

스페인 방문 이후 계속된 여행,
64-66/67년

바울이 스페인 전도여행을 마치고 소아시아 지역으로 돌아왔다. 도중에 그레데 섬을 방문해서 그곳에 교회를 개척하고 디도를 남겨두었다. 그가 마지막으로 기록했던 성경인 〈디모데후서〉의 기록에 의하면, 그는 아시아 지역인 그레데 섬과 에베소를 방문하고 마게도냐의 빌립보를 거쳐서 그리스의 다른 도시인 니고볼리(Nicopolis)로 갔다. 그리고 바울은 곧 로마로 돌아갔다.

로마에서 말씀*을

바울은 바로 로마로 가서 1차 연금 때와 같이 황궁 부근에 집을 얻어 말씀 전파에 힘을 쏟았다. 그는 자유의 몸으로 로마에서 다시 시작했던 교회에서 말씀을 전하다가, 마침내 광란에 빠진 네로 황제의 명령으로 감옥에 갇히게 되었다. 그가 갇혔던 2차 감옥은 1차 때의 가택 연금과는 전혀 다른 곳으로 사형 집행을 기다리던 중죄인들을 수감했던 열악하기 짝이 없던 황궁 부근에 있던 지하감옥이었다. 악명 높던 마메르티메(Mamertime) 지

---

*참조, 바울행전

하 감옥이었다.

바울의 4차 전도여행지

바울은 62년 1차 로마 연금에서 풀려난 후에 바로 스페인으로 4차 전도 여행을 떠났다. 성경, 주로 목회서신에 나타난 바울의 행적을 근거로 62년 이후에 그가 언제 어느 곳을 방문했는지를 요약한 자료를 유력 성경 출판 사*가 다음과 같이 발표했다.

1. 로마 연금에서 석방, 62년,

2. 스페인 방문, 62-64(로마서 15: 24, 28),

3. 그레데(Crete) 섬 방문, 64-65(디도서 1:5),

4. 밀레도(Miletus) 방문, 65년(디모데 후서 4:20),

5. 골로새(Colosse), 66년(빌레몬서 22),

6. 에베소(Ephesus), 66년(디모데 전서1:3),

7. 빌립보(Philippi), 66년(빌립보서 2:23-24, 디모데 전서 1:3),

8. 니고볼리(Nicopolis), 66-67년(디도서 3:12),

9. 로마 감옥 수감, 67년,

10. 순교, 67/68년

---

* *The NIV Study Bible*에서

마메르티메(Mamertime) 지하 감옥

원로원과 의사당(The Roman Forum)이 있는 언덕 옆 큰 로마 신전들이 서 있는 카피톨리네 언덕(The Capitoline Hill)을 넘으면 동북쪽으로 시내가 나오고 그 사이에 지하 동굴을 파고 컴컴하고 습한 감옥을 만들었다. 오래전에는 로마 군의 초소로 썼다고 한다. 그곳에서 얼마 떨어지지 않은 곳에 개선문과 전차 경기장(Circus Maximus)이 있다. 주로 중형을 선고받고 형의 집행을 기다리던 죄수들을 수감했던 감옥으로 죄수들은 이름을 부르면 끌려나가서 사형 집행을 당했다.

네로 황제 때는 많은 기독교인들이 이곳에 갇혔다가 바로 가까운 경기장에 끌려나가 관중들이 환호하는 가운데 굶주린 짐승이나 검투사(Gladiator)들과 싸우다가 죽었다.

미치광이 네로 황제

네로 황제는 이미 정상적인 사람이 아니었고 주변 상황은 로마에서 교회를 세우고 복음을 전파하던 바울에게 불리하게 전개되었다. 네로는 64년 발생했던 대화재의 책임을 기독교인들에게 돌리며 화재로 집과 재산을 잃고 고통을 받던 로마 시민을 위로한다는 명목으로 각종 살인 경기를 황궁 앞 넓은 시장과 경기장(Circus Maximus)에서 열었고 기독교인으로 잡힌 사형수들을 처형했다. 밤에는 인간 횃불을 만들어 높은 대 위에 걸어놓고 시장과 거리를 밝혔다. 꽁꽁 묶인 죄수의 몸에 타르를 부어 불을 붙이면 횃불처럼 타게 만들었다. 사람들이 인간 횃불을 보기 위해서 거리로 몰려 나왔다. 불타는 인간 횃불에서 나오는 단말마의 외침이 사람들을 더욱 자극했다. 네로는 점차 황음 무도해지고 있었다. 여러 곳에서 황제를 반대하는 반란이 일어났고 원로원에도 상당수의 의원들이 황제의 퇴위를 은근히 주장하며 황제를 압박하고 있었다.

이런 살벌한 분위기 속에서 바울은 황궁에서 멀지 않은 농장을 빌려서 1차 연금 때와 같이 그의 소식을 듣고 모여들기 시작했던 많은 사람들에게 말씀을 전했다. 1차 연금과 다른 것이 있었다면 그가 자유의 몸이었다는 점이다. 그러나 위험은 먼 곳에 있지 않았다.

로마를 다시 갔던 이유

바울은 2년의 로마 연금에서 풀려나서 땅끝이라고 생각했던 스페인까지 복음을 전하며 그에게 맡긴 복음 전파의 사명은 다했다. 그가 그리던 마음의 고향이던 마게도냐의 빌립보 교회로 돌아가서 여러 사람들과 얼마동안 자유로운 몸으로 지냈다. 그러나 그립던 사람들을 다시 만난 기쁨 속에서도 그의 마음 한구석에는 무거운 부담감이 떠나지 않고 그를 괴롭혔다. 그는 빌립보에서 멀지 않은 그리스의 니고볼리로 옮겨 잠시 지내기를 원했지만, 그만 견딜 수 없는 부담감 때문에 곧 로마로 달려갔다. 로마에는 그를 기다리는 위험이 너무도 컸다. 그러나 그가 시위대 군인들이 지키던 1차 연금 상태에서 황궁 부근 셋집에 세웠던 교회를 잊어 버릴 수가 없었다. 그가 전했던 말씀을 꿀송이처럼 받아 먹고 가슴을 치며 눈물을 흘리던 순진한 얼굴들이 보였다. 거친 세파에 잔뜩 갈라진 늙은 얼굴들, 하룻밤에도 많은 생명이 죽어나가는 잔인한 사건들을 쉴새 없이 보면서 인생의 의미를 잃어버린 앳된 얼굴들이 자꾸 그의 눈앞에 어른거렸다. 바울이 로마 황궁 부근 셋집에서 가르쳤던 시위대 병사들, 호화로운 황제 궁에서 일하던 소박한 노예종들의 얼굴이었다. 이들이 찾았던 셋집 교회를 잊을 수가 없던 바울은 불이 타오르 듯 뜨거운 마음에 밀려 결국 로마 행을 다시 서둘렀던 것이다.

로마 2차 투옥 전후에 썼던 목회서신
(The pastoral Letters)

바울은 62년 1차 연금에서 풀려난 후 67년 로마에서 다시 차가운 마르마티네 감옥에 갇힐 때까지 5년 사이에 세 권의 서신서를 썼다. 세 서신서는 모두 교회를 이끌던 제자들, 그리고 후에 올 새로운 세대의 제자들이 이 땅에 세우고 이끌 교회에 관한 기본적인 지침을 설명한 글이다. 이런 이유로 이들 서신서를 '목회서신' 이라고 부르게 되었다.

디모데전후서 및 디도서

기록 시기와 목적

바울은 4차 전도여행 중에 세 편의 서신서를 기록해서, 두 편은 그를 대신해서 에베소 교회에 남겨둔 디모데와 다른 한 편은 그레데 섬의 개척교회(스페인 여행 후)를 돌보기 위해서 남겨둔 디도에게 각각 보냈다. 후에 세 권의 성경이 되었던 이들 서신들이 기록된 시기와 장소가 각각 달랐다. 〈디모데전서〉와 〈디도서〉는 그가 마게도냐 (빌립보 혹은 니고볼리)에서 64–65년경에 기록한 성경이었고 마지막으로 보냈던 〈디모데후서〉는 그가 로마에서 2차로 감옥에 갇힌 후인 67년경 감옥에서 기록했던 성경이다.

바울은 디모데와 디도를 아들처럼 가르쳤고 그를 대신해서 여러 곳에 보내서 목회 일을 맡겼었다. 그들이야말로 바울이 떠나고 그가 개척했던 여러 교회를 지도할 다음 세대의 사람들이었다. 그는 두란노 강당을 생각하며 또 그들의 뒤를 이어 오고오는 새로운 세대도 생각하면서 이들 서신(성경)을 썼다. 디모데와 디도는 그가 아들처럼 양육하고 일을 맡겼던 사람이었다.

그는 아버지로서 그리고 선배로서 도움이 될 교훈을 자상하게 적어서 보냈다. 이들 서신 역시 여러 교회의 회람용으로 썼던 사실은 오고오는* 세대 모두에게 남기는 바울 사도의 빛나는 신앙유훈이었다. 위대한 사도가 남긴 마지막 역작이고 엄한 부탁이었다.

목회서신의 배경

로마는 그에게 지극히 위험했다. 그는 다시 에베소에 돌아갈 기회가 없을 듯한 느낌을 받고 에베소에 머물던 사랑하는 아들 디모데에게 보낸 첫 번째 편지가 〈디모데전서〉였다. 그는 아들 디모데가 교회를 잘 이끌고 앞으로 있을 여러 이단이나 거짓 사도들의 가르침을 이겨내기 위해서 꼭 필요하다고 생각되는 교훈을 그에게 남겨주길 원했다. 에베소는 아시아의 중심지였고 바울이 3년 가까운 시간을 보내며 온 힘을 다해 교회를 양육했던 곳이었다. 그가 자신의 피와 땀을 쏟아 세운 교회는 그의 심령이 고스란히 묻힌 교회였다. 그럼에도 불구하고 교회가 계속 거짓 교리와 이단 문제로 흔들리고 있다는 소식을 알고 참 믿음과 바른 교훈을 가르치기 위해서 자

---

* 한경직 목사가 《사도 바울에게 배운다》라는 책에서 앞으로 올 미래 세대를 표현했던 말이다.

신의 분신인 디모데를 보냈던 것이다.

디도 역시 그가 아끼고 사랑했던 제자였고 믿음 안에서 얻은 아들이었다. 바울은 자신에게는 부족했던 특별한 재능을 디도에게서 보았다. 10년 가까이 지난 일이지만 바울은 고린도교회에서 치렀던 혹독한 시련을 잊을 수가 없었다. 그는 디도의 재능 덕분에 엄청난 교회분쟁을 수습할 수가 있었고 언제나 원만한 성격의 디도를 아들처럼 사랑했다. 바울은 디도에게 교회가 일천해서 조직과 제도가 필요했던 곳에 긴요한 지침과 교훈을 주면서 그를 대신할 제자들이 도착하면 곧 자신이 겨울을 보내기로 했던 니고볼리로 오라는 편지를 〈디모데전서〉와 거의 같은 시점에서 기록해서 디도에게 보냈던 것이다.

바울은 이들 두 서신서를 보내고 난 2년쯤 뒤에 세 번째 편지인 〈디모데후서〉를 로마 감옥에서 써서 디모데에게 보냈다. 그는 마게도냐에서 가까운 그리스 아가야 지방의 서부 해안 도시였던 니고볼리(Nicoplis)에서 서둘러 로마로 갔다. 로마에는 그를 기다리던 교회가 있었다. 많은 그리스도인들이 그를 기다리고 있었다.

그들은 바울이 로마에서 1차 연금을 당해 있을 때 말씀을 듣고 그리스도인이 되었던 황실 노예들과 군인들이었다. 그들의 도움을 받아 바울과 누가는 황궁 부근에 있는 농장 일부를 빌려서 다시 복음을 증거하며 교회를 세웠다. 바울의 소식을 듣고 몰려든 사람들로 교회가 순식간에 크게 부흥했다. 그러나 말씀을 증거하던 중에 일어난 사건으로 그는 체포되어 2차로 감옥에 수감되었다. 그가 임박한 죽음을 예감하고 나서 옥중에서 마지막 편지인 〈디모데후서〉를 기록해서 에베소에 있던 디모데에게 보냈다.

바울이 사랑한 마음의 고향

바울의 공식 고향은 시리아 다소(Tarsus) 시였다. 그는 예수를 영접하고 난 후에 고향으로 돌아갔다. 바나바가 그를 찾아와서 그와 함께 시리아 안디옥으로 갈 때까지 6년(40-46) 동안 그는 고향에서 심한 배척을 받았고 그곳 회당이나 가정에서 완전히 추방당했다. 그는 중한 형벌을 받고 다소 시 변두리에서 존재가 없이 지냈던 기간이었다. 얼마나 고통이 심했던지 그는 환상 가운데 하나님 나라에 올라가는 기적을 체험했던 바로 죽음 일보 전까지 갔던 곳이다. 그 과정에서 가정은 풍비박산이 되었고 친구나 친족이 다 떠나가고 죽은 자같은 삶을 살았다. 지옥이 따로 없었다. 그가 일생을 다소와 그곳 사람을 기억 밖으로 던졌고 잊고 싶었던 이유였다.

반면에 그가 따뜻한 인정을 느끼기 시작했던 곳이 있었다. 그는 그곳에서 진실한 사랑을 만났고 마음속에 그들의 순수한 정을 고이 간직했다. 그곳이 마게도냐의 빌립보 성이었다. 그리고 그곳에서 만났던 수수한 여인들이 있었다. 그는 태어났던 다소에서 극심한 미움과 증오의 대상이었으나, 그가 처음으로 그와는 다른 따뜻한 정이 세상에 존재한다는 것을 처음으로 깨닫게 되었다. 바울은 또 빌립보에서 매를 맞고 감옥에 갇히는 엉뚱한 고통도 겪었지만 대신 언제나 잊을 수 없는 상쾌한 기억을 얻었던 감옥이 그곳에 있었다. 그래서 빌립보 성은 그가 일생 동안 잊지 못하는 마음의 고향이 되었고 어디서나 얼굴이 떠오르며 이름을 부르고 싶었던 사람들, 그리고 그를 언제나 기다리는 사람들이 사는 곳이 되었다.

바울의 재판, 처형 죄목과 시기

바울의 최종 재판을 두고 두 가지 주장이 있다.

하나는 예루살렘 원고 측이 뒤늦게 로마에 도착해서 기존 죄목에 새로운 죄목을 추가해서 재판을 추진했고 그 결과로 사형 집행이 되었다는 주장이다. 64년 로마의 대화재 사건의 방화범으로 기독교도들이 박해를 받았던 사실을 고려해서 지금까지 여러 사람이 따랐던 일반적인 주장이지만, 바울이 대화재 사건 당시 로마에 있지 않았고 스페인 여행 중이거나 아시아에 있었을 가능성 때문에 전적으로 동의할 수 없는 부분이 있다.

다른 주장은 그가 스페인 여행에서 지중해 그레데 섬과 마게도냐 지역을 방문하고 직접 로마로 돌아온 뒤에 적극적으로 복음 전도의 일을 계속했고, 그 과정에서 황제를 가까이 섬기던 여러 황실 측근 노예들의 개종 사실을 알고 난 네로의 광기로 바울 사도가 다시 체포되어 갇혔다가 황제의 재판을 받았다는 것이다. 이 주장은 2세기 중반 기록된 유력한 외경 가운데 하나인 〈바울행전〉(Acts of Paul)의 내용과도 일치하며 그 후에 밝혀진 바울의 재판 죄목이 '황제에 대한 반란'이라는 설이 유력하다는 점에서 상당한 근거를 얻었다. 바울의 처단 죄목이 로마의 방화 사건이나 예루살렘 측의 신성 모독과는 관계가 없는 '황제에 대한 반란'*을 황실 노예들에게 사주했다는 주장은 법치를 따른 일반적인 로마의 재판 방식을 고려하면 설득력이 있다.

바울의 처형 시기 역시 두 가지 주장이 대세이다.

하나는 네로 황제의 몰락과 연결하려는 주장이다. 네로가 광기에 잡혀서 자살했던 때가 68년 6월이었고 그의 몰락은 64년 대화재의 방화범으로 다수의 기독교인을 살해했던 사건과 그 후에 베드로와 바울 사도를 처형했던 죄악에 대한 응징이었다는 점을 부각시키려는 의도로 그의 순교를 68년에 맞추었다는 주장이다. 다른 주장은 재판을 받은 시기가 65/66년이었고 사형 집행도 곧바로 이루어졌을 것이라는 조기 순교 설이 있다.

* *The Martyrdom of St. Paul* by Harry W. Tijra.

디모데후서에 나타난 대사도의 모습

66-67년경 그는 다시 로마 감옥에 2차로 수감되었다. 이번에는 진짜 살벌한 감옥이었고 몹시 춥던 때였다. 그에게는 살아서 감옥을 나갈 소망은 없었다. 최후의 기회였다. 그는 잔인하고 광기에 잡힌 네로에게 복음의 진실을 꼭 외칠 생각이었다. 왕중의 왕, 세상의 포악한 지배자가 그를 살려둘리가 없다는 것을 스스로 알았다. 충직한 제자 누가만 그렇게 자신과 싸우는 그의 옥중 생활을 보고 있었다.

바울이 2차 감옥에 갇히자 많던 추종자들이 이런저런 일로 로마를 떠났고 그는 홀로 고독과 싸웠다. 추운 감옥의 냉기보다 사람들이 떠나고 난 후에 남았던 고독의 냉기가 가슴의 뜨거운 피를 얼게 했다. 그가 자신의 재판 소식을 듣고 눈물을 흘리고 있을 연약한(?) 아들에게 속히 오라는 명령을 마지막이 될 편지에 기록해서 보냈다. 아들 디모데는 물론 온 세상 그리고 오고오는 모든 세대에게 '내게 속히 오라'는 사랑의 말을 글로 남긴 것이 〈디모데후서〉가 되었다.

바울은 그의 코앞에 다가온 죽음을 보았다. 그러나 분명한 죽음을 앞두고 기뻐하며 감사했던 사람이 바울이었다. 그에게 지금은 황제를 대면하는 한 가지 일이 남았을 뿐이었다. 바울은 마치 주인을 위해 30년이 넘는 험한 인생을 달려가면서 어깨에 메었던 무거운 짐을 내려 놓으려는 종 같았다. 시간이 가까이 왔던 것이다.

12
장

황제에게
복음을 전하다

바울과 네로 황제

지금까지
바울의 일생

바울은 거칠고 험한 일생을 살았다. 처음에는 예루살렘 지도자와 바리새인들의 비난과 고발로 유대 종교의 적으로 등장해서 수많은 박해와 고통과 살해 위협을 당하면서 세계의 수도인 로마까지 왔고 그리고 땅 끝인 스페인까지 복음 전도를 완주했다. 그는 자유인으로 다시 로마에 가서 복음을 전하다가 체포되었고 2차로 감옥에 갇혔다. 그가 황제 앞에서 재판을 받았다. 그가 재판을 받은 죄목은 황제에 대한 불충이었다. 그는 황궁에서 일하던 노예들에게 황제에 대한 반란을 부추겼다는 혐의로 체포되었고 죄목은 반역죄였다.

네로 황제의 측근 노예들

네로 황제가 거주하던 궁전에는 이름도 없는 수많은 종(노예)들이 화려한 궁전과 궁전에 딸린 거대한 인공 호수와 정원을 관리했다. 그들 가운데 일부는 황제의 배려로 노예에서 자유인으로 해방되어 신분이 바뀌고 황제 측근에서 술이나 음식이나 잠자리 시중을 들었다. 이들 노예들이 막강한 로마 제국을 다스리는 젊은 황제의 일상을 옆에서 자세히 보았다. 황제의 말한 마디는 언제나 여러 사람의 목숨을 죽이고 살렸다. 그는 큰 전쟁을 일으켰고 용맹스런 장군들을 작은 혀끝으로 마음대로 부렸다. 그러나 그의 일상은 사람의 입으로는 표현하기도 부끄러운 짓을 황제의 탈을 쓰고 자행했다. 황제의 모습을 가까이 보았던 그들은 그를 따라서 어쩔 수 없이 기뻐하는 것처럼 모습을 지었지만 안으로는 심각하게 인생의 의미를 생각하며 회의에 빠졌고 정신적 방황을 계속했다.

마메르티메(Mamertime) 지하 감옥

네로 황제는 서기 54년에 황제가 되어서 14년을 세상 권력의 정점에서 살다가 68년 6월 그를 반대하던 원로원의 폐위 결정과 잔인한 통치에 반기를 들었던 일부 시민의 반란을 두려워하며 떨다가 몇 명 되지 않던 시종들(노예 혹은 자유인)이 지켜보는 가운데 자결함으로 30세의 짧은 인생을 끝냈던 폭군이다.

황제 등극 초기에는 선정을 베풀었지만 중반기로 넘어 가면서 그는 차츰 막강한 권력에 취하고, 정욕에 사로잡혀 황음무도해졌고 수많은 측근을 무지비하게 살해했다. 그리고 육신을 좀먹는 향락과 사치에 빠져 정신이 혼미해졌다. 잔인한 광기가 발작해서 황후를 죽이고 자신을 낳고 황제로 만든 친모마저 살해하는 만행을 자행했다. 수많은 시민이 살던 세계의 수도 로마 시가 시뻘건 화염에 싸여 불타는 모습을 바라보며 유명한 그리스 시인의 시를 음미했던 미치광이짓을 했다.

신선한 생명의 샘

바로 이 무렵 황궁 옆 한적한 곳에서 깨끗한 샘물이 분수같이 치솟는 것을 보았다. 그리고 서로 좋은 소식을 입으로 전했다. 그들이 바울의 진실한 복음을 듣고 마음이 뜨거워 간절한 소망을 품고 그에게 모여들었다. 이들 노예들은 대부분 로마 제국에게 패망했던 주변 나라들에서 왕족이나 고급 두뇌로 왕실에서 일했던 사람이거나 그 후손들이었다. 그들은 황궁에서 몸종이나 노예로 일하는 신분이지만 상당한 판단력을 가진 사람들이었다. 네로 황제의 타락한 생활과 미친 짓을 보면서 인생의 회의를 느꼈던 것은 당연했다. 그들은 복음을 전하는 바울의 전도를 천사의 소리로 받아들였고 그의 말에서 지금까지 누구에게서 듣지 못했던 신선한 진실을 느꼈고 그 속에서 밝은 소망을 찾았다. 빠른 입 소문이 노예들 사이에, 그리고 궁을 지키던 여러 근위병 가운데에 퍼졌다. 그들이 모이는 교회는 조용하지만 놀랍게 자랐다.

로마의 사도 바울

두 번째로 로마를 방문한 바울은 이번에도 같이 온 누가와 다른 형제들의 도움을 받아 황궁 부근에서 멀지 않은 곳에 있던 한 귀족의 농장에서 허름한 창고를 빌렸다. 그곳에서 그는 입소문을 듣고 찾아오는 이들을 맞아 복음을 전하기 시작했다. 그러나 방화범으로 지목되었던 기독교인에 대한 네로의 광적 증오는 언제 폭발할지 모르는 시한 폭탄 같았다. 그는 매일 밤 그 날이 자신의 마지막 날이라고 생각하며 어둠을 틈타 찾아오는 모든 사람에게 있는 힘을 다해 생명의 말씀을 전했다. 위대한 사도가 다시 돌아와 복음을 전한다는 소문이 시 전역에 퍼지면서 사람들이, 특히 그를 이미 알았던 황실 시종들 그리고 궁 경비를 맡았던 병사들이 주위 사람들을 인도해서 기쁨을 안고 바울을 찾아왔다. 로마 제국의 권부였던 황궁에 복음이 뿌리를 내리게 되었다. 비록 핍박을 받고 잠시 사라지는 듯했지만 그가 뿌렸던 씨앗은 훗날 다시 살아나 아름다운 결실을 맺었다.

황제에게 복음을 외치다

황음무도했던 네로 황제가 정신이 점차 혼미해졌다. 그런 가운데 그의 황제 지위를 매우 위태롭게 하는 사건들이 생겼다. 스페인에서 막강한 반란군이 설득을 뿌리치고 로마로 진격하고 있었고 로마 주변을 지키던 군대는 상당 부분 로마에 반기를 들었던 예루살렘 성을 공격하기 위해서 이미 이동시킨 뒤였다. 시내에는 부족한 식량 때문에 민심이 어수선한 가운데 원로원은 황제의 폐위마저 은밀하게 모의하고 있었다. 이런 때 네로 황제가 측근 노예들을 감옥에 가두는 대소동이 일어났다.

황제의 술 시종, 파트로클우스(Patroclus)라는 어린 청년

네로 황제에게 술 시중을 들던 한 청년이 어느 날 밤 궁에서 일을 마치고 여러 사람들 틈에 끼어 바울의 농장을 찾아왔다. 이름이 파트로클우스(Patroclus)라고 부르던 앳된 소년 노예로 당시 남색에 빠진 네로가 총애하던 시종이었다. 농장 창고 안에는 바울의 말씀을 듣기 위해 모인 사람들이 가득했다. 그가 도착했을 때는 이미 사람들이 창고에 가득해서 안으로 비집고 들어갈 자리가 없었다. 한참을 두리번거리던 그가 생각 끝에 창고 위층 창문에 잽싸게 올라가 그곳에서 바울을 내려다보며 말씀을 들었다. 바울은 오랫동안 말을 계속했고 어린 청년은 한 밤이 지날 때쯤에는 밀려드는 잠에 취했다가 그만 창틀에서 땅바닥으로 떨어지고 말았다. 사람들이 놀라서 달려가 그를 살펴보았다. 어린 청년은 이미 숨이 넘어간 후였다. 열기에 떴던 창고에는 난데없는 사건으로 사람들이 놀랐고 어찌 할 바를 몰랐다. 그리고 황궁에 있던 네로에게도 급작스런 소식이 전해졌다.

기적, 엉뚱한 사건의 발단

난처하기는 바울 사도가 더했다. 그가 은혜로운 말씀을 전파할 때 청중의 한 사람이 그 자리에서 죽는 사고가 일어난 것이다. 사람들이 당황하고 있을 때 바울 사도가 성령이 충만하여 죽은 파트로클우스를 자신의 앞으로 급히 옮겨 오라고 사람들에게 부탁했다. 그리고 죽은 청년의 몸을 안고 그는 여러 사람에게 기도하길 부탁하고 자신도 애통하며 하나님께 죽은 청년을 살려줄 것을 간절하게 구했다. 시간이 얼마쯤 지났을까, 갑자기 죽었던 파트로클우스가 잔 기침을 몇 번 하고 살아 움직이기 시작했다. 모인 사람들이 기쁨이 넘쳐서 목이 터져라 하나님을 찬미하며 죽은 사람을 살려준 은혜에 감사를 드렸다. 바울의 말씀을 듣기 위해 농장 헛간에 모였던 모든 사람이 큰 감동을 받았고 그 날의 집회는 은혜 가운데 끝났다.

황제 궁에 반란의 무리가?

그러나 이 사건으로 엉뚱한 일이 이른 새벽 황궁에서 벌어졌다. 네로 황제는 파트로클우스가 죽었다는 갑작스런 소식에 마음이 침울했고, 그 위에 여러 가지 밖에서 들리는 나쁜 소문 때문에 밤잠도 설쳤다. 그는 습관대로 목욕을 하고 포도주를 마시려고 준비시켰다. 그는 파트로크루스가 죽었다는 소식을 듣고 이미 다른 종에게 술 시중을 새로 맡겼었다. 목욕을 마친 황제가 포도주를 원했다. 황제의 명을 받은 시종이 좋은 소식을 전하기라도하듯 죽었던 파트로클우스가 살아나서 옆 방에서 포도주를 준비하고 있다고 알렸다. 네로는 그가 살았다는 소식에 놀라며 어떻게 그럴 수가 있는지 의심이 불쑥 들었다. 내키지는 않았지만 그는 천천히 옆방으로 그를 찾았다. 파트로클우스가 그를 반갑게 맞으며 인사를 올렸다. 그리고 향긋한 포도주를 담은 금잔을 공손히 네로에게 올렸다. 그는 의심이 가득한 눈길로 술잔과 파트로쿨우스를 번갈아 보며 단도직입적으로 물었다.

> – 파트로클우스, 네가 죽지 않고 정말 살았느냐?
> – 예, 내가 살아 있습니다. 황제 폐하.
> – 너는 죽었는데, 아니, 누가 너를 살렸다는 말이냐?

믿음으로 마음이 뜨거워졌던 파트로클우스가 아무 생각도 없이 즉시 황제를 보며 어린 청년답게 씩씩하게 대답했다.

> – 온 세상의 왕이신 예수 그리스도가 나를 살렸습니다.

예수 그리스도라는 말에 네로의 마음이 갑자기 철렁했다. 그렇지 않아도 그는 이미 예수 그리스도를 믿는 자들을 로마의 방화범으로 몰아서 무더기로 처단했었다. 그가 '온 세상의 왕'이라는 말에 갑자기 분기가 치솟았다.

> – 아니, 온 세상의 왕이라니? 그가 이 땅의 모든 왕국을 언제 다 정복했다는 말이냐?
> – 그렇습니다. 폐하. 그가 이 땅의 모든 왕국을 이기고 홀로 영원히 다스릴 것

입니다. 이 땅의 어떤 나라도 그의 통치를 벗어날 수는 없습니다. 황제 폐하.

네로가 어린 술 시종의 철없는 말에 격분했다. 그는 부들부들 떨리는 손으로 어린 시종의 뺨을 세차게 갈기면서 내뱉었다.

– 파트로클우스야! 너야 말로 그 왕의 군사라도 되었단 말이냐?

네로는 스페인에서 들려온 반란 소식과 황제 폐위를 주장하던 일부 원로원의 음모로 골치가 아프던 때였다. 이들 말고도 자신을 반대하는 세력이 있는 것이라고 성급하게 단정했다. 그리고 이들이 황궁안에까지 들어왔다고 생각했다. 파트로클우스가 황제의 분노를 보면서 기겁을 하고 바닥에 넙죽 엎드리고 나서 간신히 대답했다.

– 예, 황제 폐하, 나는 그의 군사가 되었습니다. 왜냐하면 그가 죽었던 나를 살렸기 때문입니다.

네로 황제의 얼굴이 시퍼렇게 질리며 그의 앞에 넙죽 엎드린 파트로클우스를 내려다보며 부들부들 떨고 있었다. 그 자리에 있던 황제의 시종들이 황제와 파트로클우스의 격한 대화를 듣고 있었다. 황제와 종, 두 사람이 서로 감정을 이기지 못하고 상대방의 말뜻을 알아볼 생각도 않고 말꼬리를 잡고 캐묻고 응답하는 동문서답을 듣고 어찌해야 좋을지 모르고 손들을 비비고 있었다.

네로 황제는 '온 세상의 왕'인 예수가 로마 제국을 접수하러 왔다고 믿었고, 반면에 죽었다가 살아난 술 시종은 이 땅이 아닌 하늘 나라를 포함한 우주 만물을 '온 세상'이라고, 그리고 예수가 이런 '온 세상의 왕'이라고, 그리고 그가 온 세상의 왕으로 다시 올 것을 황제에게, 필요한 설명은 생략한 채, 다시 살아났던 감격만으로 자신의 부활을 직고했던 것이다.

황제를 모시던 다른 시종들도 곧 황제 앞에 부복하며 정신나간 사람들처럼 중얼거렸다. 별명이 곰발바닥이라고 부르던 바사바 유스토스(Barsabas Justus), 가파도끼아 사람 우리온(Urion) 그리고 황실 시종장인 갈라디아 사람 베스도(Festus, 유다의 로마 총독이던 베스도의 형)가 황제를 향해서 또 동문서답격인 일방적 고백을 쏟아냈다.

– 소인들도 온 세상의 왕이신 그의 군사가 되었습니다. 폐하! 그러나 그의 군사는 이 땅의 군사와는 다릅니다. 폐하.

네로가 깜짝 놀랐다. 분을 참지 못한 그는 식탁에 있던 포도주 잔을 집어 그들에게 던지며 악을 썼다. 그리고 달려온 친위대장과 병사들에게 황제 앞에 있던 시종 모두를 혹독하게 벌을 주고 감옥에 처넣으라고 명령을 내렸다.

– 친위대장, 롱구스! 이놈들이 모두 미친 놈들이네. 궁에서 나를 죽이려고 반역을 도모한 일당이야, 한 놈도 도망을 치지 못하게 가두고 매를 쳐서 정신을 차리게 만들게.

그날 네로 황제는 새로운 칙령을 내렸다. "온 세상의 왕인 예수를 믿고 따르는 그의 군사들은 하나도 남기지 말고 찾아내어 모두 죽이라"는 특별 명령이었다.

바울 검거와 황제의 심문

한바탕 검거 열풍이 불며 바울 사도도 황실 경비대에 체포되었다. 그는 황실 시종들은 물론 로마 시민에게 황제를 배반하고 '온 세상의 왕인 예수'를 전했던 반란 주모자가 되었던 것이다. 바울은 감옥에 수감된 후에 며칠 동안 황실 관리들의 조사를 받고 심한 채찍을 맞기도 했다. 그는 황제의 심문을 기다리며 한동안 지내야 했다. 네로는 주변 정세가 악화하면서 정신적 고통으로 감정을 추스르지 못하고 무슨 일에도 집중을 못하고 갈팡질팡할 때였다. 그는 파트로클우스와 다른 시종들을 예수의 군사로 만들었던 주모자를 자신이 직접 심문하겠다고 친위대장에게 명령을 내린 뒤였다.

네로 황제가 어느날 시종들을 찾다가 전에 여러 시종들을 감옥에 수감하고 벌을 주라고 명령을 내렸던 일을 기억하고 그들에게 반역을 사주했던 인물을 직접 심문하겠다고 나섰다. 드디어 쇠사슬에 묶인 바울이 황제 앞에 끌려나왔다.

네로는 바울이 나타나자 갑자기 흥분에 휩싸였다. 그는 끌려나온 바울 사도를 노려보다가 그의 주위를 한참 서성거렸다. 30세의 청년이라기 보다는 폭음 폭식으로 중년을 넘긴 사람처럼 뚱뚱해진 네로는 작은 체구에 대머리가 번쩍거리는 늙은이를 신기한 듯 살폈다. 그러나 황제 앞에서 선 바울의 얼굴은 평온했고 조금도 어려운 기색이 없었다. 네로는 한없이 평온한 그의 맑은 얼굴을 보고 이상한 생각이 들었다. 네로가 거친 목소리로 죄인을 압박하며 물었다.

– 네가 온 세상의 왕이라는 예수를 섬기는 바울이라는 자이냐? 네가 무슨 마음을 먹고 감히 내 나라에 몰래 숨어들어 황궁의 내 시종들을 그의 군사로

뽑으려고 했단 말이냐?

– 예. 내가 황제 폐하에게 아룁니다. 나는 예수 그리스도의 종입니다. 예수 그리스도는 하나님 나라의 주인이고 왕입니다. 그는 폐하의 로마 제국뿐만 아니라 온 세상 나라에서 그를 구세주(메시아)로 영접하고 나오는 모든 사람들을 한 사람도 마다하지 않고 다 하나님의 자녀로 받으십니다. 폐하께서 원하시면 그리고 예수 그리스도를 구세주로 영접하면 그가 즐겁게 폐하도 거룩한 하나님의 사람으로 받으실 것입니다. 폐하.

황제 앞에서 두려움은커녕 낯색 하나 변하지 않고 로마 말*로 또박또박 담담하게 말하는 사도의 모습을 어처구니 없는 모습으로 노려보던 황제가 분노를 억누르며 심문을 계속했다.

– 너는 내 군사들에게 죄인으로 잡혀 로마 황제인 내 앞에서 지금 심문을 받고 있지 않으냐? 너는 지금 내 앞에서 죄가 없다는 것을 변명할 수 있느냐? 네가 감히 이곳에서 어떻게 살아나가기를 바랄 것이냐? 너는 지금 이 자리에서 네 자신을 구원할 방법이 있느냐?

– 황제 폐하께 아룁니다. 사람은 재산이나 큰 권세로 이 세상에서 구원을 얻는 것이 아닙니다. 오직 한 가지 길이 있을 뿐입니다. 누구든지 예수 그리스도를 구세주로 믿으면 그는 이 땅에서 새로운 생명을 얻습니다. 예수 안에 영원한 구원이 있습니다. 예수는 반드시 그 날이 이르면 이 땅에 다시 와서 세상을 불로 심판하고 멸망시킬 것입니다.

---

* 고대 로마법의 전문가 Harry W. Tajra는 바울이 로마 말을 사용했다고 주장.

– 황제 폐하, 그를 구주로 영접하면 구원을 얻을 것입니다. 그리고 영생을 얻으실 것입니다. 폐하!

네로가 갑자기 머리를 뒤로 젖히고 미친 사람처럼 웃었다. 그리고 주위를 돌아보면서 시위대 장관과 백부장에게 차갑게 명령을 내렸다. 그러나 그의 목소리는 떨고 있었다.

– 여기 감옥에 수감한 모든 예수의 군사들을 끌어내어 절차에 따라 화형에 처하고, 저 대머리 바울은 로마 시민이므로 교수형으로 처단하라.

바울은 하나도 무서워하는 표정이 없었다. 그는 다시 황제를 보고 또렷한 말로 마지막 말을 전했다.

– 황제 폐하, 누구든지 이 세상에서 지은 죄를 회개하지 않으면 멸망을 당합니다. 그의 영혼은 지옥불에 떨어져 죽지도 못하며 영원한 고통을 당할 것입니다. 내가 교수형을 받고 나면 꼭 부활해서 폐하를 찾아올 것입니다. 그리고 내가 폐하에게 전한 여러 말을 사실로 증거하겠습니다.

시위대 장관 롱구스(Longus)*와 백부장 게스투스(Cestus)가 옆에서 황제의 명령을 받아 두 말 없이 바울을 끌고 나갔다. 황제의 재판은 이렇게 일방적으로 끝이 났다. 그러나 바울은 계속 주의 말씀을 그를 끌고 가던 시위대 장

---

* 두 사람이 바울의 순교 전후 회심했다는 기록을 〈바울행전〉이 남겼다.

관과 백부장에게 끈질기게 전했다. 그들도 네로 황제를 옆에서 지켜보면서 지금까지 사람의 말로는 표현하기조차 부끄러운 황제의 광란을 수도 없이 보아 왔다. 누구도 바울과 같이 죄악을 회개하고 생명의 길로 나갈 것을 황제에게 대담하게 전했던 사람이 없었다. 바울의 진실은 네로 대신 우선 그들의 마음을 열게 했다. 그리고 두려움을 갖고 예수라는 구세주의 다스림과 심판을 믿게 되었다.

역사에 뿌린 말씀의 씨앗

네로 황제 앞에서 행한 바울의 설교는 보기에는 아무런 성과를 거두지 못하고 오히려 그의 교수형을 재촉하며 끝났다. 그러나 바울이 뿌린 복음의 씨앗은 그 후 3백 년이 못되어 로마 제국 황실 안에 아름다운 신앙의 꽃을 피웠다. 로마의 콘스탄틴(Constantine, 272-337 AD) 황제가 밀라노 칙령을 발표해서 기독교를 정식으로 로마의 종교로 허용했고 그 후에는 국교로 받아들이는 단초가 되었다.

바울과 네로의 첫 만남을 2세기 중엽(서기 150-175년경)에 기록했던 〈바울행전〉은 바울이 두 번째로 황제 앞에서 말씀을 전했고 그의 악행에 대한 심판이 있을 것과 자신은 교수형으로 죽고 나서 부활한 후에 그에게 다시 나타날 것을 전했다고 그의 순교 전후 얘기를 자세히 기록했다.

순교, 영광이 그에게

바울은 로마 황제를 만나서 생명의 말씀을 전했지만, 네로는 부들부들 떨면서 바울에게 교수형을 명령했다. 절대 권력의 정상에 있던 네로는 자신의 위치를 위협하는 어떤 것도 용납하지 않는 권력의 속성에서 벗어날 수가 없었다. 마치 예루살렘 성전을 쥐고 흔들던 유대 지도자들이 그들의 권위와 지위를 위협했던 예수를 로마 군인들을 움직여 죽였던 것과 조금도 다르지 않았다. 그들은 오직 자신의 지위와 권세를 공고히 지키는 것이 모든 결정과 행동의 근거였다. 반면 지위나 권세가 없는 사람들은 편하고 안락한 삶이 무엇을 결정하든 판단의 근거가 되었다. 예나 지금이나 역사가 인정할 수밖에 없는 인간 사회의 원초적 약점이었다.

바울은 곧 감옥에서 끌려나가 목이 잘려 순교했다. 그가 처형을 당했다고 알려진 장소는 오스티안 웨이(Ostian Way)에서 멀지 않은 아쿠에 살비에(Aquae Salviae)라는 곳으로 현재는 트레 폰타네(Tre Fonatane)라고 부르는 곳이다. 바울의 순교를 기념하는 교회당이 4세기부터 그곳에 세워졌지만 그동안 화재나 지진으로 부서지고 다시 재건을 거듭한 끝에 지금도 기념 교회당이 그곳에 서 있다. 교회당 안에는 4세기경(콘스탄틴 대제 때)에 설치한 그의 묘비 석판이 남아 있다. 그 위에 새겨 있는 묘비명이 단출해서 눈을 끈다.

⟨PAVLO APOSTOLO MART⟩ 번역하면 순교자 사도 바울에게

수많은 사람들이 위대한 사도의 일생을 추적했고 그에 관한 글을 지금까지 산더미만큼 남겼다. 그러나 바울 사도가 이 땅에 다시 와서 읽어 본다면 미흡한 것이 많을 것이 틀림 없다. 세상에 있는 언어를 다 동원해도 그의 열정과 담대함을 누가 충분하게 묘사하기는 어려울 것이다. 이런 까닭으로 묘비의 글은 최소한으로 줄였고 그를 찾는 자들이 마음으로 영혼으로 그의 생애를 생각하며 비명을 상상해보도록 만든 것 같다.

바울행전(Acts of Paul)과 그 밖의 외경들(Apocryphal acts of Apostles)

2세기가 되어서 ⟨바울행전⟩을 비롯해서 다른 사도들에 관한 구전이나 순교 얘기를 담은 기독교에 관한 외경(apocryphal literature)이 대거 출현했다. 누가가 베드로와 바울 사도의 활동을 주로 기록했던 ⟨사도행전⟩이 다른 사도들은 물론 베드로나 바울 사도가 순교할 때까지의 마지막 활동도 기록하지 않고 끝냈던 까닭에 사람들은 ⟨사도행전⟩의 침묵을 무척 궁금하게 생각했다. 네로를 이어 로마 황제가 되었던 사람들이 기독교에 대한 핍박을 계속하면서 2세기 초에는 사도들이 다 순교했고 많은 기록들이 유실되었다. 그 후에 이런 공백을 채울 사도들에 관한 구전이나 순교 등에 관한 이야기를 모아서 여러 외경(정경이 아닌 성서)이 등장했다. ⟨바울행전⟩은 그 가운데 하나로 중요한 외경이다. 그 내용은 크게 ⟨바울과 테클라⟩, ⟨고린도 3서⟩, ⟨바울의 순교 얘기⟩ 등으로 구성되어 있다. 아시아(에베소)에 있는 어떤 장로가 기록했다고 전하며 터툴리안(Tertullian) 등 초대 교부들이 정경으로 받아들이지 않았던 기록 문서이다. 명화 ⟨쿼바디스⟩의 얘기도 실은 ⟨베드로 행전⟩의 내용을 바탕으로 각색한 영화였다.

책을 끝내며

　바울이라는 사람은 누구인가? 예수 그리스도는 누구이기에 바울은 그 이름을 세상에 전파하기 위해서 하나 밖에 없는 자신의 목숨을 내놓고 세상 끝까지 달려갔을까? 그가 전한 예수 그리스도의 복음은 또 무엇인가? 바울은 예수 그리스도의 종(Slave)으로 그의 복음을 전하는 일에 일생을 바쳤던 사람이다. 그는 인생의 황금기에 자신의 지식과 신앙으로는 도저히 거룩한 사람이 될 수 없다고 생각했고, 그래서 배척했던 예수 그리스도라는 사람의 종이 되어 남은 인생을 오직 주인(Master)인 그의 말씀을 증명하고 전하는 일에 투신했던 고집쟁이였다.

　예수 그리스도와 거의 동시대에 태어나 서기 68년까지 살았던 바울에 대한 의문과 그가 달렸던 삶의 진실을 알기 원했던 사람은 지난 2천 년 동안 수도 없이 많았다. 그들이 성경을 읽고 찾았고, 문헌들을 구석구석까지 뒤졌고 또 비문이나 돌조각 하나까지 폐허의 도시에서 유물을 발굴하고 조사하며 두 사람의 삶을 규명하려고 했다.

　그들은 다행히 그 속에서 예수 그리스도의 비밀과 기독교의 진리를 찾아냈고, 초대교회 때에 예수의 종으로 바울이라는 위대한 사도가 살았던 일생의 토막들을 찾아냈다. 중세 잠자던 기독교를 깨웠던 마틴 루터를 비롯해서 근대와 현대에 이르는 허다한 말씀의 종들, 그리고 철학자와 신학자들이 그들에게 감동을 주었고 역사를 새롭게 쓸 결심을 하게 했던 진실을 바울에게서 찾았던 것이다. 그가 전했던 위대한 만남과 그리고 복음의 논증이 혼탁한 세상을 살고 있는 우리에게 지금도 새벽별처럼 빛을 발하며 무엇으로도 살 수 없는 귀중한 깨우침을 주고 있다.

　우리보다 앞선 선인들이 후세에 남긴 그에 관한 역사책이나 학술 연구서나 논문이 우리 앞에 산처럼 쌓여 있다. 나같이 늦둥이 부족한 사람이 여기에 한 권의 책을 더하는 것이 과연 의미가 있을까? 내가 심각하게 고민했고 주저했던 것은 사실이다.

　한경직 목사도 바울 서신을 읽고 그가 감동을 받았던 그리스도의 생명을 후인들, '오고 오는' 세대에게 전하기 위해서 《사도 바울에게 배운다》라는 바울에 관한 책을 세상에 남겼다. 그가 후세에 올 사람들을 '오고 오는' 세대라고 표현했다. 참으로 뛰어난 목회자가 '말세'까지 이어질 수많은 세대를 은유적으로 표현했던 말이다. 어떤 사람들은 말세가 가깝다고 호들갑을 떨면서 사람들을 미혹했다. 교회에서 또 다른 사람들은 역사를 과거와 현재 그리고 말세로 표현하는 미래로 성급하게 또 단정적으로 나누는 오류를 범했다. 한 목사는 그가 썼던 책에서 우리의 미래 그리고 다음 세대를 표현했던 단어가 '오고 오는' 세상 그리고 세대였다. 저자도 적절한 말이라고 동의해서 인용했다.

　생명의 세상적 특징은 비슷하다. 헛될 뿐이다. 그러나 생명은 그것을 창조한 하나님 앞에서는 각기 다른 목적이 있고 의미가 있다. 그렇게 하나님은 우리 한 사람 한 사람을 창조했다. 내게도 그런 소중한 생명이 있고 목적이 있다고 믿고 이 책을 썼다. 오고오는 세대에 조금이라도 도움이 되었으면 한다.

2017년 3월 29일, 북가주 산호세에서

참고 문헌(Bibliography)

- 《한영 성경》, 개역개정판
- *NIV Study Bible*, 1985(*본서의 모든 고대 연대는 NIV 성경을 따름)
- *Holy Bible*, Authorized King James version
- *La Bible, Alliance Biblique* universllle, 1994
- *Paul, Apostle of the Heart set free*, by F.F. Bruce
- *The Book of the Acts*, by F.F. Bruce
- *Saul of Tarsus*, Mathew Murray
- *Paul The Apostle*, by Robert E. Picirilli
- *The Martyrdom of St. Paul*, by Harry W. Tajra
- 《사도 바울에게 배운다》, 한경직
- *The life of the Apostle Paul*, Rose Publishing
- 《예수》 김형석저
- *The Synagogue*, by Jesus, Pelaez del Rosal
- *The Apostle, a Life of Paul*, by John Pollack
- *Paul* by Charles R. Swinddoll
- *The Acts of Paul*, translation by Ricard I. Pervo
- *Acts of Paul and Thecla*, translation by William Wake. Rev. Nathaniel Lardner
- 《유대 고대사, 요세프스》, 생명의 말씀사
- *Les Voyages de Paul*, by Fatih Cimok
- 〈Antioch〉 by M. Grazia Zambon
- 《톰라이트의 바울》, 순돈호 번역
- *All the Apostles of the Bilble*, by Herbert Lockyer
- *The Bible as History,* by Werner Keller
- *Rome and Jerusalem*, by Martin Goodman